岩 波 文 庫

38-602-1

シンボルの哲学

――理性,祭礼,芸術のシンボル試論――

S. K. ランガー著
塚本明子訳

岩 波 書 店

PHILOSOPHY IN A NEW KEY

A Study in the Symbolism of Reason, Rite, and Art

Third Edition

by Susanne K. Langer

First published 1957 by Harvard University Press,
Cambridge, Massachusetts.

This Japanese edition published 2020
by Iwanami Shoten, Publishers, Tokyo
by arrangement with Harvard University Press,
through The English Agency (Japan), Tokyo.

目　次

機能は言語より広い――言語に限ることは精神のあまりに多くの部分を無意味と決めてしまう――合理性は分節に始まる――「もの」が持つ概念的な性格――ゲシュタルト(形態)はシンボル的用法の先駆け――非論述的形式の把握――そのような形式は派生的な意味でも「言語」ではない――言語の論理的特性――現示的シンボル作用の論理的特性――原始的理解――感情の形式――現示的諸形式の漸進的分節化――文化の主たる発達の鍵

第V章　言　語

人間の全てが完全に分節化された言語を持っている――いかなる動物も全く言語を持っていない――動物の伝達――類人猿の無言症――彼らには幼児期の喃語本能がない――言語の起源の謎――「言語本能」が追求されることもある――耳の聞こえない子供と「野生の」子供は話さない――言語学者が拒否する問題――サピアの推論、シンボル作用の一般理論が必要である――言語の起源を常に伝達に求めること――初期のシンボル機能に求めるべき――類人猿に見られるシンボル的行動――片言の本能が欠けていることが言葉を妨げ

第Ⅸ章　芸術的趣意の発生

訳文中の（　）は原著者による、〔　〕は訳者による補足である。
また、訳文中のゴシック体は、原書においてイタリックで強調されている箇所である。

シンボルの哲学

——理性、祭礼、芸術のシンボル試論

偉大な師であり友である
アルフレッド・ノース・ホワイトヘッドに捧げる

第三版への覚書き

五年前に『新しい基調の哲学(*Philosophy in a New Key*)』〔日本語訳『シンボルの哲学』〕の第二版が出版されましたが、当時すでにこの本は、著者にとっては、来るべきより本格的な著書の序論《プロレゴメノン》ともいうべき性格を持ち始めていました。書き上げてから十年が経ち、第Ⅷ章で提示した音楽の理論は以後かなり発展して、実に音楽のみならず芸術活動一般についての哲学に成長しました。しかし、このような性格の変化を遂げたといっても、あくまで著者にとってであって、その芸術の哲学はまだ印刷されていません。それが実際に世に出たら、以後は『新しい基調の哲学』とは『感情と形式(*Feeling and Form*)』の前奏曲であるとはっきり申しましょう。

それで今のところは、と言っても、何が「今」でしょう。我々は同じ川に二度入ることはできません。日の進行を、旋律を、考えを、押しとどめることはできません。今や、この第三版が印刷入りする時にあたってもなお、ここで生まれた芸術の哲学は着想《アイデア》の進行における一つの停留所にすぎません。初版で暫時的に、不完全な形で表現されざるを得なかったこの着想は、今や(現在この不幸な名で呼ばれている)「美学」の領域を超えて、やがては我々を新しい生きた形式の哲学へ、生きた自然と心の哲学へ、そして通常我々が倫理的問題とよんでいる、人間社会の極めて深いところにある問題のいくつかへと導いていくことを約束しています。そのような長い成長の過程の中で、当然ながらその着想は変化してゆきます。それは小さな赤ん坊が成人すると、色褪せたかつての家族写真が、今日新聞に載ったサッカーの勝負で眉をひそめている顔とか、あるいはロータリークラブの会員としてにっこりしている顔とはどうも折り合いがつかないようなものです。だからこの本にある多くの事柄に不満を抱く読者たちは、逆説的な言明とか恣意的な発言の、その後の歴史をたどって、色々な懸念を並べるかもしれません。また別の、もっと論難好きの人たちは初期の版と後期の版では多くの概念が全く一貫していないのを見つけて、この哲学全体が論駁され破綻した、と勝ち誇るかもしれません。しかし一貫性とは一冊の著書の中でのみ、そこにそれ以前の著書を再確認していればもちろんそれも含めて、要求されるべきものです。長い思考の流れにおける異なった段階においては、結局自分の発言をひっくりかえすことになるとしても、前より良くなることの方がずっと重要であります。

そういうわけでこの『新しい基調の哲学』(『シンボルの哲学』)はもう一度、未完の物語の始まりとして、しかしその欠くことのできない序論として世に出ることになります。そこには『感情と形式』の基礎があり、また何にせよ、運が良ければその芸術への哲学的な旅から生み出される帰結の全ての土台があります。それに何よりもこの本は、一つの優れた、しかし奇妙な取り合わせで並んでいる知的な世代――ホワイトヘッド、ラッセル、ヴィトゲンシュタイン、フロイト、カッシーラー――が、シンボルと意味についての稀代の問題への取り組みを始め、今日の哲学的思想の基調を確立した、その業績を声高に讃えるものなのですから。

一九五六年十一月

S・K・L

一九五一年版への端書き

『新しい基調の哲学』を再び公にするにあたり、またこの度は英語圏のもっと広い範囲の読者に捧げるにあたって、私は(少数の訂正を除いて)もとのテキストを変更しませんでした。九年も経てば著書の不備が見えてくるし、もっと改良したいと思うのは当然のことです。けれども全体としてはその内容をなお支持している現在、おそらく最初の定式化の細部を訂正するよりも、この知的な冒険を前に推し進める方が重要なのではないかと思います。

現代の知識論は自然に科学批判へと進むものであり、今日の最良の哲学的作業を代表しています。けれども「知識《ノーレッジ》」はそのまま「人間の心性《メンタリティー》」と同義ではありません。本書の意図するところは**心性の理論**を打ち建てることにあります。それは優れた科学への対処法を支持しつつ、さらに劣らず真剣で詳細な芸術の批判へと進むことです。第Ⅷ章と第Ⅸ章――「音楽における意義について」と「芸術的趣意の発生」――はそうした次の探究の道を方向づけたつもりです。もちろんこれらは全く準備的かつ不完全な試論であって、ここで芸術の本性と構造の全体にかかわる問題に対処するものとしてかかげた前提の力を確立してはいません。しかしそれがうち建てられる新しい領域を拓いています。

思想の進む道筋を出発点から歩み出すような本についていては、後から振り返ってみて初めて判断を下すことができます。その地点から振り返ると、そのいくつかの着想の相対的な重要さが、その後の発展で示した力に鑑みて、そしてまた時を経ることで、その基礎に隠れていた何かの重大な欠陥が明るみに出ることで、判断されます。初版が刊行されてからこれまでの数年間に、私はその全般的な信条を、自ら約束した芸術の哲学を編み出し、試してみました。そしてこれまでのところ、それらが驚くほど肥沃で、これまで長いこと顧みられなかった、あるいは純粋に学問的であったこの理論領域に、次から次へと新しいものが生まれてきたのです。したがってこの実地で得た確信から、自分の小さな仕事に変更を加えずに提供することで、今いちど主張することにしました。

しかしながら、もし今この本を書いていたら、少なくとも一つ、術語の変化を加えたと思います。それはとくに第Ⅲ章の「サインとシンボルの論理」に関わるもので、その題が「**シグナル**とシンボルの論理」となっているはずです。チャールズ・モリスは『記号と言語と行動』において、私よりも優れた用法をしており、彼の著書が出版されて以後、私自身もそれに従った使い方を採用しています。私が「サイン」(記号)とよんだものにモリスは「シグナル」(信号)という術語を用いています。もちろんこのシグナルという用語も本来の意味よりも拡張されて用いられており、はっきりと認められる信号――赤信号、ベルの音、などなど――のみならず、我々が自分の感覚に信号として送られていると、暗黙のうちに注意を払う現象、例えば部屋の方向定位を与える対象や窓などの視覚像、握ったフォークに起きた触覚が人の手に伝わって、それを口まで持ち上げさせる合図となるというような事柄も含まれています。簡単に言えば私が「サイン」とよんだすべての事柄を含んでいます。しかし半ば専門的な用語をそのように拡張することは楽に受け入れられるし、また完全に正当でもあります。モリスの用法の大きな利点は、そうすることで「サイン」(記号)という語を、シグナルもシンボルも、その他意味を運ぶすべての担い手(一般)を表示するのに使えるようになることで、一方私の使用法ではそのような類全体の総称となるような用語がなく、その必要性は明らかでした。

もう一つ、私としてはできればやりたかった変更で、知的にはもっと重要なのは、そしてもし私に、サルトルの(「賭はなされた(*Les jeux sont fait*)」の脚本にある)黄泉から戻ってきた幽霊のように、二十四時間のチャンスが与えられるとしたら、音楽は本質的に曖昧《あいまい》なシンボルであるというあまり説得力のない考えを、確かにもう少し難解にはなるが、もっと厳密な、(まだ完成していないのですが)芸術的抽象に関する一般理論を用いた、音楽的意義の概念に置き換えることです。これが「表現的形式」としての芸術という理論の持つ著しい利点だと考えています。けれどもそれはこの『新基調の哲学』ではまだ若く、したがってまだ半ば詩的な段階にあるもので、いくつかの着想がこれからもっと詳しく考察されてからのことです。哲学的思考の典型的な過程は、まず初めの、不適切な、しかし熱心な、新しいアイデア(着想)の把握から始動し、まだ比喩的な形で表現されていたものが、だんだんにより厳密に想念化され、やがては言語がその論理的な洞察に追いついて、比喩抜きで、字義的な表現がそれに代わるようになってゆくのです。実際新しい概念というものは、その当時の言語にはまだ呼び名がなく、それが最初に出てくるときにはいつも隠喩的に述べられるのです。したがっていかなる理論的構造も、必然的に空想的とも見える発想の跡が残っているのです。音楽の「意味」についてもそのような隠喩の、あるいは「哲学的神話」といった感じがまだ残っており、もし今一度頑張る機会があれば、その点を改良できたのにと思うのです。

でも、もしかしたら、それはないでしょう。もしかしたら、あの慎ましい冒険をもっと字義的に、もっと論理的にやり直しているその間に、また新しい問題を起こすことになり、それがまた想像力にその答えを試行的な、比喩的なやり方で工夫させることになるでしょう。極めて広範にわたる細かい芸術の諸問題が――その想像、抽象、その意義などの――まだまだ起こりそうな様子ですから。だからこの本は昔のままの形で、下手にあちこち弄《いじ》るよりも、そこにまだ完成していない思想や、半ばしか答えていない回答のまま、世に出す方が賢明なのだろうと思います。本とは人生と同じです、そこに入っているもの全部がそれでひとつなのです。「賭はなされた」のですから。

S・K・L

オハイオ州コロンバスにて　一九五一年五月七日

初版への端書き

哲学の語りの「新しい調(new key)」の基音を私が鳴らしたというわけではありません。他の人がすでに打ち鳴らしていて、それも鮮明に、一度ならず、響いているのです。この本はただそれが、確かにこれまでと違う新しい調であること、そして我々の考えの主題《テーマ》が、その転調した調で奏でられていることを証明しているつもりです。転調すると、元の旋律に何か変わった新しい感じが伴うように、この新しい時代に起こっている哲学に加わった新しい方向づけが、過去のアイデアや議論に新しい表情を与えています。我々が考えることは過去に根ざしています。しかしそれは当時の見通しのままには続いていないのです。かつて流れていた古い旋律が中断され、そこからいろいろな学派の前提に含まれているとは気づかなかった新しいモチーフが急に出てきたのです。それは**哲学のする問いを変える**からです。

我々の考え方における大きな転調が広く一般的であることは、その調の主和音が今日基本的に論理学に、科学的言語に、そして経験的な事実に関わっている心に、ずれなくしっくりと調和しているという感じがすることでわかります。ただその和音を最初に鳴らしたのは、全然別々の学派に属する思想家だったのですが。論理学と自然科学は実際それと気付かずにその和声を準備していたのです。というのは数学上の「転移」や「射影」、また異なる記述体系の構成などといったことが、記号上の諸様態《シンボリックモード》や形式と内容との変数関係という問題をすでに提起していたからです。しかし人間の知性全体に表現形式が重要であることを認めていた人たちは、科学のみならず、神話も、類比関係も、隠喩的な思考も、そして芸術も、すべて「シンボル的様態」によって決定される知的活動であることをすでに認めていたのです。そうした人たちはだいたいにおいて観念論の学派に属していました。この人たちに芸術と認識論との関係が最初に明らかにされたのは経験の現象としての性格を考察することを通してであり、イマヌエル・カントがはじめた偉大な先験的な「観念の冒険」の行程においてでした。そして、実のところ今日でもなお、どういうわけか全ての真剣で洞察的な芸術哲学は事実上観念論哲学に関連しています。芸術の意義についての学、象徴形式としての、あるいはまた観念の担い手としての芸術の研究は、カント以後の形而上学の精神でなされてきています。

　それでも私自身は芸術がシンボル形式の一つであることを認めるのに、実在を観念論的に解釈する必要はないと思っています。アーバン教授(Prof. Urban)は、「人間精神がその言語とシンボルをより豊かに、より力強く打ち立てるほど……究極的な存在と現実に近付いてゆくという前提は、シンボルについての適切な理論の、観念論的な最低必要条件である」と述べています。もしも観念論者が仮定する「実在」があるのであれば、それに接近するには、ほかのいかなる知的な目標への接近同様、何か適当な象徴《シンボル》に依らねばならないのでしょう。けれども私は人間存在の淵源とか「原理」とかいうものへの**いかなる**接近も、シンボルについての論理的あるいは心理的な研究の前提となっているとは思えないのです。例えば**シンボル変換**の働きが動物の一員としての人間に特徴的な一つの自然的な活動であり、一つの高度な神経反応であると認めるならば、何か先験的な「人間精神」とかいうものの存在を仮定する必要はないからです。シンボルや意味の研究は哲学の出発点であって、とくにデカルトやヒュームあるいはカントの前提から派生して出てきたものではありません。そしてシンボルや意味の豊かさや深さを自覚することはいろいろな立場からなされ得るでしょう。歴史的な事実としては確かに、観念論者が最初にそれにゆき着き、我々に神話や祭祇や芸術といったいわゆる非論述的なシンボルについて多くの文献を供してきましたが。しかしそうした研究が彼らの形而上的な思弁に極めて密接に結びついていたために、彼らが哲学の中で響かせた新しい基音は、当初古い流れの中での変調という印象しか与えませんでした。その響きの真の力は、例えば私のこの試論のように、倫理的あるいは形而上学的関心からではなく論理学的な関心に基づいた研究ですら、同じ創発的な着想によって、すなわち人間の知性が持つ本質的に**変換的な**性質によって活動するのだと気づくときに、もっとも明らかに発揮されるでしょう。

私が直接間接にお世話になった学者たちや私の考えの素材となったものは多くの学派に、そして多くの学問領域にも渡っています。そしてそれらの思想がここで最終的な表現を遂げているものについて、必ずしもその影響を断っていないものもあります。この本を捧げた智者〔＝ホワイトヘッド〕の著作について、ほとんどそれとはっきり言及すらしていません。それはシンボルの哲学の開拓者であるエルンスト・カッシーラーの著作についても、またハインリッヒ・シェンカー、ルイス・アーノード・リード、クルト・ゴルトシュタイン、その他多くの人々の著作についても同様です。時には一つの記事ないし小論文、例えばマックス・クラウソールトの「音楽と神話の関係」("Musik und Mythus in ihrem Verhältnis," *Die Musik*, 1925)、エチエンヌ・ラボーの「生物学から見た人間」("Les hommes au point de vue biologique," *Journal de Psychologie*, 1931)、サー・ヘンリー・ヘッドの「象徴的思考と表現の異常」("Disorders of Symbolic Thinking and Expression," *British Journal of Psychology*, 1920)あるいはヘルマン・ノールの『様式と世界観』(*Stil und*

Weltanschauung)』などは人の考えに新しい傾きを与えたり、ばらばらだった知識を突然一つの意味あるアイデアにまとめたりすることがあるのだけれども、その影響を受けて出来上がった理論の中に完全に吸収されきってしまっているので、その理論を述べる際にはどこにもとくに引用されていないということがあります。どの思想家の哲学的な着想をとってみてもそれは必然的にその人が読んだり聞いたり見たりしたものから生まれてきたのであり、従って真の意味でその人のオリジナルな素材などというものはほとんどないのですから、着想とは彼の教説にそれまでの知的遺産との連続性を与えているだけなのです。尊敬すべき先祖は決してないがしろにしてはならない、ということです。

文献上様々に受けた恩義の全てを挙げることはできないのですが、しかし具体的な判断や助力を得た数人の友人には是非謝意を捧げたいと思います。非論述的シンボルの理論全体に出てくる芸術家のコメントについて、とくに第Ⅷ章と第Ⅸ章については、ヘレン・シーウェル嬢に、また同じ長い章での文芸批評についてはカール・ショースク氏に、妹ダンバー夫人にいくつかの貴重な意見について、ダン・フェン夫人に校正について、またセオドラ・ロング嬢と私の息子レオナードに索引作成への助力について、そして何よりも原稿全体を読んで、多くの訂正のあとですらまた読み返し、知的な助力のみならず熱意と友情で絶えず精神的な支えを与えてくれたペンフィールド・ロバーツ夫人に、感謝したいと思います。

そして或る芸術愛好家J・M・ソーバーンが語った、「本物の、人生の深い喜びとはひとえに、人々に自分が作った泥団子を見せることです。そして自分の作った泥団子を信頼を持ってそっと差し出し、お互いに共感を持って検討してもらうことこそ、人生の最高の時です」という言葉を、改めて実感しているのです。

ケンブリッジにて　一九四一年

S・K・L

第Ⅰ章　新しい基調

　哲学の歴史を見るとどの時代にも独自の問題意識があるのがわかる。時代が抱える問題がその時代特有であるのは、政治的あるいは社会的な明らかな実際上の理由からではなく、むしろ知性の発達というもっと深層にある理由によるものである。哲学史の中で特徴をなす様々な教説がゆっくりと形成され蓄積されてきたあとを振り返ってみると、そこに着想《アイデア》が集団に分かれて群をなしているのが認められよう。それらは学説が主題としているものによってではなくて、それらが持つ「技法」とでも言ったら良いような、もっと微妙な要因を共有している集団である。或る着想が一つの時代に特有のものと当てはめられるのは、何についての着想かという、主題ではなく、問題をどの様にとり扱うかという、やり方であり、流儀である。問題の主題となる事柄は偶発的なこともある。その時々の、征服とか発見とか疫病とか政治とかの因子に左右されるであろう。だが問題への対処の仕様はもっと安定した源に由来している。

問題解決の「技法」ないし対処の仕様は、その問題がどう問われるかにまず表れる。或る問いがどう問いかけられるかはそれに対するすべての解答――正しいにせよ、誤っているにせよ――の出し方に制限と方向付けを与える。もし「この世界はだれが創ったのか」と問われたとすれば、「神が創造したもうたのだ」とか、「偶然だよ」とか、「愛憎のなせる業だ」とか、その他いろいろに答えられよう。その答えは正しいかもしれないし誤っているかもしれない。けれども、もし我々が「誰が創ったものでもない」と答えたとすれば、わざと謎めいた答えをしているとか、生意気だとか、「突き放している」、などと非難されるだろう。というのはこの様な場合、我々は、ただ見かけ上答えただけで、実際には**問いそのものを拒否した**からである。そこで問いかけた人は今一度問い直さなければ、と感じる。そこでたとえば「それなら、この世界はどのようにして現在の状態になったのだろうか」と聞く。そこでそれに対して「そもそも世界は「なった」というようなものでは全然ない」と答えたとしたら、相手は今度は本当に狼狽するだろう。この「答え」は質問者の思考の枠組みそのものを完全に拒否しており、彼の心の方向づけを拒否し、彼が事物一般についてごく常識的な考えだと常々思っていた前提そのものを拒絶しているからである。万物は何らかのやり方でそうなったはずだ、万物に原因があるはずだ、すべての変化には何かしら最終的な到達点があるはずだ、世界は一つの物であり、何ものかが、何かを素材として、何かの理由で作ったはずだ、と。これがごく自然な考え方である。普通の人はこの暗黙の「やり方」をわざわざ公言せず、ただそれに従ってやっているだけである。彼は自分が何か基本的原理を前提としているとは意識していない。この種の基本的原理はドイツ人ならきっと自分の「世界観《ヴェルトアンシャウウング》」だというであろう、心の構えであり態度であって、特定の信条として枚挙されるようなものではない。こうした基本原理が彼の物の見かたを作り上げているのであって、それは彼が注目する事実とかあれこれ議論している命題よりも、一段深いところにある。

こうした原理はそれと直接述べられることはないのだが、しかし、**人が発する問いの定式化のしかたの中に**姿を現す。問いとは実は曖昧《あいまい》な形の命題なのである。それを確定するのが解答である[1]。問いの趣旨を完成できるような解答の数は限られてくる。このように、いかなる所与《データ》も経験も、主題も、それを知的にどう扱うかは我々のする問いの性質によってすでに決定されており、答えにおいてそれが成就されるということなのである。

哲学においてはこの問題の設定の仕方が、一つの学派、一つの運動、一つの時代が果たす貢献のうちでももっとも重要である。それは偉大な哲学の持つ「天才《ジーニアス》」である。この特別な才のもとに体系が生まれ、支配し、そして衰亡する。したがって或る哲学を特徴づけるのは問題への解答であるよりも、むしろ問題をどう系統立てて示すか、その**定式化**である。問題への解答は壮大な事実の集積を打ち立てる。しかし問題への問いこそが事実の像の位置を書き込む枠となる座標軸をつくる。問いが作成するのは単なる枠組みだけではない。それは像の投射角度を決め、絵の具板を、画像のスタイルを、要するに画像の主題以外のものすべてを用意するのである。我々の問いの中にはすでに**分析の原理**が含まれていて、それへの答えは何にせよ、その基本原理から生み出せるもののうちの何かを表しているのである。

ホワイトヘッドの『科学と近代世界』のなかに、思考の足場でありかつ制限でもある、この〔問いかけによる〕思考の先取りについて説いている一節がある。教授は次のように述べている。「われわれが或る時代の哲学を批判するさい、その哲学の解説者たちが公然と擁護しなければならないと感じている知的立場に、主として注意を向けるようなことをしてはならない。その時代に属する種々さまざまの学説の遵奉者たちが無意識に想定している根本前提がいくつかあるであろう。そのような前提はきわめて分かりきったものと思われるので、人びとは、自分たちがほかの考え方を思いつかないために、前提しているものが実は何であるかを知らない。これらの前提の下に哲学体系の限られた若干のタイプが成立し、この一群の体系はその時代の哲学を形成するものである(2)」。

何年か前に、バーンズ教授は「地平感覚（“The Sense of the Horizon”）」という優れた小論文を発表したが、そこではこれと同じ原理がもう少し広い範囲に適用されている。彼はその中で、すべての文明にはそれぞれ知識の——知覚の、反応の仕方の、感情の、そして着想の——限界があることを指摘しているからである。「いつの経験にもその地平がある。今日の経験は、明日の経験ではないのだが、そこにすでに今日の地平における明日という、暗示と含意が何かしらある。一人の経験は同時代に生きている別の人、あるいは過去に生きた別の人の経験に付け加わってゆくであろう。そしてそこにできる経験の共通世界は彼一人の観察よりも大きく、それぞれの人がその中で生きることができる。しかしその共通世界がいかに広くても、その世界もまたそれ自身の地平がある。そしてその地平線上にさらに新しい経験が絶えず現れ続けるのである(3)。

「どの時代の哲学者たちもできるかぎり多くの経験の根拠を説明しようとしてきた。説明のつかないものは存在しないのだとまで敢えて主張した者もある。しかし多くの偉大な哲学者たちは自分が説明できる範囲を超えたものがあることを認めており、そのゆえに、日付はまだ入れてないとしても〔いつかは迎える〕自分の哲学の死亡証明書にあらかじめ署名しておいたのである(4)」。

「……西欧哲学の歴史は、この地平感覚が人々の視線を、〔眺め続けていた〕神話と儀式から、小アジアにおけるギリシャの伝統にもとづく当時の信念や習慣から離して、もっと遠くを見るように持ち上げた時期に始まる。……定住民の文明においては、自然現象の**規則性**と、それと経験の大部分との結びつきとが重要な意味を持つようになった。神話はまだ相互の結びつきがなくあまりにばらばらであった。しかしそのばらばらな神話の背後には運命の神がいるという発想があった。おそらくこの発想がタレスやその他の初期の哲学者たちに新しい、系統的な定式化への最初のヒントをあたえたのであろう。その定式化は、世界に対する現在の態度のなかに、より大きな規模の確実性を持たせようとする試みであった。この観点に立つと、初期の哲学者たちは伝統の中にある様々な矛盾に悩まされたというよりは、経験の地平にあらわれた、自分たちの伝統では適当な説明がつけられないような、いくつかの要因に惹かれたのだと思われる。彼らはこうした新しい要因を包括できるような新しい定式化をはじめ、大胆にも「すべては」水だ、とか、「万物は」流転すると言い放ったのであった[5]」。

一つの時代や社会の知的な地平の中に含まれる経験の系統だったまとめとしての定式化を決定するのは、出来事や願望によってであるよりもむしろ、人々が出会った驚きを、自分の納得がゆくように分析したり記述したりするのに自由に使える、**いくつかの基本概念**によると私は思う。もちろんそうした概念は必要に応じて、政治的、あるいは家庭的経験に対処するために、生ずるものである。しかし同じ経験もさまざまに異なった光に照らして眺めることができるし、また経験を照らし出す光は外部的な事情によるとともに、或る人々に備わった天分にも依存する。異なった人々は同じ出来事をひどく異なったやり方で受け取るであろう。コンゴの黒人の部族が(たとえば)キリストの受難の物語を初めて紹介されたなら、同じくこの話を聞いたこともなかった〔北欧の〕ノースマンあるいはアメリカ・インディアンの子孫とも、全く異なった反応を示すであろう。すべての社会は、新しい考えをその社会**特有**の概念で、暗黙の、**特有**の基本的なものの見方をもって迎えるのであり、言い換えれば、**自らの「問い」かけをもって**、独自の好奇心をもって迎えるのである。

バーンズ教授が言及している地平とは、我々が尋ねることができる明確で理屈の通った問いの限界のことである。彼がギリシャ思想の発案者として引用しているイオニアの哲学者たちが「万物」は何から出来ているのか、ないし「すべて」の物質はどのようにふるまうかを問うたとき、彼らは一つの一般的な観念つまりそれに対してさまざまな偶然が起こるような根源的な実体、最終的な、普遍的な**物質**という考えを前提としていた。この考えが、物とはそもそもなんであったのか、どのようにそれは変化したのか、という彼らの問いの出し方を規定していたのである。正と不正、富と貧困、束縛と自由、といった問題は彼らの知の地平を越えていた。その種の事柄については彼らは社会の習慣が規定した、名付けられていない、無意識の態度をとっていたに違いない。これらの領域には彼らの念頭にあった概念が適用できず、したがって社会的、倫理的事柄については新しい、興味深い、主導的な問いは出てこなかったのである。

バーンズ教授はギリシャ思想全体を、経験の巨大な定式化であるとみなしている。「伝統的な習慣や語の使用における激しい反動とたえず闘いながらも、ギリシャ的経験を定式化するという作業はプラトンとアリストテレスの偉大な教説において絶頂に達した。二人はともにソクラテスを拠り所にしている。ソクラテスは、以前の哲学者たちがなした単なる断言から、そのような断言がどのような妥当性を持つのかを問うことへと向かっていった。世界がなんであるか、ではなく、それがなんであるかをいかにして知り得るのか、そしてそこから、自分自身について何を知ることが出来るかが、もっとも基本的な問題であると彼には思われた。……かくしてタレスによってはじめられた定式化の作業はアリストテレスによって完成されたのである」と教授は述べている(6)。

私は彼のこの判断には、歴史的にヘレニズム文明が連続し、かつ緊密にまとまっていたことが影響したのではないかと考えている。タレスから〔プラトンが建てた学園〕アカデメイアに至るまでの間に少なくとも一つの地平の変化がおきていることは確かである。

すなわちソフィストの登場である。ソクラテスが出した問いかけは、当時のギリシャ人にとって、かつてタレスと〔ミレトスで、空気・息を万物の原理とした〕アナクシメネスの出した〔なんであるかの〕問いかけが当時のギリシャ人にとって初めてであったのに劣らず、まったく前代未聞であった。ソクラテスはイオニアの思想を継続してそれを完成したのではなかった。彼は自然哲学者たちにとってはまさに死活問題であった思弁的物理学にはほとんど興味がなかったし、彼の全生涯の仕事はその古代の事業を一歩も前に進めていない。彼が持っていたのは新しい答えではなく、新しい問いであり、その問いとともに彼は新しい概念的枠組みを、これまでとは全く違う射程を、ギリシャ哲学にもたらしたのであった。彼の問いかけた問題は法廷の中やソフィストたちの雄弁術の教科のなかで出てきたものであり、だいたいにおいて、またその重要な特徴において、学問的伝統とは無関係である。知識の妥当性ということは彼の抱いていた新しい疑問のうちのひとつにすぎない。そもそも知ることに**価値**があるのか、また学問の、政治的生活の、実用的技術の価値、そして最後に自然の運行の**目的**はなんであるのか、これらすべてが彼にとっては問題を孕《はら》んでいるとおもわれた。それは彼が新しい着想で作業をすすめていたからである。始源の物質とその変容とか、その物質の事実上の所産、その変化の法則、その究極的な同一性などは彼の言述に入ってこず、その議論は**価値**という観念を巡るものであった。すべてに価値があることはあまりに自明でわざわざ述べる必要がないと思われた。あまりに明白なことなので、イオニアの哲学者は価値について一顧だにしなかったし、ソクラテスもそれをわざわざ言明しようとはしなかった。しかし彼の問いは、事物がいかなる価値を持っているかを巡るものであった。それは善いものであるか、悪いものであるか、それ自身において善いのであるのか、他者との関係において善いのであるのか、すべての人間にとってそうであるのか、わずかな人間にとってそうであるのか、あるいは神々にとってのみ、そうであるのか。このように価値という旧い観念を新しい観点から用いてみると、まったく新しい問いの世界が開かれてくる。こうして哲学的な地平は一挙にあらゆる方向に拡がった。ちょうど階段をのぼると一段ごとに視界が一挙に開けるように。

思考の境界は、心と出会う経験の内容が豊富なものか、ごく貧弱なものかによって外側から決められる、というよりはむしろ内側から、心が経験に出会う際の発案の力がどれほど強力であるか、経験を系統立てる想念をいかに豊かに備えているかによって決まる。新しい発見とはそのほとんどが、前からいつもそこにあったものが、突然目に入ったということである。新しい着想《アイデア》とは、それまでそこにあったのだが我々にとっては形をなしていなかったものを照らし出す光である。我々はここに、あそこに、そして至る所に光を当て、そのたびごとに思考の境界線はあとずさりしてゆく。このような基本的な改革によって、新しい科学が、新しい芸術が、はたまた若く力強い哲学の体系が生み出されてくる。物質の同一性とか形式の変化、あるいは価値、妥当性、美徳というような着想や、あるいはまた外的世界と内的意識などの着想自体はまだ理論ではない。理論を案出するのに用いる条件を提供するものである。そうした着想が特定の疑問を産み出し、その問いの形式の中で初めて分節され明らかになる。だから、これらを思想の歴史における**創発的着想**《ジェネラティヴ・アイデア》と呼んでよいであろう。

タレスが、あるいは我々が知らない彼の先駆者のひとりが、「世界は何でできているのか」という問いを発したとき、大いなる哲学的視野が開けたのであった。何世紀ものあいだ人間は目をものの変化にむけ、成長や衰退、自然の変化の法則の問題に関わってきた。そしてそのような原初的な科学の可能性が発掘され尽くしてしまって、思弁の道が壁に突きあたったときに、そして識者の心があり得る可能な答えが多く積み上げられて混乱していたときに、ソクラテスはこの単純な、人をびっくりさせる問いを発した。「どの答えが真か」ではなく、「真とは何か」と問うたのである。「知識とは何か、そしてなぜ我々は知識を得ようとするのか」彼の問いが人をまごつかせたのは、そこにこれまでなかった説明の原理が、価値という観念が含まれていたからである。ものを理解するということはそのものの運動とかその内容物質を記述することではなく、なんのためなのか、ものの目的を知るということなのだ、と。この着想から一群の新しい問いが生まれてきた。人間の最高善とは何か。宇宙の最高の善は何か。芸術の、教育の、政治の、医療の本来の原理は何なのか。惑星や天体は何の目的で回転し、なぜ動物は子を孕み、帝国が台頭するのか。人はなんのために手と目をもち、言語を与えられているのか。

自然哲学者たちにとって目や手は木石以上には関心を惹くものではなかった。これらはすべて〈原初物質〉の変異体にすぎない。ソクラテス的な**目的**の把握が従来の発想を越えていたのは、それが人間の手と、他の「諸元素の混合」との**違いに重要性を与えた**からである。ソクラテスには元素という主題をめぐっては伝統を受け入れる用意があったのだが、ただ彼としてはむしろ、なぜ我々は火と、水と、土と空気でできているのか。なぜ我々は感情を持つのか、また真理を夢見るのか、我々はなぜ生きるのか、我々はなぜ死ぬのか、を問うたのであった。それに応答する形でプラトンの理想国とアリストテレスの科学が出てきた。しかし誰も「究極の善」とか「目的」が、何を**意味する**か、を立ち止まってわざわざ説明しようとはしなかった。これらはすべての新しい、決定的な、哲学的問題の創発的着想であり、説明を測る物差しであり、かつ共通の感覚《コモンセンス》、常識に属するものであった。

哲学の一時代の終わりは原動力となっていた概念が枯渇することで訪れる。それぞれ定式化されうる、解答可能な問いのすべてが使い尽くされてしまうと、残っているのは時に否定的な意味で「形而上学的」とよばれる問題、つまりその問題を述べること自体が逆説を含んでいるような、解決不能なものだけになってしまう。この種の擬似問題が特殊なのは、それが複数の解答が互いに背反しつつ、しかし同じほどに満足な答えを許すことがある、ということにある。ひとたび或る解答が出されると、そこに何人かの信奉者が現れて、別の人たちがいかにそれが誤りであるか、いかに不適切であるかを徹底的に示したとしても、あくまでそれを支持し続ける。それはこの解答に競合する別の解答も同じような欠点を持っているためで、結局そのうちどの解答を選ぶかは、人の気質による、ということになってしまうからである。それらの形而上学的解答は、適切な問いに対する良い解答のような知的な発見ではなく、**独断的教条**だからである。その時点で哲学は現実離れした純理論と化す。これ以後「反駁」がその標語となり、その活動は議論であって、思索ではなくなる。一途でひたむきな精神よりも偏見のない精神の方が重要とされ、全体の重心は現実の哲学的問題から周辺的主題へ――方法論、精神的発達、社会における哲学者の位置、そして護教論へと移動してゆく。

ギリシャ・ローマの哲学の折衷期は、まさにそのような、霊感を受けた高揚の時期の後にくる末期の時代であった。人々は着想の示唆するところをさらに先に進めようとするのではなく、従来の疑問についてどの陣営に与するかに営々としていた。彼らは新しい事柄について考えるのではなく**理を尽くした説得的な信念**をもとめた。既成のさまざまな教説が皆まわりに並んでいるから、それを取捨選択すればよく、あるいは分解してもう一度組み立て直してもよかった。不穏なソクラテス的〔重大時に心に聞こえる神霊〕ダイモニオンのささやきよりも、哲学の慰めの方がその時代の精神に合っていた。

それでも人間の精神はつねに働き続けている。哲学の畑が休閑期にはいると、ほかの多くの領域でさまざまな実がなった。ヘレニズムの終わりはキリスト教の始まりにあたっており、深い情動生活と、また軍事的、政治的な事業の時代であり、野蛮な群衆は急速に文明化し、新しい土地所有がなされた。未開の北方ヨーロッパが地中海世界に開放されたのであった。もちろんそのような活動と革新と、そして途方もない挑戦とに直面して、旧い文化への関心は弱まり旧い概念は色褪せた。足のむくままの気まぐれな当世風が、深い伝統を持つ哲学的思想にとってかわった。有能な精神の持つ力はもっぱら当面の実際的また倫理的な問題に費やされ、形而上学は外部との交渉に晒されない、教育のある人たちの、尊敬すべきではあるが実のない洗練の場であり、時代遅れの学者の一風変わった孤独な楽しみと思われた。大きな新機軸が秩序体制を確立し、情動の炎が燃えつくされ、そして新しい当世風の考えがほとんど永続的な原理にまで成熟するには何世紀もかかった。そしてその時がくると、人間本来の好奇心がいまいちど生命の諸原理に向けられ、その生命原理の本質を求め、その内面的な分化に、その原理の確実性の根拠を求めはじめたのである。教条と神の命令をどう**解釈するか**が、次第に切迫した問題となってきた。だが一般命題の解釈とは哲学そのものである。かくしてもう一つの決定的な時代、〈理性〉の時代がはじまったのである。

キリスト教の台頭と勝利に鼓舞された想像力と感情の素晴らしい飛翔と、その深く革命的な態度が掘り起こした問いとが、初期の教父の時代に始まり、偉大なスコラ哲学者の時代に最盛期をむかえる、千年近くにわたる哲学の成長をもたらした。しかしついには、その創発的着想――罪と救済、自然と恩寵、統一性、無限性、神の王国といった――もその仕事を納める時がやってきた。巨大な思想の体系が構築され、そして関連する諸問題が論議されつくした。その後にきたのは、答えが出ない袋小路であり、逆説であって、それらは一つの創発的着想の、知的展望の限界の標《しるし》である。消耗したキリスト教の精神はもう弁論を終え、哲学はただ信条を繰り返すばかりで、その正当化の力もどんどん弱体化していった。

そこに「純粋な思考」が陳腐な学者仲間の事柄として再び登場してきた。歴史の教師は好んで我々に、中世の学のある人たちは針の先端で何人の天使が踊れるかを厳《おごそ》かに論じたものだよと、語る。もちろんこうした問題も、同種の別の問題も、じゅうぶん尊重に値する深い意味合いをもっているのであって、この場合でいえば解答は天使の本性が物質的であるか非物質的であるかにかかっている(もし天使が身体を備えないのであれば、無限数の天使が長さも幅も厚みもない一点を占める事は可能である)。それでもそのような問題は、無知から、あるいは故意の悪意から誤解され、教室ではいまだに真剣に議論が続いている間も、パーティの席では笑い種になっていたことは疑いない。実際にはごく平均的な人間はそれを聞いても理解しようともせず、ただ学者連中の間で捻出された謎とみなす――今日ならさしずめ素人が「あまりに深遠でお手上げですね」というような――反応を示したことからも、こうした形而上学的な思弁がもはや教養ある一般人にとって決定的な事項ではなかったことが窺われる。スコラの思想はルネサンスと今日では呼ばれる新しい関心と新しい情動の圧力を受けて、その新しい着想と芸術的な霊感が所狭しと集まってくる中で、次第に窒息状態に陥っていった。

何世紀もの間、何も生み出さない不毛な伝統と、理屈をこね回すこと、そして哲学内部の派閥の争いの時代が続いたあとで、ルネサンスから生まれてきた名付けようのない、異端の、しばしば相矛盾する、多くの考えが次第に普遍的で究極的な問題へと結晶していった。人生についての新しい展望が人間精神に、この目が回るような混沌世界をどう理解するのかと挑戦してきたのである。こうして「自然哲学と精神哲学」という**デカルトの時代**がこの世界を継いでゆくことになった。

この新時代は強力で革新的な創発的着想をもっていた。すなわち現実全体を**内的経験と外的世界**とに、主観と客観、私的現実と公的真とに二分するのである。今日では伝統的となっている認識論の言葉遣いにこの基本的な考え方が見て取れる。今日も「与えられたもの」について、「感覚所与《センス・データ》」について、「現象」について、また「他者」について語るとき、我々は内的経験の直接性と外界の連続性を自明なものとしている。つまり我々の基本的な問いがこの術語の枠組みで作られているのである。精神への直接所与とは実際には何なのか。感覚所与の真を何が保証するのか、観察可能な現象の秩序の背後にあるのは何か、心と脳との関係は何か、いかにして我々は他者の自我を知ることができるのか。――これらはすべて今日よく知られた問題である。そしてそれへの答えが、経験論、観念論、実在論、現象学、**実存哲学**《エクシステンツ・フィロゾフィー》(Existenz-Philosophie)そして論理実証主義といった様々な思考体系へと詳細に整理されている。これらの学説の中でももっとも完成度が高く特徴的なのは、最初の時期の教説である経験論と観念論である。両者は新しい創発的な観念である**経験**の全面的で、無防備な、強力な定式化である。その信奉者はデカルトの方法に刺激された熱心な思想家たちで、彼らの教説は出発点になっているデカルトの原理に明らかに含意されていたものであり、そのような帰結が引き出されることは当然なことであった。それぞれの学派は次々に知的世界に旋風を引き起こした。大学のみならず、あらゆる知的グループがこぞって、使い古された抑圧的な概念や探究がぶつかっている不可解な限界から解放されるのを実感し、人生や、芸術や、活動にもっと真実な方向付けが得られるという希望のもとに、新しい世界像を歓迎したのである。

だがしばらくするとこの新しい展望に内在していた固有の混乱と影とが露《あら》わになってきて、それに続く教説は、ホワイトヘッド教授が「自然の二分岐」とよんだ主観客観の二分から生まれたディレンマを避ける方法を様々に探し求めるものとなっていった。それ以来理論はますます洗練され、間接的になり、巧妙になっていった。だれも自分は観念論者だとはあからさまに言う訳にいかないし、かといってまた経験論に最後までつきあう訳にもいかない。実在論の初期の形態は「素朴」実在論とされ、「批判的」実在論や「新」実在論にとって替わられている。多くの哲学者がいかなる体系的世界観をも徹底的に否定し、また原則として形而上学を排斥している。

そしていま一度哲学的思考の泉は枯渇してしまった。少なくともこの五十年間、我々は一時代の終わりを示すあらゆる兆候を目のあたりにしている。例えば思想がどんどん多様化する「イズム（……主義）」に組み込まれ、その各々の支持者が競って自説を声高に申し立てて、勝ち負けの判断を迫り、哲学は尊敬すべき、重要な研究なのだという弁護論や会議やシンポジウムがやたらに増え、テキスト批判、諸説の通観、俗化版、共同研究が洪水のように溢れている。教養のある非専門家は、かつて『リヴァイアサン』や、あるいは大『批判書』、あるいは『意志と表象としての世界』にすらすぐさまとびついたようには、もう新しく出た哲学書にとびついたりしなくなった。彼は大学の教授から十分に知的な情報が得られるとは期待していない。予想されるのはむしろ、観念論か、実在論か、プラグマティズムか、非合理主義か、どれかを信念として受け入れるようにと説得されるだろう、ということである。我々はもう一度、あの窮余の策に、すでに理由づけができ上がっている信仰を見つける地点に辿りついたのである。

しかし、何かの信仰を持つ普通の人は、それが理を尽くしたものであろうが理屈ぬきであろうが、実際には大して気にしない。人が理由づけをするのはただ自分の好奇心を満足させようとする場合なのだが、現在のところ哲学はひとの好奇心を刺激しないし、ましてや満足などさせない。哲学はただ役にも立たない難問を持ってきて人を混乱させるだけである。混乱してしまうその理由はその人が頭が悪いからではなく、あるいは

（よくそう言われるが）哲学を楽しむには忙しすぎるからでもない。要するに——ホワイトヘッド教授が「天才の世紀」とよんだ——十七世紀の創発的着想が役目を終えたからである。今やその着想を成立させていた諸概念に内在していたさまざまの困難が我々の前に立ちはだかっている。そこに転がっている逆説に躓《つまず》いてしまうので、我々は思考を前に進めることができない。こうなると新しい知識が欲しければ、まず新しい問いに基づく世界をまるまる手に入れなければならない。

その一方で、この瀕死の哲学の時代は科学と技術が壮大に活躍している時代にあって影が薄れてもいたのである。科学的思考の根はずっと昔に遡《さかのぼ》り、主観哲学の全時期を貫き、明快な経験論よりさらに昔の、ルネサンスのあの輝かしい外向的精神にまで辿れるものである。近代科学は経験論から生まれてきたとしばしばいわれている。しかしホッブズもロックも物理学を提供しなかったし、またベーコンは科学者たちの信条を完璧な形で表明したが、しかし彼自身は現役の哲学者でも科学者でもなかった。彼は本質的に文人であり、当代思想の批評家であった。科学についての熟考から直接生まれた哲学といえば唯一**実証主義**のみであるが、これはおそらくすべての教説のなかでもっとも無味乾燥である。形而上学的あるいは論理的な「第一原理」をうち立てる困難を排除し、常識に訴える哲学なのだから。

真の経験主義は何よりもまず感覚認識の妥当性についての反省であり、目や耳が実際に心に届ける一過性の非連続な報告からいかにして我々の観念と信念とがうち建てられるのか、についての思弁である。科学者たちの形而上学である実証主義はそのような疑問を抱かず、認識論上の問題を提出しない。その感覚の信憑性についての信念は暗黙のものであり、しかも独断的である。したがって実証主義はデカルト以後の哲学と競っても勝ち目はない。それは認識論の基本問題を排除して、ただ実験作業のための小空間を作り上げているだけである。一方それが**解答を**ではなく**問題を**排斥しているという事実が、まさに成長しつつある自然科学がこれと全く違う現実の局面に照準をあわせていたことを示している。自然科学は独自のいわゆる「作業概念《ワーキング・ノーション》」をもっていたのであり、その最強のものが**事実**の概念である。

事実が中心概念となっていることで、科学と経験主義は後者の主観主義的な傾向にもかかわらず**親交関係**《ラプロシュマン》にある。視覚や聴覚にいかなる問題が絡んでいようとも、感覚のする保証には何かしら最終的なものがある。純粋な観察そのものに対して異を唱えるのが難しいのは、感覚所与には固有の「事実」らしさを備えているからである。そして事実という、素早く最終的な判決が出る控訴審裁判の法廷こそ、科学がその巨大で複雑な研究を前進させるためにまさに必要としたものであった。認識論は興味深い謎をつくりだすことがあるが、しかし確信が依って立つ事実を供給することは決してできない。一方感覚的証拠にたいする素朴な信仰は、思考にまさにそのような決着点を与えるのである。我々のすべてが事実を観察でき、それと同定し、共有できる。結局は百聞は一見に如《し》かず、である。そして科学は哲学に対抗して、あの熱心で活動的な哲学の時代のただ中にあってすら、自らは疑問の余地のない原理をもっぱら目に見える世界に求めるのだと公言してはばからなかった。

生み出された成果の素晴らしさは、この新しい態度を全開状態にしたのだった。哲学的思想家が反対したにもかかわらず、また「粗野な物質主義」や「感覚中心主義」に対して道徳家《モラリスト》や神学者たちがあげた反発の声にもかかわらず、自然科学はジャックの豆の木のようにあれよあれよと見る間に伸びて、それに対抗しようと人間の思考が生み出したもののすべてを覆って目立たなくしてしまった。観察への情熱がこれまでの博学な議論への学者たちの愛に取って替り、実験技術を急速に発達させて人々にもっともっと多くの事実を与え続けたのであった。新しい力学的知識の実用への応用がすぐに大学の壁を越えて一般大衆に広がり、確固たるものとなった。ここにきて伝統的な哲学への関心はもはや追いつけなくなってしまった。哲学は明らかに、あの人気のない隠れた入り江すなわち教室へと左遷されてしまったからである。術語の一貫性や定義に、また概念の厳密さや、形式的な演繹手順などいまさら真剣に気にかける者は誰もいなかった。感覚は長いこと軽蔑され、興味深いがけしからぬ悪魔の領土とされてきたが、今や人間の最も価値ある奴隷と認められ、その古典的な不名誉な地位から救われて、人間の新しい冒険事業に奉仕することになった。感覚はきわめて効率的で、人間精神に信じられないほどの量の思考の糧を供するのみならず、やがてはその認知に関連する仕事の大部分も一手に引き受けるだろうと思われた。感覚的経験から得た知識のみが真理の供述書を備えていると考えられた。活動的な近代精神のすべてにとって、真理とは経験的事実と同一であったのだから。

かくして科学的文化が、疲弊した哲学的展望の後継者となった。異論をはさませず、みずからも異論をはさまない経験主義——懐疑主義的でなく実証主義的な——が、その公式な形而上学的信条となり、実験がその公然の方法であり、夥しい量の「所与《データ》」がその資産であり、そして未来を正しく予測できることが、その証拠であった。この大いなる冒険のプログラムの解説はベーコンの『ノヴム・オルガヌム（新機関）』に見事に述べられており、その数世紀後にはＪ・Ｓ・ミルの帰納法の綱領のうちに、科学的に尊敬すべきもののすべてが、完全に、誇らかに宣言されたが、これは言うなれば方法論上の声明文である。

自然科学的な世界像が増大し、技術が進んでくるにつれて、「経験的」原理と互角に君臨したはずの「合理的」原理に依拠する学問が全滅するかの脅威にさらされ、やがて名誉ある科学の名にすら値しないとされた。論理学と形而上学、美学そして倫理学の時代はもう終わったらしかった。一つまた一つと哲学内で枝分かれした分野――自然哲学、心の哲学、社会哲学、宗教哲学――が、それぞれ自立した科学として打ち立てられていった。そのうちで、自然についての諸哲学は奇跡的な成功を収めたが、人文科学は実際の達成というよりは希望と謳い文句に終わった。自然諸科学は躊躇《ためら》うことなく行進していた。心理学と社会学は「節を覚え、歩調をあわせて」これに遅れずついていこうと真剣に努力していたが、数学的法則についてはどうもうまく使いこなせなかった。心理学者たちは、自分たちの実験を記録し、そこから一般的結論を帰納的に引き出すのとおそらく同じくらいの時間と文字数を、自分たちが完全に経験主義者であること、その前提は事実であること、実験的方法を採用していること、を示すのに費やした。彼らは今でも、法則性と計量可能性に欠けているのは心理学がまだ若い学問だからであると言い続けている。だが物理学は今日の心理学ぐらいの若さであったときにも、明確で一般的な事実の体系をなしていたし、その自然な進歩のそれぞれの方向に、将来その分野が拡大してゆくであろうことははっきり約束されていた。それは自分について、〔『アンクル・

トムズ・ケビン』に出てくる、もののように扱われていた粗野な女の子の〕トプシイのように「わたしは誰にも作られたのじゃない、自分で大きくなったのよ」と言ったかもしない。だがわが科学的心理学は実験室で、とくに方法論についての議論の中で、**作られた**のである。実際これまで多くの物が作られてきた。しかし合成有機体は雑草のようには成長しない。それが収める技術的勝利はしばしば、心理学的「事実」ではなく生理学ないし化学における発見である。

神学としては到底科学的方法に屈する訳にはいかなかったから、知的競技場の場外に出ていって、修道院の図書室に独りひっこんでしまった。**論理学**はかつてはまさに科学の模範であり基準であったのだが、今となっては持ち前の「明晰にして判明な概念」を捨て、経験事実から出発し、同じく事実に沿ったその内包的意味を引き出す議論をするのだと公言する以外に救いの道はなさそうに思われた。かつては人間の思考の最大の企画に投資する資産家であった論理学者も、いまや鉄道の保線工員のような者に成り下がり、科学的推理の路線と転轍点を整理して感覚についての報告を正しく結合させるという仕事を担うことになってしまった。どうやら論理学には独自に生きてゆくことは無理なように思われた。それには事実の基盤がなく、あるのはただ我々はこう考える、だからこれこれの議論の形式は以後の経験についての正しい、または誤った予想につながる、云々といった心理学的な事実のみであったから。論理学は試験済みで確かで有用な事実発見の諸方法についての反省にすぎず、また「帰納法」とよばれる、専門的にいえば誤謬《ごびゅう》を含む一般化の推論過程の公の保証人でもあった。

実際科学の全盛は、かつて三世紀半前にあの偉大な創発的着想である内界と外界への自然の二分岐から生じ今日すでにかなり消耗している哲学的関心を、窒息させ抹殺してしまった。コント、ミル、スペンサーの世代の人々には、たしかにすべての人間の知識がこの新しい鋳型で製造されていくだろうと見えたのだし、そしてたしかに、他のどの型を用いてもうまく固まるまいと思われたのである。そして実際他の鋳型ではほとんど何も**固まらず**、形を成さなかった。だが物理学以外の学問分野でも、物理学と物理学から派生した諸領域にはあれほどのすばらしい成果をもたらした科学的方法を採用してみても繁栄できなかったという点では、事情は同じである。要するに科学は人間の思想のすべてを結実させ活性化することにはならなかったということである。もしもコントが希望を持って宣言したように、知的進化において、人類は哲学的段階を本当に卒業したのであり、もはや空想的な着想など抱かなくなったのであれば、我々は間違いなくその途上で多くの興味深い着想や発明を流産させてしまったのである。

しかし人間精神は常に孕み続けるものであって、大地同様、絶えず産み出しては棄ててゆく。旧い廃墟の陰には必ず新しい命が生まれている。去年の落ち葉は種を覆い隠しているだけでなく、今年の春の立派に育った緑の草も隠していて、それらは枯れ葉を除ければすぐにも花咲くものである。文明の季節も同じである。ギリシャ・ローマの疲れ切った折衷主義と挫折からくる皮肉主義《シニシズム》の陰に、キリスト教は圧倒的な発想力と人生についての明快な解釈を伸ばしていった。信条とか法典、また教科課程の陰に隠れ、また博学な討議や証明によってよく見えなかったあたりで、**個人的経験**すなわちルドルフ・オイケンが「内面生活の再発見」と呼んだ偉大な理念が生まれ、それがデカルトの時代からドイツ観念論の終期に至るまでの哲学を刺激し続けることになる。そして今日のさまざまな「……主義」が競合する陰にも、さまざまな方法論や会議やシンポジウムに隠されたところでも、もちろん何かが醸造されつつあるのである。

　経験的な事実発見への最初の情熱のただ中にあって、数学という古い時代からの科学が邪魔されずにその純粋な理性の道を歩んでいたことには、だれも気づかなかった。数学は科学思想の必要に見事に応え、観察された事実世界にぴったり当てはまったので、これを学びそれを用いている人たちは、かつて数学を考案し発展させた人たちが実は単なる理論家であって、目に見えるデータを持っていなかったことをわざわざ非難しようとはしなかった。それでも数学に**事実的な**基礎を確立しなければと考えた僅かの良心的な経験論者たちの仕事は、誰の目にも失敗であった。数が観察によって発見されたと本気で思った人、あるいは幾何学上の関係は多くの観察された事例から帰納論理によって知られるようになったとすら、実際に考えた人は数学者のうちにはほとんどいない。もしかしたら物理学者は定数と変数をなんらかの事実に置き換えて考えているのかもしれない。しかし同じ定数や変数が別な場所では別の事実を計算するのに用いられており、数学者自身はどれかのデータの集合を優先させるということをしない。彼らが扱うのは、その感覚的性質が全く関係しないものばかりであり、彼らにとって「データ(与えられたもの)」とは、**記号(シンボル)**と呼ばれる、任意に当てはめられた音や印に過ぎないのである。

このような記号の背後にはかつて人類のなしたもっとも大胆な、もっとも純粋な、もっとも冷静な抽象作用がはたらいている。本質と属性について思弁をめぐらすいかなる学者といえども、代数のもつ抽象性のようなものに近づいたことはない。それでいて、具体的な事実に基づく知識を誇りにし、経験的な証拠以外にはいかなる証明も認めないと宣言する同じ科学者が、数学者のやる証明や計算や、具体性のない、時には明らかに「虚構」とされる存在を受け入れるのを全く躊躇《ちゅうちょ》しないのである。ゼロと無限、負数の二乗根、無理数の長さ、四次元などがどこの実験室でも歓迎されていた。その一方で、目に見えない霊魂の実体への信仰を未だに受け入れることもでき平均的な考え深い素人たちが、この数学的存在の論理的身分を疑っていたのである。

頭の固い経験主義者をも、そのもっとも熱心に信じるところに反して、純粋に合理的な思弁と感覚不可能な「事実」を認めさせてしまう数学の秘密の力とは一体何であろうか。数学者はめったに実際的な人間でないし、物事をよく観察する人間でもない。彼らは哲学者や神学者同様、ともすれば修道院に閉じこもりやすいタイプの人間である。それなのに彼らの作る抽象物が、星を観察したり、化学的成分について実験したりする人たちに真剣に受けとられるのみならず、不可欠な基本的事実とされるのはなぜであろうか。

その秘密は数学者が**もの**の存在や現実や**事物**の因果性については全く何も発言しないところにある。彼の関心事は**物を記号《シンボル》化する**可能性であり、さらに記号同士が互いに持ちうる諸関係を記号化することである。彼が扱う「もの」とは「データ」ではなく**概念**である。だからこそ、目に見えない隠れた作用者とか、力とか「原理」とかを許さない科学者も「虚数」とか「無限小数」などを許容するのである。数学的な構成物は記号のみである。それらが意味を持つのは実体としてではなく関係として、である。たしかに現実の中の何かがそれに呼応しているのだが、現実内のあれこれの「品目」だと措定されているのではない。真の数学者にとっては、数えられるものの中に数が「内在して」いるわけではないし、円が角度を「含んで」いるわけでもない。数や角度やその仲間たちは現実の対象の現実的な性質を「意味して」いるだけである。「xはこれを意味し、yはあれを意味するとしよう」というのはまったく科学者の勝手である。数学者が決定するのは、もし〔記号の意味を〕そう決めた**ならば**、xとyはこれこれのやりかたで関係をもつということである。もし数学的に引き出される結論が経験上合わないとしたら、それは数式が**この**xと**あの**yの関係を表していないということである。ということは、xとyがこれとあれを意味していなかったのであろう。しかし、いかなる数学者も、数学の専門家としての立場から我々に、**これはxだ**、だからこれこれの性質をもつはずだなどとは決して言わないのである。

数学の力と真理性にたいする科学者たちの信仰がごく暗黙のものであったため、いつのまにか彼らの研究からますます観察部分が減り、ますます計算が増えてきた。データを集積したり表作成したりする雑多な作業が減って、数学上の項に可能な意味を振り当て、また現実的な事物と仮定されただけの存在をあてはめて、そこから論理的な結果を引き出し、それから立てた仮定が正しいかどうかを実際の経験的な結果に照らして確かめるという、いくつかの決定的な実験を実施し公開した。しかしこの実験で認められた事実が実際に**観察される**わけではない。物理学における数学上の技術が進むにつれて、目に見える実験結果の持つ効果は次第に小さくなっていった。他方、それに反比例してそれが持つ**意味**はどんどん大きくなった。実験室の人間は昔の実験の形式――たとえばガリレオの振り子とか、フランクリンの凧とか――からすっかり遠のいてしまって、自分の好奇心の対象を実際に目のあたりに観察するとは到底いえなくなった。そうではなくて、彼らが注目するのは目盛を指す針であり、回転ドラムであり感光板である。感覚経験についての「連合」の心理学はどれも、その感覚所与をそれが指示する対象に**関連づける**ことができない。なぜならたいていの場合、対象は経験されたことがないのだから。観察はほとんど完全に間接的なものになった。そして計器の**読み**が本来の証言の役を果たしている。現代科学の命題が依拠する感覚所与の大部分は、写真上の小さな斑点とか染みとか、紙の上のインクの曲線とかである。これらはたしかに十分経験的ではあるが、だがもちろんそれら自身が当の現象ではない。実際の現象はその背後にその原因として措定されている。我々が関心を抱いている過程、たとえば天体の運行とか分子とかエーテル波の振る舞いなどの代わりに、我々は実際には小さな矢印のゆれとか、針の軌跡とか光の斑点の見え隠れとかを見、これを用いて**科学上の「事実」を算定する**のである。直接に観察できるのは「物理的事実」の記号の一つにすぎず、ここから科学的命題を引き出すには解釈が必要である。そうなると、単に見ることが信じること（＝百聞一見に如かず）なのではなく、**見ることプラス計算すること、見ることプラス解釈すること**が、信ずることなのである。

これは徹底した経験主義にとってはもちろん望ましくないことである。感覚所与が科学者が扱う材料のすべてではないし、その大部分をなすとすらいえない。それに科学的調査に与えられている出来事は様々な「捏造」が可能である。つまり同一の観察可能な出来事を起こしつつ、それに異なった意味合いを持たせることが可能である。たとい誰も騙していないとしても、我々は意味づけをいつ間違うかわからない。もしかしたら我々は自然そのものに騙されているのかもしれない。それでも、もし我々の計器のわずかな震えや振動に、手の込んだ純粋に理論上の原因の連鎖仮説をあてはめなければ、我々はこれを画期的な実験結果として記録することができないのである。観察の問題はほとんど**意味**の問題によって覆われてしまう。そして科学における経験論の勝利が、**感覚所与《センス・データ》は基本的に記号《シンボル》である**という予想しなかった真実によって今や危機に陥っているのである。

ここで突然、科学の時代がもとの経験論よりもずっと根の深い、新しい哲学的問題を生み出したことが明らかになる。というのは数学が全く沈黙しつつ純粋に理性的な路線に沿って、実験的な技術と肩を並べて劣らず輝かしく、劣らず決定的に発展を遂げており、一歩一歩、発見と観察と並んで前進してきていたのであり、そして突如として我々の前に立ちあらわれた知識の大建造物とは、多大な感覚報告の集積ではなく、**シンボルである事実とその意味である法則**という構造だったからである。新しい哲学のテーマが、来るべき時代に備えて打ち出された。それは認識論上のテーマであり、科学の理解に関するものである。シンボルの力がその鍵である。前の時代は感覚所与が鍵であった。

認識論——それは疲弊した**哲学的**遺産のうち最後に残ったものであるが——に新しい創発的着想の兆しが見えてきた。その力はまだほとんど認知されていないが、しかし実際の思想の傾向を見ると——それこそ全般的な将来の見通しのもっとも確実な指標である——この新しい主題に多くの関心が集まっていることは明白である。この十五年から二十年の間にあらわれた哲学書の表題をながめてみるだけで十分である。『意味の意味』[7]、『シンボリズムと真』[8]、『象徴形式の哲学』[9]、『言語・真理・論理』[10]、『シンボルと学の存在』[11]、『言語の論理的構文論』[12]、『論理的構文論——哲学する方法』[13]、『意味と意味変化』[14]、『象徴その意味と効用』[15]、『記号理論の基礎』[16]、『表現としての魂』[17]、『具体的思考——知的シンボリズムについて』[18]、『知の基礎としての記号』[19]、そして最近の『言語と現実』[20]。他にも題にはそれが意味論についてであることが表れていない本、たとえば、ヴィトゲンシュタインの『論理哲学論考』[21]、あるいはグルーディンの『美学の主要概念』[22]がある。さらに論文を挙げるとしたら、科学のシンボル論だけでものすごい量の文献表になってしまう。

しかし、新しい調の基音が鳴らされたのは厳密な意味での哲学においてだけではない。シンボルの使用とシンボルの読解の重要性の発見によって、予想を超える突然の発展をみた、限定された専門的な領域が少なくとも二つある。それは互いにひどくかけ離れた分野であり、それぞれの問題と手続きの踏み方はいかなる意味でもまったく同類とはいえない。一つは近代心理学であり、もう一つは近代論理学である。

心理学の分野では精神分析の登場による動揺が広がっている。その受け取り方は気質によって、肯定的に興奮している者もあれば否定的にいらいらしている者もいる。論理学については記号論理学《シンボリック・ロジック》とよばれる新しい技術の台頭が認められる。この二つの研究分野が同じ時に登場したのはまったく偶然と思われる。一方は医学から、他方は数学から枝分かれして出てきたもので、両者が互いの記録を見せ合ったり、議論し合ったりする理由は全くない。それでも私はこの両者は同じ何かの創発的着想が具体的な形をとったもので、それがやがて我々の哲学的時代を支配し、刺激を与えるだろうと信じている。つまり両者はそれぞれ独自のやりかたでシンボル化の力を発見したのである。

両者はシンボル作用およびその諸機能について異なった捉えかたをしている。記号論理学はフロイト心理学での意味において「象徴的《シンボリック》」なのではなく、『夢判断』は論理構文に何の貢献もしない。それぞれがシンボル作用を強調するのはまったく異なった関心から、それぞれの脈絡でなされている。今のところ、用心深い批評家が一方は「精神哲学」の空想的実験の一つ、もう一方は論理学と認識論における流行の一つにすぎない、と見なしたとしても無理もない。

思想上の流行というとき、我々は哲学を軽く受け止めている。「いまどきの問題」とか、「先端語」という言い回しには軽蔑がこめられている。しかし考えてみれば新しい問題や新しい用語がしばらくの間、周囲を押しのけて人気を誇るのは全く自然で当然のことである。皆が口を挟んでわれがちに使う語、あるいは皆が夢中になる問いかけにはたぶん、創発的着想が、形而上学の完全な方向転換の萌芽となるものが、あるいは少なくとも何か新しい実証的科学への「開けごま」が、含まれているのであろう。そのような鍵になる着想がいきなり流行するのは敏感で活発な精神が、すぐさまそれを利用してみようとするからである。何か繋がりがありそうなときにはいつも、どんな目的のためにも、その厳密な意味合いをもうすこし拡張して使えないか、一般化してみたらどうか、そこから派生してくるものはないか、といろいろ試してみたくなるものである。その新しい着想に慣れてくると、我々の期待はその実際の有用性の範囲をやたらに越えることもなくなり、その度を越した人気も収まってゆく。その着想が実際に生み出した問題に我々は腰を落ち着けて取り掛かり、そしてこれらが現代を特性づける問題となってゆくのである。

技術の台頭は、我々の思考をほとんど二世紀間にわたって支配してきた自然科学の基本的な諸概念が本質的に健全であったことを示す最良の証拠といえよう。それらが知識を、実践を、そして体系的理解を生み出したのである。それらが我々に自信にあふれた、また明確な**世界観**を与えたことになんの不思議もない。おかげで我々は物理的な自然のすべてを掌中に収めることができた。だが奇妙なことに、いわゆる「精神科学《メンタル・サイエンス》」はこの大いなる冒険からほとんど得るところがなかった。因果の観念を論理学と美学に当てはめようとした試みは次々と失敗し、社会学や心理学ですらうまくいかなかった。原因と結果はもちろん見出せるし、相互に対応させ、図表に表し、調査することもできる。しかし刺激と反応の研究が長々と綿密に続けてきた心理学に於いてすら、真の科学は生まれていない。実験室で偉大な結果が生まれてくる展望など開かれていない。もし自然科学の方法に従ってゆけば心理学は生理学、組織学、そして発生学の方へ流されていってしまう。そして近づいてゆくべき問題からはますます離れていってしまうであろう。このことは物理学、化学、そしてそれらから生まれた学問——技術論、医学、生物学

――のすべてに、人文科学を活性化させるような概念が含まれていない事を意味している。恐らくは、心理学者、認識論者、美学論者たちが何世代にもわたって極めて忠実に見習ってきたこの物理学者の基本設計が彼らの前進を阻んでいるのであり、その先入観の力で生まれ得た洞察を挫いてしまったのであろう。この物理学の基本設計図そのものが、誤りだというわけではない。それはまったく理にかなったものである。ただ精神的現象を研究するには効果がないということである。それが〔これらの分野では〕物理的研究領域においてやっているようには、主導的な問いを産み出さず、生産的な想像力を刺激しない。それが刺激するのは方法ではなく、むしろ闘争のための方法論である。

さて、人類の関心領域の中の、まさに経験主義の時代が何の革命も引き起こさなかった箇所で、シンボルに没頭するという流行が始まった。それは科学の基本原理のどれからも直接には生じてはいない。シンボルが辿っているのは少なくとも二本の、別々の、一見両立不能な流れである。しかもその流れはそれぞれの畑で命の川となり、それぞれ実りを収穫している。そして、私はこの創発的着想がそれぞれの場所でとっている形態とその用法の大きな相違に、単なる矛盾を見るのではなく、まさにそのただ中に、将来への強力さと汎用性の見通しを、そしてまた一つの圧倒的な哲学的問題を見ている。シンボルの一つの捉え方が論理学へと導かれ、知の理論の新しい問題にぶつかる。したがってそれが科学についての一つの評価を刺激し、確実性の追求を促す。もう一方の捉え方は逆の方向へ、精神分析と感情、宗教、幻想、そして知識以外のすべてのものの研究へと我々を導いて行く。しかしその両方に一つの中心テーマが、すなわちただ受け身なのではない、積極的構成的なものとしての**人間的反応**というテーマがある。認識論者と精神分析学者とは、何がシンボルであり、いかにそれが機能するかについては相手を容赦なく否定しきるであろうが、シンボル化の作用こそが、構成的、生産的な過程の鍵であるということでは意見が一致している。一方は科学の構造をしらべ、他方は夢の構造をしらべる。それぞれがシンボル作用そのものの本性に関して、それぞれ独自の前提をもっている――その前提こそがすべてなのだから。この前提のゆえに、創発的着想のゆえに、我々は闘うのである。結論については我々はごく平和的な手段で証明することで通常は満足している。だが前提は、哲学上最大の利害がからむ商売道具なのだから。

シンボル化という基本概念――神話的であろうが実用的であろうが、あるいは数学的であろうが関係なく――のうちに、すべての人間的問題の基調がある。そこに、生命や意識の問いに光をあてるであろう、あたらしい「心性《メンタリティー》」がなす発想がある。これまでの伝統的な「科学的方法」はそうした問題には興味がなかったのだが。もしも、これが本当に創発的着想なのであれば、それがみずから手応えのある方法を編み出して、精神と身体との、理性と衝動との、自律と規律といった、袋小路にはいってしまった逆説《パラドクス》から抜け出させ、そして前の時代には立ち往生してしまった議論を、彼らの用いてきた術語もろとも脱ぎ捨て、議論をより有意義にするような、相当する語句を用いて立て直すことによって克服するであろう。シンボルの哲学的な研究は別の学問領域から借りてきた技術ではない、数学から借りたのですらない。それは偉大な学問の進歩がこれまで休閑地としてきた畑から生えてきたものである。もしかしたらそこに新しい知的収穫の種がはいっているかもしれない。人間知性の次の季節には、それが刈り入れの時を迎えるかもしれない。

原注

（1）Felix Cohen, "What is a Question?" *The Monist*, XXXIX (1929), 3: 350-364 を参照のこと。

（2）A. N. Whitehead, *Science and the Modern World*, Chapter III, "The Century of Genius" (「天才の世紀」)より〔上田泰治・村上至孝訳『ホワイトヘッド著作集』第六巻、松籟社、一九八一年、六四ページ〕。

（3）"The Sense of the Horizon," *Philosophy*, VIII (1933), 31: 301-317. この予備的論文はのちに著書 *The Horizon of Experience* (1934) にまとめられた。p. 301 を見よ。

（4）同上、pp. 303–304.

（5）同上、pp. 306–307.

（6）同上、p. 307.

（7）C. K. Ogden and I. A. Richards, *The Meaning of Meaning* (1923).

（8）Ralph Monroe Eaton, *Symbolism and Truth* (1925).

（9）Ernst Cassirer, *Die Philosophie der symbolischen Formen*, 3 vols. (1923, 1924, 1929).

（10）A. J. Ayer, *Language, Truth and Logic* (1936).

（11）H. Noack, *Symbol und Existenz der Wissenschaft: Untersuchungen zur Grundlegung einer philosophischen Wissenschaftslehre* (1936).

（12）Rudolf Carnap, *The Logical Syntax of Language* (1935; ドイツ語版 1934).

（13）Rudolf Carnap, *Philosophy and Logical Syntax* (1935; ドイツ語版 1934).

（14）Gustav Stern, *Meaning and Change of Meaning* (1931).

（15）A. N. Whitehead, *Symbolism, its Meaning and Effect* (1927).

（16）Charles W. Morris, *Foundations of the Theory of Signs* (1938).

（17）Paul Helwig, *Seele als Äusserung* (1936).

（18）A. Spaier, *La pensée concrète, essai sur le symbolisme intellectuel* (1927).

（19）R. Gätschenberger, *Zeichen, die Fundamente des Wissens* (1932).

（20）Wilbur M. Urban, *Language and Reality, the Philosophy of Language and the Principles of Symbolism* (1939).

(21) Ludwig Wittgenstein, *Tractatus Logico-Philosophicus* (1922).

(22) Louis Grudin, *A Primer of Aesthetics* (1930).

第Ⅱ章　シンボル変換

想像の活力と精力とは思いのままに働かない。
それは泉であって機械装置ではないのだから。
D・G・ジェームズ『懐疑主義と詩』より

知の理論にこれまでとは違うアプローチを取るとなれば、当然のことながら、心理学にもその影響が及ぶことになる。知識の主たる要因は感覚であるとされていた限り、心理学者は心の窓である感覚器官と、その機能の仕方の細部に主たる関心を抱いてきたのである。だからそれ以外の事柄についてはもっと大雑把な、時にはより曖昧《あいまい》な扱いをしてきた。もし科学者たちがすべて真なる信念（＝意見）は感覚という根拠に依拠すべきだと要求し、そして哲学者たちも立場上それを認めるのであれば、心の活動はひとえに感覚を記録し結合することとなる。すると知性とは印象と記憶と連合の所産でなければならない。ところが今や、或る認識論上の洞察が科学的手続きの内に、もしかしたらより困難であるかもしれないが、より強力な要因を発見してしまった。信念を整理し秩序づけるためのみならず、そもそも信念を得るためにシンボルが用いられているのだ、というのである。それによって知性というものの捉え方が一変してしまうことはいうまでもない。より敏感な感受性があるから、より長期の記憶力があるから、あるいはより迅速な連想の力があるから、人間が動物たちを超えた高みに位置し、彼らを低い世界の住民と見下ろせるのではない。そうではない。シンボルを使用する力が――**言葉を話す**能力こそが人間を地上の主人とするのである。こうして心に対する我々の関心は経験の獲得という感覚の領域から離れて、感覚所与《センス・データ》〔＝感覚によって与えられたもの〕の**使用**に、概念化と表現の領域へと移ったのである。

ひとたびシンボル使用の重要性が認められると、すぐにそれが知の研究の最優先事項となった。それはとくに心の発達を辿る発生心理学に新しい方向づけを与えた。というのは心の発達過程が、幼児がはじめて話す語から成人のする完全な自己表現へ、そして時に老年期の耄碌《もうろく》にともなう意味のない繰り言に至るまでの観察可能な言語使用の経緯と、だいたいにおいて対応しているからである。そのような研究は個人の心の発達からさらに国民や人種の心的特性の進化へとまで拡げられている。言語学と心理学との、つまり言語に関する科学と我々が言語をどう使うかについての科学との**親交関係**《ラプロシュマン》が深まっているのである。発達心理学の最近の文献を見ると、そこにはシンボル使用、言い換えればもっとも一般的な意味における言語が、人間の心性を捉える上で中心的な位置を占めていることを示す証拠が溢れている。フランク・ロリマー(Frank Lorimer)の『理性の成長(*The Growth of Reason*)』の副題は「人間の精神構造の成長における言語活動の役割についての一考察」となっている。グレイス・デ・ラグーナ(Grace De Laguna)の『言葉――その機能と発達(*Speech: its Function and Development*)』は言語習得を概念の発達を示す指標としてのみならず、概念の進化を先頭に立って押し進める主体として捉えている。同じような見解はA・D・リッチー(A. D. Ritchie)教授の『心の自然史(*The Natural History of Mind*)』のなかの言葉「思考に関わる限り、そして思考の全てのレベルにおいて、それ〔=心のはたらき〕はシンボル的な過程である。思考が心的《メンタル》であるのはシンボルが非物質的だからではない、なぜならシンボルはしばしば、いやたぶん常に、物質なのだから。そうではなくシンボルがシンボルだからである。……思考の基本的な働きはシンボル化することである」(1)にもあらわれている。この文には著者自身が気づいているよりももっと深い意味があると私は考えている。もし彼がそれを自覚していたならば、この文は本のもっと前の部分に出てきたであろうし、著書全体が新しい方向転換をしたであろう。だが実際には彼はひたすら記号の使用と記号の作成についての優れた説明を進めており、それがあくまで知性化の本質的な手段とされていることは明らかである。

シンボル作用が単なる動物のレベルを優に越えた、とくに人間的な心的活動の鍵と認められるという主張を裏付けるのに引用しようというのであればジョン・デューイ、バートランド・ラッセル、ブランシュヴィック、ピアジェ、ヘッド、ケーラーとコフカ、カルナップ、ドラクロワ、リボー、カッシーラー、ホワイトヘッドなどなどから、そして哲学者、心理学者、脳神経学者、文化人類学者などなどから圧倒的な文献資料をほとんどきりがないほど引き出すことができる。視覚も聴覚も失われたヘレン・ケラー女史も、触覚だけしか持たなかった故ローラ・ブリッジマンのような人も、鋭い感覚を持ったイヌやサルよりも広く、豊かな世界に住むことができるのである。

発生心理学は動物や子供や未開人の研究から発展してきた分野で、心理学と行動学の二つの角度から進められている。その基本的な立場は、有機体の環境に対する反応は適応作用であり有機体の**必要**によって定まる、というものである。その必要の捉え方はさまざまである。或る学派は全ての必要はただ一つ、たとえば代謝のバランスを保つこと、ある理想的な状態を持ち続けるという必要に帰する、という。(2) 別の学派は、たとえば栄養とか生殖、防衛といったもう少し細分化された目的、あるいはさらに具体的な身体的快楽、仲間との共存あるいは自己肯定、安全、遊戯というような特定の願望を基本要素とする。(3) 何を基本概念とするかはだいたいにおいて、その研究者の出発点が何であったかに依っている。生物学者はたいてい、二枚貝とか滴虫類《てきちゅう》とかがもつ明白な必要のみを前提とするが、動物心理学者はそこまでは一般化せず、たとえばハツカネズミには関係するが二枚貝には到底あてはまらないような区別をつける。幼児の観察者はさらにもっと高度なレベルに主たる関心をよせる。しかしこうした上下の階層関係を持つ発生学的研究の全体に、或る種の連続感覚が貫いていて、人間の行為の「本当の」、あるいは「つきつめたところの」、動機をなす諸条件は原始的な生命の必要と同一であるとみなし、人類のすべての欲求と目標とを最終的に何かの原生動物の反応にまで辿ろうとする傾向がある。この強力な原理は進化論学派が心理学に与えたもっとも重要なものである。つまり「もともとアメーバになかったものは人の中になに一つない (*Nihil est in homine quod non prius in amoeba erat*)」という、時にははっきりと認められることもあるが、しばしば暗黙のうちになされている前提である。

心の進化論者たちは、科学にシンボルの果たす役割がいかに大きいかを発見し、この価値ある洞察をさっそく活用することにした。そのように決定的な道具の習得は人間の進歩のなかでの画期的事件とみなされるべきであり、おそらく真の知的発達すべての出発点とみなされるべきであろう。シンボル使用はごく遅い段階で現れるのだから、それはより単純な動物の活動が高度に総合された形であるに違いない。それは生物学的必要から生まれ、そして生存上有利になるはずである。人間の世界支配は明らかにその脳の最高の発達のゆえであり、そのおかげで人間は直接経験の隙間や混乱に**シンボル**を補完的に挟むことで、自らの反応を総合し、先送りし、また修正したりすることができるし、また「言語記号」という手段によって他の人々の経験を自分の経験に付け加えることができるのだ、と。

　シンボルを使用することと単に記号〔＝サイン〕を使用することとは非常に大きな違いがある。記号の使用は心の最初の徴《しるし》である。それは生物の歴史の中で、かの有名な「条件反射」――或る刺激の随伴現象がその刺激の働きを引き継ぐということ――と時を同じくして始まっている。つまりこの随伴現象が、それに対する反応が実際に適切であるような状況の**サイン**となるのだから。これこそ心性の真の芽生えである。なぜなら、ここに**誤り**《エラー》の可能性が生まれ、それとともに真の可能性も生まれるからである。もしも真と**誤り**とがただ信念に属すると言うのであれば、記号の最初の誤使用すなわち不適切な条件反射の中に認めなければならないのは誤り〔誤認、錯誤〕ではなく、誤りの原型ともいうべきものである。これは手違いないし間違い《ミステイク》とよべるであろう。どのピアニストも、どのタイピストも、意識の上では誤った考えがなくても手が間違うことがあるのを知っている。しかし、真と誤りについて、あるいはそれぞれの原型について語るとき、間違いを起こしやすい生物が意識を持つとみようが無意識的とみなそうが、あるいは意識という用語を使わないことにしようが、いずれにせよ、記号の使用は明らかに**心的《メンタル》な**機能である。それは知性のはじまりである。感覚が周囲の世界の状況の記号として働くと直ちにそれを受け取る動物はその状況を利用するか、避けるかの行動を起こす。鐘とか口笛の音はそれ自身としては食べるというプロセスとは全く何の関係もないが、もし過去の経験でこの音が必ず食事に先行したのであれば、それは食事の記号であって食事の一部ではない。あるいはたばこの臭いがそれ自体としては不快なものでなくても、野生の動物には危険を知らせ、身を隠させる。このような記号言語の増大は感覚器官の身体的発達と、神経シナプスの構造の発達と並行して起こる。記号言語は**感覚の持つ内容《メッセージ》**を筋肉や腺——食べたり、性交したり、逃げたり、防御したりする器官——に送信することからなっており、明らかに生物学上基本的な欲求のために、たとえば自己保存、成長、繁殖、種の保存といった利益のために働いている。

したがって、動物の心性ですら原始的な意味論のうえに建てられている。それは、試行錯誤によって、世界における何かの現象が、現にある、あるいはこれから生じようとしている、なんらかの別の現象の記号であることを学習する能力であり、環境への適応がその目的であり、したがってその成功を測る尺度でもある。環境は、裏庭が世界であるようなモグラの場合のようにひどく狭いかもしれないし、あるいはワシの飛行範囲のように広く、あるいはサルの生息するジャングルのように複雑かもしれない。それは或る生物がどのくらいさまざまな**信号**《シグナル》を受け取れるか、その信号の相異なる結合にどの程度反応できるか、さらにその反応が固定されているか、柔軟性があるかによって違ってくる。もし彼が決まった反応しか持ち合わせていなければ、多様なあるいはたえず変化する環境に適応しきれないのは明らかである。もしいくつかの活動をたやすく結びつけたり、統合したりすることが出来なければ、一度に複数の刺激が起ったなら彼は完全な混乱に陥るだろう。もしその感覚器官がごく貧弱なもの――聞こえない、見えない、硬い殻に覆われている、あるいは何か別な形で感覚を制限されている――であれば、そもそも多くの信号を受け取ること自体不可能である。

　自己保存競争における人間の優越性は、当初は信号の領域の広さ、反射機能を総合する能力の大きさ、試行錯誤からすばやく学習する能力、等にあるとされていた。しかし少し考えてみればもっと根本的な特徴である、人間の「記号」の特殊な使用が明らかになったはずである。人は他の動物全てとちがって「記号」を、**ものの指標となる**《インディケート》のみならず、**表象し、代理する**《レプレゼント》ためにも用いる。利口なイヌにとって、人の名前はその名の人がそこにいるという信号である。名前を言うと、彼は耳をピンとあげ、どこにいるのだろうとその人を見つけようとする。もし「ごはんだよ！」といえば、彼はおすわりして食事がくるのを待っている。そこに直ちに現れるであろうものの信号として受け取れないようなものは、このイヌに伝えることはできない。彼の心は、世界から彼の運動中枢への伝達内容を運ぶ単純で直接的な**送信器**である。だが人間については事情がちがう。我々は仲間同士の間で、実際に身のまわりにあるものを指し示すのではないような、或る種の「記号」を用いる。我々の使う語のほとんどは信号《シグナル》という意味での記号ではない。語はもの**について**語るのに用いられるのであって、目や耳や鼻をそちらに向けるためではない。それがそこにありますよと告知するのではなく、それについてほら、そういうものを知っていますかと想起させるものである。これらは「代理記号」とよばれてきたが、それはその語が、我々が過去に知覚したものとか、あるいは単に記憶をいろいろに結びつけて想像しうるだけのもの、また過去あるいは未来の経験に**あるかもしれない**ものについてすら、現在の経験の中で、その代用物になるからである。もちろんそのような「記号」は通常はその意味に適合した行為を起こすための代用刺激にはならない。もしなったら、対象が現存しないことが多いのだから、その代用刺激は行動に完全な混沌を引き起こすことであろう。むしろこの種の記号は**不在中の**(in absentia)対象にたいして向けられる特徴ある態度、ここにないもの「のことを考える」とかそれ「に言及する」とよばれる態度をとるのに役立つのである。このような役柄における「記号」はものの**兆候**《シンプトン》ではなく**象徴**《シンボル》である。

　言語の発達とは言語的シンボルが次第に集積され、洗練されてゆく歴史である。この現象によって、人の全行動パターンは単純な生物学的枠組みから大きな変化を遂げ、その心性はもはや動物の心とは比べものにならないほどに拡大した。我々は暗号化された信号を直接に伝搬する代わりに、時に電話交換になぞらえられるような組織システムをもっており、[4] そこでは通信内容が次々に中継されたり、回線が混んでいる場合は一時溜めおかれ、あるいは代行返答を送り、場合によっては最初通信が送られた段階では存在しなかった回線に繋がれたり、望まれた番号が返答しないときにはその伝言を**書き留めて保存して**おく、ということがなされる。語はこの特大電話交換台の差し込み《プラグ》にあたる。語は様々な印象を連結して、それらが一緒に働けるようにする。そして時には混線しておかしな、あるいは破壊的な結果をもたらすこともある。

　知性をこのように捉える見方、すなわち知性が試行錯誤によって成長し、そして一見複雑な、しかし基本的には単純な目的——つまり有機体の保存、成長、生殖をすすめ、またその子孫のために生産し備えること——を持つと捉えることは、面倒な「心」の概念を他の生物学の基本概念とおなじ線に並べることになる。ネズミがごく単純なやり方でやっていることを、無意識的あるいは半意識的なクラゲが自分の化学反応に沿ってやってのけていることを、人間はもっと手の込んだ複雑なやり方でやっているのだ、と。「もともとアメーバになかったものは……」の理念はこうした生きた実例によって支持されているのだ。言語の主要な役割は動物の発する叫び声と同様、基本的に社会的管理の道具なのであるが、ただそこに表象の機能を得たことで、個体間のより大きな協力関係が可能になり、個人的な注意を不在の対象に向ける余裕ができたのだという認識によって、人間と動物を分けるとされている言語の境界線は、ほとんどないに等しくなる。語のサイン機能からシンボル機能への移行は漸次的なもので、社会の組織化が進んだ結果であり、ひとたび発見された道具が結果的に不可欠なものとなり、そしてその使用が成功することでもっと発達していくのだ、と。

もしもここで発生心理学の学者たちのものとされているこの理論的立場を証言する供述書を必要とするというのであれば、フランク・ロリマーの『理性の成長』の中にある。彼は「ケーラーの述べている類人猿たちは、かなり複雑な「サル仲間の流儀」をもっており、新参者は次第にそれに文化適応してゆくのだが、そこには手が届くように、あるいは高いところへ登れるように、手近なものを道具にするやり方とか、リズムをつけて遊んだり、踊ったりするやり方とか、つぶやいたり、悲しんだり、喜んだりの型などが含まれる。……

「だからもっと知性のある動物が、もっと的確な、もっと洗練された、道具の使用とか社会的管理のための特定の発声の機構を含む「動物の流儀」を案出し、それが次第に現代の文化人類学者のいう「習俗」に発展していったとしても何の不思議もない。……「音声行為は元々は他の生理学的過程と同様、行動を知的に相関させる作業に伴うものであった。ずっと意味のないおしゃべりをしている間に、発声の過程が行動のなかで次第に強度と支配力を蓄積していったのである。……特定の発声がさまざまの状況に対する決まった反応の主な**焦点**となり、特定の社会的適応の道具となった。……ますます複雑化する神経組織を特徴とする或る動物種族において、発声活動の社会的機能が次第に分化し拡大してゆくのが、**発声**活動から**発語**活動への歴史的趨勢の根本原理なのであり、そしてそれが言語の出現に他ならない(5)」と言っている。

観察された事実を一般的な科学的見解にうまく当てはまるようにする解釈、すなわち〔アリストテレス以来自然は飛躍しないことになっている(natura non facit saltus)が〕一見まるで自然の飛躍(saltus naturae)のようにみえたものをうまく橋渡しして繋げる理論が、そして臆面もなく奇跡が起こったなどと言わずに済むようにする論理的な説明がこれほど推奨されていると、どうしてもそれに挑戦するのだけは避けたい、という気持ちになるものである。しかし最良の観念《アイデア》とはまた、もっとも注意深く反省してみる価値がある観念ということでもある。一見したところは、シンボル使用の力こそもっとも最近の、また最高の実用的知性の工夫であり、新しく付け加えられた動物的な目的を達成するための道具と見なす言語の発生論的発想は、人間知性の本質的特徴を切り開く鍵であるかのように見える。それは理性を納得のゆくものにし、人間と動物の間の関係と両者を分ける溝との両方をかなり単純な現象として示している。

だが感覚器官と筋肉の間をつなぐ神経伝達の交換台をもつ人々が、その通信交換をもっとも効果的に働かせるために言語的シンボルを用いるということがあるだろうかと考えると、この理論の難点が出てくる。多くの複雑な回線を繋げるために「差し込む」語の、唯一の適切な使用とは事実を表示することなのは明らかである。そうした事実は具体的で個人的であるかもしれないし、一般的で普遍的であるかもしれない。だがいずれにせよそれらは世界に方向付けを得てより良い生活をするためであり、より有利な実用性のために選ばれるはずである。目に見える行為に誤りが起こる場合と同様、ここでも「誤り」がきっと起こるだろうということは容易に予想がつく。迷路の白ネズミも間違えるし、マスも絹の毛鉤を小魚と思って嚙み付いて誤りを犯す。人間の脊髄のような極めて複雑な器官においては伝達内容や回答の混乱は、齧歯類や魚類の反射弓におけるよりもっと頻繁に起こりそうである。しかしもちろん間違いは、世界で痛い目にあって素早く訂正されなければならない。行動はだいたいにおいて合理的であり現実的でなければならない。そうでないような反応はどれも失敗であり、生物学的目的が遂げられてなかったと登録されねばならない。

実際、心についての発生学的理論をその多大な有利点のゆえに受け入れ、いま挙げたような結論を引き出した哲学者や科学者がいる。彼らは人々がシンボル思考の力を実際に使用するやり方を見、実際にする反応を見て、不本意ながら大脳皮質電話交換局のきわめて異常な仕事ぶりを認めざるを得なかった。彼らがした正直な観察の結果はW・B・ピトキン（W. B. Pitkin）の『人間の愚かさの歴史入門（*A Short Introduction to the History of Human Stupidity*）』とか、シャルル・リシェ（Charles Richet）の『愚かなる人（*L'homme stupide*）』（これは人間一般の愚かしさについてではなく、外国人の非実用的な習慣や信念について、また宗教的狂信の愚かさを扱っている）、またスチュアート・チェイス（Stuart Chase）の『言葉の暴政（*The Tyranny of Words*）』などの本である。シンボルを用いる動物たちが、いかに信じがたい愚行をなしうるかを眺めることは、こちらの気分によって、嫌悪すべきこととも、面白いこととも思われる。しかし哲学的にはそれは〔見かけ上の相関関係を示す」いわゆる交絡現象であって、複数の要因が引き起こす混乱である。それを所有する生物にとって多くの危険を孕《はら》んでいるのであれば、どうしてその道具がよりよい実用性、よりよい生存を実現するために発達するなどということがあり得ようか。言語が人間をネコに比べて生物学的に劣勢に置くのであれば、どうして言語が人間の効率を高めるといえようか。

チェイス氏は、飼いネコのホビー・ベイカーを観察しながら次のように考える。

「ホビーが話せるようになることは決してない。彼はほかの記号に反応できるようになるのと同様、私の話に反応することを学ぶことができる。……彼は痛さとか嬉しさとか、興奮とかを示すなき声をあげることができる。彼はドアの外に出たいと知らせることができる。……しかし彼は単語も国語も自分のものにすることができない。これは或る意味でホビーにとって幸運である。なぜなら彼は邪《よこしま》な言語によって引き起こされる幻覚に惑わされずにすむからである。彼は生涯を通して現実主義者である。……過去の経験に照らして記号を解釈し、生存価値の高い行為を意識的に決定するという、彼なりのやり方で考えることができるのは確かである。

「ホビーは単語ではなく、ごく初歩的な身振り言語を用いることがある。ホビーには人間の神経に相当する神経組織があり、皮膚や耳や目にある感覚受容器に情報内容が入るとそれが情報網を伝わって大脳皮質に届き、そこで記憶が後に参照できるように整理される。彼の大脳には私ほど多くの変換台はなく、おそらくそのために彼は話すことができないのであろう。……

「ホビーにも私にも意味は過去の経験を通して訪れる。……

「一般に動物は経験を通して、累積的に学習を積み重ねる。年をとったゾウは仲間のうちで、もっとも賢いのが普通である。だがこのような淘汰の過程は人間の場合はかならずしも働かない。老人は賢いこともあるが、たいていは平均的な人より迷信や、思い違いや非合理的な独断に囚われている場合が多い。もしかしたらこれは、人間においては誤認が、語のなかに漬け込まれて保存され、ネコやゾウの場合のように絶えず環境で試されるということがないためではないか、とつい考えたくなる。……

「私はホビーが、この意味論の困難な追跡を進めてゆく上で、有用な証拠物件になるとおもう。「意味」が彼に何を意味しているかはしばしばきわめて単純明快なので、それを追うのは容易である。私もまた似たような進化の母体に由来しているのだから。私にとっての「意味」も似たような根に発しており、似たような理解の機構を持っている。私の脳は六気筒エンジンを持っていて、彼のは単気筒であるが、それでも働く原理は同じである。

「……たいていの子供たちは、ホビー・ベイカーがやるように、環境についての現実的な値踏みを長いこと持ち続けるということをしない。幼い時期に、もう語でものを同定するということを、混乱しながらも抽象することをし始める……言語をおおざっぱに獲得した段階で子供たちはすでにそれに悩まされ始め、それが理由で世界を誤解し始めるのである」[6]。

「獲物を隠れて追い詰める本能」とかあるいは何か別の特技を持ったネコが自分の強みをうまく生かすことを習わず、いつまでも椅子とかゾウとかに忍び寄っていたとしたら、その才能のゆえに動物界で高い身分を占めるなどということはできないだろう。実用上の反応をより容易にするためにシンボルを使用できる人間が、にもかかわらず、絶えずそれを用いて自らの行為を混乱させ、抑制し、歪め、見当違いな反応をしているとしたら、そして**何か他の目的を自分のシンボル的装置で達成しない**のだとしたら、人間は地を継ぐ者とはならないであろう。そのような「本能」は実行し成功するという過程を経て発展する機会が全くない。失敗率が高すぎる。通常認められている生物学的必要――食べ物、避難所、安全、性的満足、子供の安全など――は、おそらく、ホビー・ベイカーがミャオーと鳴いたり、身振りをしたりするような現実的な活動によっての方が、彼の主人がする言語による想像力や反省などによるより、よっぽどよく確保されるであろう。ネコの世界は、言語が作り出す信念や詩的虚構によって騙されたりしないし、その行動が、宗教、芸術、その他の言葉をやたらに使おうとする心の気まぐれの特徴である、無用な祭礼や犠牲によって均衡を失うこともない。実際このような途方もない精神的な構築物抜きで、この脊髄の交換台の仰々しい活躍や美化なしに、彼の最も重要な目的はうまく果たせているのであるから、なぜ人間の「高級な」中枢において、わざわざこの中枢交換の込み入ったシステムを入り込ませ、感覚器官から運動器官へのルートを遮って、全ての情報内容を横取りさせるのかわからなくなる。

この哲学上のディレンマは放置するわけにはいかないから、その根本にある生物学的な仮説を再考しなければならない。もし本当に我々の基本的な必要は、より低い段階の生物の必要が洗練されたに過ぎないのであるならば、我々は現在持っている言語よりもっと現実に即した言語を発達させるべきであった。もし我々の心が記録し伝達する装置であって、典型的には電話交換に喩えられるようなものであれば、我々の現在やっているのとは違ったやり方で行為すべきである。何かを「学習する過程」で人間が魔術を信じるようになったのではないのは確かである。しかしそれでも「呪《のろ》い言葉」は原始的な人たちの間に広く用いられており、また代償的儀式——人形《ひとがた》を燃やすなど——でも、代理物はあきらかに本命の犠牲者のシンボルに過ぎない。もう一つ不思議な、そして普遍的に見られる現象が祭祇である。それは明らかにシンボル的である。何か具体的な結果を引き起こすことを目的とした場合はそうでないが、しかし、それは呪術が共同体でとる形と考えて良いであろう。さて、すべての呪術的、祭祇的行為は生命の保存や増大にはまったく役立たない代物である。私のネコならそれらにふんと鼻としっぽを上げてみせるだろう。このような活動を、自然を支配しようとしたが、脳の中で違うシナプスを使ってしまったために間違ったのだとか、「回線がこんがらがって」失敗したのだとみなすのであれば、動物のうちで最も理性的な者をあまりに深い誤謬《ごびゅう》の泥沼に残すことになるであろう。もし未開人が物理学を知らないので山の周囲を踊ってその洞窟を開けさせようとするのであれば、不名誉ながら、心理学者のつくった迷路にいるネズミでもそのような無効な方法でドアを開けようとはしないだろうと、認めなければならない。それに、何度も失敗に遭っていながら、そのような実験を千年も続けてくるはずがない。どんな馬鹿でももう少し早く間違いに気づくであろう。

人間的な振る舞いのもうひとつは我々が芸術にたいしてとる真剣な態度である。発生心理学は通常芸術を遊戯《プレイ》の一形式であり、心の産んだ贅沢物と見ている。これは一つの科学理論であるのみならず、常識的な見方でもあって、我々は楽器を演奏《プレイ》し、劇《プレイ》を演じる。しかし多くの常識がそうであるように、これもまたおそらく間違いである。偉大な芸術家が有閑階級出であることはめったにないし、音楽や演劇が自分の「道楽」ですという言い方は不注意な言い回しである。我々は実際にはこれらをテニスやブリッジとは一緒にしない。それが戦争下であったとしても、芸術作品を破壊する人たちを我々は野蛮と非難する。パルテノン神殿を破壊したと言って彼らを非難するが、ごく最近になって初めて、感傷的な世代がこの「美」の神殿の周囲にある、人々が実際に住んでいる家屋を破壊したことを非難することを覚えたのである。なぜ世界中の人々は遊びの所産が失われたことを嘆く一方で、必死の労働が生産したものの多くを破壊されたことは冷たく眺めていられるのだろうか。遊びが、需要が満たされた後に余力が溢れたものであるなら、人間が遊びのゆえに苦しみ、飢えるというのはいかにも自然の経済行動としてまずいといわねばならない。それでも芸術家という階級は自分の本業のためには富も、快適な生活も、時には健康をも犠牲にすることを厭《いと》わないので、そのためいわゆる天才というとその一般的なイメージには痩せた青白い顔が不可欠な特徴となっている。

シンボル作用についての功利説に反する三番目の要因が人間生活のなかにある。それは睡眠中に絶えず起こる、何の役にも立たない**夢**である。心の活動は心臓や肺や内臓の活動と同様絶えず進行しているものらしいが、夢を見ている間その活動はとくになんの実際的目的にも役立っていない。夢の材料が象徴的《シンボリック》であることはかなり確立した事実である。そしてシンボルは記号(サイン)をより有利に使用することから発達したのだとされている。シンボルは表象的(代理的)な記号であり、事物をあとから参照したり、比較したり、計画したりするなどの、一般に目的を持った思考のために保持するのを助ける記号である。だが夢のシンボル作用はそのような習得されたはずの機能を何も果たしていない。せいぜい我々が**考えたくない**こと、実践生活の妨げになるようなことを我々に示してみせるだけである。なぜ心は夢見る者の活動を導きもせず、ただ現在の経験に合わない場違いな過去の経験をまぜるだけのシンボルを、わざわざ作り出す必要があろうか。

夢についてはいくつか理論があり、もちろんその中でもよく知られているのがフロイトの解釈である。しかし——フロイトの理論も含めて——夢を心の過剰エネルギーとか内臓の疾患以上のものとみなす理論は、心の成長と機能についての科学的な図式には全然あてはまらない。心の意味論的な力が運動作用環の機能から進化したというのであれば、その心は**考えることのみ**するべきであり、いかなる気まぐれの連想も「間違い」である。もし我々の内臓が睡眠中に脳がするのと同じほどに間違ったら、我々は生まれて最初に食物をとった直後にみな消化不良で死んでしまうだろう。いや、夢は運動作用環に繋がっていないのだから間違いに実害はないのだ、たしかに起きている時間の生活の中に夢が記憶として侵入してくるので、我々はそれを無視することを学ばなければならないが、と反論するひともいるかもしれない。しかし、接続する必要がない間どうして中枢交換台は休憩をとらないのか、どうして、プラグを入れたり外したりしてシステム全体をやたらにリンリン鳴らしておいて、最後に皆に「間違いでした、御免なさい」という必要があるのだろうか。

呪術を好むこと、祭祇が高等なレベルに発達していること、芸術に対して真剣なこと、そしてこの特徴的な夢の活動、これらは心の理論を打ち建てようというときに、無視するにはあまりに大きすぎる要因である。確かに心は経験上の項目を結合する以外のことを、少なくともそれ以上のことをやっている。心は発生心理学が認める生物学的要求のためにのみ機能しているのではない。しかし、それはあくまで自然器官であり、おそらく人間の生活を構成する自然への反応という行動全体に全く無関係なものは何もないはずである。したがって以上長々と考察してきたことから引き出される教訓は、科学者が動物心理学を基本において確立し、やや拙速に人間を測る尺度としてきた**人間の必要項目を再考すべきだ**、ということである。もしかしたらこれまでに報告されていない動機が、これまで説明のつかなかった多くの行動を解明するかもしれない。そこで私は新しい一般原理を試してみたらどうかとここで提唱したい。すなわち心を、あくまで人間の主たる必要に仕える器官として、しかし**人間に特徴的な必要**に仕える器官として、捉えることである。人間の心はネコの心と同じことをしようとしているのではなく、五回のうち四回は失敗する割の悪い能力ながら、それを使って人間の心は**何か別のことをやろうとしている**のだ、そしてネコが人間的に行動しないのは**その必要がないからだ**、と仮定したい。この基本的な必要の相違が、人間を他の全ての動物学上の兄弟たちと遠く隔てている機能の相違を決定している、と私は信じるのである。そしてこれを認めることが、これまで人間の知性の範型《モデル》を一貫して動物学に取ってきた結果生み出された心の哲学の逆説を解く鍵である、と。

人間が何かしら動物よりも「より高い」目標と願望を持っていることはだいたい一般に認められている。しかしこのより高い目標がなんであるか、いかなる意味でそれが「より高い」のかについては普遍的な合意ができておらず、いまだに議論は続きそうである。基本的に二つの意見の流れがあって、一つは人間を最高の動物とみなし、彼の最高の願望は彼の最高の心の所産であるとする考え、もう一つは人間を最低の精神とみなし、人間特有の願望はそこに超自然の霊界が入り込んでいることの表れと取る考えである。自然主義者には身体的関心と精神的関心との、生物的意志と倫理的意志との間の、空腹なネコの鳴き声と収穫の祈りとの、あるいは母ネコへの信頼と天にまします父なる神への信仰との相違は、複雑さ、抽象度、明解さの相違であって、要するに程度の差である。一方宗教的解釈をとるものには、その相違は根本的相違であって、それぞれ種類と原因が違う。とくに倫理的感情は人間のなかにある神性の標《しるし》とみなされる。同様に祈る力は神からの恩寵であり、笑ったり、泣いたり、話したり歌ったりする自然に備わった力ではない。〔コールリッジの〕年老いた水夫(Ancient Mariner)は突然祈ることができるようになったが、それは言葉を見つけたというだけのことではない。彼は恵みに与ったのであり、堕落以前の神性を持つ身分を返してもらったのである。宗教的理解では人間は百歩譲っても動物とは腹違いの兄弟という関係である。人間の特徴がいかにサルの特徴と共通していても、人間には元々異なる起源があり、そのゆえに永久に非動物的である。この見解は自然主義者と正反対である。それは発生心理学の構造を原理的に壊している。なぜなら発生心理学の研究はその反対の、人間は血統上も権利上も動物界の完全な一員であり、別の先祖をもっていない、**したがって人間には或る程度までは動物と共有していないような特徴や機能はない**、という信条で発展してきたのであるから。

　人間は動物であると、たしかに私もまた信じている。また人間の体の中に超自然的な本質が、「霊魂」とか、「完全現実態《エンテレケイア》」とか、「精神的本質」といったものが閉じこめられているとも考えない。人間は有機体でありその実体は化学的であって、彼がしたり、変化を被ったり、知ったりすることはこうした化学的構造が働き、変化を被り、あるいは知ることと別種ではないと考えている。その構造が分解してしまえば、それは決して再び働いたり、変化を被ったり、何かを知ったりすることはない。化学的に分析可能な物理的対象にいかにして意識があるか、いかにして観念がそこに生ずるのかと問うならば、それは多義的な言い廻しでしかない。「物理的対象」という概念は生物的に組織されて**いない**化学的実体の概念のことであるから。何がこうした物質の驚くべき有機的組織化作用を引き起こすのかは、この驚くべき有機体が知らないことの一つである。しかしたしかにこの有機化作用のゆえに経験や衝動や自覚が生じているのである。化学的に活性化した物体が意志したり、知ったり、考えたり、感じたりすると想像することは実際難しいが、目に見えない、触れることの出来ない何かが同じことをするのを、物理的に働きかけることなく身体に「生気をあたえ」、**場所**をもたずに身体のなかに「棲む」のを想像するのより、もっと難しいとはいえないだろう。

さて、これは私の信仰告白に過ぎず、これからする自らの異端説の告白の前段である。当の異端説は次の通りである。私は人間には主たる必要があり、それは他の生物はおそらく持っておらず、そしてそれが、いかにも非動物的に見える目的、例えば意図的な空想や、価値意識、全く実用性のない熱意、そして神聖な〈彼岸〉があるという自覚といったものを始動させるのだ、と信じている。この欲求は我々が普段「高級な」生活に属すると思っている、ほとんど全てのものを生じさせるのだが、しかしそれ自体は何か「より低級な」欲求の「より高級な」形式というわけではない。それはごく本質的であり、必須であり、そして一般的であって、それを「高級である」と言うとすれば、その必要が複雑でおそらく最近出現した類にのみ(たぶん)属する、という意味で高級〔＝高等〕である。その必要は粗野な原始的なやり方でも、あるいは意識的で洗練されたやり方でも満足されるので、その欲求自体に「高級なもの」と「低級なもの」、基本的な形式と派生的な形式という階層があることになる。

この、明らかに人間のみにある基本的必要とは、シンボル化への欲求である。シンボルを作り出す働きは、食べたり、見たり、動き回ったりすることと同様、人間のする主要な活動の一つである。それは人間の心がする基本的な過程であり、止まることがない。我々はそれを自覚することもあるし、その生みだされた結果だけを見て、何かの経験が自分の脳を通り、そこで咀嚼《そしゃく》され整理されたのだと気づくこともある。

さて、さきにみたリッチーの『心の自然史』からの引用箇所に戻ってみよう。「思考に関わる限り、そして思考の全てのレベルにおいて、それはシンボル的な過程である。……思考の基本的な働きはシンボル化することである」(7)。この言明の持つ意味合いはここにきてもっと強力に響いてくる。なぜならもし思考の素材がシンボル作用であるならば、考える有機体は思考を続けさせるために、自分の経験のシンボル版を絶えず思考に供給しなければならない。実を言えば思考の主たる作業がシンボル化だというのではなく、シンボル化が思考にとって本質的な行為であり、思考に先行するということである。シンボル化は心の本質的な活動であり、心は通常思考と呼ばれる以上のものを引き受けるのである。論述的な推理の信条に従えばシンボルづくりをする脳の或る特定の産物だけが使用可能ということになる。どの心にもそれ以外のシンボル的素材の巨大な貯えがあって、それらは別な使用に向けられるとか、あるいは脳の自発的な活動の結果出てきたもの、概念の予備資金、あるいは心の剰余金として、全然使用されずに残されているかもしれない。

脳は腎臓や血管同様、おのずと働くものである。その時目指している意識的な目的がないからといって、別に眠っているわけではない。もし脳が実に大きな複雑な電話交換台であるならば、他の組織が眠っている時には静止している筈である。あるいはせいぜい、消化についての経験とか酸素が足りない、足指がかゆい、あるいは網膜にある残像とか、押された動脈の細かい鼓動とかいうような経験を伝えるぐらいのはずである。ところが脳は直ちに観念《アイデア》の製作にとりかかっているのであり、その観念は流れをなし、洪水をなし、眠っている本人は何か**考える**のにそれを使っているわけではない。だが脳は自分の法則に従っている。基本的な欲求を満たすために積極的に経験をシンボルに置き換えているのである。脳は絶えず観念化を続けている。

観念《アイデア》は確かに印象から――知覚についての特別な器官からの情報と、ぼんやりとした、身体内部からくる感情の報告から――作られる。しかしその作成の法則は直接の結合によるのではない。近接とか相似に基づく連合というような原理を用いようとすれば、直ちに全く理解不能な複雑さと小細工に陥ってしまうであろう。観念化はもっと強力な原理によって進むのであり、それはシンボル化の原理と名付けるのが最適と思われる。感覚によって供給された素材が絶えず**シンボル**に鋳造され、それが我々にとっての基礎観念となる。このような観念の或るものは普通「推理」とよばれているやり方で結び付けたり、操作したりすることができる。また別の基礎観念はこれにには使用できず、ごく自然に夢に映し出されたり、意識の空想へと霧散してしまうかもしれない。そしてそのうちの多数のものが人間の心が打ち立てる最も典型的で基本的な建造物である、宗教を作り上げるのである。

シンボル化は前推論的であるが前理性的ではない。それは人間の感覚の知性化の出発点であり、考えること、空想すること、行動を起こすことよりももっと一般的である。

なぜなら脳は偉大な伝達器ないし巨大交換台にとどまるものではなく、むしろ大きな変圧器に喩える方が当たっている。その変圧器である脳を通って経験が流れてゆくと、そこに或る性格の変化が起こるのであるが、それは知覚が入ってくる感覚器官の働きによるのではなく、当の経験を用いて直ちになされる、脳の主たる使用法そのものによって直接に変えられる。つまり経験が人間の心を構成するシンボルの流れの中へ吸い込まれてゆくのである。

我々の目に見える行為はその対応物がどこにもそれと指さされないような表象《レプレゼンテーション》によって支配されている。その表象の対象となるものを「知覚対象」と呼ぶとすれば、それは〔ディケンズの小説に登場する特殊な言葉遣いをする〕ピクウィックまがいの転意においてのみそうである。我々がそれに基づいて行為する表象とは様々な種類のシンボルである。この事実はほとんどの認識論者が曖昧な一般的なやり方では認めているところである。しかし正当に認められていないのがその**種類の違い**の重要さである。我々が感覚をそれを引き起こしたはずの事物の**記号**として捉えている限り、そして場合によってはさらにそうした記号が、過去の似たような記号であったものへの関連付けをする、と言っている程度では、シンボルを生業とする人間の心のごく表面を引っかいたとすら言えない。そこから様々なシンボル化活動の只中《ただなか》へ貫通していった時――例えばカッシーラーがしたように――に初めてなぜ人間が超利口なネコやイヌや類人猿のように行動しないのかが分かり始める。我々の脳はかなり良質な伝達器であるのみならず極めて強力な変圧器〔＝転換器〕なので、チェイス氏のネコなら、仮にそれを思いついたとしてもあまりに非実用的といって排除するようなことをしてのけるのである。確かに無駄である、彼にとっては。そして自分たちを n 乗分高次元のネコとみなす心理学者にとっても。

人間の脳は、入ってくる実験的なデータをシンボル転換する作業を絶えず続けているために、多少の差はある程度自発的な観念の泉そのものと化している。登録された経験は全て、最終的には行為に行き着くことになっているのだから、人間に典型的な機能が人間に典型的な目に見える活動形式を要求するのは当然である。そしてそれがまさに**観念の表現そのもの**に見出される。この活動は動物たちには無用の長物と映る。そしてそれで人間がなぜ動物と共有しない特徴――祭祇、芸術、笑い、泣き、話し言葉、迷信、そして科学的才能――を持っているかが説明されるのである。

我々の行動の中の一部だけが、――その部分がいかに重要であるとしても――実用的である。我々の表現のごく一部だけが表示的にせよ、想起的であるにせよ**記号**〔＝サイン〕であって、高等動物に属する、いわゆる常識をなしている。そしてごく少数の、そして比較的重要でないのが直接的な**感情の記号**である。残りは有機体が表現したくて仕方がない観念を表現するために、つまり実際的な目的なしに、ただ、脳のシンボル化の過程の続きを目に見える行為で完成させる必要という必要を満足させるだけのために奉仕するのである。

人間の**おしゃべり**好きを説明するのに他に何があるだろうか。語が何かを**表現**できるのだ、と初めて気がつくや否や、話すこと自体が興味の中心になり、抗し難い願望となる。この行為への道筋が開かれるやいなや、直ちにシンボルの川は語の奔流となって流れだす。それはしばしば繰り返され、ばらばらで、めちゃくちゃな幼児の「片言のおしゃべり」に見られるものである。心理学者たちは一般にそのような喃語《なんご》を**言葉遊び**と呼んでいるが、それはたぶん当っているのであろう。そして彼らはそれが後の人生で必要になる様々な**伝達**への方向付けを発達させるという明白な、効用上の機能があるのだと説明している。しかしながら目的論的説明は一つの行為がなぜなされるかを真に説明するものではない。何が子供に今話す刺激を与えるのだろうか。まさか将来の社会的な人間関係に向けた有用な道具を手にいれる見込みがそうさせる、などということはないだろう(!)。その衝動は将来の見込みではなく、現在の欲求によって引き起こされたものでなければならない。他の人々への実用的な効果以外には語の有用性を認めないチェイス氏も「子供たちがホビーがネズミに忍び寄って追い詰めるのと同じくらいの意気込みで言葉を練習する」のは不思議だと認めている。[8] しかしながらこれが何かの練習のためにやっているとはとうてい信じがたい。走ったり、蹴ったりする練習にその場での満足があるように、この練習にも何か直接の満足があるはずである。言葉が他人に及ぼす効果を考えるのは、二次的なものにすぎない。デ・ラグーナ夫人はその言語の一般的性質についての著書で次のように指摘している。「小さな子供は何時間でも多くの精力を使って言葉を喋る**遊び**をする。この遊びは他人と一緒にやったほうがずっと楽しいのであるが、……しかし小さな子供は自分一人でも言葉遊びに夢中になる。……内部言語は断片的だったり連続的だったりするのだが、それがその子の積極的な行動にいつも伴うようになり、暇な時間の過ごし方になっている」[9]と。話し言葉は実際、人間の脳の中で行われる**経験のシンボル変換**とも呼ぶべき基本的過程の手っ取り早い、活動的な完結法である。これが他者との複雑な伝達を可能にするということは、もう少し後の段階で重要になる。ピアジェは幼稚園児が他者の反応にはほとんど注意を払わないことを観察している。彼らは自分の言うことがわからない相手にも正しい返答をする人にも、同じように無頓着に話すのである。[10] もちろん彼らは以前から言語を実用的に用いることを学んでいる。しかしこの典型的に幼児的な、いわば「自己中心的な」機能が、進行する伝達の社会的発達と共存し、残存しているのである。音声を純粋に**シンボル的に**使用することは、実はより原始的な、より易しい用法なのであって、慣習的な形式を身につける以前から、**意味の**経験がこのうるさい小さな人間に生ずるや否や、すぐに使えるのである。実用的な使用は確かに早くから始まるが、もっと難しい。それは願望の直接的な満足ではなく、言語を**別の**必要の満足のために採用するということであるから。

語は確かに我々の最も重要な表現手段であり、生活行動において最も特徴ある、普遍的な、そして望ましい道具である。話し言葉は人間性の印である。それは通常、思考の行き着く終点である。我々はそのシンボル的な使命に感心するあまり、つい唯一の重要な表現的行為であり、他の全ての活動は、動物の流儀で実用的であるか、さもなければ非合理的である——遊び半分とか先祖返りによる(余剰としての)過去の再認、あるいは間違い、つまり首尾よく行かない——と考えてしまう。しかし実際には話し言葉とはシンボル化の過程のうちの或る**一種**が持つ自然な結果に過ぎない。人間の心にはこれとは全く異なった目に見える結末を持つ経験の変換の仕方がある。それらは実用的でも伝達的でもない行為で終わるが、しかし効果的であり共同体的でもありうる。すなわち「祭祇」と呼ばれる行為のことである。

人間の生は完全に祭祇によって貫かれており、それは動物的な実践によっても貫かれているのと同様である。生とは理性と祭りの、入り組んだ織物であり、知識と宗教の、散文と詩の、事実と夢の込み入った織物である。あの原初的な精神的消化作用、つまり言語的シンボル作用の結果が、シンボル化以外の欲求を満たすためにも使われうるように、他の本能的な行為も表現機能に役立つかもしれない。食べること、旅すること、質問をすること、答えること、建設すること、破壊すること、売春すること——そうした行為のどれかが、あるいは全部が**祭礼**に入ってくる可能性がある。それにもかかわらず、祭礼そのものは実用的ではなく、表現的である。祭祇は、芸術同様、本質的には経験のシンボル変換の活動的な終点である。それは脊髄で生まれるのであって、いわゆる「古い脳」においてではない。ただし、脊髄という器官が人間の身分まで成長した時に、その**原初的必要**から生まれるのである。

言語の「非実用的な」使用が、それに適合するように編まれていない基準で計ろうとした哲学者や心理学者を不思議がらせ、その視点から見るといかにも奇妙な祭祇の逸脱ぶりに、彼らは圧倒されてしまった。そこで心理発生学的な心の理論を救うために、彼らは様々な社会的目的や、まずあり得ないような外部的動機とか、ほとんど完全な愚かさともいうべき感覚と理性の「間違い」にその説明を探したのであった。彼らはなぜ宗教的な愚行がどうしようもなく治らず、哀れな愚か者が誤った方向にやすやすと導かれてしまうのか、そして社会的な有利さがあるとしても、なぜ全く桁外れの費用をかけるのかを、ひどく不可解に思った。だが彼らはあるいは特殊人間的な**欲求**があって、どの欲求もそうであるように他の利益を損なってもそれを満たす、ということかもしれない、という仮定には思い至らなかった。

原始民族の祭祇について、それを抑制ないし改良するという目的以外で関心を抱いた初めての白人である民俗学者たちは、ヨーロッパ人から見るといかにも滑稽で馬鹿馬鹿しいとしか思えない行為に伴う高度な真剣さには非常に驚かされた。ちょうどキリスト教の宣教師たちが、自分たちの語り口でなら、ずっと神秘的で空想的な話を信じられる人たちに、福音を納得させるのがいかに困難かとずっと以前から報告していたように。例えばアンドリュー・ラングは呪術の信仰について論じ、次のような指摘をしている。「理論が存続するためにはそれがほとんど完全に信用されることが必要である。未開人にはそうした信じ易さが強力に行き渡っているとヨーロッパ人には見える。……だが未開人は例外なく極めて信じやすいのだが、しかし彼らが宣教師の教える宗教的教義に対して、しばしば頭から笑って信用しないというのは奇妙な事実である。未開人と文明人は信じやすさについて異なった基準を持っている。モファット博士は、「創造について、堕落について、蘇りについて語ることは彼らには自分たちのライオンやハイエナの話よりももっと奇想天外で、桁外れで、馬鹿馬鹿しいのだ」と述べている。……どうやら宗教と科学だけについては外から輸入された新しい意見に関して、未開人は、聖アウグスティヌスによれば意図的に耳が聞こえないふりをするという、毒ヘビの振る舞いを真似している……」[11]。

フロベーニウスも原始社会研究の開拓者であるが、〔オーストラリアの南東部〕ニュー・サウス・ウエールズでの通過儀礼を記述して、その儀式の途中で年上の男たちが、祭りを眺めている若い新参者たちのために、四つん這いになって犬踊りをし、彼らはその後一本歯を抜かれるという、痛い名誉に与る。フロベーニウスはこの祭祇を「喜劇」とか「茶番」と呼び、この「馬鹿馬鹿しいイヌの見せ物」の間中少年たちが生真面目にずっと座っていた様子に驚いている。「彼らのふるまいはあたかも男たちのおかしな行列が目に入っていないかのようであった」[12]と。この少し後に、彼は南コンゴのブガラ族の間の或る葬式を記述しているが、また、その演技の一つ一つがサーカスの行為のように見え、最後には「もしそれが可能だとすれば、さらにもう一段滑稽な茶番劇というべきものが続いた。今度は死者が自分の死の原因がなんであったのかを宣言したのである」[13]。教授は、最低の知性の人間でも、どうしてそこまで愚かさのどん底に行き着けるものか全く理解できないと困惑している。もしかしたら剃髪した神父の聖水による秘蹟を、彼が神の聖体を食することを、彼の聖書の解説を、「ひどく笑った」未開人たちも似たような困難を感じていたかもしれない。

のちの時代になって学者たちは次第に慣習や祭典の非合理性がこれほど大きいというのは実践上の「間違い」ではありえず、また自然についての「誤謬にあふれた」理論によることもありえない、と気づいていった。こうした慣習は明らかに何かの自然な目的の為にやっているのであって、それが実用上正当化されうるか、されないかなどとは全く無関係である。デ・ラグーナ夫人は、規範的な祭祇が社会的な結束を与えるということにその目的を見出そうとした。「このような複雑なしかも奇怪な信仰の体系は、その信念が実践上うまく「機能する」からということで定まるのだ、というような単純な理論ではとても説明がつかない。……本当のところは……社会生活が存続してゆくために、多少なりとも組織化された信念の体系が絶対に必要だということである。そのような組織によってグループの連帯性が確保されている限り、そこに入ってくる特定の信念が或る程度は客観的な自然の秩序によく適応していないということもありうる」(14)。だが、この社会的な目的のために、社会のメンバーが信じるようにと説得力を持って誘われてもおかしくないような、もっと理屈にあった教義を役立てない理由があるだろうか。わざわざバール神とかアステカ族の神々が要求するような、あらゆる種類の残酷な儀式とか身体の切断とか、時には人身御供にまで至るような、「複雑で奇怪な」信条でなくてもいいのではないだろうか。革命以後のフランスや初期ソビエト・ロシアで始動した理性の礼讃が、社会の連帯という目的には、それが取って代わった「キリスト教のおまじない」以上には、あるいはフロベーニウスをその馬鹿馬鹿しさで悩ました犬踊りや死者の尋問以上には、少しも役立たなかったのはなぜであろうか。もともと社会的な目的を達成することが第一の関心であった僧侶階級が、平信徒に不道徳で理不尽な神を信じるように要求したのはなぜであろうか。宗教をまさにこのような社会学的な精神で扱ったプラトンはこの疑問に直面してしまった。ギリシャの国教が非合理であるのみならず、一つの崇拝の形式に参加し、一つの神の手本に従うことで達成されるはずの社会的統一が、当の崇拝がしばしば品位を欠き、手本が悪かったことでひっくり返されてしまったのである。どうして賢い支配者や支配集団がそのような祭祇を規定したり、そのような神話を支持したりしたのだろうか。

もちろん答えは祭祇の規定は実用的な目的のためではなく、また社会的連帯すらも目的としていないということである。そのような社会的連帯ももしかしたら祭祇の効果のひとつとなるかもしれないし、洗練された将軍がこのことに気づいて、これに乗じて国家の宗教を強調したり、戦闘の前に祈願を捧げることを義務付けたりはするかもしれない。しかし神話も祭祇もその起源としてはこの目的によるものではない。未開社会の慣習は、文化人類学の開拓者たちには、彼らの報告で初めて人類学に接する我々にとってよりも、ずっと驚くべきものであったに違いないが、しかし彼らも原始人の「茶番劇」や「道化芝居」が極めて真剣なものであり、原始人の呪術使いを自己欺瞞だと言って責めることができないのに気づいていた。「呪術の起源は詐欺ではないし、また全くの騙しが行われることは滅多にない」と七十年前にタイラーは述べている。「それは実のところ誠意に基づいているが、しかし誤った哲学体系であって、人間の知性が、我々にはいまだにほとんど解明できない過程によって進めてきたもので、従って呪術は世界のうちに一つの特異な永続的地歩を得ているのである」(15)。その根は意識的な目的とか、策略とか、政策とかあるいは実用上の設計などよりもっと深いところにある。それは基本的な観念の棲む領域である心の深層にあって、そうした観念をどうしても**表現**したいという人間の欲求のゆえに、有毒なとは言わないが不可思議な実を結ぶのである。呪術の実践がどのような目的に資するにしても、その直接の動機は大きな想念をシンボル化したいという願望である。それは豊かで野蛮な想像力が自動的に行き着く、目に見える行為である。その起源はおそらく全然実用的でなく、祭祇的なものであった。その主な目的はある〈現存者〉をシンボル化すること、そして一つの宗教世界を定式化するのを助けるためであったろう。「あなた方はしるしと奇跡とを見ない限り、決して信じないだろう」

〔ヨハネ伝四・四八〕。呪術は決して普段の因果作用のように日常的な気分で用いられることはない。このことは「呪術の方法」が因果関係についての誤った見解に基づくのだという広く受け入れられている信念とは相容れない。結局のところ、兄弟のマラリヤを追い出すためにタムタムを打ち鳴らす未開人は、尖っていない方を前に向けて矢を射るとか、釣り竿に花をつけて餌にするというような実際的な間違いをすることは決してないのである。因果関係を理解していないからではなく、実用的な関心よりももっと強い関心が併発して彼を捕らえるので、呪術的な祭礼を行うのである。そのより強い関心とはそのような神秘的な行為の持つ**表現性**という価値に関わるものである。

そうであれば、呪術とは方法ではなく一つの言語である。それはより大きな現象である宗教の言語すなわち祭祇の真の核心をなすものである。祭祇とは他のいかなる媒体も適切に表現することができない経験の、シンボル変換なのである。それは人間の主要な欲求から生まれているので、自発的な活動である。つまり特別な意図なしに生まれ、何か意識的な目的に適応することもない。その成長は計画されておらず、その型《パターン》はいかに手が込んでいるように見えても、全く自然的である。それは決して人々の上に「押し着せられた」ものではなく、人々はちょうどハチがブンブン群がるように、鳥が巣作りをするように、リスが食べ物を蓄えるように、そしてネコが顔を洗うように、全く自ずとそう振る舞うのである。誰も祭祇をこしらえたものはいないし、それは誰もヘブライ語とかサンスクリット語とかラテン語を拵えはしなかったのと同じである。表現的な行為の形式は――話し言葉も身振りも、歌も、犠牲も――或る特定の種族が持つ心性が、その発達と交流のどこかの段階で、自然に生み出したのである。

フランツ・ボアズは、その初期の著作の中でもすでに、形式が無意識のうちに発展したという点で祭祇が言語に似ていると指摘している。そしてさらに、これほど明白にではないが、祭祇が或る種のシンボル的な機能を持っていることをも見て取っていた。感覚経験の実際上の分類と配置について言語が果たす役割を論じた後で彼は「原始的な人々の振る舞いから見て、このような言語上の分類が彼らの意識にのぼっていなかったことは明白であり、したがってその起源は精神の合理的過程にではなく、全く無意識の過程のうちに求められなければならないことも明らかである。……恐らくは宗教上の基本的な想念は……言語の基本的観念同様、無意識的なものであったと思われる⑯」と述べそしてその数ページ先で、ごく躊躇《ためら》いがちに、曖昧にではあるが、我々には「非実用的」に見えるこうした習慣の持つ表現的な性質についても触れている。

「原始人は、それぞれの行為をその主たる対象に適合させ、それぞれの考えをその主たる目的に関連付けるという、我々が知覚するやり方に加えて、……彼はそれを別の観念に、しばしば宗教的な、あるいは少なくともシンボル的な性質の観念とも結びつける。そのようにして彼は行為や思想に、我々からみると相応以上の高い意義を与えるのである。全ての禁忌《タブー》はそうした実例で、一見ごく些細な行為に極めて神聖な観念が結びつけられているため、慣習的な行動様式から逸脱することが極めて大きな嫌悪の感情を引き起こすのである。装飾を呪物と解釈すること、すなわち装飾芸術のシンボル作用は、だいたいにおいて、我々の考え方とは異質な観念連合を示す、また別の例である」[17]。

ボアズの本が出てから一年後にジークムント・フロイトの諸論文が出て、今日ではそれらが『トーテムとタブー（*Totem and Taboo*）』という題の書籍に収録されている[18]。祭祇行為が本来的な意味における目的のための手段なのではなく、主として背後《ア・テルゴ》からの動機によるものであり、従ってそこには前向きに目的に向かうというよりも、むしろ後ろから押されているという感覚が伴うことを認識したのは、まさにフロイトであった。祭祇は行われなければ**ならない**。目に見える目標のためではなく、全くの内側からの欲求による、と。そして彼は別の状況においてもそのような強制される行為があることをよく知っていたので、宗教の領域でもこれらを**表現的**〔＝表出的〕な振る舞いとして解釈するのが最適ではないかと直ちに考えたのだった。経験的には無意味であるが、にもかかわらず重要であり、これを実用的な手段ではなくシンボル的表象と見れば、正当である。

それらは経験の自発的な変換であり、それがとる形式は原初的心性にとってはごく正常なものである。文明化された社会では、同じ現象が病理的なものとされやすい。それには十分な理由があるのだが、それについては後の章に譲らねばならない。

心の哲学へのフロイトの大きな貢献は、人間の振る舞いが食物獲得の方略であるのみならず、また一つの言語でもあるということに気づいたことにある。つまり〔術策の〕それぞれの**一手**が同時に**身振り**でもある。シンボル化とはそれ自身、目的でありかつまた手段である。これまで認識論はこれを後者の働きにおいてのみ扱ってきた。そして哲学者たちが、人間の心性の純粋に功利的な特徴が、なぜこうしばしば期待を裏切るのか、なぜ自然が、この働きを有用性の限界を超えて繁茂し、暴君ともいうべき役割を演じて人間を明らかに非実用的な冒険へと誘い込むのを許すのか、を不思議に思うのには十分な理由がある。本当のところは、そもそも祭祇は何か別の活動に奉仕するためだけに生まれたのではなかったのだと私は考えている。祭祇は主要な関心事の一つであるのだから、ちょうど困難な状況においては食べ物の要求や性の要求が犠牲を強いることがあるように、祭祇もまた他の目的を諦めるという犠牲を要求することもある、ということである。心が根本的に——付随的にではない——シンボル的な機能を持つのではないかという示唆をフロイトが得たのは精神分析研究を通してであったが、しかし後期の著作、とくにすでにあげた『トーテムとタブー』で、彼はこれを極めて一般的なものに展開している。[19] 確かに彼は自分の理論を十分広く発展させて、「非実用的な」行為——祭礼、儀式、演劇化、そして何よりも非応用芸術である——についての哲学的な研究をすすめてみるだけの意義と可能性をもたらしたのであった。しかし、かなり明確な形でさらなる探究を呼びかけているこの新しいアイデアを本気で利用しようとする認識論者はこれまでほとんどいなかった。

その理由はおそらく、伝統的な心の理論が認識論つまり**知識**についての理論だったからで、フロイトの心理学はこの分野を構成している諸問題には直接には適用できないからであろう。知識構造に入り込んでくる限りでのシンボル〔=記号〕は数学的な「表現」〔=数式〕がより典型的であって、卍とか礼拝とかにはふさわしくない。シンボルの主たる代表は言語であって祭祇ではない。

この二つのシンボルについての別々の考え方を関連づけるためには、そして我々が**生**と呼んでいる一般的な人間的反応の中でそれぞれが果たす役割を示すためには、何からでも——紙に付けられた印からでも、我々が「言葉」として解釈する小さな金切り声や唸り声、あるいはまたひざまずいた膝からでも——シンボルを作り出すものについて、**意味**の質について、そのいくつかの局面と形式においてもっと正確に調べてみることが必要である。意味は、最終的には論理的な条件に依っている。従って次の章では主として論理的な構造に関わらねばならず、或る程度は専門的にならざるを得ない。しかしそのような基盤がなければ議論は具体性がなく、根拠を欠き、説得的というよりむしろ空想的に見えるだろう。そこで何が意味を構成するのか、何がシンボルの特性であるか、そして異なった種類のシンボルとその論理的な区別とを、これまでに提案してきた着想を詳説する前に、まず簡略に述べておかねばならない。

原注

（1）A. D. Ritchie, *The Natural History of Mind* (1936), pp. 278–279.
（2）Eugenio Rignano, *The Psychology of Reasoning* (1927)を参照のこと。
（3）William James, *The Principles of Psychology*, 2 vols. (1899, 初版 1890), II, p. 348 を参照のこと。
（4）この電話交換台の比喩は Leonard Troland が *The Mystery of Mind* (1926), p. 100 以下で用いている。
（5）Frank Lorimer, *The Growth of Reason* (1929), pp. 76–77.
（6）Stuart Chase, *The Tyranny of Words* (1938), pp. 46–56.
（7）原注（1）を参照のこと。

（8）Chase, 前掲書、p. 54.

（9）De Laguna, *Speech: Its Function and Development*（1927）, p. 307.

（10）Jean Piaget, *Le langage et la pensée chez l'enfant*（1923）, とくに i、ii 章をみよ。

（11）Andrew Lang, *Myth, Ritual and Religion*, 2 vols.（1887）, I, p. 91.

（12）Leo Frobenius, *The Childhood of Man*（1909; 初版は *Aus den Flegeljahren der Menschheit* という題で一九〇一年に出版された）、p. 41 ff.

（13）同上、p. 148.

（14）De Laguna, 前掲書、pp. 345-346.

（15）E. B. Tylor, *Primitive Culture*, 2 vols.（6th ed. 1920, 初版は 1871）, I, p. 134.

（16）Franz Boas, *The Mind of Primitive Man*（1911）, pp. 198-199.

（17）同上、p. 209.

（18）一九一八年にまとまった本として出版された。

（19）S. Freud, *Group Psychology and the Analysis of the Ego*（1922）も参照のこと。

第Ⅲ章　サインとシンボルの論理

意味の論理学についてはすでに極めて多くの研究がなされているので、ここで用いる理論を支持するための長い議論はいらないであろう。ここでは以下の考察の土台をなす事実について、いや、それは事実ではないと言われるのであればここでの考察が前提としているものについて、概略を述べることで十分としたい。

意味には論理的な面と心理的な面とがある。心理的に言えば、意味を持つものは全てサインあるいはシンボルとして**使用され**ねばならない。つまり誰か**にとっての**サインあるいはシンボルであらねばならない。論理的に言えば、それらが意味を伝え**られなければ**ならず、意味伝達に使用し得るような何かでなければならない。或る種の意味関係においてはこのような論理的な条件はごく些細なことであり、暗黙のうちに認められる。しかし別の意味関係においてはこのことが最も重要であって、我々は時にそのために、意味を求めて無意味の迷路を無駄にどこまでも探し回ることにならないとも限らない。

この論理的と心理的という二つの側面がどうしようもなく交絡し混乱するのは、「意味する」というこの曖昧《あいまい》な動詞のゆえである。「意味する」とは或る場合には「**それが**意味している」というのが正しく、別の場合には「**私が**意味している」というのが正しいのであるから。或る単語、例えば「ロンドン」という語が「意味している」市は、その言葉を使用している人が「意味している」場所と完全に同じ内容ではないのは明らかである。

この論理面と心理面がいつも両方ともそこにあって相互に作用し合い、極めて多くの多様な意味関係を生み出すので、哲学者たちはこの五十年間ずっとこれに悩まされ、これと闘ってきた。「意味」分析は奇妙に困難な歴史を持っている。この語が多くの異ったやり方で用いられており、**正しい唯一の**「意味」の用法について、**正しい唯一の**「意味」の意味について、極めて多くの相対立する議論が無駄に交わされてきた。人々は一つの類に属するいくつかの種を見つけると、必ず或る基本形があってそれが個々の事例に形を変えて現れているのだと考えて、そのもとの原型を探し求めるものである。そのため、哲学者たちは意味の真の性質を見出そうとして、長い間様々な〔原型の〕現れ方の事例を集め、そこに共通する成分を探してきた。彼らはますます一般的な形で「シンボル状況」について語るようになったのだが、それは一般化すればその状況全てに共通する本質を獲得できるだろうと信じていたからである。しかし不明瞭で混乱した特殊理論を一般化してみても、そこから明確な一般理論が得られるわけはない。「外示‐または共示‐または指示‐または連合‐その他」を「シンボル状況」と置き換えるというだけの一般化は科学的には全く無用である。そもそも一般概念の目的は種の集合《クラス》間の相違を区別し、かつ全ての下位区分を明確なやり方で相互に関連づけることにある。しかしもしその一般概念が知っている限りの意味のタイプを寄せ集めた合成写真に過ぎないのであれば、その語のそれぞれ特殊化された意味の間に得られる関係は、鮮明になるどころか、ぼやけてしまうだけである。

チャールズ・パースはおそらく意味論に本気で取り組んだ最初の人であるが、彼はまず全ての「シンボル状況」の一覧表を作り、全ての可能な「意味」の意味を駆り集めれば、自ずとヒツジとヤギを区分けできる経験的な差異が見えてくるだろうと考えたのであった。しかしこの手に負えない大群は少数の集団に綺麗に収まらないどころか、それぞれが独自の種類に応じて分かれ、さらに細分化して、類似記号(icon)〔＝記号と指示対象との関係の第一次性〕、質記号(qualisign)、法則記号(legisign)、意味素(seme)〔記号と指示対象との関係、名辞的質の差異〕、発言素(pheme)〔記号と指示対象との関係、命題的実際的な結びつき〕、そして論証記号(delome)〔法則に基づく記号と解釈項との関係の法則的結びつき〕といった、恐るべき序列に並べられて（厳密にいうとここでの並べ方は必ずしもパースの分類順序に合っていないが）、こうすれば元々は五万九千四十九個あった記号の類型がわずか六十六個にまとめられるのだから大丈夫と言われても、あまり慰めにはならない(1)。

これに加えてさらに経験的な方法で意味の本質を捉えようとする試みもいくつかあったが、より多くの変種が見つかればそれだけ共通した本質を見出す可能性は遠のいてしまうのだった。フッサールは異なった類型《タイプ》の意味を、それぞれ特別な想念として区別していったので、「意味」の数と同じほどの理論を立てることになった(2)。だが我々の手元にはまだヒツジもヤギもそのまた親族たちもそれぞれ何頭も残っていて、家族らしい似た顔をしていないのに、どうして〈意味〉という一つの姓がつけられるのか納得がいかないでいる。

実は意味には性質がないのである。意味の本質は論理の領域にあり、そこは性質ではなく関係を扱う領域である。「意味は関係である」といい切るのはあまりにことを単純化していて、適正でない。たいていの人は関係というと二項関係つまり「AとBとの関係」と考えるが、しかし意味にはもっといくつもの項が含まれており、また異なったタイプの意味はそれぞれタイプと程度とが異なる関係から成っているのである。おそらく「意味は項の性質ではなく、項の**関数**《ファンクション》である」という方が良いであろう。関数とは一つの特別な項を中心に囲む、その項を参照起点として捉えられた型《パターン》である。そのパターンは、我々がその当の項を**それを囲む別の項との全体的関係において**眺めるときに現れる。その全体はひどく複雑であることもある。例えば音楽的和音は「数字つき低音（written bass）」と呼ばれる一つの音の関数として扱うことができるが、それは楽譜にその最低音と、その上に来る別のすべての音との関係を書き入れることで表示される。古いオルガン音楽では和音  は  と書き表すことができる。その意味はつまりA調（イ調）でA音（イ音（＝ラ））の上に6度と4度と3度の音符が重なった和音である。この和音は**A音を取り囲み、かつA音を含む型**として扱われる。それはA音の関数として表現されるのである。

同様に、その中の一つの項の意味とはその項の関数である。その意味（関数）は自らがその主役を務める一つの型にある。最も単純な種類の意味であっても、その「意味している」項に関係した別の項が少なくとも二つある。その「意味されている」対象（客観）と、その項を使用している解釈者（主観）である。ちょうど和音の場合、「数字つき低音」の他に少なくとも二つの音符（＝数字）が書き込まれていなければ、どの和音であるか一意的に決まらないのと同じである（残り二音のうち片方は書かれていなくても演奏家には了解されている場合もあるが、ともかくそれなしの音の組み合わせでは和音が特定されない）。同じことは意味を持つ項について言えよう。その項を用いている主体（主観）がいることはしばしば暗黙のうちに認められているが、ともかく少なくとも意味される一つのものと、そしてその意味を捉える一つの心がなければ意味は完全ではない。——それはまだ型の一部であって、別な形で完成される可能性が残されている。

一つのパターンの中の項のうちどれを基音として取り出しても、他をそれに関連する項と見なすことができる。例えば  という和音は〔先般見たように〕最低音〔＝根音〕（イ音）の関数とみなして  と記して表現することができるし、あるいはまた和声上の主音、この場合でいえばD（ニ音〔＝レ〕）の和音として扱うこともできる。和声分析をする演奏家ならこれを「G（ト）調の、属7和音（ドミナント・セブンス・コード）の第二転回形」と呼ぶであろう。この調の「属音（ドミナント）」はD（ニ音）であり、A音（イ音）ではない。分析者はこのパターン全体をD（ニ音）の関数として扱うであろう。このような扱い方はA音（イ音）を基としてその上の音を固定させて呼ぶもう一つのやり方より複雑に思われるが、しかしもちろん実際問題としてはそうではない。結局

は全く同一の型を扱っているのだから。

同様にして、ひとつの意味型はその中のどの項の観点からでも捉えることができるし、それに応じて同じ型についての記述が違ってくることになる。或る特定のシンボルが、或る人にとって或る対象を「意味している」ということもできるし、またその人がシンボルを用いてその対象を「意味する」とも言える。前の記述は意味を論理的な観点で捉え、後者は心理的な観点で捉えている。前者はシンボルを基調《キイ》として捉え、後者は主体を基調《キイ》として捉えている。[3] こうして、この最も問題の多い二種類の意味――論理的意味と心理的意味――は、意味を**項の性質としてではなく関数としてみる**という一般原則を立てれば、区別されると同時に相互の関連づけもなされることになる。

以下の分析では「意味」はとくに別の観点を特定しない限りは、客観(対象)の立場で扱うことにしたい。つまり、私が或る項(例えば単語)が何かを「意味している」という場合は、人々があれまたはこれを「意味している」ということではない。のちに我々は様々な主観的な関数についても区別しなければならないであろう。だがとりあえずは**項とその対象との諸関係**を考察することにしよう。項をその対象に**関連づける**のはもちろん主観であるが、そのことは了承済みということにする。

まず、項には二つの相異なる機能があって、そのどちらも完全に「意味作用」と呼ばれて然るべき権利がある。なぜなら或る有意味な音声も、身振りも、物も、出来事（例えば点滅、映像）も、サインかシンボルかのどちらかであるのだから。

サイン（記号）はもの、あるいは出来事、あるいは条件の——過去、現在、あるいは未来における——存在を示している。水路のないところで草木が生き生きとしているのはそこでは雨がよく降るというサインである。屋根でするパラパラという音は今雨が降っているというサインである。気圧計が下がること、あるいは月の周りに輪がかかっているのはこれから雨になるだろうというサインである。煙の匂いは火があることを表示《シグニファイ》している。傷跡は過去の事故の印である。薄明かりは日の出の前兆である。色艶が良いのは頻繁で豊富な食事の標《しるし》である。

ここに挙げた例は全て**自然記号**である。自然記号はより大きな出来事ないし複合的な条件の中の一部分であって、経験を積んだ観察者にとっては、それ自身が著しい特徴となっている状況の残りの部分を意味している。つまりそれは或る事態の**兆候**《シンプトン》である。[4]

サインとその対象との論理的な関係はごく単純である。両者はなんらかのやり方で連結されて一組の**対**《ペア》をなし、従って両者は一対一対応をしている。一つ一つのサインに、そのサインの対象である特定した項、すなわちサイン的に表示《シグニファイ》されたもの（あるいは出来事、条件）が対応している。意味づけというその重要な機能には、その二項の他にその項を用いる第三項が、すなわち主観が含まれている。そしてその主観と残り二つの項との関係はその二項自身のむき出しの論理的組み合わせよりずっと興味深いものである。主観は基本的に、残りの二項と一組のペアとして関係している。それらを特徴づけるのはそれらが対をなすということである。だから或る人の腕にできた白い盛り上がりは単なる感覚所与としてはあまり面白くなく、名前をつけるにも値しないであろう。しかしその所与が過去との関係という点で注目され、「傷」と呼ばれる。しかし注意すべきことは、主観は残り二項と対をなしているという関係を持っているが、しかし同時にその各々の項とも個別に関係を持っており、そのために一方がサインとなり、もう一方が対象となるということである。両者を交換不可能にしているサインと対象との違いはなんであろうか。一足の靴下や秤にかかっている二つの分銅、あるいは棒の両端のように、二つで一対をなすというやり方で結びついているだけの二つの項は、両者を入れ替えても害はなさそうに思われる。

その違いは、両者を一対として捉えている主観が一方を他方より興味深いものとし、そして後者の方が前者よりも楽に手に入るのでなければならないということである。我々が明日の天気に関心があれば、現在の事象が明日の気象現象に連結されて一対の組をなすとそれらが我々にとっての記号となる。月にかかる輪あるいは空に浮かぶ「馬尾雲」はそれ自体としてそれほど重要なものではないが、何かもっと重要であるがまだ現在していないものと結びついた、目に見える、今そこにある項としては、「意味」を持つ。もし主観つまり**解釈者**がいなければ、サインと対象とは相互に交換可能となろう。稲妻がこれから雷が鳴ることを意味するのと同様に、雷鳴は稲妻が光ったことのサインとなろう。それ自体としては両者はただ対応しているだけのことである。一方が知覚可能で、(知覚するのが困難あるいは不可能な)もう一方が興味深いときに初めて、**一つの項に属する表示的意味作用**《シグニフィケーション》が属する一事例となるのである。(5)

さて自然界でいくつかの事象が相対応し、重要性の少ないものが重要性の大きいものの記号として解釈できるのと同じようにして、その意味となる重要な出来事と対応する任意の出来事を**作り出す**こともできるであろう。笛の音は列車が今から出発することを意味する。銃声が日暮れ時を意味する。ドアにかけられたちりめんの喪章はだれかが亡くなったばかりだということを意味する。これらは人工的なサインである。それは状況の一部をなしていて、自然的にその残りの部分ないし残りの部分の中の何かを意味するというわけではないのだから。だがその対象との論理的な関係としては、自然記号と同じである。サインと対象が一対一対応し、そのおかげで後者に関心を持ちつつ前者を知覚する解釈者が、関心のある方の存在を把握できるのであるから。

サインを解釈することは動物の知性の基本である。おそらく動物は自然記号と人工的ないし恣意的な記号とを区別しないであろうが、しかし彼らはその両方を実際的な活動の指針として用いている。また我々も同じことを四六時中している。呼び鈴にこたえ、時計を見、警報に従い、矢印に沿って進み、やかんがピーピー音を立てれば火元から外すし、赤ん坊が泣けばそこへゆくし、雷鳴が聞こえれば窓を閉める。こうした解釈の全ての論理的基礎となる、些細な事象と重要な事象との対応関係はごく単純でどこにでも普通に見られることである。そのため一つの記号が何を意味し得るかについては全く制限がない。このことは自然記号よりも人工記号の方により多く当てはまる。銃声は競技の始まりかもしれないし、日の出かもしれないし、危険の発見かもしれないし、パレードの始まりかもしれない。ベルについては世界中がその知らせで溢れ返っている。誰かが玄関に、あるいは裏口に、脇のドアかもしれない、電話か、トーストが焼けた、タイプライターが行末にきた、学校が始まる、作業開始、教会の礼拝が始まる、礼拝が終わる、電車の発車、レジ用手提げ金庫の登録音、小刀研ぎ器がきしる、夕食の知らせ、起床時間の知らせ、町で火事だ！

一つのサインがあまりに多くの事物を意味できるので、我々はしばしばそれを誤解する。とくに人工的な記号の場合にそうである。ベルの合図はもちろんその対象と誤ってる。

結び付けられるかもしれないし、一つのベル音が別のベル音と混同されるかもしれない。だが自然記号もまた誤解されることがある。濡れた通りは散水車《スプリンクラー》が通り過ぎた後であれば、最近の雨の確かな記号とは言えない。サインの誤解は最も単純な形の**間違い**《ミステイク》である。これは実際生活の様々な目的にとって最も重要な間違いの形であり、そしてそれに気づくのも最も簡単である。通常は**落胆**という経験ですぐ表れてくるのだから。

最も単純な形の誤りが見出されるところには、その対応物として最も単純な形の知識も見出せるであろう。それがまさにサインの解釈ということに他ならない。それは最も基礎的な、また最も具体的な思考過程であって、我々が動物と共有する種類の知であり、ひとえに経験によって獲得され、明らかな生物学上の有用性を持ち、また同じく明らかな真偽の基準をもっている。その機構は条件反射弓の発達したものと考えることができ、脳が電話交換器の仕事を引き受け、筋肉組織を招集した感覚器官を時に正しく、時に誤った番号で呼び出して、感覚の変化による応答を期待するのである。そこには科学的目的のために望ましい、概念の備える単純さ、構成可能性、理解可能性といった長所のすべてがきちんと備わっている。だから発生心理学の研究者がサインの解釈こそ全ての知識の原型だと跳びついたのも驚くにあたらない。彼らは**記号**《サイン》を本来の意味の担い手と考え、その他の全ての意味論的な性質を持つ項をその下位概念として――対象の代理として働き、自分自身にではなく、その対象に相応しい行動を引き起こす「代理記号」として――扱った。

しかしこうした「代理記号」はシンボルと一緒に分類されることもありうるが、ごく特殊な種類のものであって、知的生活全体の過程の中ではごく狭い、制限された役割しか果たしていない。後にシンボルとサインの関係を論ずる時にもう一度この代理の記号の話に戻ってくる予定であるが、それはこの記号がその二つの領域にまたがっているからである。しかしまずは、シンボル一般の特徴と、それとサインとの本質的な相違についてきちんと述べておかねばならない。

〔サインとして〕信号的《シグナル》にではなく、シンボル的に用いられる項は、それが意味する対象の存在に相応しい行為を**惹き起こさない**。私が「ナポレオン」と言っても、あなたはこのヨーロッパの征服者に、紹介されたかのように頭を下げたりせず、ただ彼のことを思い浮かべるだけである。もし私が共通の知人であるスミス氏のことを言ったとすれば、あなたはもしかしたら彼の「陰口」をいう気になるかもしれない。陰口とはもし彼がそこにいたら決してしないことである。この様にスミス氏のシンボル――つまりスミスという名――はもしかしたら彼の不在に特別に相応しい行為をひき起こすかもしれないのである。そこで私が眉を吊り上げるとかドアの方を見るとかするのを、彼がやってくる

サインとして解釈したあなたは、話を中途で止めるであろう。〔陰口の中断という〕その行為はスミス氏その人に向けられていることになろう。

　シンボルはその対象の代理ではなく、対象を**これこれのものとして把握し、表象《コンセプション》化するための担い手**である。ものや状況を把握するということは、目に見える形で「それに反応する」こととも、それの存在に気づくこととも違う。物事について語る時、我々はそのものの表象を持っているのであって、もの自体を持っているのではない。だから**シンボルが直接に「意味する」のは〔ものの〕表象であってものではない**。語が通常喚起するのは表象に対する振る舞いであり、これが考えるという過程の典型的なものである。

　もちろん語がサインとして用いられることもあるが、しかしそれが語の主たる役割ではない。だから語のサインとしての特性は、語に何かいつもと違う特別な変化をつけること——声の調子とか身振り（指差してみせるとか、じっと注目するとかなど）、あるいはその語が書かれている張り紙の置き場所など——で、それと示されなければならない。語はそれ自体としてはシンボルであって表象と結びつくもので[6]、直接に公の対象や出来事には結びつかない。サインとシンボルの根本的な相違はこうした連合の仕方の相違であり、したがって意味機能の第三項である主観のなす**使用上**の相違である。サインは対象を主観に告げるが、シンボルは彼にその対象を表象化するように誘う。同じもの、――例えば我々が語と呼んでいる口でつくる小さな音――がその両方の働きを果たせるからといって、その語が引き受ける二つの働きの間の根本的な相違が消えてしまうわけではない。

シンボル的意味の最も単純な事例はおそらく固有名詞であろう。個人の名は主観の経験の中に一つのまとまりとして与えられ、具体的であって、そのため容易に想像の中に呼び出せる何かについての表象を惹起する。名が一つの対象にあまりに明白に、また一義的に由来する想念に属しているため、あたかもサインが対象を「意味する」ように、名がその対象を「意味する」のだと考えられてしまう。さらに、本人が持っている名が、その人のことを考えるためのシンボルでありながら、同時にまたサインとして彼に合図する際の呼び名でもあるということで、この信念はますます強まってしまう。この二つの機能の混同によって、固有名詞はしばしば動物的意味論つまりサイン使用と、人間の言語つまりシンボル使用との架け橋となるのだと考えられている。イヌは名前を理解するではないか、自分の名前だけでなく、飼い主の名前も知っているではないか、と人は言う。確かにそうだ。しかしイヌは名前を呼び名という役割においてのみ理解しているのである。もし或るイヌに主人の名である「ジェームズ」と言えば、そのイヌはその声音をサインとして解釈し、ジェームズが**どこにいるのか見つけよう**とするであろう。ジェームズという名の人を知っている人に「ジェームズ」と言えば、その人は「ジェームズがどうしたの」と聞くであろう。この単純な問いかけをすることはイヌには全く不可能である。彼にとっては名が持ちうる意味はサイン的意味作用、表示的意味作用《シグニフィケーション》のみであり、主人の名前は主人の匂い、足音、そして彼の特徴あるベルの鳴らし方と共通する意味しか持たない。一方人間にとってはその名はそのように呼ばれている人の表象《コンセプション》（想念）を惹き起こし、かつその人の想念が紡ぎ出すであろうさらなる想念を受け取る心の準備をさせるものである。だから人間はごく自然に「ジェームズがどうしたの」と聞くのである。

ヘレン・ケラーの自伝の中にこの非凡な女性が、自分の心に起こった言語の到来について記述している有名な一節がある。もちろん彼女はそれ以前からサインを使っており、ものとものとの連合関係もつけており、ものごとを予期したり、人々や場所をそれと認めることができた。しかし或る素晴らしい日が来て、彼女の限られた感覚世界の中の幾つかの所与が外示的意味作用《デノテーション》（＝外延）を持っており、彼女の指を特定のやり方で動かすことで**単語**になるのだということを発見したため、これまでの全てのサイン的意味がすっかり影を潜め、縮小されてしまったのである。このような出来事が起こるには長い準備期間が必要であった。この子供は指でやる所作をたくさん覚えていたのだが、それらはまだ意味のない指遊びであった。そして或る日、先生が彼女を散歩に連れ出した。そしてそこで偉大な言語の到来に出会ったのである。

「先生は私の帽子を持ってきてくれました」と回顧録には書かれている。「それで私は暖かい陽射しの中へ出てゆくのだなと分かりました。この考え——この語を持たない感覚を考えとよんで良いならばの話ですが——に私は嬉しくてぴょんぴょん跳んだり、スキップしたりしました。〔……〕

「私たちは道を井戸小屋のところへと歩いて行きました。井戸を覆っているスイカズラの香りに誘われたのです。誰かが水を汲んでいて、先生は私の手をポンプの噴出口のところに据えました。冷たい流れが私の手にざっと当たった時、先生がもう片方の手にw-a-t-e-r〔＝水〕という語を綴ったのです。初めはゆっくりと、次に素早く。私はそこに立ちすくんで、彼女の指の動きに全注意を集中していました。突然、何か忘れていたものについての霧がかかったような意識を感じました。それは忘れていた考えが戻ってきたという興奮でした。そしてどういうふうにしてか、言語の神秘が私に開かれたのです。w-a-t-e-rが私の手に流れている素晴らしい何かを意味していることがわかりました。この生きた語が私の魂を目覚めさせ、それに光と希望と喜びを与え、それを解放したの

です。確かにまだ何か壁に遮られていましたが、しかしその壁もだんだんにとり除いてゆけるものだったのです。〔……〕

「私は言葉を覚えたくて仕方なくて、井戸を離れました。全てに名があるのでした。そしてそれぞれの名前が新しい考えを生み出すのです。家に戻ったとき、触れる全てのものが生き生きと震えているように思われました。それは私が全てのものを自分に訪れた不思議な新しい視覚で見ていたからです」(7)。

この一節はサインとシンボルの真の相違についての、望める最高の供述である。サインとは行為に応ずる、あるいは行為を命じる何かである。シンボルは思考の道具である。ケラー嬢がその語の発見の直前に起こった自分の心の過程に条件づけ——「この考え——この語をもたない感覚を考えとよんで良いならば」——をしていることに着目しよう。真の思考は本物の言語に照らして初めて可能である。それがいかに限られた、いかに原始的な言語であるとしても。彼女の場合は「w-a-t-e-r」が必ずしも水が欲しいとか水が出るだろうと予想するサインだったのではなく、それによって言及し、想念し、記憶することができる、その物質の**名**であることの発見によって、それが可能になったのである。

名が最も簡単なタイプのシンボルであって、一つの表象と直接に結びつき、その表象を現実のものにするために主観が用いるので、つい名を「概念的サイン」として扱い、何かの観念《アイデア》が実在するのだと宣言する一つの人為的記号であると思ってしまう。或る意味これは全く当然とも言える。だがそこに何か無理な、不自然な感じもあって、その感じはたいていの場合は、その解釈の試みがその素材の最も重要な特徴を見逃していはしないかという、ごく正当な警告なのである。今の例で言えば**表象と具体的な世界との関係**が見逃されているのだが、その両者の関係がごく緊密で重要である為に、関係そのものが「名前」の構造そのものの中に入り込んでいる、ということである。名は何よりもまず何かを**外示**《デノート》（＝外延的に意味）する。確かに「ジェームズ」は或る表象を描出《レプレゼント》しているかもしれないが、まずそれは或る特定の人を**名指し**している。固有名詞の場合、シンボルとそれが外示する対象との関係（＝外示作用《デノテーション》）が極めて顕著である為に、外示作用がサインと対象との直接的関係すなわちサイン的表示作用《シグニフィケーション》と混同されてしまうのである。実際「ジェームズ」はそのままでは、ある人を**サイン的に表示して**いるのではなく、その人を**外示《デノート》して**いる——現実のその人に「当てはまる」一つの表象（想念）と結びついている——のである。一つのシンボルと一つの対象との関係は、通常は「S（＝シンボル）はO（＝対象）を外示する」という形で表現されるが、これはSとOとの単純な二項関係ではない。もっと複合的である。Sは何らかの主観にとってはOに当てはまる一つの想念と、つまりOが適合する一つの想念と組み合わさっているのである。

ごく普通のサイン機能には主観、記号（サイン）、対象という三つの基本項がある。最も広く見られる種類のシンボル機能である外示作用においては四項つまり主観、シンボル、想念、対象でなければならない。したがってサインという意味作用とシンボルという意味作用の根本的な相違は論理的に示すことができる。つまりそれは型《パターン》の違いであり、厳密には相異なる機能なのである。[8]

したがって外示作用《デノテーション》とは一つの名が、その名で呼ばれる対象に対してもつ複合的な関係ということになる。だが名ないしシンボルとそれに結びつく**概念**《コンセプト》との、より直接的な関係はなんと呼んだら良いであろうか。それには従来から用いられている呼び方である共示作用《コノテーション》（＝内包的意味、含意作用）を用いることにしよう。一つの語の共示作用（＝内包的意味）とはそれが伝える想念である。表示作用の対象がそこに現在しておらず、また探されてもいないときには、内包的意味はシンボルの内部に留まっているので、我々は表向きは何も反応しないで、その対象**について考えることができるのである**。

ではここで「意味」という語の最もよく知られた三つの意味をまとめると、記号的《シグニフィ》表示作用《ケーション》、外示作用《デノテーション》、共示作用《コノテーション》である。これら三つの意味は同等に、また完全に正当的なのであるが、しかし相互交換は全くできない。

サイン使用あるいはシンボル使用を分析するには、知識がいかに発生するかのみならず、また最も人間的な特徴である誤りがいかに発生するかも説明できなければならない。どのようにしてサイン解釈が失敗しうるかはすでに見たとおりである。しかし外示作用の失敗あるいは共示作用の混乱も、残念ながら劣らず広く見られるもので、これについても注意を向けないわけにはいかない。

外示作用のどの事例にも必ず、一つの項を一つの対象に当てはめる、**適用**とも呼べるような心理的な作用が含まれている。たとえば「水」という語は或る物質を指すが、それは人々が習慣的にその語をその物質に**当てはめる**からである。そのような〔習慣的〕適用が共示的意味を定めたのである。或る無色の液体が水であるのか、そうでないのかを尋ねることは全く理屈に合っているが、しかし水が「本当に」、池にあるあの物質で、雲から落ちてくるもので、H_2Oという化学組成を持つもので、などなど、を意味しているのかと聞くことは、穏当とは言えない。語の共示的意味は確かに長い間の適用に由来してはいるのだが、今日では単に語が適用可能ないくつかの事例という以上に明確に限定されている。我々が項を**誤って適用した**場合、つまり語の共示作用を満足していない対象に当てはめた場合には、その項がその対象を「外示した」と言わない。意味の三項関係の一つが欠けているのであるから、真の外示作用は生じていない。そこにはただ心理的な適用があるだけで、そしてそれは間違いであった。「水《ウォーター》」という語自体には、あの情けない実習歌にある小さなウイリーの身を滅ぼした飲み物を**外示した**責任はないのである。

ウイリー坊やがいたけれど
今はもういない
彼が H_2O と思ったものは
実は H_2SO_4 だったから。

ウイリーは一つの対象を別の対象と間違えた。その共示的意味を知っている名辞の**適用を間違えた**のである。しかし共示的意味が一つの語に固定されるのは、元々は、その性質がまだあまりはっきりと知られていない**物事に**適用されることによってなのであるから、我々はその項を思考の担い手として用いる際にも、その共示的意味を間違うかもしれない。我々は「ジェームズ」というシンボルが隣人に当てはまることを知っていながら、しかし誤ってあれこれの長所や欠点を持った人を意味するのだと仮定しているかもしれない。この場合は我々はジェームズを誰か他の人と間違えているのではなく、**ジ**

エームズについて**間違えて**いるのである。

外示作用の一つ一つがそれぞれ異なった共示作用を持っているということが固有名詞の特徴である。名の共示的意味が固定されていないので任意の意味をそこに当てはめることができることになる。固有名詞はそれ自体としては何も共示的意味がないのである。たまには名がごく一般的な種類の概念的な意味を持つこともあるが――例えば性別、とか人種、あるいは宗派（例えば「クリスチャン（＝キリスト教徒）」「ウェズレー（＝メソジスト派）」「イスラエル（＝神の選民、ユダヤ教徒）」など）――しかし男の子を「マリオン」と呼んでも、女の子を「フランク」と呼んでも、ドイツ人を「ピエール」と呼んでも、ユダヤ人を「ルター」と呼んでも、実際に**間違い**とは言えない。文明化された社会では固有名詞の共示的意味がその名の人に適用されるとはみなされていない。名が或る特定の人を外示するのに使われるときには、その人を指すという機能に必要な共示的意味を引き受けるだけである。だが原始的な社会ではそれは必ずしも当てはまらない。だから名の持つ、普通受け入れられている共示的意味がその名の人に合わないという理由で、名はしばしば変えられる。同じ人が次々に「韋駄天」「鷹の目」「恐ろしい死神」などと**名づけられる**こともある。アメリカ・インディアンの社会で「鷹」と呼ばれている階級の人々は、おそらくは「鋭い目の人たち」の集団の中の小集団であろう。しかし我々の社会では「ブランシュ〔＝白〕」と呼ばれる女性がアルビノ〔色素欠乏症〕である必要も、プラチナ・ブロンドの髪の毛である必要すらない。固有名詞として用いられる語は通常の適用法則を免れているのである。

　では由緒ある「名辞《ターム》〔項〕の論理学」については、このぐらいにしておこう。これは中世の書物にあるよりはもう少し複雑であるようである。なぜなら我々はこれまで長く認められてきた機能である共示作用〔内包〕と外示作用〔外延〕にさらに第三の、サイン的表示作用という、前二者とは根本的に違う作用を加えねばならないからである。そしてさらに項の意味論的な機能を論ずるにあたって、我々はそれらが実は**関数**《ファンクション》であって、何かの力でも神秘的な特性でも、その他諸々のものでもないという、あまり類を見ない発見をし、そういうものとして扱ってきたからである。伝統的な「名辞の論理」は実は意味の形而上学である。一方この新しい意味の哲学は何よりも項——サインとシンボルという項——の論理学であり関係パターンの分析であり、そこに意味を探るものである。

　しかし切り離された個々のシンボルの意味論は意味のもっと興味深い側面を準備するための基礎に過ぎない。我々が**言説**《ディスコース》にたどり着くまでは、全てはただの序論である。真と偽が生まれるのはこの言説的《ディスカーシブ》〔＝論述的〕な思考においてなのである。項が命題の中に埋め込まれるまではそれは何も〔これは……だと〕断言しないし、何も〔……ではありえないと」排除もしない。実際のところ項は何かを**名指し**、そのようなものについての着想《アイデア》を伝えるかもしれないが、しかし何も**言わない**。項についてこれまで長々と論じてきたのはひとえに、たいていの論理学者がこれらをおざなりに扱うだけで、サイン機能とシンボル機能の区別というような明らかな区別にすら気づかぬままだったからである。だから野心に燃えた発生心理学者たちが、条件反射からG・バーナード・ショーの知恵に至るまでの全てを一息に一般化して論じるのを許してきた責任は、不注意な哲学者たちにある。

それに比べると言説の論理はずっと適正に扱われてきている。それが全く妥当なので、私がそれについて何も新しく付け加えて言うことはない。それでもここで論述の論理に留意しておかねばならないのは、命題的思考の担い手である論述的シンボル作用の理解は、人間の知性についての全ての理論にとって本質的なものだからである。これがなければいかなる**字義的**意味〔＝文字通りの、一対一対応をする意味〕もなく、従って科学的知識もありえない。

だれでも外国語を学んだことがある人なら語彙を勉強しただけでは新しい言語を自分のものにできないことを知っている。仮に辞書を丸ごと全部覚えたとしても、ごく単純な文を正しく作ることすらできないであろう。何らかの**文法の原理**なしには文を作ることができないからである。或る語は名詞であり、或る語は動詞であることを知らねばならない。或るものは動詞の能動態であり或るものは受動態であることが見て取れなければならないし、その動詞が表している人称や数を知っていなければならない。自分が思っていることを筋立てて述べるには文のどこに動詞が来るのかを知っていなければならない。物の名をばらばらに並べても（不定詞で「命名」される行為の名であっても）それで文が構成されるわけではない。辞書のページの左側にならぶ見出し語に順に目を通して得られた語をつなげて見ても——例えば especially, espouse, espringal, espry, esquire という具合に——それは何も**言って**いない。それぞれの語には意味があるのだが語のつながりに意味がない。

そうなると、文法構造が意味表示のさらなる源であるということになる。だが文法は項ですらないのだから、シンボルとは呼べない。しかしそこにはシンボル作用に関わる役割がある。文法は、各々が独自に少なくとも断片的な内包つまり共示的意味を持つようないくつかのシンボルを結び合わせて複合的な項を作りあげるのだが、その構造はその〔出来上がった〕項の意味に、そこに集まったそれぞれの共示的意味のすべてが参加しているという、特別な配置構造なのである。その配置関係がどのようなものであるかは、その複合的シンボルすなわち**命題の**内部の、構文関係に依存する。

現代の論理学者たちはシンボル作用の他のどの面よりもこの命題の構造により多くの関心を寄せてきた。バートランド・ラッセルが、実体と属性というアリストテレスの形而上学は実は主語と述語というアリストテレス論理学と対応しているのだ、つまりものとその性質、能動と受動、対象と行為などなどのごく常識的な見方は、実は**品詞**に現れる常識的な論理と対応しているのだ[9]と指摘して以来、表現可能性と想念可能性との、言語の形式と経験の形式との、命題と事実との間の繋がりがますます緊密になってきている。一つの命題は一つの事実に適合するのだが、それは命題の中にその事実に含まれているものや行為の名が含まれているからというだけでなく、その命題がなぜか、そうした名を、名づけられた対象が「事実において」結びついているパターンと類比的なパターンで、結びつけているからであることが明らかになった。**命題は構造の像であり、事態の構造を写しとる画像である**。一つの命題が持つ統一性とは、画像の持つ統一性と同類のものである。画像は、その内部にいかに多くの要素を識別できるとしても、一つのまとまった場面を提示しているのであるから。

　或る画像が対象を**描出する**《レプレゼント》にはどのような特性を持たなければならないだろうか。実際にその対象と同じ視覚的外観を備えていなければならないだろうか。もちろんそんなに高度な厳密さで同じということはない。例えば画像は白地に黒、あるいは灰色の地に赤、あるいはどんな色でどんな色の地に描かれていていても良い。対象は光っていないのに、キラキラしていても良い。対象よりずっと大きくても、ずっと小さくても良い。画像は明らかに平面であり、時には透視画法で三次元の錯覚を与えることもあるが、投視画法を持たない画像、例えば建築家の描く立面図も明らかに或る対象を描写している画像である。

画像の持つこうした広い許容性は**画像が本質的にそれが描写しているもののシンボルであって複製ではない**という理由から来ている。像にはその対象のシンボルとして機能できるためのいくつかの顕著な特徴がある。例えば上の子供っぽい線描(図1)はすぐにウサギだとわかるが、ほとんど目が見えない人でもまさかウサギが本の開かれたページの上に座っているとは、一瞬たりとも騙されない。その図が「現実」と共通なのは或る種の**部分同士の釣り合い**——例えば「耳」の位置と相対的な長さ、「目」のある点の位置、「あたま」と「胴体」の相互の関係など——なのである。その横に耳と尻尾だけが違っている同じ図がある(図2)。どの子供もそれがネコだと受け入れるであろう。だが実際にはネコ

図1

図2

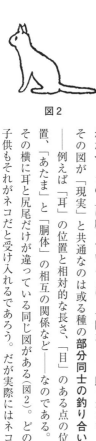

は尻尾の長い、耳の短いウサギのようには見えない。それに平らで白くはないし、紙のような手触りもなく黒い輪郭で体を囲まれたりしていない。それでも絵になったネコの持つそのような特徴はどうでも良いのである。なぜならそれはシンボルであって、擬ネコではないのだから[10]。

もちろん、画像に詳細がより多く描き込まれれば描き込まれるほど、特定の対象への関連付けはより一義的になる。よい肖像画はただ一人に「忠実」である。にもかかわらず、よい肖像画であってもそれは本人の複製ではない。どのジャンルの芸術でもそうであるが、肖像画にも様式《スタイル》がある。鮮やかな、暖かい、たくさんの色で塗ることもできるし、寒色系のパステルカラーにすることもできる。ホルバインのすっきりした線画からフランス印象主義の曖昧な陰影に揺れる色に至るまで、いろいろ選べる。だがそのために対象自体が変わる必要はない。可変因子となるのは我々の描出の仕方である。

画像はシンボルであり、またいわゆる「媒体」も一種のシンボル作用である。それでももちろん画像と現物を関連づける何かはあるわけで、だからこそ例えば画像がオランダの室内を描写しているのであって磔刑の図ではない、と言えるのである。それが描写しうるものは、純粋にその論理によって、つまりその要素の配置構造によって定められる。明るい色と暗い色、彩度の低い絵の具と高い絵の具の配置が、あるいは太い線と細い線や様々な形の白い空間などが何かの対象を意味する**形式**を生み出す。それらは類似の形式を認められるような対象のすべてを、そしてそのような対象のみを、意味することができる。画像が持つそれ以外の面——例えば芸術家が作品全体についての「重要度の分配」〔いわゆるヴァルール、色価〕とか「技法《テクニック》」とかあるいは「色調《トーン》」とか呼ぶもの——は単なる描出作用以外の目的のために用いられている。画像が或る物の像であるための唯一の特性は、対象における顕著な視覚的要素の配置がその画像における要素の配置と類比関係を持つことである。ウサギの描写像は長い耳を持たねばならない。人間は腕と脚を持たねばならない。

いわゆる「写実的な」画像の場合はこの類比関係はもっと詳細に渡り、それがあまりに詳しいので多くの人が彫刻と絵画とは対象の**複写（コピー）**なのだと信じこんでしまうほどである。だが我々が出会う現代の商業的芸術が作り出している気まぐれなスタイルを考えてみて欲しい。緑の顔とアルミニウムの髪の毛をした女性、顔が完全に円形の男性、円筒だけでできた馬、などなど。我々はそれでもそれらが何を描出しているか、その対象がわかる。頭部を表している要素そしてその頭部の内側にある目の要素、ピンと糊の効いたシャツの胸を意味する白い印、腕を描写してもおかしくない位置に置かれた線が見つかりさえすれば。我々はこうした特徴を驚くほど素早く捉え、幻想全体が人の姿を伝えているると思えるのである。

このような「様式《スタイル》をもつ」絵から一歩離れているのが図表《ダイアグラム》である。ここでは対象の部分を**模倣しよう**という試みは全て断念されている。部分は点とか円とか十字などの慣習で決まっているシンボルで示されるだけである。「描出されている」のは部分相互の関係だけである。**図表とは形式のみの「画像」である**。

同一の家の正面から見た姿を表している一枚の写真、絵画、鉛筆の素描、建築家の立面図、そして大工の図面を考えてみよう。少し注意すればそれぞれの描出のうちにその家を認められるだろう。なぜだろうか。

それは極めて異なる像の各々が、あなたのその家についての表象を形作る時に固定的に結びつけた部分間の関係と同じ関係を表現しているからである。或る描出形式ではそのような関係が、他のやり方よりも多く示されており、より詳しくなっている。しかし詳細が示されていなくても、少なくともその代わりになる別なものが示されているのでなければ、詳細がそこで省略されたのだなと理解されるであろう。ごく単純な画像あるいは図表に示されたものは、より複雑な描出形式に全て含まれている。そしてそれらはあなたの表象の中にも含まれている。だから画像は全て、それぞれのやり方で、あなたの表象に応答しているのである。もっともあなたの表象には描写されていない要素を、さらに色々含んでいるかもしれないが。同様に同じ家について別の人の表象も、その基本的なパターンについては、これらの画像とも、また**あなたの表象とも**一致している。その表象がいかに多くの私的な面を持っているとしても。

　その家の全ての正しい表象が共有しているような、根本的な**パターン**のおかげで、我々はそれぞれ異なった感覚経験や感情や純粋に個人的な連想が違っているにもかかわらず、「同じ」家について語り合うことができる。**或る対象についての全ての妥当な表象《コンセプション》化が共有しているものが、その対象の概念《コンセプト》である。**同じ概念が多様な表象形成のうちに具体化されているのである。当該の対象を共示的に示すことができる、すべての思想や心像《イメージ》の変種のうちに現れる**形式**であり、それぞれ異なった心にとっての、それぞれ異なった感覚の皮膜に覆われた一つの形式なのである。おそらく何かを全く同じように見る二人の人はいないであろう。彼らの感覚器官が違うし、注目の仕方も心像も感情も違うから、彼らが同一の印象を持つと仮定することはできない。しかしあるもの(あるいは出来事、人、など)についてのそれぞれの表象が同じ概念を具体化していれば、二人はお互いが言っていることを理解するであろう。

　一つのシンボルが真の意味で伝えるものは実は概念のみである。しかし概念が我々にシンボル化される素早さに劣らず素早く、我々自身の想像力がその概念に私的で個人的な**想念**の衣を着せかけてしまうので、この自分の表象から伝達可能な公の概念を区別して取り出すには、抽象という過程を経なければならない。概念を取り扱う際にはいつも、我々はその概念がもつ何か特定の現示作用を**通して**把握するのである。我々の「心のうちに」あるものとは、常に**ものの中にある普遍**(universalium in re)〔事物の前でも後でもなく、事物と同時に、それに伴ってある一般観念、アリストテレスの言葉〕なのである。その普遍《ウニヴェルサリウム》を自ら表現しようとする際には、我々はまた別のシンボルを用いて表に開示するわけであるが、我々が作ったシンボルを通してその概念を見定め、独自のやり方で把握する他者の心のために、もう一つべつのもの《レース》を用いて概念を具体化する。

シンボルを理解する力、つまり感覚所与が体現している或る**形式**を抜き出し、残りのすべてを無関係とみなす力は、人類の最も特性的な知的な特徴である。それが人間の心の中で常に起こっている、無意識で自発的な**抽象作用**の過程となる。その過程とは経験に与えられたどのような感覚的な配列の中にも概念《コンセプト》を認め、それに応じて表象《コンセプション》を形作る過程である。それこそがアリストテレスが人間を「理性的動物」と呼んだ真の意味である。**抽象しながらものを見ること**が我々の理性の基礎であり、それはどんな意識的な一般化や三段論法の始まりなどよりもずっと以前からの、明白な理性の保証である[11]。これは人間が他のどの動物とも共有しない機能である。動物はシンボルを読み取らない。

だから彼らは絵を見ないのである。イヌが素晴らしい肖像画にも反応しないのは彼らが視覚よりも臭覚で生きているからだという人が時折あるが、ガラス越しにじっと動かない実物のネコを覗いているイヌの行動がこの説明が嘘であることを示している。イヌが我々の絵画をばかにするのは、彼らは色のついた画布を見ていて、絵を見ていないからである。ネコを描写した画像はイヌたちにネコを想念させない。

論理的に言えば一つの感覚所与はなんであれ他の一つの要素のシンボルになり得るのだから、どのような気まぐれな印でも、ゲームで使う小さな数取り棒でも、何かの表象を共示的に意味することができる。あるいはもっと公の場面に移して言えば、何か一つの事柄についての概念は、その事柄自体を外示的に意味することができる。指を動かすことが一つのまとまりのある行為と捉えられることで、盲目で耳が聞こえない幼いヘレン・ケラーにとって、或る物質の名となった。同様にして一つの語もまた音声の単位として捉えられれば、我々にとって世界の中の何ものかのシンボルとなる。するとそこで**配置関係**をシンボルとしてみなす力が働き出す。我々が外示的シンボルのパターンを作りだすと、それが素早く、それとは全く別の、しかしながらそれと**類比関係にある**外示された事物の**配置**をシンボル化する。時間的な語の順序がものの順序関係の代理となる。単なる語の順序では間に合わなくなると、語尾や助詞が関係を「意味する」ようになる。

そこから前置詞やその他純粋に関係を表すシンボルが生まれた。[12] 心覚えのための点や×印が、対象を外示するや否や、それがすぐに図表や簡単な図像に入ってくるように、音声もまた、語をなすとすぐに語の画像の中に、つまり**文**のなかに入ってくる。文は事態のシンボルであり、事態の特性を像に写すのである。

さて、普通の絵画では、描出された複合物の項が極めて多くの視覚的な要素つまり色を塗られた面でシンボル化され、また面同士の関係がこうした要素間の関係によって示されている。だから絵画は動かないため、或る瞬間の状態をのみ描写する。それは**歴史**を示唆することはあるだろうが実際に歴史を報告することはできない。我々は画面を一連の続きものに仕上げることはできるが、その絵の中にあるもの自体は、実際に出来事が継続した順序に合わせてその場面を連結することを実際に保証できるわけではない。ディオンヌ家の幼い五人姉妹がいろいろなことをしている五枚の赤ん坊の写真は一人の赤ん坊が次々と何かをしているとも受け取れるし、五人の小さな赤ん坊がそれぞれ特徴あることをしている、別々の写真とも受け取れる。この二つの解釈については説明文その他の指標となるものがなければどちらを選んでよいか確証が持てない。

けれどもほとんどの場合我々の関心の中心は静的な空間関係よりも出来事にある。我々が心に想い、伝えたいと思うものは、何よりもまず因果関係であり、活動、時間そして変化である。そのような目的には画像は適役でない。そこで我々はもっと強力で、柔軟な、そして適応力のある言語というシンボル作用に向かうのである。

関係はどのようにして言語で表現されるのだろうか。だいたいにおいてそれらは画像の場合のように別のものの関係によってシンボル化されるのではなく、名詞相当語句と同様に**名付けられる**のである。我々は二つの要素を名付け、その間に両者の関係の名をおく。このことは、両者を結びつける関係がそこに成り立っていることを意味している。「ブルータスがシーザーを殺害した」とは「殺害する」がブルータスとシーザーの間に成り立っていることを示している。関係が対称でない場合は単語の語順と文法上の形式（格、態、時制など）がその方向づけをする。「ブルータスがシーザーを殺害した」と「シーザーがブルータスを殺害した」とは異なるし、「殺害した、シーザー、ブルータス」では全く文になっていない。語順もまた部分的に文章構造の意味を決定するのである。

関係を図示するのではなく名付けるというこの技は言語に非常に大きな活動範囲を与える。その関係を描いてみせるとすれば一枚分の紙全体を必要とするような状況を一つの語が処理してくれるのであるから。次のような文を考えてみよう。「君が勝つ見込みは千に一つだね」。この比較的単純な命題を図で表現することを考えてみてほしい。まず「君、勝つ」の一個のシンボル、もう一つは「君、負ける」のシンボルを千回繰り返して描く。もちろん単なる視覚的な形態《ゲシュタルト》を基にしたのでは千個というのは明確には捉えられない。我々は三、四、五、そしてあるいはもう少し多くの数を視覚的なパターンとして区別できる。例えば上のように（図3）。

図3

だが千となるとただの「多数」となってしまう。それを厳密に決定するにはちょうどそれぞれの数の概念が数の体系の中で占めるように、千という数が特定の位置を占めるような概念の秩序が必要になる。だがそのような数多くの概念を表示しつつその間の関係をきちんと保つには、画像や身振りとかメモ記号などよりもっと能率的に表現できるシンボル作用が必要である。

シンボルと対象とは論理形式を共有しているため、いくつかの心理的な要因を除けば、互いに交換可能であることはすでに述べてある。その心理的要因とはすなわち、対象は興味深いが確定するのが難しい、一方シンボルはそれ自体としてはあまり重要でないかもしれないが、容易に把握できるということである。さて我々が語を発するのに使う小さな音声は、そこに様々な種類の微妙な変化をつけて作り出すのが極めて容易であるし、またそれを知覚して区別するのも容易である。バートランド・ラッセルが述べたとおり、「我々がこれら〔＝話され、聞かれ、書かれ、読まれる〕以外の言葉を使わないのは、もちろん取り決めによるところが大きい。手話だってあるし、フランス人が肩をすくめるのも一つの言葉である。それどころか、社会的な使用法がしかるべく定められさえすれば、外から知覚できるどんな身体動作も言葉になりうる。しかし、話すことを最高位につけるという取り決めにはよき〔十分な〕根拠がある。というのは、かくも素早く労せずに多くの知覚可能な異なる身体動作を生み出す方法は他にないからである。政治家が手話で演説すると、どうしようもなく冗長になるだろう。あるいはすべての語が、肩をすくめるのと同じくらい筋肉の負担を必要とするなら、疲れ果ててしまうだろう」(13)。話し言葉にはほとんど努力がいらないというのみならず、なによりも発声器官と聴覚器官以外には何も道具を必要とせず、当の器官は通常自分の一部としてどこにでもついてくるものである。だから語は効率が良いのみならず**自然にすぐ使えるシンボル**なのである。

語のもう一つの取り柄はそれがシンボル（あるいはサイン）として以外にはなんの価値もないことである。それ自体としては語は全く些細なものである。この利点は言語哲学者が一般に自覚しているよりもっと大きい。対象としても興味を惹くようなシンボルはそれに気を取られてしまうから迷惑である。意味の伝達に必ず邪魔が入ってきてしまう。

例えば「充分な」という語が、みずみずしい、熟れた、本物の桃で置き換えられたとしたら、そのようなシンボルに直面しながらもただ**充分**という概念だけに注意を集中できる人はほとんどいないであろう。シンボルが不毛で無関心なものであればあるほど、その意味論的な力は強力になる。桃は語として作用するには、価値がありすぎるのである。我々は桃そのものに興味を持ってしまう。しかし小さな声音は概念を運ぶのに理想的である。それは意味以外には何も我々に与えてくれないのだから。これが何人かの学者たちが指摘した言語の「透明性」の原因である。語彙がそれ自体としてあまりに無価値なものなので、我々はその物理的な存在を全く忘れてしまう。そしてその共示的、外示的その他の意味作用にのみ意識が向けられる。我々の表象活動が、我々が意味を付与する別の経験に伴うように語に伴うというよりは、むしろ語の**中を通り抜けて**いくように思われる。このような語は、自らも「経験」の一つなのだと印象付けることをしない。もっとも我々が外国語とか専門用語をものにするまで、それらを語として用いるのに苦労している場合は別であるが。

しかしながら言葉のシンボルの最大の長所はそれらが実に様々な**組み合わせ**を許すということにあるであろう。これらのシンボルはどう選んでどう並べるかについて事実上なんの制限もない。だいたいにおいてそれはラッセル卿が指摘した効率のよさによるもので、個々の語が生み出され、示され、役割を済んで、すぐ次にまた別の語に場を譲る、その速度である。そのおかげで我々はその意味の集まり全体を一度に摑みとることができ、次々と素早く通り過ぎる語の別々の共示的意味から新しい、全体的な、複合概念を作りあげることができるのである。

ここに言語の持つ、事物についての概念のみならず、事物の組み合わせについての、つまり**状況ないし場**についての概念を体現する力がある。この状況概念を共示的に意味している語の組み合わせが叙述句である。そのような語句の中の関係語が「動詞」と呼ばれる文法の形を与えられれば、文になる。動詞は二重の機能を担うシンボルであって、関係を表現し、かつ**その関係が成り立っていることを断定する**、つまりそのシンボルが外示作用を持つことを断言している[14]。論理的に言えば動詞は一つの関数ϕの意味と断定記号の組み合わせであって動詞は「関数ϕ(　)を断言する」力がある。

或る語が任意の外示的意味を与えられた時(それはごく簡単な一つのものでも良いし、複雑な状況でも良い)、それは単に名である。例えば私が発明した言語では「ムーフ(Moof)」はネコでも、あるいは気持ちでも、あるいは国の政府を意味しても良い。私はその名を自分の好きなものに付けられる。その名は場違いであったり、便利であったり、見苦しかったり、綺麗だったりするだろうが、それ自身としては**真でも偽でも**ない。しかしもしそれにすでに共示的意味が与えられているとすれば、もう任意の外示的意味作用はつけられないし、また逆もそうである。私は**すでに受け入れられている共示的意味を持った**「コネコ」という語を、ゾウを外示するのに用いることはできない。**すでに受け入れられている共示作用を持つ語**の適用は「これは何々である」という言明文と同等である。一頭のゾウを、固有名詞としてではなく普通名詞として「コネコ」と呼ぶのは間違いである。ゾウはその名に共示された概念〔ネコの子〕を例示していないのであるから。同様にして決まった外示作用を持つ語に任意の共示作用を与えることはできない。語が名（固有名詞にせよ、普通名詞にせよ）であるならばそれに共示を与えることはその名を持つ概念の共示をそれに**述語づける**ことであるから。もし「ジャンボ」がゾウを外示するとしたら、「ふわふわした何か」という共示を与えることはできない。ジャンボはふわふわしていない（だろう）から。

　したがって共示作用と外示作用との関係にこそ**真と偽**が所在することは明らかである。その伝統的な表現は、何かがこれこれである、あるいは何かがこれこれの特性を持っている、と言明する文である。これは専門的には“$x \in \hat{y}(\phi y)$”と“ϕx”という形の命題となる。この二つの形式の間の区別はただ、外示か、共示か、**名のどちらの面を最初に決定したか**にある。二種の命題にとっての真偽も同じことに基づく。

一つの文の込み入った関係パターンを表現している一つの動詞で、いくつかの要素を相互に結びつけているような、〔複文のような〕複合的なシンボル構造には、「論理写像」があって、それが適用可能かどうかは多くの語の外示作用と、多くの関係シンボル(語順、語尾変化のない小辞、格など)の共示作用とに依存する。もし名が外示作用を持っていれば、その文は**何か**についてのものである。するとその真偽は、外示されたものの間に実際に成り立っている関係が、その文によって表現されている関係的概念を例示しているかどうか、つまり外示されている物(あるいは性質、出来事など)のパターンが複合的シンボルの構文的パターンと類比的であるかどうかに依存する。

論理学になされた多くの洗練には、特別なシンボル状況を、曖昧性を、奇妙な数学的技法を、そしてまたチャールズ・パースが成し得た区別の大群をも生み出している。しかしすべての意味関係の論理的構造の大筋は、私がここで論じたものである。つまり選択的な脳の過程による記号とその意味の対応関係、名を生み出す、外示作用と呼ばれる名と物との「短縮《ショートカット》」関係を生み出すシンボルと概念、概念とものとの対応関係、そしてすべての解釈と思想の基礎となる、経験の中の類似物に込み入ったパターンのシンボルを割り当てること、である。本質的にはこれらが、人間生活の真の構造である、入り組んだ意味の織物を紡ぐのに我々が用いる諸関係なのである。

原注

（1）Welby 夫人宛の二通の手紙（それぞれ一九〇四年、一九〇八年）より。最初はオグデンとリチャーズによって引用され（*The Meaning of Meaning*（Appendix D. pp. 435-444））、今日では *The Collected Papers of Charles S. Peirce*（1932）, II, p. 330 に収められている〔パースの記号の分類についてはパース自身、何度も試みと修正を重ねており、ここに簡単に述べることはできないが、基本的には記号過程を記号、対象、解釈項の三項からなるとし、さらにそれを記号自身の三つのタイプ、性質記号、単一記号、法則記号に分け、その対象との関係をアイコン、インデクス、シンボル、その解釈の仕方を名辞、命題、論証、とさらに三分した。さらにこれを、いくつかの観点から記号の十個のクラスに整理している。詳しくは例えば内田種臣編訳『記号学』（『パース著作集』第二巻）、勁草書房、一九八六年を参照のこと〕。

（2）Edmund Husserl, *Logische Untersuchungen*, 2 vols.（1913, 1921）, vol. II, part I 各所に。

（3）対象を鍵（「基音」）として取る場合は、その記述はいくつかの認識論で仮定されているいわゆる「知識内容」で始まる。

（4）サイン（記号）とシンプトン（兆候）との間には微妙な区別がある。シンプトンによって指示される対象は、その兆候が本来的で固有な部分をなしているような全体の状況である。例えば赤い斑点ははしかのシンプトンであり、「はしか」は赤い斑点を含み、かつそれを生み出している条件全体のことである。一方サインは全体の条件の中の一部分であって、我々がそれと、それとは別の部分とを連結する。だから月にかかる輪は或る気象条件の一部ではあるが、しかしそれが表示しているのは雨――つまり別の固有の部分――であって、「低気圧」の気象状況全体ではない。

（5）Whitehead, *Symbolism*, pp. 9-13.

（6）私がここで考えることを表象（コンセプション、想念化、概念化作用）と呼び、概念（コンセプト）とは呼ばなかったことに注意していただきたい。概念とは表象のうちに具体化される抽象的な形式である。その裸の姿はいわゆる抽象的思考に近いと言ってよいだろうが、しかし日常の精神生活では裸のままの要因として現れることは、骸骨が道を歩いていることがないように、まずない。概念は行儀の良い歩く骸骨のように、いつも何かを身にまとって具体化されている。時にはやりすぎるぐらいに着込んでしまう。純粋な概念についてはまたもう一度、伝達について議論する際に触れるつもりである。

（7）Helen Keller, *The Story of My life* (1936; 初版 1902), pp. 23-24.

（8）一つのシンボルが通常何かを「表示する、（サイン的に）意味する（signify）」と言える場合があるとすれば、その対象となるのは一つの想念が生じるという作用であろう。しかしそのようなシンボルの機能は偶然的なものであり、シンボルとしての用法とはゆき違いになっている。シンボル機能の場合、意味の型に入ってくるのは想念化（conception, 表象化とも）という行為ではなくて、**想念されたもの**、**概念**（concept）である。（サイン的）意味作用、表示作用はシンボル化作用には現れないと確認することで、混乱や無理な理屈づけを避けることにしたい。

（9）Bertrand Russell, *A Critical Exposition of the Philosophy of Leibniz* (1900), p. 12.

（10）トルストイは子供の時に起こった、意識の中に突然関係ない要因が飛び込んできて、芸術的な鑑賞が妨げられるという小さな出来事について語っている。意味論上の混同について私が見つけた中で最も魅力的な記録なのでここに引用したい。

「私たちは絵を描くために円テーブルについた。私は青の絵の具しか持っていなかった。それでも私は狩の絵を描こうと決めた。いかにも活発なスタイルで青い馬に乗った青い少年を描き、それから何匹か青い犬も描いたのだが、青い野ウサギを描いてもいいのかどうか、ちょっと不安だったので、書斎にいる父のところへ走っていってそのことを相談してみた。父は本を読んでいた。私の「青い野ウサギっているの」という問いに答えて、彼は頭をあげもせずに「いるよ、坊や」と言った。私はまた円テーブルのところへ戻って青い野ウサギを描いた……」(L. N. Tolstoi, *Childhood, Boyhood and Youth*)。

(11) Th. Ribot, *Essai sur l'imagination créatrice* (1921, 初版 1900), p. 14.

(12) Philipp Wegener, *Untersuchungen über die Grundfragen des Sprachlebens* (1885), とくに pp. 88-89, また Karl Bühler, *Sprachtheorie* (1934), chs. iii, iv.

(13) Bertrand Russell, *Philosophy* (1927), p. 44〔髙村夏輝訳『現代哲学』ちくま学芸文庫、二〇一四年、七二ページ。原題は *An Outline of Philosophy* となっている〕。

(14) この二重機能については拙論 "A Logical Study of Verbs," *The Journal of Philosophy*, XXIV (1927), 5: 120-129 にもっと詳しく論じてある。

第Ⅳ章　論述的形式と現示的形式

シンボルに関するこの考察全体は基本的に約二十年前〔＝一九二二年〕ヴィトゲンシュタインが『論理哲学論考（*Tractatus Logico-Philosophicus*）』で打ち出した論理学的理論に基づいている〔ここでの訳は『『論考』『青色本』読解』ルートヴィヒ・ヴィトゲンシュタイン、黒崎宏訳・解説、産業図書株式会社、二〇〇一年七月によっている〕。

「或る名前は或る〈もの〉の代理をし、或る別の名前は或る別の〈もの〉の代理をする。そして、それらの名前は相互に結合している。そうである事によってそれらの名前の全体は、――活人画のように――或る事態を提示するのである」（四・〇三一一）

「一見したところ、命題――例えば、紙の上に印刷されているような命題――は、それが扱う現実の像であるとは見えない。しかし譜面もまた、一見したところ、音楽の像であるとは見えない。そしてまた、我々の発音記号(或いは、アルファベット)で書かれたものもまた、一見したところ、我々の談話の像であるとは見えない」(四・〇一一)

「或る一般的規則が存在し、それによって音楽家は総譜から交響曲を取り出す事が出来る：また、それによって人はレコードの溝から交響曲を取り出す事が出来る：そしてまた、最初の、総譜から交響曲を取り出すときの規則を逆に使って、音楽家は交響曲から再び総譜を取り出す事が出来る、という事：まさにこの事の内にこそ、これらの見かけ上は全く異なった構成物の間の内的相似性が、存在するのである。かの一般的規則は、交響曲を楽譜に投影する投影の法則である。そして、その規則はまた、楽譜の言語をレコードの言語に翻訳する規則なのである」(四・〇一四一)

「投影《プロジェクション》(射影)」という語は比喩ではあるが、純粋に**論理的な**類似関係を引き出す過程を表すのに適切である。幾何学的投影は、完全に忠実な写像であっても何かの論理的規則を知らないと誤った写像と見えることを示す好例である。メルカトル図法で描かれた世界地図を見ている子供はグリーンランドがオーストラリアより大きいと信じずにはいられない。彼にはグリーンランドの方が大きく**見える**のだ。そこで用いられている投影法は、日頃我々が視覚上比較したりとか平行移動したりするときなどに使っている射影の原理とは違っているのだが、いつもの規則にすっかり馴染んでしまっているため、その子は別の規則で「見る」ことができなくなっているのである。メルカトル図法の地図でグリーンランドやオーストラリアの相対的な大きさを「見る」には特別な教養が必要である。それでも訓練して射影された像を正しく見てとることができるようになれば、同時に目の習慣もついてくる。やがては我々はものを自分が把握するやり方で実際に「見る」ようになるのである。

言語は、世界とその中で起こる出来事、考えること、生きること、そして全ての時の流れという人間の経験の、最も忠実で、不可欠な像なのであるが、そこに投影法則が含まれていることを、哲学者はともすれば忘れてしまう。そのため彼らには目の前に提示された「事実〔と見えるもの〕」の読みが、いかにも自明に思われるのに誤っている、ということが起こる。ちょうど子供の視覚経験がいかにも自明に見えるのに、その判断は平らに広げられた地図の図法に騙されているため、あてにならないのと同じである。事実が命題として表される際に被る変換は、その事実内の諸関係が何か**対象**のようなものに変わるということである。だから「ＡがＢを殺害した」という命題はＡとＢとが結びつけられている不幸な**やり方**（関係）について語っているのであるが、しかし我々がこれを言い表す唯一の手段は、そのやり方を**名付ける**ということなので、なんと不思議！たちまちにして「殺害すること」という新しい何かがAとBの複合体の中に付け加わってきたと見えるのである。この命題の中に「描写された」出来事は明らかにAとBそれぞれの行為の**継起**を含んでいる。しかし命題「AがBを殺害した」が表しているように見えるその**継起**は——初めA、次に「殺害」、その次にB、という順序で起ったのではない。AとBとは互いに同時的であり、また「殺害」とも同時である。しかし言語には線状的、分離的、継起的順序がある。語は一個一個ビーズの首飾りかロザリオのように繋がっている。実際に言語の中に押し込められるごく限られた語尾変化を除けば、我々には複数の名辞の束を一度に喋ることができない。まず一つの事物を名指し、次にもう一つを名指しするしかなく、名辞でないシンボルについては、語と語の中間、あるいは語の前、あるいは語の後につけると慣習で決まっている。しかしこの種のシンボルは、名辞の連鎖の中に並ぶという名誉ある座を占めているため、しばしば名辞ととり違えられ、多くの形而上学理論に害を及ぼしてきた。ラッセル卿は全ての関係をそれと類同の関係で表現できるような言語を作成できないことをいかにも残念と嘆いた。もしそれができれば、ちょうどメルカトル図法の意味は分かっているのだけれども、まだ自在に使いこなせなくて、その図法で「見られ」ない人が、地域の相対的な大きさをつい誤って構築してしまうということは起こらないだろうに、と。

「稲妻が雷鳴に先立つという事実を例にしよう」と彼は言っている。「事実の構造をそのまま汲み取る言語でそれを表現しなければならないのであれば、我々は単純に「稲妻、雷鳴」と言わねばならない。ここでは、第一の語が第二の語に先立つという事実が、第一の語の意味するものが第二の語の意味するものに先立つことを意味している。しかし、たとえ時間順序に対してはこの方法を採用するとしても、それ以外のすべての関係に対してはやはりどうしても語が必要になる。それらをも語の順序で記号化〔シンボル化〕しようとすれば耐えがたいほど曖昧《あいまい》にならざるをえないからだ[1]」。

物事をそれ自身と似すぎている要素でシンボル化するのは、つまり物事の時間的な順序を語の時間的な順序でシンボル化するというのは間違いであると私は思う。もし時間的順序のような関係をシンボル化しようとするのであれば、シンボル同士の関係をその関係と同じにするべきではない。一つの構造に、本来**意味の部分**であるものを**シンボルの一部**として含むことはできない。だが言語において、名辞と文法上の指示語とが相互に非常によく似ているというのは不幸なことである。諸対象を語で、諸関係を速さや声の大きさ、あるいは他の何かの話しかたの特徴で描写できないというのは、不幸なことである[2]。

しかし現状では全ての言語は、対象の一つがもう一つの対象の内部に含まれているような場合でも、観念を一つずつ順に並べざるを得ない形式になっている。ちょうど実際には身体に重ねて着る洋服であっても、物干し綱には順に並べていかなければならないように。言語シンボルの持つこの性質は「**論述性**(discursiveness)〔比量性とも〕」と呼ばれる。この論述性のゆえに、そもそも話すことが可能なのは、この特殊な順序に並べられた思想だけである。この投影法に従わないような考えは言うに言われぬものであって、語を使って伝達することができない。推理法則という、厳密な表現を最も明確に定式化することが時に「論述的思考法則」とも呼ばれるゆえんである。

ここで言語シンボルおよびそのやや劣る代用品である象形文字、手話、モールス信号、あるいはジャングルに住む或る部族の持つ高度に発達した太鼓語について、詳細に入り込む必要はない。この主題に関しては有能な人々によって徹底的に研究されていることは本章の多くの引用が示す通りである。私はそうした研究成果をただ承るだけである。言語構造とその意味との関係は、ヴィトゲンシュタインの言葉をなぞれば、それによって「我々が事実の像を自ら作り出す」論理的類比の関係であるといえよう。この言語哲学は実際ヴィトゲンシュタインが見通した通りの、大きな技術的発展をみることになる。

「日常言語においては、同一の語が異なった仕方で表示を行う事――したがって、同一の語が異なったシンボルに属するという事――が、はなはだ多い。或いは、異なった仕方で表示を行う二つの語が、外見上は同じ仕方で命題において用いられるという事が、はなはだ多い」(三・三二三)

「その種の混乱に陥る過ちを避けるために我々は、それを排除する記号言語を用いなければならない。その記号言語では、異なったシンボルにおいては同じ記号を用いず、また、異なった仕方で表示を行う記号が外見上同じ仕方で用いられる事はない。したがってその記号言語は、**論理的**文法――論理的構文法――に従っている記号言語なのである。

「(フレーゲとラッセルの概念記法は、勿論いまだ全ての過ちを排除してはいないが、そのような言語の一つである。)」(三・三二五)[3]

カルナップのすぐれた著書『言語の論理的構文論(*The Logical Syntax of Language*)』はヴィトゲンシュタインの示唆した哲学的綱領《プログラム》を実行したものである。ここではどの言語体系についてもその**表現能力**を決定するための具体的かつ詳細な技術が展開されている。その技術は、その体系の中で可能な結合の限界がどこにあるかを予想し、いくつかの複数の形式が実は等値であることを示し、また等値と誤って受け取られ得る諸形式の間の相違を示し、当該のシンボル作用によって伝達可能になるために、思考あるいは経験が従わなければならない慣習的な決まりを明らかにしている。我々のほとんどが感じるけれども定義できない日常言語と科学的言語の相違が、カルナップの分析によってはっきりと照らし出されている。そして我々の通常の伝達方式が厳密な言語哲学の、従って論述的思考の論理の「意味」の基準からいかに遠く隔たっているのかには全く驚くしかない。

この真に目覚ましい業績において、今日の知的時代に広がりつつある**シンボル作用**が認識論の、そしてまた「自然言語」の、鍵になるのではないのかという漠然とした把握が、厳密で実践的な確証を得ている。カントが挑んだ「我々は何を知りうるか」という問いが、実はそれに先行する疑問「我々は何を尋ねることができるか」に依存することがここに示されている。そしてカルナップ教授の与えた定式ではその答えは明快で直截である。私は言語が表現できることならなんでも尋ねることができる、私は実験によって回答が得られるものはなんでも知ることができる。いかなる条件(仮に理想的な、事実上実行不能なものも含めて)においても検証ないし反駁し得ない命題は擬似命題であって、字義的な意味を持たない。そのような命題は我々が論理的概念作用と呼んでいる知識の枠組みの中には属さない。それは真でも偽でもなく、シンボル作用の次元の外にあるため、**思考できない**のである。

我々がする法外な量の話が、したがってまた法外な量の大脳活動(と思いたい)が、この字義的《リテラル》な意味の規範に従っていないため、今日の言語哲学者たち――ラッセル、ヴィトゲンシュタイン、カルナップ、その他同様な考えの人たち――は新たな問題に直面している。真の表示意味を持たず、それでいてあたかも何かを意味するかのように平気で用いられている言葉の組み合わせや、その他様々な擬似シンボル的構造が果たしている真の機能はどこにあるのか。

我が論理学者によれば、そのような構造はまた別の意味での「表現」として、すなわち情動や感情、願望といったものの表現として扱われるべきである。それらは思考のためのシンボルではなく、涙や笑い、愚痴とか罵倒のような、内的生の兆候《シンプトン》なのである。

カルナップは次のように言っている。「多くの発話は表現機能だけを持っていて描出の機能はないという点で、笑いと類似している。その例は「おお、おお」というような叫びであり、もう少し高級なレベルでは抒情詩である。「陽射し」や「雲」といった語が出てくる抒情詩の狙いは我々に気象上の事実についての情報を伝えるのではなく、詩人の何かの感情を表現し、そして同じような感情を我々に喚起しようとすることにある。……形而上学的な命題——抒情詩のような——は表現《エクスプレッシヴ》（表情）的な機能のみをもち、描出的《レプレゼンテーショナル》な機能を持たない。形而上学的な命題は何も断言しないから真でも偽でもない。……しかしそれらは笑いや抒情詩や音楽のように表現的である。それらは一時的な感情よりは永続的な、情緒的また意志的な気質を表している」[4]。

ラッセル卿も他の人たちの形而上学について、これによく似た見解を持っている。彼は次のように言っている。

「私は、倫理的諸観念から霊感を得た哲学の、それ自身の領域内での意味あるいは価値を否定するものではありません。たとえばスピノザの倫理学的著作は、私にとって最高度の意味を持つものであります。しかしこの著作において価値があるのは、そこに書かれている、世界の本質に関する形而上学的理論でもなければ、論証によって証明されたり否定されたりしていることでもありません。価値があるのは、人生および世界に対するある新しい感じ方を示したことであります。その感じ方によって、われわれ自身の存在は、われわれが深く願望すべき諸性質をより多く獲得できるのであります[5]」。

またヴィトゲンシュタインの見解は次のようである。

「哲学的な事柄について書かれた大抵の命題や問いは、偽なのではなく、無意味なのである。それゆえ我々は、その種の問いについては、そもそも答える事は出来ず、ただそれが無意味である事を突き止める事が出来るのみ、なのである。哲学者の大抵の問いや命題は、我々が我々の言語の論理を理解していないという事に、基づいている」（四・〇〇三）

「命題は事態〔原子的事実〕の成立と不成立を表現する」（四・一）

「真なる命題の総体が、全自然科学（あるいは自然科学の総体）である」（四・一一）

「そもそも思考され得るものは全て、明確に思考され得る。語られ得るものは全て、明確に語られ得る」（四・一一六）(6)

形而上学的命題についての彼らの批判、つまりこのような命題は大抵は擬似問題に対する擬似応答であるという批判には私も全面的に賛成である。「第一原因」「一者」「実体」その他諸々の昔からの伝統ある問題は、解決不能である。なぜならそうした問題は、実際には自分たちが世界を捉えて表象するための「論理的投射」に属しているものを、世界の側に属しているとみなすことから生じており、我々は見当違いな問いを発することでその答えを危険にさらしているからである。この混乱の源を、今日の哲学者がシンボル作用の機能と本性への関心を通して暴露した。この発見は大きな知的前進である。しかしそれは哲学的探究そのものを論難しているわけではない。ただ**全ての哲学的問題を立て直し**、これまでとは違った形で捉えることを要求しているのである。例えば知識の**源泉**に関わると思われた多くの論点が、今ではその一部あるいは全部がシンボル作用の**形式**に、あるいは時にはその表現形式に、向けられたものだと見えてくる。ここで哲学的関心の中心が、過去に何度かそうしたように再び移動しているのである。だからと言って合理的に考える人は形而上学を捨てるべきだといっているのではない。我々の伝統的問題への批判全体が依存しているシンボル作用と経験との密接な関係を認めることそれ自体は、形而上学的な洞察である。なぜなら形而上学とは全ての哲学的探究がそうであるように**意味**の研究であるのだから。**その初期概念が体系的に扱うことができる程度に明らかになれば**、つまりその背後にある哲学的作業が少なくともとりあえずは終了すれば、そこから直ちにそれぞれの技法を磨いて一つ一つ命題を検証していく個別科学が生まれてくる[7]。形而上学そのものは特定の前提を持つ一科学ではなく、前提から帰結へではなく、問題から問題へと進むものである。我々が形而上学を卒業したと仮定することは、全ての「諸科学」が最終的に確立し、人間言語が完成しまたはほとんど完成し、あとこれにもっと新しい事実が加わりさえすれば、人間にとって可能な最大の知識に到達するのだ、と仮定することに他ならない。その知識はもしかしたらそれほど多くないのかもしれないが、ともかくこれが我々に獲得可能なすべてなのだ、ということである。

基本的にこれが言語の限界を究めた論理学者たちがとっている態度である。彼らが専門的な定義で決めた意味での「言語」でないものはシンボル的表現性を持ち得ない（ただし兆候という点では「表現的」ではあるかもしれないが）。論述形式に「投影」され得ないものは人間精神では全く捉えることができないのだから、実証可能な事実以外の事柄を理解しようとすることは全く無駄な野望である。知り得るものの領域ははっきりと区画されており、そこは論述的投射の可能性という要請に支配されている。この領域の外側にあるのは感情の、形の定まらない願望と満足との、表現不可能な領域であり、永遠に正体が明かされない伝達不能な直接経験である。この経験へ向かう哲学者は神秘家であり、そうあるのが正しい。言い得ないものの領域からは意味のないものしか伝わってこない、なぜなら我々の唯一可能な意味作用である言語は、論述的な形式を逃れるような経験に表現の衣を着せ掛けてやろうとはしないのだから。

だがしかし、知性というお客は曲者《くせもの》である。もし一つの戸口が目の前で閉じられてしまったら、また別の入り口を探し、無理やり押し開けてでも世界に入り込もうとする。もし一つのシンボル作用がふさわしくない、ということであれば別のシンボル作用を摑み取ろうとする。知性が用いるべき手段や方法についての不変の法令などというものはない。だから私は論理学者や言語学者が好むだけずっとついてゆくが、しかしその先まで行かないとは約束しない。論述的言語の境界を超えたところに、まだ開拓されていない、本物の意味論の可能性があるのだから。

ヴィトゲンシュタインが「言えない」ところと呼んだ、この論理の「彼方」については、ラッセルもカルナップも情動、感情、希求などが棲む主観的経験の領域とみなしており、そこから我々のところに届いてくるのは、形而上学的な、また芸術的な空想という形をとった**兆候**だけである、としている。そして彼らはそのような心の所産の研究を意味論ではなく心理学に委ねている。この地点が私と彼らとの分かれ道である。カルナップが「「おお、おお」というような叫びであり、もう少し高級なレベルでは抒情詩である」と言っている箇所に見て取れるのは、彼が根本的な区別を完全に見落としていることである。誰もが**会話している**(8)と思う高級なレベルにありながら、わざわざ自分の感情を叫んでみせる必要があろうか。明らかに詩は泣き声以上のものである。詩が分節的なのには理由がある。そしてまた形而上学は、心地よく世界にぴったり寄り添って口ずさむ子守唄以上のものである。ここで扱っているのはシンボル作用であり、シンボルが表現する物事はしばしば極めて知的である。ただそのようなシンボル作用の形式や機能が、論理学者たちが「言語」の名のもとで検討しているものではないというだけのことである。ショーペンハウアー、カッシーラー、ドラクロワ、デューイ、ホワイトヘッドその他の哲学者たちがすでに発見していたように、意味論の領域は言語の領域よりも広い。しかしここで今議論してきた現代の認識論の二つの基本的な前提条件によって遮られて、それが我々に見えなくなっているのである。

その二つの基本的前提は相互に連関している。(1)**言語**[9]**が理解可能な思想の唯一の道具であること**、および(2)**語れないものは全て感情であること**である。両者が互いに連関しているのは、全て本物の思考はシンボル的**である**からで、従って表現媒体の限界が実に我々の想念化の力の限界でもあるからである。これを超えたところではただ盲目の感情しかなく、それは何事も記録せず、何事も伝えず、ただ行為か自己表現を通して何かをしたり叫んだり、あるいはその他何かの衝動的な表出で発散させるしかない。

しかしながら新実証主義の基準を満足できるような有意味な言語を作り上げることがいかに困難であるかを改めて考え合わせると、そもそも人が何かを**言う**ということ、あるいはお互いに言っている言明が理解できるということの方がむしろ驚くべきことに思われてくる。人の思想とはせいぜいのところ、「おお、おお」とか単なるつぶやきで表現されている感情の大海の中に浮かぶ、文法に縛られた小島に過ぎない。島の周りにはたぶん泥状の干潟があるだろう。つまり事実的あるいは仮定的概念が情動の波で切れぎれに砕かれて、意味と無意味が入り混じった「素材様態《マテリアル・モード》」である。我々のほとんどが人生の大半、この泥の干潟に住んでいる。しかし芸術的な気分になった時にはもっと深みの海底へ潜っていって、もがきながら生と死について、善と悪について、実体について、美について、その他諸々の存在しない話題について、命題のようにも聞こえるが、実は兆候的な叫び声をあげたりもするのだ。

世界を真に認知するのは科学的および「素材的」(半ば科学的)な思考のみである、とみる限りは、心の生活については今述べたような特殊な描写像が成りたつはずである。そして**論述的なシンボルのみが着想《アイデア》を持つと認める限りは、この狭められた意味における「思考」が我々の唯一の知的活動となる**。それは言語とともに始まり言語とともに終わる。少なくとも科学的文法の構成要素がなければ想念を持つことは不可能なのだから。

このような様々な奇妙な帰結を含む理論とは、それ自体が怪しいということである。だがこの理論が陥っている誤りは、その推理過程にはない。むしろ出発点の前提そのものに、つまり全ての理解可能なシンボルは論述的であるという前提にある。この件についてラッセル卿はいつもの厳密さと直截さを持って次のように述べている。「〔語尾変化のある〕屈折語で言いうることはすべて、明らかに非屈折語でも言うことができる。それゆえ、言語で言えることはすべて、非屈折語の時間的系列という手段によって言うことができる。そこで、言葉で表現しうるものに関して、一つの制約が課されることになる。〔時間的系列という〕このような単純な図式に上手く乗ってこないような事実も十分ありうるだろう。もしそんなものがあるなら、それは言語で表現できない事実である。我々が言語に寄せる信頼は、言語が……物理的世界と構造を共有するということ、そしてだからこそ物理的世界の構造を表現できること、これらの事実に基づく。だがもし物理的でない世界があるなら、あるいは時空内にない世界があるなら、それは我々には表現することも、知ることすらも望みえない形式を持つかもしれない。……物理的世界についてはかくも多くが知られるのに、その他のものについては我々がほとんどなにも知らないのも、おそらくそのためなのだろう[10]」。

さて私は「物理的でない世界、あるいは時空内にない世界がある」とは思わないが、しかしこの物理的な、時空内における我々の経験世界に、表現の文法的図式に合わないものがきっとあるだろうと思う。だがそれらは必ずしも無分別で、把握不能で、神秘的な事柄とは限らない。それらはただ論述的言語以外の別のシンボル的な図式を通して把握されることを要求している、というだけのことである。そしてそのような非論述的な型《パターーン》の可能性を実証するには、なんであれ全てのシンボル構造の論理的要請を振り返ってみれば良いのである。言語は決して我々が作り出した唯一の分節的所産ではない。

ごく些細な感覚経験もそれは一つの（何かの系統だった形式にまとめるという意味合いでの）**定式化**の作業である。実際に我々の感覚が出会う世界とは、いわゆる「もの」の世界ではないし、必要な論理的言語がうまく体系化できていさえすればすぐにそこに事実を見出せる、というものでもない。純粋な感覚の世界は極めて複合的であり、ひどく流動的で充満しており、ただ刺激に感応するという態度で臨めばウィリアム・ジェームズが（彼特有の言い回しで）「無茶苦茶でガヤガヤした混乱」とよんだ世界にぶつかるだけである。このような騒々しい混乱の中から、我々の感覚器官が単なる感覚の渦巻きではなく、なにかの**もの**について報告しようとするならば、何かしら際立つ形を選びとらなければならない。眼と耳は自身の論理を――カント風に言うのがよければ、それらの「悟性の範疇」を、同じ概念だがコールリッジの仕様に従えばそれらの「第一の想像力」を――備えていなければならない(11)。対象とは与えられたもの（＝データ）ではなく、感受性と知性とを備えた器官によって作られた形式であって、その形式は経験された個別的なものでもあると同時に、その概念のシンボル、**この種のもの**用のシンボルなのである。

感覚野を感覚所与の集団や型に組織化しようとする傾向、すなわちそこに光の印象の流転ではなく、形を認識しようとする傾向は、計算や論理を扱うもっと高級な神経中枢におけるのに劣らず、どうやら我々の感覚受容装置にもともと生得的に備わっているものであるらしい。だがこの無意識のうちにも形を見てとるということが、実は全ての抽象作用の原初的な根本であって、それがさらに合理性の基調をもなしているのである。そうなると理性の条件というのは純粋に動物的な経験の中に――知覚能力の中に、目や耳や指のごく基本的な機能の中に――すでにあるのだと思われてくる。我々の心の生活は我々の身体の生理学的な成り立ちの中にすでに始まっているのだ。少し考えてみれば、いかなる経験も一度しか起こらないのだから、いわゆる「繰り返された」経験と呼ばれているものは実際には**類似性のある**出来事なのであって、それらが皆、最初の経験が起こった時に抽象された、かの形式に合致しているということなのは明らかである。**見覚えがある、知っている**というのは、以前の経験の形式にぴったり合っている、ということに他ならない。我々の印象を実体化しようとする生まれつきの習慣、感覚所与をではなく、**もの**を見ようとする習慣は、それぞれの感覚経験から無意識のうちにすぐさま一つの形を抽象し、その形を使って経験を一つの全体として、「もの」として捉える(＝**想念する**、**表象する**)という事実によるものであると私は思う。

人間の精神がいかなる高みに達するとしても、それを働かせるにはひとえに手持ちの器官とその器官特有の機能を用いるしかない。形を見なかった眼は決して心に心像《イメージ》をもたらすことができないし、分節された音を聞かなかった耳は**語**を受け取ることができない。一言でいえば感覚所与は、もしそれが**優れて**意味の受容器でなかったならば、その活動が「徹底してシンボリックな過程である」精神にとっては全く無用なものであろう。だが前述の考察で示したように、意味とは基本的に形式に生ずるものである。形態化《ゲシュタルトゥング》が知覚の真の本性であると言う**ゲシュタルト**心理学者たちの信念が正しくないとしたら、知覚と想念との、感覚器官と精神器官との、混沌とした刺激と論理的反応との間の間隙がいったいどうやって閉じられ融合が行われるのか、私には見当もつかない。主として意味で働く心は主として形式をもたらしてくれる器官を持ち合わせていなければならない。

神経組織は心の器官である。その中枢は脳であり、その先端は感覚器官である。そして何であれ神経組織が持つ特性を備えた機能はその器官の全体を覆って支配していなければならない。言い換えれば我々の感覚の活動は脳に行き着いたときに限らず、その最初の発端から「心的、精神的《メンタル》」なのであって、それは外界の異質な世界が、脳から最も離れた、最小の受容器に作用したときから始まるのである。全ての感受性に心の印がある。例えば「見る」とは単なる受動的な過程で、無意味な印象がまず蓄積されて組織化する精神を待ち、精神がそれを用いて、形をなさないデータから自分の目的に合わせて形式を構成する、ということではない。「見る」ことはそれ自体が定式化の過程である。視覚世界についての理解は眼に始まる。(12)

この心理学的洞察はヴェルトハイマー、ケーラー、コフカ等の学派に負うものであるが、真剣に捉えるならば、これはさらに大きな哲学的な帰結を生むものである。なぜならこれは通常は理性以前とされている過程の中へ合理性を持ち込み、そしてこれまでの認識論者もシンボル的活動がまさかあるとは思いもせず、探しもしなかった位置に、形式が、すなわち**シンボルの素材となりうるもの**が、存在するらしいと示唆しているからである。眼も耳もそれぞれ独自の抽象をしており、したがってそれ自身の特有の想念の形式を定める。しかしこれらの形式が由来しているのは、物理学が知っている、あの全く異なる諸形式をもたらしたのと同じ世界である。事実、「真」の世界の「唯一の」形式などというものはない。物理学はその中で見つかるパターン(模型)の一つであり、「現象」つまり性質と特性を持つ**もの**というパターンは、また別のものである。なるほど一方の構成法は他方の構成法を排除するだろう。しかし一つの構成法が一貫性と普遍性を持つからといって他方を偽りと決めつけるのは間違いである。物理学的な分析が何かこれ以上還元できない最終的な「性質」を確立することによるのではないという事実は、現実の世界には赤いもの、青いもの、緑のものがある、濡れたあるいは油のついた、あるいは乾いた物質がある、香りの高い花、光る表面がある、という信念を反駁するものではない。こうした、いうなれば「素材で語る話法」の中で用いられている概念は、物理的な観念の近似物などでは全くない。そもそも物理的概念の起源と発展は、「もの」の世界に数学を適用することから来ており、そして数学は決して、——その始まりにおいてすら——対象の質を扱ったことがない。数学はものの比率を計ることはするが、しかしものの概念——三角形であること、円形であることなど——を、性質として、そのうちのこれこれをこれだけ増やせば、或る特定の対象の成分となる、というような性質としては扱っていない。楕円形の競馬場は円の近似であるかもしれないが、そこにもっと円であるという性質(=「円」性)を付け加えてゆけばその近似性が向上するなどというものではない。他方、ワインは甘さが足りなければもっと甘味料が要るし、顔料に輝度が足りなければもっと白を足すとか、もっと色付けをする。物理学の世界は基本的には数学的抽象によって作られた現実界であり、感覚の世界は感覚器官が直接にもたらす抽象によって作られた現実界である。「素材話法」が物理的な想念作用を目指す、原初的な手探り段階の試みだと考えるのは認識論における致命的な誤りである。そう捉えることよって感覚の想念作用に可能な発達についての全ての関心と、それが提供したかもしれない知的な有用性が締め出されてしまうのだから。

この種の知的な用法が通常潜んでいる場は、哲学者にとっての絶望の沼が隠れているような原野で、彼は誠実さからそこを無視して素通りするわけにいかず敢えて足を踏み入れるのだが、しかし実は落とし穴を避ける道を知らない。そこは「直観」「より深い意味」「芸術的真」「洞察」その他が棲んでいる地所である。理性的精神の前進にとっては、確かに危なさそうな区画である！　今日に至るまで、心的生は論述的理性より広いと考え、「洞察」や「直観」に譲歩してきた真面目な認識論はどれも、不本意ながらも**非理性的なもの**、神秘主義と非合理主義に砦を明け渡してしまったと私は思っている。命題による思考を超えてゆこうとする試みはどれも、思考を捨ててそこに、シンボル化されない、焦点が決まらない、伝達不能な〈現実〉と直接にふれる純粋な感情からなる内奥の魂を措定したのだった(その顕著な例外はリード(L. A. Reid)で、彼はその『知識と真(*Knowledge and Truth*)』の最終章で非命題的な想念作用があるという事実を認めており、それは論理分析を排除せず、むしろ歓迎している)。

耳や眼でなされる抽象――直接知覚の諸形式――は我々が持つもっとも素朴な知性の道具である。それは本当の意味でのシンボル的素材であり、理解の媒体であって、それが働くことで我々は**もの**とそしてものの歴史である出来事の世界を捉える。そのような想念化作用を提供するのがその主たる役割である。我々の感覚器官は、習慣的に無意識的に抽象をするが、それは、「実体化（もの化）」に役立つもので、そのもの化が、日常の対象の認知、信号や語や旋律や場所の知識、そして外界のそうした事物をその種類に応じて分類する可能性の土台になっているのである。我々はこの感覚分析の要素となっているものが様々に結びついていることを認め、想像力を働かして、日頃親しんでいる場面に将来どのような変化が起こるかを想念するのに、そうした要素を用いることができる。

視覚的な諸形式――線や色や釣り合いなど――も、語と同じように**分節**が可能すなわち複合的な組み合わせを作ることが可能である。しかしながらこの種の分節を支配する法則は言語を支配している構文法則とは全く別物である。その最も根本的な相違は**視覚形式は論述的ではない**ことである。視覚形式がその成分を提示するやり方は継起的ではなく同時的であり、したがって視覚的構造を決定している諸関係は一つの見る行為で一度に把握される。したがってその複合性には限度がない。言述における複合性の方は、話のはじめから終わりまで精神が把握行為をずっと保持し続けるのに限度があるのだが。もちろん言述に課せられたその制約は、話し得る着想《アイデア》の複合性にも限界をつけることになる。あまりに数多くの、細かい、しかも緊密に関連した部分を含むアイデア、関係の内部に、さらにあまりに多くの関係が含まれているようなアイデアは、論述形式に「投影」できない。それは言葉で言うにはあまりに深遠である。したがって言語に縛られた知識論は、そのような深い観念を理解の領域から、また知識の世界から排除してしまうことになる。

しかし我々の純粋に感覚的な形式の鑑識力を備えたシンボル作用は**非論述的なシンボル作用**であって、言語的「投影」に逆らうような着想の表現に、格別にうまく適合している。その主たる機能である感覚の流れを想念化するということ、そして目まぐるしく変化する色とか騒音の代わりに、具体的な**もの**を我々にもたらす作用は、それ自体、言語から生まれた思念のどれを使っても代理ができない職務なのである。空間について我々が視覚と触覚によって得ている理解は、その詳細さにおいても、明確さにおいても、幾何学の論述的な知識によっては達成できるものではない。自然は我々に何よりも先ず感覚を通して語りかける。我々が識別し、記憶し、想像し、あるいは再認する形や性質は、我々の一瞬の経験を超えた何かのシンボルなのである。しかも同じシンボル——性質や線やリズムといった――は、無数の提示作用の中に繰り返し起こり得る。それらは抽象可能であり、組み合わせ可能であるのだから。したがっていわゆる「感覚所与」のもつシンボル的特性に気づいた哲学者たちが、とくに科学や芸術におけるその高度に発達した用法にその特性を認める哲学者たちが、しばしば感覚の「言語」について、また楽音や色やその他の「言語」について語るのはごく自然なことである。

にもかかわらず、この言い廻しは極めて誤解を招きやすい。言語とは表現の特別な様態《モード》〔＝機能上の形態〕なのであって、意味論というならどんな種類でも言語の項目に入れられる、というわけではない。言語的シンボルからシンボル作用そのものへと一般化することで、我々はともすれば別の類型のシンボル作用を誤解し、そのごく興味深い特徴を見過ごしてしまう。ここで改めて真の言語すなわち言述《ディスコース》の持つ顕著な特性を考察しておくのがよいであろう。

まず第一に、**どの言語にも語彙と構文法があること**。その要素は固定された意味を持つ単語である。この要素から構文規則に従って複合的シンボルを構成し、新しい意味を作り出すことができる。

第二に、一つの言語の内部では、いくつかの語は別の語の組み合わせ全体と同値なので、ほとんどの意味がいくつかの異なるやり方で表現できることになる。このため**一つ**

の単語の最終的な意味を定義すること、つまり辞書を作成することが可能である。

第三に、同じ意味を表す別の語がありうる。二人の人が一貫してほとんど全てのことに異なった語を用いている時、その二人は異なる言語を話していると言われる。しかしその二つの言語は大雑把には同値であって、少し工夫して、時には一つの語句を一つの単語で置き替えるなどして、一人が自分の言語体系の中で発語している命題をもう一人が習慣としている体系に翻訳することができる。

さて今度は非論述的シンボルのうちでも最も親しみのある種類である、画像を考えてみよう。言語同様、画像も様々な対象の成分をそれぞれ描出する要素から成っている。しかしこれらの要素は語のように独立した意味を持つ単位ではない。一つの肖像、例えば写真を構成している光と影の部分はそれ自体としては表示的意味を持っていない。切り離してみればそれはただの不定形の斑点としか考えられないだろう。しかしそれは視覚的対象を構成している視覚的要素を忠実に描出している表象なのである。ただしそれらが一つの斑点が鼻にあたり、一つは口に当たる、などというようにそれぞれ呼び名を持った要素を描出しているわけではない。そのいくつかの形はなんとも記述できない組み合わせをなして、確かにその中に名をつけられるような顔の造作を指摘できるかも知れないような、一つの全体像を伝えている。光と影の濃淡の変化は数えることができない。その濃淡をその肖像画のモデルになっている人を**記述**するのに用いられるような部分や特性と一つ一つ対応させることはできない。カメラが描出する「要素」は言語が描出する「要素」ではない。もっとずっとずっと多数である。この理由で写生文と目に見える対象との間の対応関係が、対象とその写真との間のように密接になることは全く望めない。知的な眼に全てが一度に与えられるので、信じられないほど豊かな、そして細かな情報がその肖像写真から伝えられ、いちいち立ち止まって言語的意味を作り出す必要がない。だからこそ我々はパスポートとか警察の犯罪者台帳には記述ではなく写真を使うのである。

それほど多くの要素と、何万という関係を持つシンボル作用を基本単位に分割するなどということができないのは明白である。最小の独立したシンボルを見つけることは不可能だし、別の文脈で同じ単位に出会ってもそれが同一と認めることができない。だから写真には**語彙がない**。この事情は絵画や線画でも同じことは明らかで、もちろんそこには対象を描写する技法があるが、しかしこの技法を支配している法則を「構文《シンタックス》」とよぶのは正当でない。肖像画の「単語」とよべるような項など、比喩的な意味でも全くないのだから。

絵画の技法には単語がないので、線や影やその他の技法の要素の意味に関する辞書はない。確かに一枚の絵の中に何かの線、例えば或る曲線を取り出してそれが命名できるような何かを描出しているとは言えるかもしれない。しかし別の場所におなじ曲線があったとしてもそれは全く違う意味を持っているだろう。文脈を離れてはそれは何も決まった意味を持たない。また例えば「2＋2」が「4」に等しいというような、それと常に同値となるような、別の要素の組み合わせもない。非論述的シンボルは、論述的シンボルのように他のシンボルでそれを定義するということはできないのである。

もしも定義する辞書があり得ないならば、当然翻訳用の辞書もない。図像描出には異なる媒体はあるが、言語の場合は「chien」＝「dog」〔ともに「イヌ」〕、「moi」＝「me」〔ともに「私に」〕などと対応関係がつけられるが、しかしそれぞれの媒体の要素を別の媒体の要素と一対一に対応させることはできない。彫刻を絵画に翻訳したり、線画を墨絵に翻訳する標準的凡例はない。なぜならこの場合の同値性は**それぞれ全体として指しているものが同じ**ということにあり、字義的翻訳の基となっている、部分がそれぞれ同値であるというのではないのだから。

さらに、言語のシンボル作用は非論述的な作用と違って、主として**一般性に関わる**指示作用を持っている。慣習のみが固有名詞を指定できる——ということは他の慣習が同じ固有名詞を違う個人に振り当てるのを防ぐ道はないということでもある。子供の名をいかに奇妙につけても良いが、それでも他に誰かその名で呼ばれる人がいないという保証はない。或る記述が一つの光景にぴったりと適合することはあるであろうが、しかし一つの、そしてただ一つの場所を全く疑いの余地なく指示するには、周知の固有名詞が必要である。人の名や場所の名が隠されていたら、一つの言述が或る歴史的な出来事——にただ当てはまるというのではなく——まさにそれ自体を指示しているのだ、ということを**証明する**ことはできない。一方感覚に直接語りかける非論述的方式では、そこには本来的な一般性というものはない。それは何よりもまず個別的対象の直接的な**現示**《プレゼンテーション》である。画像が様々な意味を持ちうるためには図式化されることが必要である。画像自体はただ一つの対象を描出している。現実の対象かもしれないし、想像上のものかもしれないが、それでもあくまで唯一の対象である。三角形の定義は三角形一般に適合するが、描いた三角形は或る特定の種類の、或る特定の大きさの三角形である。三角形という性質一般を想念するためにはそこに伝えられた意味からそれを抽象しなければならない。こうした一般化は、語の助けがないところでは仮に可能であったとしても明らかに伝達不可能である。

こうしてみると、非言語的描出作用の様々な媒体が独特な「言語」であるとしばしば言われているが、それは実は雑な用法であると思われてくる。厳密な意味での言語は本質的に論述的である。それは恒常的な意味の単位を持ち、それを組み合わせてより大きな単位を作り上げることができる。定義と翻訳を可能にする決まった同値関係がある。言語その共示作用は一般的なので特定の外示作用をその用語にふり当てるには、指差しとか、それに目を向けるとか、特別な声の調子をつけるといった非言語的行為を必要とする。言語はこうした全ての著しい特性において、語をもたないシンボル作用と異なっている。こちらのシンボルは非論述的で翻訳不可能で、みずからの体系の中での定義を許さず、直接には一般性を伝えることができない。言語を通して与えられる意味は順々に理解されてゆき、それが言説と呼ばれる過程によって一つのまとまった全体に集められる。一方言語以外の、より大きな、有機的に分節されたシンボルを構成するシンボル的要素の意味は、全体の意味を通してのみ、その全体的構造内部での相互の関係を通してのみ、初めて理解できる。それらがシンボルとして働けるかどうかが、それらが同時的な総合的な現示作用に関わっているという事実にかかっているのである。この種の意味のあり様は、論述的シンボル作用ないし本来の「言語」との本質的な区別を明らかに示すために、「現示的《プレゼンテーショナル》なシンボル作用」とよんでよいであろう(13)。

現示的シンボル作用を、正規で一般的な意味の担い手と認めることとは、理性についての我々の考えを伝統的な境界をはるかに超えるものであるが、しかし最も厳密な意味での論理に対する信念を裏切るものではない。シンボルが働くところには意味がある。逆に異なる部類の経験——例えば理性、直観、鑑賞など——は、異なる類型のシンボル媒介作用に対応している。いかなるシンボルも論理的定式化つまりそれが伝えることを**想念化するという**仕事を免れることはできない。その想念の趣意《インポート》はいかに単純なものであろうと、いかに甚大なものであろうと、一つの**意味**であって、従って理解のための一要素である。そう考えると、理性の限界についての問題全体に、多く論議されてきた感情生活、また物議を醸してやまない事実と真の問題、知識と知恵、科学と芸術といった問題に、これまでとは全く違う期待のもとに、改めて取り組まざるを得ないであろう。この考え方は、これまで伝統的に「情動」に、ないしはシンボルの介助を経ず、それなりの思考の過程を経ずに、論述的あるいはいわゆる「合理的」な判断の建造物の隙間を埋めるために「直観」が生まれてくるとされてきた、あの薄暗い精神の奥に委ねられていた領域を、理性の領域内に持ち込んでくることになるのであるから。

我々の感覚に与えられるシンボル素材、すなわち目前の千変万化の印象から、ものと出来事の世界を構築するように誘う**諸形態**《ゲシュタルテン》や根本的知覚形式は、「現示的な」秩序に属している。それらの形態が、日常の感覚知覚を理解するのに用いられる基礎的な抽象物を提供するのである。[14] この種の理解は直接に**身体的反応**のパターン、すなわち衝動と本能に反映される。そうならば知覚形式の秩序はシンボル化の原理の一つであるかもしれず、したがってそれは、衝動的、直観的、そして感覚的な生において想念化し、表現し、把握する原理なのではないだろうか。光や色や音調などの非論述的シンボル作用が、そうした生を形式化する要因なのではないだろうか。そしてまたベルクソンが、いかなる形式化する(従って歪曲化する)シンボルによっても媒介されないが故に、全ての理性的知識よりも優れていると称賛した、あの「直観」知[15]、それ自身完全に理性的でありながら、しかし言語によって想念化されるのではない知とは、精神が一瞬のうちに読み込み、それを構えや態度のうちに保持する、当の現示的シンボリズムの所産であると言えないだろうか。

この仮説はあまり馴染みがなく、そのためやや難解であるが、追求してみる価値があるように思われる。なぜならとりあえず直観的な、あるいは伝統的に受け継がれた、あるいは霊感を受けた知識の正当性という問題については、ここで細かく立ち入って難癖をつけるつもりはないので傍におくとしても、知識の**非理性的源泉**という発想そのものが、まさに理解の器官としての精神という概念を害するものだからである。「理性の力とは端的に、心全体の力が最大に伸びている状態である」とクレイトン教授は〔第一次〕大戦後の非合理主義と情動主義の大きな波を堰き止めようとした論文の中で言っている[16]。

この前提は私にはいかなる精神の研究にとっても基本であると思われる。合理性は精神の本質であり、シンボル的変換はその初期過程である。従って体系的、明示的推理という現象の中だけに合理性を認めるのは誤りである。それは合理性が生みだした成熟期の、不安定な所産である。

だが合理性は全ての精神の作用に具体化されているのであって、精神が「最大に伸びている状態」の時だけに限らない。人間の神経組織のごく周辺の活動においても、大脳皮質の諸機能に行き渡るのと同様、しっかりと浸透している。

「知覚と記憶の事実はそれらが媒介されて、ばらばらに孤立した存在を超える意義を与えられている限りにおいて維持される。……どのようなやり方でにせよ、経験の中に入ってきたものは全て精神の合理的形式に与る。精神の内容となることで、経験のどの部分も、存在するという属性を持つだけの個々の印象を超えた何かなのである。すでに精神生活への第一歩を踏み出しているということから、それは論理的本性に与り、普遍性の平面に進み出しているのである。……

「精神の統一性と全体性がいかに強く主張されたとしても、精神が原理的に理性の表現でなかったなら、その統一性はただの言葉に過ぎない。精神的生の統一性を没論理的な原理で理解可能にしようとする試みは全てその目的を達成できないことを明らかに示すことができるのだから」[17]。

クレイトン教授のこの切れ味の良い小論文の題は「理性と感情」である。その中心的議論は、もし仮に我々の精神生活に「理性」以外のものがあるとすれば――理性とはもちろん論述的思考のことであるが――、それは没論理的ではあり得ず、本質的にはそれもまた認知的なものでなければならない。そしてこの理性に代わるものは感情しかないのだから（著者はこの認識論上の原理には疑問を挟んでいない）感情そのものがどうにかして知識と理解に与るしかない、というものである。

この主張は全て受け入れて良いであろう。この立場は妥当なものである。ただ、最も重大な**問題**が、まだほとんど持ち出されていない。その問題は「どうにかして」という一語に凝縮している。**まさにどのようにして**、感情が合理性の可能的な成分と考えられようか。それについては語られてはいないのだが示唆はじゅうぶん与えられており、それをシンボル作用というより広い理論に照らして考え合わせてみると、説明の道筋が見えてくる。

彼は次のように言っている。「精神の発達において、感情はその全ての段階で決まった形と内容を保つ静的な要素に止まっている、ということはなく、……経験の持つ他の局面との相互作用を通して変容し、また鍛えられ統制のとれたものになってゆく……。

実に全ての経験における感情の特性が、精神が対象をどう把握しているかの指標として受け取ることができる。精神がただ部分的に、あるいは表面的にだけ関わっているような低いレベルの経験では、感情はばらばらで、ぼんやりしており、単なる身体的な感覚にただ受動的に伴って起こるように見える。……もっと高いレベルの経験では感情は全く違う特性を備えており、感覚知覚やそのほかの精神の内容に劣らぬものになる」[18]。

この一節に語られている重要な所見は感情が**特定の形式を持っていて、それが漸次的に分節化されてゆくのだ**、という洞察である。感情の発達は「経験の他の局面との相互作用を通して」もたらされるのである。しかしその相互作用がどのような性質のものかは特定されていない。しかし私はそこにこそこの所見全体への説得性が求められるべきだと考えている。感情の**どのような**特性が「精神の対象把握の指標」になるのだろうか。そしてどのような証拠によってそう言えるのか。もし感情が分節的形式を持つとすれば、それらはどのようなものだろうか。そう問うのは、それらが**どのような**ものであるかが、我々がそれを理解するのはいかなるシンボル作用によってであるかを決めるからである。誰でも言語が情動的な本性を表現するには貧弱な媒体だということを知っている。言語は曖昧に、また大雑把に捉えられた状態をただ名づけるだけであるが、絶えず動き続けるパターンを伝えるとなるとお手上げである。心の内部の経験の両義的な、込み入ったこと、感情と思想や印象の相互作用、記憶と記憶の残響や共鳴、すぐに消え去る空想、あるいは空想の単なる神秘的な痕跡、などなどは全て名状しがたい、情動的な代物と化してしまうのである。もし我々が、誰か他の人が或る事柄について抱いている感情が分かると言ったとすれば、それはなぜ彼が悲しいのか、嬉しいのか、興奮しているのか、無関心なのか、その理由を一般的な意味で理解しているということであって、要するに彼のとっている態度の正当な原因を見て取れる、ということである。それは我々が彼の様々な感情の実際の流れや均衡状態を洞察できるという意味ではないし、彼の「精神がその対象をどう把握しているかの指標として受け取れるような」、「特性」を洞察しているわけでもない。言語はそのような想念を分節化するには全く不適切である。仮にそれについて話すことが可能だったとしても、我々はおそらく自分の実際の内奥の感情を人に打ち明けようとはしないであろう。我々は全く個人的な事柄を詳しく他人に話すということをめったにしないものである。

しかしながら「言うに言われぬ」物事を明らかにするのに格別うまく適応するような種類のシンボル作用がある。もっともそれは言語の最大の利点である外示作用を欠いているのだが。そのような純粋に共示的な意味作用のうちでも最も高度に発達しているのが、音楽である。我々が或る音楽的進行の意味が重要だとか、ここの楽句は意味がないとか、或る演奏者のあの弾き方ではあの楽節の趣旨が伝わってこないとかいうのは、決して無意味なことを言っているのではない。ただそのような言い回しが意味をなすのは、その媒体を本性的に理解する人たち、そのゆえに「音楽がわかる」といわれる人たちにとってだけである。音楽性はしばしば基本的に知的ではないと見なされ、時には生物学上の突然変異の特徴とされることもある。たぶんそのゆえに、音楽が自分の知的生活の主たる源であり、また自分が持っている人間性への最も明らかな洞察を伝える媒体であると知っている音楽家たちが、しばしば理性とか論理とかその他の名のもとに実用上の長所を主張するより自明な理解の形式をあえて軽蔑しなければいけないように感じてしまうのであろう。だが実際には活発な知性を持っていると音楽的理解が妨げられるなどということはないし、合理主義とか主知主義とか呼ばれる純粋理性への愛によってすら邪魔されることはない。そしてまた**逆も真**であって、常識的科学的見識を持つ人が、音楽への尊敬には必須であるかのように言われている「情緒主義」に対して、何も自己弁護する必要はない。言葉と音楽は、歌では両者が結ばれているとよく指摘されるけれども、それぞれ本質的に異なった機能を持っている。両者がその起源において持っている関係は、そのような結びつき(それについては後の章でもっと詳しく述べる)よりもずっと深いところにあり、それはそれぞれの本性を理解しないと見えてこないのである。

意味の問題はことあるごとにより深くなってゆく。難問を掘り下げてゆけばゆくほど、もっと複雑な様相を示してくる。だが哲学上の中心的概念に関する限り、このことはむしろ問題の健全さの印である。一つの問題に答えると、そこからもう一つ別の、それまでは考えつきもしなかった問いが出てくる。シンボル作用の論理、表象作用の可能な類型、それぞれの類型の本来の領域、その本性に従ったシンボルの具体的な機能、その相互の関係、そして最後は我々の主題である人間の精神におけるシンボルの統一、という具合に。

もちろんシンボルの領域内で知られている現象を残らず研究調査することはできない。だがそれはごく徹底的な研究においても必要ではない。全ての意味論的な機能を支えている論理構造をこの章で論じたが、それはすでにある区別の一般原理を示してもいる。サインはシンボルと区別される。論述のパターンと現示のパターンは形式的に異なっている。様々なシンボルの**使用の仕方**からくる本性上の区別は論理上の区別に劣らず重要である。全体をまとめて我々は意味の状況をいくつかの目立った類型の周りに集めて区分けすることができ、数個の類型を個別的な研究の主題とすることができよう。四つの様態をそれぞれ代表している言語、祭祇、神話、音楽、が実際のシンボル作用の研究の中心テーマとなるであろう。そして私はその先にある問題である芸術における、科学ないし数学における、行動あるいは空想や夢における有意味性の問題も、これとの類比関係によって、そして人間に与えられた最も強力な才能である、アイデアの適用によって、或る程度は解明できると信じている。

原注

（1）Russell, *Philosophy*, p. 264〔髙村夏輝訳『現代哲学』、九〇ページ、三九七ページにも〕。

（2）私が上に引用した同じ章で、ラッセル卿は言語の持つ**出来事**を描写する力は、言語が出来事と同様に時間的繋がりであるからだとしている。私はこれについては同意できない。動的な関係を記述できるのは、**関係を指す名**があるからである。我々は一つの文章の中で過去の出来事を現在の出来事より前に言及する、というのではなく、ただ時間的な順序を、例えば属性とか分類についてと同じ「投射」法に委ねるのである。時間的順序は通常**時制**という、構文上の（非時間的な）工夫で表される。

（3）Wittgenstein, *Tractatus*.

（4）Carnap, *Philosophy and Logical Syntax*, p. 28.

（5）"On Scientific Method in Philosophy," *Mysticism and Logic* (1918) 所収. p. 109〔バートランド・ラッセル、江森巳之助訳『神秘主義と論理』みすず書房、一九五九年（新装　一九九五年）、一二四ページ、ハーバート・スペンサー記念講演〕。

（6）Wittgenstein, 前掲書。

（7）「諸科学の母」としての哲学についてもっと詳しい議論は *The Practice of Philosophy* (1930), ch. ii で提示してある。

（8）Urban, *Language and Reality*, p. 164 を参照のこと。

（9）もちろん数学的および科学的記号、またその近似物である身振り、象徴文字、あるいはグラフといったものを含む。

（10）Russell, 前掲書、p. 265〔前掲訳書、三九八―三九九ページ〕。

（11）コールリッジの哲学についての優れた議論が D. G. James, *Skepticism and Poetry*（1937）にある。この本はこの章に関連して一読の価値がある。

（12）ゲシュタルト理論の一般的な説明については Wolfgang Köhler, *Gestalt Psychology*（1929）をみよ。そこからの引用である次の一節がここに関連している。

「もともとすでに、組織され、輪郭をつけられた幾つもの全体が分けられているからこそ、成人にとっては感覚世界が完全に意味に満ちているように見える、と言うことが可能なのである。それはだんだんと感覚場へ登場する時に、意味が自然な秩序によって引かれた線に沿ってついてくるからである。通常意味は分けられた別々の全体へと入ってゆく。……

「もとから「形式」が**存在する**場合には、それは意味をごく容易に獲得する。しかしこの場合はまず形を持つ一つの全体が与えられ、そこに意味が「這い込んでくる」。形がそれ以前にないときに意味が自動的に形を作り出すことについては、私の知る限り、実験的に示された事例は一つもない」(p. 208)。

また Max Wertheimer, *Drei Abhandlungen zur Gestalttheorie*（1925），および Kurt Koffka, *Principles of Gestalt Psychology* (1935)も見よ。

(13) ここで、別々の絵を語の代わりに使ういわゆる「絵文字」が論述的シンボルであることに留意したい。確かに一つ一つの文字は現示的シンボルであるが。そして全てのコード(記号や暗号の規約)、例えば聾唖者の習慣的な身振りとかアフリカの部族の太鼓語は、論述的体系である。

(14) カントはそのような形態化、組織化の原則が精神の一つの職能によってもたらされると考え、これを悟性(Verstand)とよんだ。しかし、悟性に開かれた知識の領域について彼がやや独断的な限界づけをしたこと、また彼が精神が生み出す諸形式は経験を**構成する**ものであって**経験を解釈する**ものではないとしたこと(本来原則とはそうでなければならない)のゆえに、論理学者たちはそのような諸形式を理性の可能的機構とは本気には捉えなかった。彼らは理性(Vernunft)の諸形式、大雑把に言えば言説の諸形式を遵守したのである。カント自身も理性を人間に与えられた特別の天分であり誇りであると持ち上げた。媒体と意味との認識論が、旧式の知覚と概念の認識論を追い出し始めたとき、彼の悟性形式は現象の**概念的成分**という役割を担っていたために、その形而上学的教説とひとまとめにされ、「メタ論理学」への関心に隠れて影が薄れてしまった。

(15) Henri Bergson, *La pensée et le mouvement* (1934), とくに ii ("De la position des problèmes"), iv ("L'intuition philosophique"); また彼の *Essai sur les données immédiates de la conscience* (1889), および *An Introduction to Metaphysics* (1912)を見よ。

(16) J. E. Creighton, "Reason and Feeling," *Philosophical Review*, XXX (1921), 5: 465–481,

p. 469を見よ。
（17）同上、pp. 470–472.
（18）同上、pp. 478–479.

第V章　言　語

言語は疑いなくもっとも重大な、同時にもっとも神秘的な、人間の心の所産である。動物の発する求愛の、または警戒の、または怒りのもっとも明快な叫び声と、人間の発する最小の些細な語との間には、まるまる一日分の〈創造〉の業が、もっと現代的ないいかたをすればまるまる一章分の進化の過程が横たわっている。言語のうちに我々は自由自在に使用できる完成されたシンボル作用を、分節的に組織化された概念的思考の記録を持っている。実に言語なしには明示的な思考などありえないと思われる。人間の全ての種族が――ジャングルの奥深く、ばらばらにちらばった原始的な居住者ですら、また何世紀も世間からまったく忘れられているような離島に住み続ける野蛮な人喰い人種ですら、それぞれ完全な、分節化された言語を持っている。最低の文化と聞けば当然予想されるような、粗末で形をなさない、あるいは未完成な言語は実はどこにも見あたらないようである。まだ布を織ることを知らず、木の枝を重ね合わせた屋根の下に住み、人目をはばからず、汚物も気にせず、敵を炙って食するような人々が、それでも、その野獣のごとき食事の宴で、ギリシャ語におとらず文法的な言葉を、フランス語のように流暢に話すのである(1)！

一方動物はことごとく言葉を持たない。彼らももちろん意思伝達をするが、しかしその方法は話し言葉に準じるものではない。彼らは情動を表現し、自分が何を望んでいるかを示し、また相手に手がかりをあたえることで互いの行動を調整する。類人猿の一方が相手の手を引いてゲームに引きずり込んだり、寝床に誘ったりもする。また手を伸ばして食べ物をねだり、実際にそれを貰うこともある。しかし最も高等な類人猿といえども言葉を話しているという標《しるし》をみせたことがない。彼らが発する音声については注意深い研究がなされてきたが、組織的な観察をしてきた研究者は口を揃えてその音声が決して外示的ではない、つまりどれも語の始まりとはいえない、としている(2)。たとえばファーネスは次にように言っている。「もし彼らが言語を持っているとすればそれは一般的な情動的意味をもつ二、三の音に限られている。彼らは有節の言語をもっておらず、互いの伝達は、イヌが威嚇して唸ったり、甘えてくんくんいったり、吠えたりする範囲を超えない音声によってなされている(3)」。ヤーキス夫妻は人間以前の言語機能を類人猿の仲間たちの中に探すことをなかなか諦めきれないのだが、結局次のような結論に達した。

「キツネザルから類人猿に至る発達の中で、音声や、また語に似た特定の音声を、感情、そしてもしかしたら観念をもシンボル化するのに使用している証拠が次第に増大してゆくことは明らかであるが、しかしこれらの人間以下の霊長類のどれも、近似的にも話し言葉とよびうるような、音声シンボルの体系化を見せたためしがない(4)」。

もしもその類人猿が実際に「語に似た特定の音声を、感情、そしてもしかしたら観念をも**シンボル化するのに**」使用したのだとすれば、彼らの言葉の能力を否定することはまずできそうにない。だがその振る舞いについての記述は全て、彼らがそのような音声を自分の感情あるいはむしろ自分の欲望をただ（サイン的に）「表示する」のに用いていることを示している。彼らの音声による愛情表現は情動の**兆候**《シンプトン》であって、その情動の名ではなく、また（ヴァレンタインのカードにつけたハート印のような）愛を表象《レプレゼント》（＝代理的に指示）する、何か別のシンボルでもない。ひとつの音声が本能的に発声された現場の状況を離れてもその指示作用を保ち続けるときに初めて、真の言語が生まれるのであって、例えば誰かが「愛しいひとよ」と言えるだけでなく、（花びらを一枚一枚数えながら占って）「あの人は私を愛している、愛していない」と言えるようになったときに、生まれるのである。ヤーキス教授の若い類人猿であるチムとパンジーが食べ物を見て「キアー」とか「ヌガー」とか叫び声をあげたとしても、これはいわば舌なめずりの音「ウマウマ」であって「今日はバナナだぞ！」ではない。この叫び声はうれしい肯定を表す音であって、ごく限られた特別な情動的反応の音声であり、**それらは食間時にあのご馳走はおいしかったねと語るのには使えない**。

類人猿に言語が欠けている理由の一つは彼らに喃語《なんご》をいう傾向がないからでもあるのは明らかである。ケロッグ教授夫妻は幼いチンパンジーのグアを、ちょうど自分たちの子供を育てていた九か月の間育てていたのだが、周囲にしゃべっている人がいる環境にいても、「グアの側からは自分の唇や舌や歯や口腔を使って新しい声を出してみようとする試みはなかった。他方人間の子供の方には生まれて何か月も経たないうちに、絶えず声を出してみようとする遊びがみられた……グアには赤ん坊の片言あるいは鳥のさえずりに匹敵するような「ランダムな」ノイズというものがなかった。だいたいにおいて、彼女は何か特定の「挑発」すなわちはっきりそれと識別できる外部からの刺激ないし原因がない限り、音声を出さなかったと言える。そしてたいていの場合その刺激は明らかに情動的な性質のものであった」[5]。たしかに彼女は「食事吠え」と彼らが名付けた吠え声と、恐れを訴える哀れっぽい「ウーウー」をもっていた。そして食事吠えはもとの意味を超えて一般的な肯定を表すようになり、「ウーウー」は拒否を表すようになった。だが言語に近づいたのはここまでだった。人間の子供の方もこの比較実験が終わるころまではほんの数語しか使わなかったが、興味深くも、その話が「イエス」(肯定)と「ノー」(否定)ではなくて、**外示語**たとえば「ディンディン」(＝ディナー、ご飯)とか「ギャ」(＝グアのこと)、ダディ(＝父さん)であったことは注目に値する。子供たちの場合は「イエス」(＝はい)と「ノー」(＝いいえ)に忠実に該当する用語づかいが遅れる傾向がある。語に対する彼らの興味の中心はもっぱらものや行為の**名**に向けられているのである。

もし類人猿のうちで人間にもっとも近い親類である霊長類にも言語の原型が見つからないとすると、この言語という人類にとってもっとも重要な機能はどのように始まったと考えればよいであろうか。とりあえず言葉は人間独特の本能であるとし、人間とは本性上、言語を話す霊長類(Linguistic Primate)であるとしよう。何年も前にこの見解をホレーシオ・ヘイルが、優れた学識者を対象とした或る学術協会の就任講演で表明した(6)。彼は一つの極めて頻繁におこる現象——一人あるいは二人の子供の間で、家庭で話されている言葉とは関係なく、自発的で、個人的な言語が作り出されるという現象に、強い感銘を受けていた。時に学齢期まで、場合によってはそれ以降も、このきまぐれを続ける子供もいる。このような観察から彼は、人間は本性からして言語を作り出す動物であって、「母語」を覚えるのは要するにごく幼いときから聞いている既成の言語の示唆力が圧倒的に大きいからなのだ、と信じるようになった。思うに、遊牧民の家族の原始的な諸条件のもとでは、幼い子供たちが親と離れ、荒野で孤立することもあろう、そして気候が温暖で食べ物に事欠かなければ、そのようにしてできた小さなグループが生きのびることもあるかもしれない。そうしたら幼い子供たちの言語がその家族の特有の言い回しとなるだろう。彼がこうした考えを展開して、世界に孤立言語が少なからずあること、その分布、またその発生の謎を説明したのは実に独創的である。だが我々の文脈で彼の論文が興味深いのは、人間は本能的に言語を作るものだというその前提である。「すべての実例が反論の余地なく示している明らかな結論は、言語の蓄積の起源が、ごく幼い子供の言語作りの本能とも呼ぶべきものに見いだされる、ということである」と彼は言っている(7)。

完全に独自の言語を作った二人の子供の例を引いたあとで、彼は次のように述べている。「この事例が、当の子供たちが親やその他の周囲の人たちが音声を用いて互いに意思疎通しているのを聞いていなかったとしてもしゃべったであろうとはっきり証明しているわけではない。（これについては後述するが）信じることはできる。しかし、彼らはきっとしゃべっただろうとかなりの根拠をもって」と(8)。

この彼の論述の最後の部分は〔言語の〕「本能説」をなしている。そしてそれは我々の知るかぎりでは、単なる「説」にすぎない。耳が聞こえず、そのため自分の出している声にすら気づかないというのでもなくて、周囲の人が言葉を使っている実例を知らずに育った子供たちについて、我々は一体何を知っているだろうか。我々はごくわずかしか知らない。しかしそのわずかが、ここで我々を立ち止まって考えさせるのである。

いわゆる「野生の子供たち」、赤ん坊の時から荒野に遺棄された幼い浮浪児が、自分の努力によってか、あるいは何かの大型動物の母親がわりの世話によってか、なんとか生き延びたという記録には、典拠がしっかりしている事例が二、三残っている。望まない子供を間引きのために捨てる習慣のあった(今でもある)地域では、森に捨てられた赤ん坊が語り草になるのはごくわずかの間である。もちろん通常は世話をする者がなくて死んでしまうか、動物の餌食となってしまう。しかし、ごくまれに熊や狼の母性本能が捨て子を、人間の道徳律が教えるよりもっと神聖なものとみなした事例が知られている。そしてひとりの子供は、少なくとも十二、三歳まで、人間の影響なしに育っているのである。

よく検証されている例は一七二三年、ハノーヴァーの近くの平原でみつかった野生児ピーター[9]、一七九九年南フランスのアヴェイロンで捕らえられた「アヴェイロンの野生児」として知られるヴィクトル[10]、それに一九二〇年インドのミドナプール付近で保護された小さな二人の少女、アマラとカマラのみである[11]。まだ他にも数人の「野生の子供たち」は報告されているのだが、彼らについての話はみな相当眉唾であり、なかには――たとえばヒヒ少年ルーカスのように――もっともらしい嘘だったという事例もある。ここで挙げた例についても、科学的に研究され記述されているのはヴィクトルだけである。しかしながら、彼らすべてについて一つだけ確実にわかっていることがある。それは**どの子供も記憶によるにせよ、自分で考え出すにせよ、どんな言語もしゃべれなかった**ということである。人間仲間がいない子供はもちろん自分のおしゃべりに反応が返ってこない。しかし、もし言葉が本当に本能であるならば、それでも大差ないはずである。文明圏の子供たちは自分が独り言を言っているのだとは知らずにネコに話しかけ、吠えるだけの返事しかしないイヌがよい聞き手だと思っている。それにアマラとカマラはお互い相手がいたのである。それでも彼女たちは話さなかった。「幼い子供の言語作りの本能」はどこへ行ってしまったのだろうか。

　おそらくそんな本能はそもそも存在しないのであろう。言語は普通、とくに強制されたり、正規の訓練を受けたりしなくても幼児期に覚えてしまうものだが、しかし、にもかかわらず全くの学習の所産なのであって、世代から世代へと手渡されてゆく技能であり、教える者がいなければ完成されない。ヘイル教授が引用している子供たちのきまぐれの例があるが、この小さな発明者も周囲で年長の人たちが話すのを聞いていなかったなら、まったく言葉を**話さなかった**であろう。大人の三倍も四倍も(あるいはもっと何倍も)楽に赤ん坊が言語を覚えてしまう天分がなんであるにせよ、それは「話す本能」ではなさそうである。我々は語彙や文法に対して生まれながらの特権は持っていない。

かくして我々は再びもとの謎の問題に引き戻される。もし最も高等である動物のうちに言葉の原型を見いだせず、そして人が最初の言葉を発するのすら本能によるのでないというのであれば、人の諸部族はどうやってそれぞれ違う言語を手に入れたのであろうか。一体誰が、今日誰しも学ばざるを得ないこの技能を始めたのか。しかもなぜ、文化的な種族に限らず、全く人に知られないアフリカの僻地から、全く人の訪れないような氷に閉ざされた極地に至るまで、どの原始的な家族も全てその技能をもっているのだろうか。衣類とか料理とか陶器といった、ごく初歩的な実用的技能が欠けているような、ないしはごくごく初歩的な段階にあるような集団が発見されている。そのどの集団についても、言語がないとか、すたれて今は使っていない、ということがないのである。

問題があまりに迷路入りしてしまって、もはやこの問いを立てること自体がまともだとは考えられないようになってしまった。優れた根拠に基づいてこの問題を退けるサピアの書いた一節が『社会科学全書(*Encyclopedia of the Social Sciences*)』の中にある。実はその、文献学者の絶望を確実にする当の一節が、本書で私が見込みありと期待している哲学的研究を正当化してくれているので、彼の言葉を引用してその奇妙な関連を示したい。

「これまで言語の起源を解きほどこうと多くの試みがなされてきたが、そのほとんどが思弁的想像力の演習問題の域を出ていない。言語学は全体としてこの問題にはすでに興味を失っているのだが、それには理由が二つある。まず第一にここにきて心理学的な意味での真の原始言語など存在しないことに気づいたということ。……第二には我々の心理学の知識、とくにシンボル的な過程一般についての知識には、言葉の出現という問題について実質的な助けを提供できるほどの確実な根拠がないと感じられているからである。おそらくは、言語の起源の問題は言語学の知略だけで解決できる問題ではなく、本質的にもっとずっと広範な、シンボル的行動の起源の問題の中の特殊な一事例であり、また当初はただ表出という機能しかもっていなかったらしい〔言語音に欠くことのできない声帯がある〕喉頭部が、そうしたシンボル的行動へ専門化されたという問題であろう。……

「言語の主な機能は伝達だと一般にいわれている……子供たちのする自閉症的な話し方は、言語の持つ純粋に伝達的な面が誇張されすぎていることを示しているように思われる。むしろ言語とはまず第一に、現実をシンボル的に見る傾向が音声的に具体化したものであること、そしてまさにこの資質のおかげで、言語が伝達にふさわしい道具であること、そして社会的な交流の中で実際にやりとりされるうちに、言語が今日我々が知っているような形にまで複雑になり洗練されたのであることを認めるのが一番である(12)」。

「現実をシンボル的に見る傾向」こそ言語の真の基調音である、というのが当たっているならば、言語機能の根を追求してきたほとんどの研究者が見当違いをしていたということになる。これまで類人猿の間に見いだそうとしてきたのは音声による伝達であった。だから我々は言語能力を示す唯一の印は**発声された語音を実生活で使用するということ**だと解釈し、類人猿に、また「野生の子供たち」に、ひたすらそれを働きかけ、言語への道へ誘いだそうとしてきた。だが探すべきは**シンボル的行為の最初の兆し**なのであり、それはどう考えても言語の意味**使用**というような専門化された、意識的な、あるいは合理的なものとは思われない。言語はシンボル作用の極めて高度の形式である。現示的形式は論述的形式よりずっと低いレベルのものであり、そしておそらくは意味が分かることの方が意味を表現することよりも先であったであろう。したがってシンボル作りとよびうる傾向がまず初めに姿をあらわすのは、或る種の事物とか何かの形態や音とかに付いてくる、単に**何か意味があるらしいという感じ**であって、実際には危険でも有用でもないようなものに漠然と情動的に心が捉えられる、ということであったとおもわれる。大脳皮質におけるシンボル的変換のはじまりは、おそらく捉えにくく、しかし気にかかる経験で、もしかしたらわくわく興奮させるものであったかもしれないが、しかし何の役にもたたず、神経系全体にとって負担の大きいものであったであろう。最初のシンボルが**発明された**などと考えるのはまったく理屈に合わないことである。それは、何か散漫な意味を与えようとする生き物の感覚に供された形態に過ぎない。しかしそのようなごく未発達の新しい行動にも、すでに純粋なサインの世界からの最初の乖離がある。恐らく審美的な魅力とか神秘的な恐れといったものは、人間特有の「現実をシンボル的に見る傾向」となる、あの心的な機能の最初の現れなのであって、それがやがて**想念を抱く力**になり、そして生涯言葉を話す習慣となってゆくのであろう。

時折類人猿が、審美的な趣意《インポート》の感覚に極めて近いものを示すことがある。それは何か迷信の始まりのようでもあり、物神崇拝の、また魔神の先触れに似ていると言えるかもしれない。とくにチンパンジーに関して、こうした現実離れした態度がヤーキス、ケロッグ、ケーラーといった極めて注意深い研究者によって観察されている。人間の子供と同じ世話を受けた子供のチンパンジーのグアは、彼女の過去の経験とは直接何の繋がりもない対象に対してきわめて著しい反応を示した。たとえば実験者たちは彼女が傘状の毒キノコを見るとひどく怖がって立ち尽くしていたと報告している。彼女はいつも大声を上げそこから逃げ出し、もし逃げ場がなくなってしまうと、顔を隠してそれが見えないようにしているかのようであった。この行動がどの種類の傘状キノコでも引き起こされることが分かったが、それが毒キノコであることを示す臭いからくる警戒ではないことも分かった(もし毒キノコが実際にサルにとっても毒であればの話であるが。或る種の動物、例えばリスはいろいろな種類の毒キノコを平気で食べているようである)。一度実験者が毒キノコを軽く紙に包んで彼女にその包みを手渡してみたことがある。もちろんそれは毒キノコの臭いがしていた。

「彼女は少しも怖がらずにそれを受け取り、包み紙をちょっと噛んでみたりした。しかしその包みが目の前で開かれると、彼女はいかにも心配そうにあとずさりし、以後は紙も中身も避けるようになった。彼女はたしかに視覚的にのみキノコに反応していたのである(13)」。

比較のために、そのキノコを近所の実験施設で十三頭の類人猿に与えてみた。そのうち四頭だけが同様の恐怖を示したが、彼らはそれまでマッカサとか棒とかには恐怖を示したことはなかったのである。この四頭は二頭の大人の雌と二頭の三歳の「子供たち」であった。反応が全員について見られたわけではないので、実験者はこれはチンパンジーの未知の物に対するごく自然な恐れによるものであろうと結論した。だが檻に住むチンパンジーにとってはマツカサもキノコと同じように未知のものである。それに彼らは（上にあげたのと同じ一節の中で）「グア自身は摘みとられたキノコも生えているキノコも、最初に怖がった時から二か月半ほど避けていた。つまりその実物が森で見つかる期間ずっと、ということになる。おそらく彼女の反応は、この観察が行われている全期間を通して基本的に変わらなかっただろうと考えられる」と言っている[14]。その植物が夏の間ずっと、その目新しさのゆえに彼女を怖がらせたとは到底言えまい！

類人猿がするこうした反応は大体三例か四例のうち一例というように限られているのだが、これはまさに共有されるが個別的であるという、審美的経験に属するあの特徴である。或る者は視覚に敏感で、他はそうではない。彼らのうち或る者には**何かを伝えているように思われるのに**、他の者にとってはただのもので、キノコだったり何か別のものだったりするのである。

グアには他にも理由なく怖がるものがあった。例えば青いズボン、それを最初に見たときに怖がって以来見るたびに怖がる。また革の手袋、外で遊んでいるときに自分で見つけた平べったい錆びた空き缶など。観察者は「このような行動が、類人猿が目新しいおもちゃが好きだということと、どう折り合いをつけたらいいのかわからない」と述べている[15]。

ヤーキスとラーネッドも似たような奇妙な霊長類の振る舞いを報告している。「チンパンジーの恐れや心配の原因は実に様々で、時に理解しがたいものがある」と彼らは述べている。「何度もそばを通らなければならないところにある刈り草を詰めた大きな麻袋を、パンジーはひどく怖がってたちすくんだ。しかし彼女はこの状況にも勇敢に立ち向かい、頭を高く上げ、足をどんどんと踏み鳴らし、毛を逆立てて、まるで尊厳を傷つけられたとでもいうような風に通り過ぎるのだった(16)」。

自分自身が幼い頃の世界に確かに奇妙な無生物がいたことをあれこれ思い返してみれば、麻袋がパンジーにどんな表情を見せていたのだろうと想像できるかもしれない。

この「審美的恐怖感」とでも呼べるようなものを一番よく説明しているのはヴォルフガング・ケーラーが、『類人猿の心性(*The Mentality of Apes*)』の中でチンパンジーに、「木枠を台に結びつけ、それから布製のカバーの中に藁を縫い込み、その上に目として黒いボタンをつけたごく簡単なぬいぐるみの玩具をいくつか載せて見せた」という話である。「それは三十五センチぐらいの高さで、ひどくおかしな、不自然なものではあるけれども、無理すれば雄牛かロバともとれるような代物であった。当時手を繋げば戸外に出られるくらいだった類人猿のズルタンに、この小さなものに近寄らせることは全く不可能であった、どう見ても実際の生き物とは似ても似つかぬものであったのだが。

……或る日私はこの玩具を一つ脇に抱えて彼らの部屋に入っていった。彼らの反応時間はひどく短かったと思う。というのは、あっという間に、チンパンジー全員が集まってできる、そこだけ周囲より黒い塊が、金網を張った天井の一番すみの遠い一角に宙吊りになって、それぞれが他を押しのけてなんとか仲間のうちに深く頭を突っ込もうとしていたのである」と語られている(17)。

この出来事について彼が加えている評言は単純かつ説得的である。

「こういった反応を、何でも新しくて未知なものが、これらの生き物には恐ろしく見えるのだという前提で説明するのはあまりに安易である……人間の子供にとってもそうであるようにチンパンジーにとって新奇なものが必ずしも恐ろしいわけではない。このような特別な効果を生み出すには、何かしら固有の性質が必要である。しかし上の例が示すように、自分の種族にとっての生きた敵に酷似しているということは全く本質的ではなさそうで、異常に恐ろしい何かの直接的印象は、まるでどの生きた動物(もしかしたらヘビは別かもしれない)によってよりも恐ろしい何かを自ら**作り上げる**ことで、もっと強烈に伝達できるかのようである。我々人間にとっても、恐ろしい**経験そのもの**とは個別には結びつかないような幽霊の姿とか化け物の方が、日常生活でもっと容易に出会うような何かの実質的な危険よりもずっと気味が悪いものである(18)」。

恐怖のみならず喜びや慰めが、自分たちにはなんら生物学的な意味合いを持たないような対象によってこれらの動物たちに引き起こされることがある。それでグアはケロッグ氏にとても懐いていたため、彼が家を出るたびに恐怖と悲しさで泣き騒いだのであるが、彼の作業服の上下を与えると安心したのであった。「彼女はこれを彼が戻ってくるまでのお守りのように、引きずって歩くのだった。……時々は、彼がどうしても出かけなければならない時に、出発前に作業服を与えておけば、グアをとくに興奮させずに出て行けることもあった」そうである。(19)

これは明らかに対象が有意義《シグニフィカント》である一事例である。表面的にはイヌが主人の服をそれと認めるのに似ている。しかしイヌがそこですぐにその服の持ち主を探す行動に移るのに対し、グアは教授が出てゆくのを許し、自分は代用品で満足できた。ここに相違がある。グアは作業服を彼がいる時でも自分の想像力の助けとして使っており、彼が出かけようと出かけていなかろうと、作業服が彼を身近においてくれたのである。

ケーラーはチンパンジーが全く無用なものを大事にして、天然のズボンのポケットという感じで下腹と腿の間に挟んで終日持ち歩く、と記述している。たとえば大人の雌チエゴは海で丸くつるつるになった石を宝物にしていた。「どう説得しても石を取り上げることは不可能で、この動物は夕方になるとそれを自分の部屋の寝床に持ってゆくのだった」と彼は言っている。[20]

その石がなぜチェゴにとってそれほど価値があるのか誰も知らない。そして我々はグアの持っていた形見について言えたようには、この石が**有意義である**と言うわけにはいかない。しかし審美的に満足できる、あるいは審美的に恐ろしい対象が、その状況に応じてお守りとか悪霊になる役割を担う候補に上がるのは確かである。主人の存在感をその形見に移すことができ、また知覚の性質そのものに対して特定の感情を持って反応する類人猿は、純粋に実用的な条件反射の神経レベルを明らかに超えている。従ってチンパンジーにもっと明確なシンボル的行動の跡を見出せても驚くにはあたらない――そしてこの場合は言語の本質である**外示作用**を現に準備していると言える。

この行動はシンボル的行為の遂行であり、単なる感情の兆候ではなく、この生物が特定の事態を把握していることを示している。シンボル的行為と兆候的行為の相違は、嘆願する人が意識的にひざまずくということと、彼の声が感情で昂って震えることとの対比で示されよう。前者については慣習があるが、後者にはない。そしてこの、感情や態度などの**慣習的な表現**が**外示作用**の最初の、最下位の形なのである。慣習的態度においては、何かがひとまとまりにされ、理解され、そして意識的に伝達される。従ってケーラーもケロッグも共に自分の類人猿たちに明らかにシンボル的な(サイン的ではない)身振りを観察していたということは興味深い。ケーラーは若いチンパンジーがチェゴに挨拶する時いつも自分の手を彼女の膝においた、と報告している。「腕を動かしてもそこまで届かない場合、チェゴは機嫌が良ければ……相手の手をとって自分の膝に押し付けたり、軽く優しく叩いたりする。……彼女は我々の手も宝ものを入れておく自分の下腹と腿の間に押し付ける。彼女は挨拶がわりに自分でも相手の膝や足の間に、自分の大きな手を入れようとするし、この挨拶を人間にも当てはめようとするのである」と彼は述べている[21]。

ここには明らかに友好を表現する一つの習慣の芽生えが認められる。しかしもっと明確に重要な意味合いを持つ行為がケロッグのグアについての話で語られている。許しのキスである。チンパンジーにとってキスは自然な表現で、彼らにとって情動的な価値がある。人間的な環境にいたこの幼い類人猿は、すぐにこれを明らかに意識的に使うようになった。

「彼女は一日のうち何度も、自分がした失敗を償おうとしてキスをし、唇を差し出した。……それが終われば、彼女をもとのところに戻して、また遊び始めるようにできるのだが、もしそのキスの儀式が納得のゆくように終わらない限り、彼女はいつまでもおとなしくならず、あるいはいつまでも向こうを向いているのだった。何か別の、もっと大きな興奮事が起これば別であるが[22]」。

全てを考え合わせると、結局のところ、言語の主たる前提条件である経験のシンボル的変換への傾向が類人猿にも備わっていないわけではない、ということになる。もっとも類人猿の場合、他の高級な機能——例えば因果律の認識など——と同様、ごく初歩的なものではあるが。或る生物の言語能力を測る基準を伝達作用ではなくシンボル的表象作用とすれば、チンパンジーは少なくとも或る程度はその準備ができている、ということがわかる。彼はその萌芽的な能力を持っている[23]。それでもなお、彼には話し言葉が欠けているのは確かである。彼は道具を使ったり、自分の体を飾ったり、踊ったり、行列したり、そのほか色々原始的な試みをするが、単語をつかえながら言ってみようとはしない。概念的に言えば人間が達成している高みとそれほど隔たってはいないのだが、しかし話し言葉という境界線は超えられない。チンパンジーという種族と我々の種族との間にこの絶対に揺るがない障壁を建てているのはなんであろうか。

それは主として持って生まれた体質の違いである、と私は考える。類人猿には赤ん坊の時に意味のないおしゃべりをしようという欲望がない。人間の乳児がするような口と息での遊びをしない。彼は他の面では騒がしい幼児部屋でも、鶏のようにキャッキャと声をあげたり鳩のようにクークー鳴いたり「グーグー」とか「バーバー」とか「ドーデーダ」とか言ったりしない。その結果、彼は純粋に視覚に映るものを楽しんだり、怖がったり、それで慰められたりはするのだが、それが持つ純粋に審美的な性格で彼らを喜ばせたり怖がらせたりするような、音声とか音節が存在しない、ということになる。奇妙なことに、それは彼の発声の全てが**サイン的表示作用《シグニフィケーション》**——それは全て実用的ないし情動的である——**を持っているがゆえに、有意義性《シグニフィカンス》**を獲得できないのである。彼はふざけて身振りを真似したり、自分にはなんの益もない習慣を大真面目になぞったりするのだが、しかしふざけて音声を真似することはしない。

優れた類人猿たちの、この無言症のことは実際に彼らの習慣を調査したことがない人たちにはなかなか気づかれない。実際今日の風刺家は霊長類全体の特徴とされているひっきりなしの無用のおしゃべりのことを大げさに言っている。「これはこれは！　この霊長類たちの舌はなんたる天分を授かっていることか！」とクラレンス・デイはその才気あふれる著書の中で言っている。我々がそのような樹上の天才たちの子孫であることを前提として、我々の政治上の問題に触れている。「霊長類の最良の政府は議会制に基づくものであると思われる。会議室では漠然とした思想が尽きることなく友好的雰囲気の中で表明される。これこそ類人猿たちに喜びを与えたあの原始時代の会合から自然に生まれた子孫なのだ[24]」。そしてサルや類人猿が野生で生活している国に住んでいたキップリングですら、彼らのおしゃべりが〔実際におしゃべりをする時には〕怒ったリスの「チチチチー」の真似事の域を出ないことに気づいていなかったのである。もし彼がこれを観察していたら、あの〔『ジャングル・ブック』で、モーグリを誘拐した〕サルたちが〔廃墟と化した隠れ家〕コールド・レアズで延々と会議を続ける、人間の饒舌ぶりを皮肉ったあの楽しい場面がなくなって、我々としてはそれだけ損を被ることになったわけではあるが。

本物のシンボルが最も生まれやすいのは、何かの対象とか音とか行為がなんの**実用的な**意味も持たないのに情動的な反応を引き起こす傾向をもち、そこに注意が集中される時である。或る種の対象や身振りは、人間にとってと同様或る種の類人猿にとって、この現象学的な、そして周囲から際立つ性格を持つようである。だが音声は人間にとってのみ、そのような性格を持つ。人間にとっては音声が何か別のものの記号になっていなくても、それ自体がいやだったり、好ましかったりする。音声固有の何かしら関心を呼ぶ性格があるのである。この事実に加えてさらに、人間は赤ん坊の時に自発的にでためな音節を作ってみるところがあるが、類人猿にはそれがない。だから音声的なシンボルが一方にとっては身近ですぐ手に入るが、もう一方にとっては極めて疎遠で、不自然だということも直ちに明らかである。人間は確かに類人猿に属するのだが、その祖先は何か発声型の種族、もしかしたらチンパンジーにその兆しが認められるシンボル的な想念の萌芽と、音声を出してみようとする本能的傾向とが組み合わさって、音声器官で遊んでみるような種族に由来していたのではなかろうか。

ファーネスが若いオランウータンに二つの単語を教えることに成功した時、彼女は確かにその語をわかって使っている様子であった。科学にとって、またその類人猿自身にとっても残念なことに、これに成功した後五か月で死んでしまったので、その後彼女が文芸の神殿パルナッソスへの道のどのあたりまで登れるはずだったのかはわからない。しかし実験者の方は実験の成功にもかかわらずほとんどその先に希望を持っていなかった。主な障碍は被験者自身の理解力が欠けているからというのではなく、本能的な反応が、実験者の口の動かし方や分節の仕方を真似しようとする傾向が欠けていたからであった。その唇は実例を見せれば自分で真似するというのではなく、こちらの手で動かしてやらなければならなかった。一旦芸を覚えれば単語を自分の物にすることはできた。しかし、**そのような芸は彼女が自分でやってみようなどとは思いもつかない種類のものだった**。[25] この理由からだけでも、偉大な類人猿の子孫が一万年後に議会を開くとはまず考えられない(彼らが世界博覧会を開くかもしれないという可能性の方がまだありそうである)。彼らが言葉の材料となるものを、それ自身が自然の情報を持たないゆえに慣習的な意味合いを獲得しうるような、あの興味を引く小さな音声単位を、本能的に自分で作り出してみようとしないが故に、類人猿が言語的シンボル作用を発達させることはないだろう。

言語の本質が自然の要望を伝達すること（これはパントマイムの本質である）ではなく、想念に形を与え表現することであるという発想が、言語の起源についての謎めいた問題にも新しい視野を開いてくれる。言語の始まりは自然適応ではなく、生活手段を手に入れる方法ではないからである。言語の始まりはむしろそうした材料に絡みついてくる目的のない喃語本能であり、原始的な審美的反応であり、夢のようにおぼろげな観念の連合である。言語を準備するのは言語使用よりも低いレベルの理性であって、いかなる形であれ音声による伝達という進化のレベルよりも低い段階に見出されるものである。

さらに、この言語の使用は、もともと非実用的な、むしろ**概念的な**ものだということは、類人猿や、言葉を知らない「野生の子供たち」に話すことを教えようと努力した際に、彼らに何かが欲しいと言わせようとしたというやり方がことごとく失敗したという事実によっても裏付けされている。その一方で、類人猿であろうが人間であろうが、そのような困難な状況下で個人が言語の使用に目覚めたのは全て、その時の語の実用的な用途とは関係ないところであった。ヘレン・ケラーの証言はすでに引用した（一三四―一三五ページ）とおりで、教師が正規の毎日の授業で、子供に「cup〔＝コップ〕」とか「doll〔＝人形〕」とかいう語を**使って**それが表示しているものを手に入れなさいとなんども教えていた後で、実は「water〔＝水〕」という語の意味が突然ひらめいたのは、彼女が水が欲しかった時ではなく、片手に水がどっと流れてきた時だったのだ！　同様に、ヤーキスがチムにバナナをくださいというのに分節的な音節を使わせようとした試みは皆失敗した。彼は人間の言葉に似たような「語」を明瞭に発声しなかったし、音と特定の対象とを関係付けているようには思われなかったのである[26]。一方ファーネスは実用的な関心を注意深く実験から排除した。彼は一つの印象ないし視覚的経験と語とを結びつけようとし、絶えずその結び付きを繰り返すことで両者が、サインとその成果としてではなく、名とその心像《イメージ》として連合するようにした。そのようにして彼は私の知る限り最大の成功の記録を打ち立てたのである[27]。

しかしながら言語についての功利主義的な考えが誤っているということを示すもっとも決定的な、そしてもっとも悲劇的な証拠はアヴェイロンの野生児ヴィクトルの話で、彼を研究し、教育しようとした若い医師が書き記したものである。この少年は誰かが「おお」と叫ぶとすぐ気がつき、その音を真似してみせたりもするので、イタール博士は彼に「オー（eau, 水）」という語を、水を欲しい時に**サイン**として使わせるという作業に取り掛かった。しかしこの試みはうまくいかなかった。なぜなら彼は声**以外**のあらゆるサインを使っていたのだが、一方、この訓練での強制のためにいつまでも水を与えないというわけにはいかなかったからである。それで今度は「レ(lait, 牛乳)」という語を試してみることにしたが、それについてイタールは次にように語っている。

「この二番目の実験を始めて四日目のこと、私が望んだことが最高の形で成功した。ヴィクトルがはっきりと、かなり耳障りな言い方であったが「レ(lait)」と発音し、それをほとんどひっきりなしに繰り返したのである。それは彼の唇から有節音が出てきた初めてのことであり、それを聞いた私は最高に満足であった。しかしながらその後の一つの観察が、最初の成功例から当然予想された好調さをひどく切り崩してしまった。私がとうとうもうこれ以上やっても良い結果は望めないと諦めて、ミルクを彼が差し出しているコップに実際に注いだ時、初めて彼の口から「レ」という語がまた出てきたのである。それは明らかに嬉しさの表明であった。そして私がそのご褒美にもう一度ミルクを注ぐと、彼はまたその表現を繰り返したのである。これから考えて、実験の結果が私の意図の達成とは全くかけ離れていたことは明らかであった。発音された語は願望のサインではなく、どうやら分節音で発音された当初から、単なる嬉しさの叫び声であるらしかった。この語が、彼が彼の望んだものが与えられる以前に発声されたのであれば、私の目的はほとんど達成されたも同じであった。そうであれば言葉の真の意味をヴィクトルはじきに把握したであろう。彼と私の間に伝達の接点が確立し、それ以後急速な発達の過程が続いたに相違ない。だがそうではなく、私が得たものは彼の感じた喜びの表現であり、彼自身にとって意味を持たず、我々双方にとって無用なものであった。……だいたいにおいて**レ**という言葉が発声されたのはその対象を楽しんでいる間だけであった。時々はその前にたまたまそう言ったことがあり、少し後になって言ったこともあるが、だがいつもその語を用いることについて、なんの考えも伴っていなかった。彼が夜中にたまたま目が覚めて自分からその語を何度も繰り返したとしても私はもう特に重要だと思わない[28]」。

ヴィクトルが全く自発的に獲得したもう一つの語は「リ(Li)」というものでイタールはその家に何週間か滞在していた若い少女ジュリーの名前であると言っており、ヴィクトルはそのことをひどく喜んでいたという。しかしその語をいつも自分に言い聞かせており「彼がぐっすり眠っているはずの夜中でも言っていた」から、それは理性の印としての重要性をもたなかった。

残念なことにこの若い医師は〔人間にはもともと備わった生得観念はなく、知識は全て外界の感覚からくるという経験論の〕ロックとコンディヤックの忠実な弟子で「レ」

について「失敗」してからはこの野生の少年に話し言葉を教えることを諦めてしまい、その代わりに手話を教えようとした。ヴィクトルはその後話し言葉もいくつか自分で覚えた。しかしそれを言うのは、何かの対象を喜びとか悲しみを持って見つめるときだけで、何かを欲しいときではなかったので、誰もこの「単なる間投詞」に注意を向けなかったし、それに応答もしなかった。

幼い子供たちは、ちょうどヴィクトルがやったように事物を**自分の手の内にもたらす**ためではなく、**自分の心の内にもたらす**ために、たえず語を使うことで話すことを覚えるものである。彼らは両親が意識的に間違った方法で教えようが、正しい方法で教えようが、あるいは全然何もしなくても、自分で完全に覚えてしまうものである。なぜヴィクトルは医師の功利主義理論に対抗して喃語を喋るという方法で言語を覚えなかったのであろうか。

それは彼がもう十二歳になっていて、幼児期の意味のないおしゃべりの衝動をほとんど通り越してしまって卒業していたからである。たえず声を出すという傾向は我々の本能の一生の中に一時的に訪れるもののようである。この時期に言語が発達しないと個人は——類人猿がそうであるように——自分の発声実験を助ける**自発的な音声材料**が欠けているために不利な状況に陥ってしまうのである。そうなると音声を作り出すのが意識的になり、無駄に浪費しないように、節約して使うようになる。ヴィクトルには面白がって発声してみるということがなかった。刺激を与えなければ最初の語が出てこなかった。野生のピーターはいつも歌っていたが一人で無駄なおしゃべりをしたことがなかったという。ミドナプールで見つかった小さな「オオカミ少女」の生存者カマラは、人間のいる環境に置かれて六年後に約四十の単語を覚え、二、三語でできる文を作った。しかし三歳児ならこれだけの語彙があればいくらでも会話を続けられるのに、カマラは**話しかけられなければ決してしゃべらなかった**[29]。彼女は成長しすぎて、おしゃべりをしたいという衝動が言語の獲得に利用されることなしに過ぎてしまったのである。

社会的環境の中では、乳児期の発声し分節化しようとする本能はそれに対する応答によって育てられ、音声がシンボルとなるにつれて、そのように使うことが主たる習慣になってゆく。それでも応答してもらえなかった非常に数多くの音素が完全に失われてしまうという事実は、この**本能的段階**が一過性のものであることを示している[30]。だからこそ母語には必要ないようなでたらめに音を発声してみる衝動がまだ残っている子供たちが、外国語をやすやすと覚えられ、また複数の言語を同時に覚えることもできるのである。インド生まれの多くのイギリス人の若者が、一つの現地語を覚えるだけでなく、現地人の使用人がたまたま使っている方言ででも彼と話せるように。イギリスの心理学者

J・W・トゥームはこの現象に注意を喚起し、子供たちには一種の**言語直感**があるのだが、それが後の人生で失われるのだと結論づけた[31]。

だが、**直感**という語は捉えどころがない。この場合でいえば語についての理解と再生と使用——つまり独立で、かつ類比性を持つ適用——を含む広い範囲に渡るものでなければならない。そのような多くの力を与えるような「直感」がどんなものかを想像するのは難しい。むしろ**学習に最適な時期**があって、この時期は心の発達段階の一つであり、たまたま喃語本能、模倣の衝動、発声音の違いへの興味、**そしてあらゆる種類の「表現性」への強い感受性**といういくつもの衝動と関心とが同時に重なる時期なのだ、という方がよいであろう。これらの特徴のどれかが欠けていたり、他の特徴と時期がずれていたりすると「言語直感」は働かないのである。

ここで最後にあげた条件は実に人間の交際の中で極めて顕著に光を放つ、心の「高等機能」である。しかしそれを言語学者も心理学者も全く見逃してしまうか、あるいは少なくともまさか幼児期のものではあるまいとしてしまう。幼児期の特別な感じやすさは通常、厳密に色や音に注意を向けることとされている。しかしもっと重要なことは、子供が純粋に視覚的あるいは聴覚的形式の中に、ぼんやりとではあるが何かの意味を読みとる傾向を持つということであると私は考えている。幼年期とは偉大な共感覚時代である。音や色や温度や形や感情が何かしら共通する特徴を持っていて、そのため一つの母音が何かの色で「あったり」、音色が大小や高低や明暗を「持ったり」するのである。実世界で実用上は結びつかない色々な感覚の間に繋がりを形成しようとする強い傾向があって、時にはでたらめに印象を混同したりすることもある。何よりも、過敏で活発な感情がそのような漂流する材料にかぶさって結びつけてしまうのである。純粋な**形態**の中に恐れが棲み込む。顔も声も頭も手もない対象から警告あるいは親しさが発散されてくる。というのは子供にとってそれらがみな「表情」を持っているからである。もっともそれは、大人たちがしばしば仮定するような、擬人的な姿はしていないのだが。私自身の一番早い時期の記憶に残っていることは、人々の表情は変わるのに、いすやテーブルが**いつでも同じ顔つきをしている**ことで、私はそのいつも同じ様子ということに畏怖を感じていた。それらはこれこれの特定の気分を**シンボル化**していた。ごく小さな子供だったけれども私はそれらのものが実際に何かを**感じている**(だれかがそのような馬鹿げたことを問題にするとしたら)のだという判断はしてはいなかったと思う。ただそれらに、これこれの顔つき――厳しい、無関心の、あるいは不吉な様子――が備わっていたのである。こちらから何を仕掛けてみても、それらは黙って同じことを伝え続けていた。

肘掛け椅子の有用性とか部屋の中の位置とかよりも、その厳しげな性格の方が直接に訴えかけてくると感じる心は、形が示す表情に過剰に敏感になる。そのような心はもっと経験を積めば馬鹿げていると排除するような類比関係を、すぐさま捉えてしまう。実用的な思考にとっては切り離しておかねばならない諸感覚を融合させてしまう。それでも、このとんでもない連想遊びが、この印象を無批判に融合することが、シンボル的変換の力の行使に他ならないのである。感情を外界の対象に投影するのがシンボル化の始まりであり、従ってその感情を**想念すること**の始まりでもある。この活動はだいたい記憶が遡《さかのぼ》れる最初の幼児期に属している。通常「自我」の想念を持つことが現実的な記憶の始まりを示すとされるが、たぶんそれも自分の感情をひとまとめにしてシンボル的に表すという過程に依存しているのであろう。

直接経験の記録はこの記憶の薄明かりから始めなければならないのだが、以後思春期に至るまでの間に、そのような夢のような経験はたえず退いていって、主観的でシンボル的な連合から実用的な連合関係へという移行がますます進んでゆく。今では感覚所与はそれぞれその範疇内におさまり、そして遠くに離れた出来事をも表示できるようになる。知覚内容が、直接関係のない感情や空想で吟味されることは減り、もっと客観的な秩序に整理しやすく並べられる。だが理論的に言って、言語を覚えた時期を含む、誰も自分では覚えていない時期へと一つ一つ遡っていったとしたら、辿り着いたその初期の段階でも、心はきっと現実的だったと言えるだろうか。むしろその段階での連想はもっと瑣末で、もっとやすやすと結びつき、そして印象を生み出すのに感覚はもっと完全に溶け合っていたのではなかろうか。このごく原初的な段階においてはどの経験もまだ分類されていない。では、もし声遊びをする乳児の世界が**耳に聞こえる行為**すなわち最も身近で、最も圧倒的な刺激で満たされている、としてみよう。耳に聞こえる〔自分の〕声は、内側にも外側にもあり、自分で作ったのだが、どんな音になるか予想がついていなかったもので、これはウィリアム・ジェームズが全ての自発的行為の源と考えた、自分が何かのはずみでやった動作をまた**繰り返してみよう**という気持ちを誘うのであるから。それはいかにも不可思議に子供自身に結びついていて、好奇心をかきたて、きりもなく変わり続ける音なのだ！　少なくともしばしの間は、この無為な発声実験で彼の世界はすっかり満たされていることだろう。

さてそこでもし、自分の耳に聞こえる行為が周囲に共鳴現象を引き起こすとしたら——つまり年長者がそれに応えるとしたら——そこに経験の拡大が起こる。なぜなら赤ん坊はそこでたまたま発せられ、自分のところにやってくる音が、どうやら自分の発した喃語と**同じだ**ということにだんだん気づくようなのである。これはごく初歩的な抽象作用である。その同一性によって、彼は自分が生み出した声音を自覚し、それに関心を引き寄せられる。彼は他の音ではなくその音を繰り返すようになる。彼の耳が最初の判断を下したのである。或る音(たぶん「ダーダ(お父さん)」とか「マーマ(お母さん)」のような)が**想念された**のであり、声を出しているという散漫な自覚から、明らかにもっと楽しい発語の自覚へと移ってゆくのである。

自分の出した声以外に有分節の音を聞いたことがない子供が、相異なる音素があることに気づくかどうかは疑わしいところである。彼にとっては声と発音された音節と発声した時の感覚とはおそらく一つの経験のままであろう。この喃語の期間が訪れ、そして過ぎ去っても、自分の活動が**生み出した所産**には気づかずにいるかもしれない。もしこの憶測が当たっているとすると、どうしてヴィクトルや野生のピーターが言語を考え出さなかったのか、そしてどうして彼らが社会生活をしていたときにも、全くではないにしてもほとんど言語獲得の希望を逃してしまったのかが容易に理解できる。

新しい語音は目立つ形態である。そしてまたそれは一つの所有物でもある。なぜならそれを、好きなように持つことができるのであり、その、好きなように勝手にできるということが非常に面白いことであるから。イタールはヴィクトルが最初の語を発音した時、彼は「ほとんど絶えず」それを繰り返していたと述べている。それは赤ん坊が誰しも新しい音節を覚えたときにすることである。それにその分節音には**何にも付着しておらず**、外的な決まった関係を持たない、純粋に現象だけの経験であって、想像的に、情動的にいつでも使えるし、共感覚的に同一化したり、偶然的な繋がりをつけることもできる。これはシンボルが必要となったら、それこそ世界で最もシンボルになりやすいものである。その音節を聞いたり発声したりするのと同時に、もう一度意識が鋭く情緒的に捉えられ、もう一度興味深い経験が起これば、それはすでに区別された項目との連合関係によって固定される。その項目とは母親の個性かもしれないし、哺乳瓶が持つ何か具体的な特徴かもしれないし、あるいはまた別の何かであるにせよ、このようにして識別でき、再生産できる音と同一化される。それが何であるにせよ、赤ん坊の心は語を通してそれを把握し、その語を発音することで想念を引き起こし、こうしてその語が**名**となるのである。

想念と遊ぶことは、相当長い期間にわたって話すことの主たる関心事であり目的であり続けるようである。ものを名付けることはわくわくする経験であり、非常な満足感が得られる。ヘレン・ケラーがそれによって得られる力の感覚の証人である。語と想念が共に成長してゆくこの幼少期には両者は互いに溶け合っており、人生の後の時代になってもそれぞれを切り離すのはなかなか難しい。或る意味では言語とは想念化であり、想念は知覚の枠組みである。言い換えればサピアが述べたように「言語形式は……それがあらかじめ我々に特定の観察と解釈の様式を決定するという意味において……発見的《ヒューリスティック》である。言語は直接的な経験を報告したり、指示したり、時にはその代理となったりするシンボル体系だと見なされるかもしれないが、しかし実際の振る舞いとしては、経験を離れることとも、それと並行していることもなく、全く完全に経験と貫通し合い、溶け合っているのである。このことはごく一般に見られる現象で、とくに原始民族の間に広がっている、語とものとが事実上の一致ないし密接に対応しているという感覚に示されており、その感覚が呪文の魔法へと繋がってゆくのである。……例えば多くの自然愛好家が数多くの花や木の名を覚え込んで自分のものにするまでは、本当の意味でそれと触れ合ったという感じを持たないのは、あたかも第一の現実界は言葉の世界なのであって、それを呪術として表現できる術語をまずしっかり身につけないと自然に近づけないとでもいうようである(32)」。

実際のところ我々の第一の現実界とは言語の世界**なの**である。語がなければ我々の想像力は個別の対象やその間の関係を保持することができないのだが、それでも去る者は日々に疎《うと》しというわけで目の前になければ忘れてしまう。もしかしたらそれが理由でケーラーの類人猿たちは、棒とバナナが両方視界に入っていれば、棒を使って檻の外のバナナに届くことができるが、バナナから目を離して棒の方に注目するとそれができなかった、ということかもしれない。明らかに彼らは一方を見つつ、他方のことを考えることができなかったのである。[33] 類人猿と同じほどに実用的な知恵を備えている子供の方は、欲しくてたまらない対象から目をそらした後でもずっと「バナナ」と呟いていて、棒を見てすぐさまこれは道具として使える、と見て取れたのであろう。

信号や兆候をあれこれ洗練させることではなく、経験を概念に変換することが言語の契機となる。話し言葉はどこまでもシンボル的であって、ほんの時折サイン的になる。言語の根本にある経験の定式化、抽象化を無視してその起源をひたすら伝達の必要へと辿ろうとすると必ず、長いこと言語の起源の問題が提供してきた謎へと運んで行かれてしまう。私はその代わりに、言語の起源を人間に特徴的な活動へ、そしてもしかしたら最高レベルの類人猿が持っているかもしれないシンボル的変換と抽象作用へと辿ろうとしてきた。それでもまだ彼らと我々がそれぞれ置かれている状態の間のどこにも言語の始まりは見つかっていない。人間の場合に限っても、全ての準備条件が整っていながらその完全な発達はおろかその発端すら、教育に依存しているのである。では、一体言語はどのようにして生まれたのか。そしてどうして全ての人種がそれを備えているのか。

もしかしたら言語はごく低いレベルのシンボル思考の諸形式——夢とか祭祇とか迷信

的な幻想など——がすでに発達しているような、つまりシンボル化の過程が原始的ではあっても活発であるような種に、まず現れたのかもしれない。そのような集団の共同生活は純粋に表現的な行為や儀式的な身振り、また踊りなどに夢中になりやすく、そしておそらく風変わりで空想的な恐れや喜びに浸りやすいという特徴があったであろう。すでに類人猿に見られる実用的関心からの解放は、シンボル中心的な考え方をする心性を持つ種族においては急速な発達を遂げるに違いない。もとはただ思いつきでやった行為の一つ一つに次第に慣習的な意味合いが染み込んでいって、これと言って拠り所となるような、定義できるような、あるいは伝達が可能な観念体系は何もなくても集団生活全体が、刺激的で、曖昧《あいまい》ではあるが何か超越的な色合いを帯びてくるであろう。非実用的な関心において類人猿よりももう少し高等な、もう少しシンボル的脳機能が発達した社会では、豊富なダンスの形式や、軽業芸や、気取ったポーズや巧みな所作などが盛んになるであろう。チンパンジーのごく自然な持ち芸にもほとんどダンスに近い、かなり分節的な演技の形式がある。(34) それらは少しばかり詳しく工夫すればシンボル的表現の格好の材料となるであろう。厳《おごそ》かで意味深い**祭祇**が実は言語の発達より先にあったというのもあり得ないことではない。

発語する動物の間では、こうした行為にはきっと、全く現実離れした装飾的な音が

――声を震わすとか、音節を次々につなげてゆくとか、叫び声を交互に繰り返すなど――が伴うであろう。声遊びは本能としては乳児時期を過ぎれば失われるのだが、集団の中にいてひっきりなしに応答するように刺激されていればずっと続けられるであろう。それは、我々が話すのを覚える時にそうであるように。若い人間が、ちょうど二匹の類人猿が互いに跳ねたり、廻ったり、ポーズをとって刺激し合うように、互いに興奮して叫んだりするのは容易に想像できる。そして叫びはやがて形式を持つ歌になってゆくだろう。声の習慣が話や歌などにいったん利用されるとそれは消えずに、生涯続く活動として固定されることが知られている。社会的な集団の中では幼児期の喃語本能がたえず強化され続け、成長してそれを卒業してしまうのではなく、社会的な遊戯という形で慣習化してゆくであろう。「荒野の放牧民族でもすでに必ず自分たちの歌を持っている」とヴィルヘルム・フォン・フンボルトは言っている。「なぜなら人という種族は歌う生き物なのだから……」(35)。声遊びの形式化である歌はおそらく言語に先行していたであろう。

イェスペルセンは間違いなく言語についての権威の一人であるが、彼は話し言葉と歌とが同じ起源から生じたと十分考えられると言っている(それはずっと前に、きちんとした科学的な根拠はなかったが、ヘルダーやルソーが想像していたことである)。彼は次のように述べている。「語の声調はもともと頻繁につけられてはいたが、無意味なものだった。その後或る言語ではそれが捨てられ、別の言語では意味を区別する目的で利用された」[36]。さらに付け加えて、彼は情熱的に話す際には声に抑揚がつきやすいものだが、文明の発達はそうした感情的な発話を抑制することで、ひとえにこうした効果を減少させていったが、未開人はいまだに歌うような話し方を用いているという。結局は「こうした事実と考察の全てが、おそらくかつて全ての話し言葉が歌であった時代がある、あるいはむしろこの二つの活動が未だに区別されていなかった時代がある、という結論を導くのである……」と宣言している[37]。

それでも歌が伝達の主要な形式であったとはなかなか信じがたいものがある。だがもしそうだとしたら、言語はどのようにして歌から発生したのであろうか。彼はそれについては何も言っていない。だが彼の賢明な省察によって、言語のような手段の起源を歌のような自由な活動に求めることからくる困難が最小限に抑えられている。「我々は今日思想の伝達を話し言葉の主たる目的と考えているが、しかし必ずこのように考えなければならないという理由はない」[38]。

奇妙なことに、イェスペルセン教授はすでに一八九一—九二年に *Mind* 誌掲載の二本の論文の形で発表されたJ・ドノヴァン(J. Donovan)の「人間言語の祝祭的起源(“The

Festal Origin of Human Speech"）」(39)には接していないようである。この論文は彼が持ち出した当のアイデアをごく総括的に、かつ論理的に発展させたものなのだが。恐らくはこの論文が哲学雑誌に発表されたため、この言語学者の目に止まらなかったのであろう。だがこの論旨がイェスペルセンのもっと最近の、そしてもっと信頼の置ける発見によって非常によく裏付けされているので、それをここに一つの極めて示唆的な、そして魅力的な仮説として提示したい。これは、ひとたび我々が言語を解く鍵として、知的信号作用《シグナリング》ではなく、シンボル活動であるという**主たる動機**《ライトモチーフ》を受け入れるならば、少なくとも人間の持つ分節性の問題に光を与える着想である。

ドノヴァンの理論はごく簡単にいえば、音がシンボルになるのに特にふさわしいのは、音への注目は効用上の動機を必要としないからだ、というものである。「耳が受動的であるために、聴覚的印象は時宜がよかろうが悪かろうが、その動物の主たる欲望にとって有利であるかないかにおかまいなしに、音は意識の中に押し入ってしまう。言うなればこれらの印象は、欲望がその印象を受け取るのが良いかどうかを確かめたり、目を閉じたり顔を背けたりして消失させたりできる前に、もう深く意識の中に入り込んでしまっている」(40)。音にはこうした、意識の中へ入っていこうとする本来的で圧倒的な関心があり、そして耳は閉じることができないので、音はなんの生存上の使用価値もないまま

「空いている」要素となりやすく、想像力が全く自分の遊びのために用いることを許すことになる。とくに、何かの共同事業がうまくいったあとでの「興奮の遊戯」の中で（ちょうどあの、類人猿が純粋な**生きる歓び**の噴出で輪舞のようなぐるぐる回りに昂まっていったように）リズムを合わせる拍子や手叩きの音が遊戯気分を昂め、かつそれを安定して続けさせるために用いられたのである。恐らくはこうした原始の人間は類人猿同様、どうしようもなく気が散りやすかったであろうから。声は太鼓同様、注意を引くと同時にリズムにアクセントをつける。だから音の高さを変えると、どれかの音〔例えば四拍子で〕四個の音のうちの一つ、など）を際立たせることができることはごく自然に見出された。太鼓音よりも変化がつけやすいので、人の声はすぐにいくつかの型《パターン》を作り上げ、そして長い、とりとめのない原始的な歌の節回しが共同体の祝祭の必須の部分となっていったのである。

まず「踊り」の所作は、かつて大きな興奮を引き起こした事柄を想起させる無言劇《パントマイム》となる傾向があろう。それらの所作が祭祇化されて、心をその祝われた出来事に結びつける。言い換えればその特定の機会にふさわしい踊り方の慣習ができ、その踊り方が**その種の機会**〔一般〕とごく密接に連合した結果、やがてその概念を支え、体現するものになってゆく——つまりそこに**シンボル的な身振り**が出現するのである。

そのような祭祇的な行為に伴って用いられる声も、独自の慣習を精巧に練りあげてゆく。意味のないおしゃべりをする習慣のある種族においては、特定の音節が他の音節よりも好ましいと感じられ、その祭りの劇に特別な色付けをするであろう。

さて、人あるいはそれ以外の特別な個体を囲んでするいくつかの祭りの行事——例えば死体を囲む死の踊り、捕えた女、熊、宝物、首領の周りを廻る勝利の踊りなど——は、間もなくそのような状況に特有の分節的な発音をその中心人物に結びつけ、祭りが行われていない場合でも、その個体を見るとそれが刺激になって人々がその音節ないし**リズムのついた音節の集まり**を声に出していうようになるであろう。「そしてそのような対象が、確かに動物本来の欲に結びついているとはいうものの、主として祝祭演技の情動的な力に支配され、それら(例えば食べ物とか女)に対する自然の情念を引き起こす導火線に火をつけることなしに、いかにぼんやりとであるにせよ、意識の内に保たれているという、そのような瞬間がとりもなおさず、人間的な発達の可能性に及ばない他の動物たちとの間を縛り付けてきた鎖のつなぎ目が溶けて切れていることを意味するであろう」(41)。

「有節音の歴史の初期においてはそうした音自体は意味を作り上げることはできないのだが、興奮のただ中にいる祝祭の演技者の心に著しいやり方で入ってくる特殊な感情と知覚を保持し、そしてごく密接にそれと結びつくようになる。有節音は……演技者たちが狂気じみた模倣行為をする所作によって音声に順序が課される間待機し、そしてその後で感情と知覚をその音節の順序で保つのである」[42]。

「とくに意識的な意図が背後にあるわけではなく、演技者はこの(演技への)衝動に誘われ、自分が模倣している行為に関わっている当の個人の何かの像(イメージ)にしばし浸っているが、その一方でリズムを持った有分節の発声は、耳と心を完全に圧倒して吸収すると共に、自らが繰り返し結びつけられる知覚に固定されてゆく」。このようにして、特殊な型の祝祭の主人公となる事物または人物——例えば何かの戦士——に習慣的に結合させられたひとまとまりのリズムを持った音節の集まりが、「その主人公をそれと示す音声上の印となり、自然の中の何かの対象が、いかに微かであるとしても、戦う戦士を祝祭時に想像したときに覚えた、潜在的な感覚の源泉に触れるような印象を与えると、すぐさまその音が発声されたに違いない」[43]。

この一節は二つの理由で興味深いものである。それは(1)言語の最初の使用が対象を**名付け**、**固定し**、**想念することにある**と前提していること、従って語の伝達上の使用は副次的であって、すでに心理的に深いレベルで発達した何かを実用的に応用したもの、としているがゆえに、そして(2)話し言葉の進化における**隠喩**《メタファー》が、ごく初期に、ごく原初的に働いていることを示唆するがゆえに。隠喩の本性の問題は、言語をサイン的にではなくシンボル的に捉えるのでなければ正しく理解できないテーマである。それについてはこの先でもう一度扱うことにしよう。「特定の音節が特定の行為に結びつけられ、固定されると」とドノヴァンは続ける。「行為が音節によって呼び出されることになるが、ここで祭りの興奮状態が持つ二つの主要な関心がぶつかり合うようになる。有意義性への関心と、耳に興奮をもっと容易に生み出すような音を発声しようとする衝動の持つ関心である。……旅行者たちがしばしば語る「意味のない合いの手があちこちにばらまかれて、未開人の歌の調子を取るのを助けている」場合にも、また非常に洗練された頭韻、類韻、脚韻、反復句、囃子詞などの中にも、我々は意味作用によって固定された音節の中に、もっと聴覚に専念させようとする要求がなんとか入り込もうとしている様を見て取ることができる(44)」。

最近の人類学的な文献では彼が引用している旅行者の観察が間違いなく確認されており、ここではイェスペルセンが引用しているボアズの叙述(45)を見れば十分である。アメリカ・インディアンの歌は純粋にリズムを刻む無意味な音節であるが、「だいたいにおいてそのような無意味な音節の間に、少しばかりの何かの考えや感情を示唆するような語が挟まって進行したり、時にはそれが戦いのような行為とか宗教的な感情とか愛とか自然の美を讃える表現にまで高められることもある」[46]。

語の持つ最初のシンボル価値はおそらく祭祇の場合と同様、純粋に共示的(内包的)であった。何かしらの音節の繋がりが、祭礼のシンボルと同様一つの概念を具体化する。ちょうど復活祭の礼拝で表現されている概念の大部分を「ハレルヤ」が具体化しているように。しかし「ハレルヤ」はものや行為やあるいは性質の名ではない。それは名詞でも動詞でも形容詞でも、他のどの文法上の品詞でもない。有節音が「ハレルヤ(＝なんたる神の素晴らしさ)」とか「アラカデイ(＝なんたるひどさ、悲しさ)」という役割だけに使われているのであれば、これはまだ十分に言語とはいえない。それは確かに共示的意味を持っているが、外示的意味作用はないのだから。外示作用こそが言語の本質である。なぜなら外示作用があって初めて、シンボルがもとの本能的な発声から解放され、それを生み出した状況全体から離れたところで意図的にそれを「使用する」ことの印となるからである。外示的な語は曖昧であるにせよ、直ちに想念に、また現実的で公開の場にある**もの**(あるいは出来事、性質、ひと、など)に関連する。従って外示作用は想念を、全くその時限りの個人的な経験からひき離して、これを様々に違った状況の中へも入って行けるような恒常的な要素にしっかりと結び付けるのである。このようにしてシンボルが心像と感情を重く担ったまま、だんだんと現実の対象に錨を下ろすにつれ、木や石や、人や行為や場所の持つ確定性が経験の記憶と予期のなかに侵入していく。

このような想念を帯びた発声は、その音が担っている想念のうちのどれかを例示しているような事物を眼にしてなされるわけであるが、初めはあくまで純粋な表出的反応である。同じやり方が習慣になって長い間続けられて初めて連合関係がしっかりと安定し、語と対象とがお互いに属するものとして感じられ、そのために一方が常にもう一方を想起させるほどになるのである。しかしこの地点に到達すると、人間という生物は必ずと言って良いほどその音を面白がって遊びで発声し始め、そうすることでその対象を心にもっと近くもっと鮮明に引き寄せ、ついにはいわばその音を用いて一つの想念を**捉える**までになる。すると**今やその音が語となる**のである。

社会性のある種族ではこの遊びがほとんど直ちに共同作業になると考えられる。人間以前の種族の誰かが発語したら相手にぼんやりとした個別の想念を引き起こすであろう。しかしもしその語がその想念を刺激するとともに、聞き手にとっても話し手にとってと同じ対象と結びついていたとすれば、その語は両者に共通の意味を持つことになろう。聞き手はその対象についての自分の考えを持って、その語を自分で言うように促されるであろう。二人の生物はお互いに、その大きな眉弓の下〔＝眼〕に理解の光が射してくるのを見つめあい、そしてもっと多くの語を発生し、もっと多くの対象を互いに認めて歯ないを見せて笑うであろう。もしかしたら手を繋いで一緒に語を繰り返して唱えるかもしれない。そのような素晴らしい「流行」はきっとひどく人気を集めるだろう。

このようにして、社会契約とか実用的な予見のゆえにではなく全く人間以前のやり方で、祝祭的な表現価値を持つ有節音が**表象的**（描出的）になったのかもしれない。もちろんこれはあくまで憶測である。だがそういうなら全ての理論は説得的な事実に照らした憶測である。言語学者たちがこの件に関して自ら断念せざるを得なかったのは、そうした事実が手に入らなかったからである。シンボル作用についての一般的研究はそうした諸事実を供給し、そして言語がいかなる合理的な形でも始まり得なかったという、現代の極めて遺憾な信念に代わる、少なくとも説得力のある一つの理論を生み出している。

しかしながらまだもう一つ解けぬ謎が残っている。語があり、その語を通してのものについての思考があるとしても、どのようにして言語は各々ばらばらなシンボルのより集まりから、複合的な関係を持つ構造に、地上の全ての部族や国民の間に見られる論理的構築物になることができたのか。言語は決して単なるシンボルの集合にとどまるものではないのだから。それは有機的な機能する体系であり、その基礎的な要素もその要素から構成された複合物も、シンボルなのである。そのシンボルの形式は一つ一つ孤立した墓標をなす石柱のように立っているのではなく、互いに統合されて複合的な型をなし、そうすることで世界における同じく複合的な**関係性**すなわち意味の領域を指し示すという傾向を有している。

このような傾向は、単なる感覚や感情が走馬灯のように流れていく中で一つの名付けられた要素がいかに顕著な卓抜した座を占めるかを考慮すれば納得がゆくであろう。というのは対象がそれと外示されればすぐにそれをしっかりと**捕まえておくことができ**、同時に経験されている他のものが全て、それを押しのけるのではなく、それと対比されたり、同調したり、あるいは何か別の特定のやり方でそれと**共に**存在できるからである。もし類人猿が檻の外にあるバナナが欲しければ、後ろを振り返ってちょうどいい竹竿を見つけるまで頭の中で「バナナ、バナナ」と言い続けなければ、その竿を使って自分の昼食をとりこむことができないであろう。だがもし言語がなければ——例えばイヌの場合のように、期待を持ってゴミ箱**の中**を覗くとか、罰を逃れるためにソファ**の下に**潜り込むとか——当の関係が自分のする行為の中ですでに自明であるか、あるいは全く関係を打ち立てられないでいるかのどちらかである。類人猿はもし両者が共存していることが視界に入っていなければ、竿と果物との間の関係について何も知らない。

それのシンボルを用いて**対象を摑まえて離さない**という現象はごく基本的なもので、言語はこれを土台にして育っている。一つの語は経験の中の何かを固定し、それが記憶の核となり、それを手持ちの想念とする。他の印象が外示されたものの周囲に集まってまとまりをなし、そのものの名が呼ばれると、それと連動して呼び起こされる。その中心にいた物とか人の名前によって或る事件の全体が、思考の中に保持されているということもあるだろう。「川」という一語が危険な川渡り、洪水、救助、の興奮を呼び覚まし、あるいは水際に家を建てるという考えを思い起こさせるかもしれない。或るひとの名が、彼が登場した数々の出来事を胸に思い起こさせることは我々も皆よく知っている。それはつまりは記憶を助けるような語が、我々にその語が訪れる一つの**脈絡**を確立するということである。我々も、まだ何も知らない無邪気な時代にはその脈絡もろとも理解されることを期待して語を使っている。赤ん坊が「クッキー」というのは自分がクッキーが見えるとか欲しいとか持っているとかいうことを意味しており、保母がそれを分かっていると信頼しているのである。もし彼が「外」というなら外に出かける、誰かが出て行った、イヌが外に出たい、などなどのことを意味しており、自分の発話が暗黙の脈絡とともに理解されるはずだと自信満々で期待しているのである。

カール・ビューラーはこうした原初的段階を言語の「empractic（行為内実効的）」用法と呼んだ(47)。脈絡とは聞き手に見えるという設定での話し手の状況であって、そこで両者の考えが収斂しようとする交差点で語が用いられ、そこで決め手となる想念が固定される。語は話し手の行為あるいは状況の中に**埋め込まれ**、そこで弁別機能を発揮して疑いを取り除き、応答を決定するのである。(48)

言明文の中で新しい述語づけをすることと、単なる条件付けとの間の区別、つまり目に見える形で、それと示せる状況（ビューラーはこれを das Zeigfeld（記号場）と呼ぶ）で与えられるか、あるいは言語による解き明かし（das Symbolfeld（象徴場））によって与えられるかの区別は、五十年前にフィリップ・ヴェーゲナーにすでに認められていた。小著『言語生活の根本問題に関する研究（*Untersuchungen über die Grundfragen des Sprachlebens*）』の中でヴェーゲナーはそのような母体から、つまり指差したり、自明な事態を背景に据えることで補われた単なるキーワードだけによる伝達から、明示的な言明文がどのようにして発達してきたかを解説している。彼は言語学的発達の二つの一般原則を認めた。一つは構文上の品詞を生み出す修正補足《エメンデーション》、もう一つは一般性の源になる隠喩《メタファー》である。前者の原則は構造の問題を解決するのに役立つので、簡単に触れておきたい。

乳児や外国人がとらえる、ごく初歩期の社会的用法における、またおそらくはその伝達機能の原始的な段階を表してもいると思われる用法における語は、単なる対象についての想念のみならず、「了解されている」状況の中で、その対象が果たしている役割をも一緒に伝えられているはずのものである。そのような単一の語は実際、意味においては**一語文**である。しかし一語文の話し手の言っていることを理解するには、或る程度の好意と、気心が知れていることを必要とする。我々はいつも物事への自分の態度が仲間と共有できていると前提してしまい、その状況での自分の考えを示すには一つの語音を「行為内実効的に」使えばすむと思ってしまうのだが、**誤解されて**初めてそのことに気づく。そうすると我々は今度はその単独の動詞なり名詞にちょっとした指示詞――「それ」とか「彼の」とか――をつけて補う。一語文の補助として付け加えられたそのような音節から、表現された概念について一語文が言明したことをもっと特定して示す屈折語尾が生まれてくるのである。ヴェーゲナーは屈折語尾と指示詞との興味深い並行関係を跡付けている。もとの表現を**修飾**《モディファイ》するのにもっと語音が必要になり、身振りや態度を加えたり、強調したりしなければならなくなる。このように、曖昧な表現を補足、手直しするのに文法的な構造が発達し、そして当然ながらそれに伴って、もともとその表現を引き起こした状況が持っていた関係上の型により厳密に従うようになる。このようにして、原初的な一語文の脈絡がより適切に言語的に表現されてゆく。初めのうちは、必要な**述語づけ**を表現した鍵となる語に修飾語や識別語を繋げるのに性急になりすぎてしまう。「こうした欠陥のある提示をさらに修正するのが同格や関係節である」(49)。従って関係代名詞と疑問代名詞、あるいは関係代名詞と指示代名詞は、同系のものである。こうした補助的な発話のすべてをヴェーゲナーはもとの語の「注　釈《エクスポジション》」と呼ぶのだが、ここに文が断言する〔ことよってこれまで知られなかった事実が明らかになる〕真の「新規要因《ノヴェルティ》」が含まれている。この注釈が最終的に一つの言明がなされる**言語上の脈絡**になるのである。話し手がこの脈絡とそれをのべる必要性とを完全に自覚している場合には、彼の話は必要十分で欠けるところがないものとなる。ヴェーゲナーが述べているように「芸術として、また科学としての言語の発達があって初めて、我々は、新規の叙述をする前にまず注釈をする義務を痛感させられるのである(50)」。

言語は未成年の人間が持つ発声傾向の上に接ぎ木されたものであり、習慣となって初めて維持できるものだから言語的形式が定着するのは簡単である。それらは癖になったった反応に他ならないのだから。全ての伝達活動に語を伴わせるというやり方はすぐに、すっかり身に付いた慣習となる。そのためとくに重要な意味を持たない語が発声の型の隙間を埋め、こうして発話が一定の標準形を持つ**文**となる。こうした言語づくりの機能が最高に発達した結果できた体系は膨大な屈折変化を持つことになる。するとそれとは別の項つまり「語根」が、裸の想念そのものに該当するのが慣習となり、分節された文章全体から抽象可能となる。そして我々が構文として自覚する言語の論理が、一つの驚くべき知的構造として立ち現れてくるのである。

ヴェーゲナーの理論の重要な特徴は、文法構造が内部に区別を持たない一語文から派生した、としていることである。そして、もともとはっきりと実体を指すような、あるいははっきりと関係を指すような意味合いを持つ原始的な「単語」を想定して、そこから複合的な論述的言語を組み立てようとするのではなく、字義的で固定された語の外示機能は、全体的な言明からだんだんに結晶化が進んで分かれてきたのだ、というところにある。知的でない狩猟民やその女房たちの未開社会では一つの言語を**組み立てる**などということはできない。彼らはただ何度も誤解を繰り返し、訂正し直し、（ちょうど我々も幼児語を「よしよし」とか「ダメダメ」とか「バイバイ」などと重ねていうように）繰り返すことで強調し、習慣に基づく形式的な感情の力で「隙間を埋め」てゆくという無意識な過程を経て、始めて言語を生み出せたのに違いない、と。

確かに言語の構造は、こうした段階的な修正によって次第に育ってきたのであろうが、しかし言語のもう一つの主要な価値である**一般化**については、それは当たらない。文脈依存型の言語であっても、言語による注釈が、単に「行為内実効的に」用いられた語の状態に取って代わりそして語が**名**である限りは、基本的に具体的、特定的《スペシフィック》である。ここに第二の、そして私が思うにはより決定的な、言語（と、恐らくはすべてのシンボル作用）の原理がある。隠喩《メタファー》である。

ここで再びヴェーゲナーの研究が、実際的な緊急事態から生まれ、最終的には他に例を見ないような成果を達成するまでになるという一つの自然な経過を示してくれる。だが彼の推理を追ってゆくためには、まず彼が伝達の本性をどう捉えているかに立ち戻る必要がある。

全ての言説には二つの要素が含まれており、それぞれ(言語上あるいは実際上の)脈絡《コンテキスト》と新規要因《ノヴェルティ》と呼べよう。新規要因というのは話し手がそこで指摘しよう、あるいは表現しようとしている事柄である。その目的を果たすために彼は役に立ちそうな語ならなんでも使うであろう。その語は適切であるかもしれないし、曖昧だったり、あるいは全くの新語であるかもしれない。そこで見て取られ、あるいは述べられた文脈がその語を修正、修飾し、それが真に意味したいことを確定してゆくのである。

話し手が指摘したい新規要因を厳密に表示できる語がない場合は、彼は**論理的類推法**の力に訴えて、何か別のものを外示する語を自分の意味するものの現示的シンボルとして使用する。文脈が、彼がその外示物を字義的に意味しているはずがない、何か別のものをシンボル的に意味しているのだということを明らかにする。例えば彼は火事について「燃え上がっている」と言うかもしれないが、それは明らかに火の動きを指していると理解される。しかしもし「王の怒りが燃え上がっている」と言ったとすると、この

「燃え上がる」がその文脈からして、物理的な炎が突然上ったということを指すはずがない、それは王の怒りがしていることの**シンボル**として「燃え上がっている」という観念を共示的に意味しているのに違いない、とわかるのである。我々は通常は火に関連して用いられるこの用語の字義的な意味をまず想念するが、しかしここではその想念がもう一つ別の、名がついていない想念の代理として役立っている。「燃え上がる」という表現が、炎の振る舞いを記述するもとの使用よりも広い意味を獲得したのである。つまり、その語の**意味**がシンボル化できるものをなんでも隠喩的に記述するのに使えるようになったのである。それを字義的意味にとるか、隠喩的意味にとるかは文脈によって決定されねばならない。

本物の隠喩では、字義的意味の一つのイメージが、比喩的意味のシンボル、つまり自分の名がないものについての、我々のシンボルとなる。我々が小川が陽射しのなかで笑っていると言う場合は、自由で生き生きした小川の活動を、笑いという観念が傍から登場してきてシンボル化しているのである。だが一つの隠喩がごく頻繁に使われると、我々は隠喩的な文脈におけるその語を、あたかもそこでも字義的な意味を持っているかのように受け入れるようになる。「小川はさらさら行く」というとき、「行く」(＝run)は足の運動を示しているのではなく、浅い、さざ波を立てる流れを意味している。噂が街を駆け（=run）抜けるといっても、足の運動も、さざ波も、考えていない。また塀が中庭の周りを巡っている（=run）と言っても、ここでは場所の移動すら意味に含まれていない。きっとこれらは一つを除いて皆隠喩だったのである（もっともどれが最初の字義的な意味だったのかは決めがたいが）。今日ではこの〔run という〕語は、ここでの**適用例の全てに共通すること**すなわち**何かの進行**を意味している。その隠喩としての寄与の範囲の広さと頻度の高さが、我々に極めて多くの文脈の中でそれをシンボルとして機能させる基本的な概念に気づかせてくれたのである。すなわち絶えず比喩として用いられるということが、意味に一般性をもたらしたのである。

　ヴェーゲナーはこのような語を「色褪せた隠喩」と呼び、ここで再生するには長すぎ、詳しすぎる議論をして、一般性を持つ語は全て、おそらく特殊な呼称を隠喩的に用いることから出てきたのであり、そして今日の字義的言語はまさに色褪せた隠喩の貯蔵庫に他ならない、ということを示している。

　或る表現の**脈絡**は――字義的にとるにせよ比喩的にとるにせよ――その意味を告げ、そして比喩的な意味の場合は、それをどう解釈すべきかを教えるものであるのだから、脈絡そのものは常に字義的に表現されねばならない。脈絡自体は、今度は代わって自分を補足し、意味を限定してくれるようなものを持っていないのだから。新規の述語付けだけが隠喩的であり得ることになる。具体的な状況から切り離されたような言説、つまり脈絡が完全に表現し尽くされ、「行為内実効的《エンプラクティック》」発話に縛られない語法が可能なのは、いくつかの語が固定された一般的共示的意味を獲得し、決定的な言明を慣習的、字義的なやり方で**注釈**し尽くされた場合だけである。ヴェーゲナーは次のように言っている。「だから(述語付けの)論理的主語となりうる、従って注釈的となりうる全ての語は、ひとえに述語付けの用法によって「色褪せ」たがゆえにその能力を獲得したのである。そして言語が論理的主語を外示する、何かの色褪せた語を持つまでは、現場でそれと指さす《デモンストレート》やり方で指示する以外にはその状況を伝えることができないのである。だからこれまでに挙げた色褪せの過程は、最初の(一語文の)言語の局面から……論述的解説文の局面への橋渡しを描出しているのである(51)」。

隠喩は**抽象的に見ることの**、人間の精神が**現示的シンボル**を用いる力を示す顕著な証拠である。新しい経験、あるいは物事についての新しい着想は何よりもまず何かの隠喩的な表現を引き起こす。そしてその着想に慣れてくるとこの隠喩表現が、かつての隠喩的述語の新たな字義的使用へと「色褪せて」いって、以前より一般的な使用へ変容してゆく。このごく初期的な現示の様態の中で、我々の意識的抽象への最初の冒険が始まるのである。言語における自発的な直喩こそ**相似性**の知覚の最初の記録である。言語が足りない、強調したい、あるいはどういう理由からにせよ婉曲な言い回しが必要となると我々がすぐに隠喩的な語を捕まえようとするという事実は、形式の共通性を見て取ることがいかに自然であるか、同一の概念がいかにたやすく、ごく広い範囲に及ぶ様々に異なる想念を表象する語によって伝えられるかを示している。隠喩の使用が意識的な工夫によるものだとはとても言い難い。隠喩は言語にほんの少数の語彙しかなくても、何万という事物を包括してしまう力である。この力によって新しい語が生まれ、単に類似しているというだけの意味が字義的定義に定型化してゆくのである。(俗語はほとんど全くの無理なこじつけの隠喩である。その多くは意識的であり意図としてはふざけているのであるが、その内には必ず奇妙に適切で意味深長なものがいくつかあって、それは最終的には字義的言語の中に「正しい使用法」として取り入れられる。)

もし祭祇が言語のゆりかごであるならば、隠喩は言語の生涯の法則である、といっても良いかもしれない。隠喩は言語を本質的に**関係的**にし、知的にし、絶えず現実の中の新しい抽象可能な**形式**を露《あら》わにし、溜まった古い、抽象された概念を、絶えず一般語の倉庫へ収め続けるのである。[52]

知的な語彙は概念的思考と文明生活の前進と共に拡大してゆく。技術的な進歩が我々の言語に課す要求が数学的、論理的、科学的専門用語によって満たされる。擬人的な隠喩は禁止され、さらなる学術的命名と用法の生産については語変化に関する通史言語学的法則がまず肝要とされる。意味はますます厳密になり、そのためイェスペルセンが言うように、「言語の発達は雑多な要素の膠着状態から、自由にまた規則的に結合可能な短い要素へと進化する傾向を示している」[53]。話し言葉はますます論述的になり、実用的になり、散文的になり、しまいには人間が、言語がもともと有用な道具として発明されたのであって、後世になってから詩と呼ばれる文化所産のために隠喩で装飾されるようになったのだ、と実際に信じ得るまでになったのである。

我々に憶測を誘うもう一つの問題がある。なぜ全ての人間が言語を持っているのだろうか。これに対する答えとして私は、人間が全て言語を持っているのは人間には同じ心理的本性が備わっていて、それがシンボル使用とシンボル作成が主たる活動となるような発展段階に人種全体が到達したからである、と考えている。言語の始源が数多くあったのか、少数だったのか、あるいはただ一つだったのか、それはわからない。しかし言語の最初の段階である、何かの外示的シンボルの使用が達成されたところでは必ず、おそらく驚異的な速度で言語の発達が見られたに違いない。というのは何かに名をつけるという考えは、およそ想念されたもののうち最大の創発的着想《ジェネラティブ・アイデア》だからである。その影響が人類全体に、ごく数世代の間に、生き方、感じ方のあり様全体を変容させたとしてもおかしくないからである。我々自身、例えば動力機関がいかに世界全体を変えたか、いかに他の発明と、発見とそしてその応用がそれに続いて起こったかを経験している。我々は人類の産業が生活のあらゆる面で手作業から大量生産へ変えたのを、個人が覚えている期間内で起こったのを見ている。言語の到来もまた同じことで、差があるとすればその変化がもっと革命的だったに違いないということである。一度点火されると、理性に光が灯された。無駄な努力を重ねる猿類であったかつての自分をヒトが引き継ぐと、驚くべき新規性、変異、もしかしたら脳の革命の時期が始まったのである。一旦地上に言葉を話す人間が出てきてしまったら、言語を話すまいとするには、いかなる部族でも全くの孤立を守らなければならなかったであろう。そして人類のゆりかごが数多くあったのでない限り、長い人間以前の永遠の時代から歴史時代に至るまでそのような完全な孤立した社会があり得たとは、まず想像できない。

知性を論述的形式に限り、他の全ての想念を感情と本能との非合理な領域に委ねるのではなく、二つのシンボル様式を区別するという、ここで提案しているシンボル作用の一般理論は、基本的には非知性的な有機体に異質な産物を接木するのではなく、全ての知的活動を理性的なるものとして吸収するという大きな利点を持っている。この理論は実用的知性のみならず想像力も夢も神話も祭礼も説明できる。論述的思考は科学を生み出し、科学の所産に限った知識論は科学批判に行き着く。しかし非論述的思考は**理解**の理論を構成し、それは当然ながら芸術批判に行き着く。言語的、非言語的形式の両方の概念タイプを生み出す母体はシンボルへの変換作用という人間の基本的な活動である。根は同じであって、ただ咲く花が違うのである。そこで我々は、今は言語とその変異体を後にして、さらに別の花々へ、他の畑へ向かっていきたい。

原注

（1）文献学や心理学の文献には、或る種の原始民族がごく初歩的な言語しか持たず、身振りでその談話を補足するという趣旨の叙述がいくつかある。しかし私が見つけたそのような叙述の出典は皆同一で、キングズレー（Mary H. Kingsley）の *Travels in West Africa*（『西アフリカ旅』（1897））である。この著者は言語学以外の領域で高い評判を持っていたため、彼女の原地人たちの言語についての大雑把な明らかに誤りの多い観察がパジェット卿（Sir Richard Paget）、スタウト教授（Professor G. F. Stout）、ラティーフ博士（Dr. Israel Latif）らの学識者たちにやや無批判に受け入れられてきたのである。だがキングズレー女史の証言はあやふやである。彼女は「ブビ族であるフェルナンド・ポー島（Fernando Po）の住民は、十分明るくて会話に伴う身振りが見えるのでなければお互いに会話できない」と述べている（p. 504）。しかしその本の前の部分では「私自身は音が耳障りであるということ以外はそれ（＝ブビ語）について何も知らない」と書いており、読者にその語彙と構造についての情報はバウマン博士(Dr. Baumann)の著書を参照するようにと言っている。そしてバウマンはヨーロッパ人なら暗くなっても普通の会話が続けられる程度の語彙と文法とを提供しているのである(O. Baumann, "Beiträge zur Kenntnis der Bube-Sprache auf Fernando Póo," *Zeitschrift für afrikanische Sprachen*, I, 1888, 138-155)。従って、どうやらブビ族は、何か別の理由でそのような会話は個人的あるいは社会的に「できない」らしいとするのが妥当であろう。彼女のあげている別の例もより確かとは言えない。「私がファン族の人たちと一緒にいた時、日の入り後に何かの決定をしなければならないとなると、彼らはしばしば「皆の言うことが見えるように火の傍へ行こう」と言った……」(p. 504)。暗闇の中で、「皆の言うことが見えるように火の傍へ行こう」というほどの複雑な言明ができるような言語が、他の言明を補うのに身振りを必要とするというのは、いかにも不思議なことである。それに、高度に文明化された会議であっても何かを決定する際に灯りをつけないで多数決の投票を行うというのは妙であろう。

そこで私はエドワード・サピア(Edward Sapir)の「知られている限りの人間の集団には全て話し言葉があり、言語体系が整理されていることが特徴である。言語のない種族はこれまで発見されていないし、それに反対するような主張は単なる民間伝承として無視して構わないだろう」という主張を支持したい。彼はここに紹介した話を特定して排除した後で、次のように結論づけている。「実のところ、言語はこれまでに知られている全ての民族の、本質的に完全な、表現と伝達の手段である」と(*Encyclopedia of the Social Sciences* 掲載の"Language"の記事。また Otto Jespersen, *Language: its Nature, Development and Origin* (1922),

p. 413)。

（2）一八九二年、R・L・ガーナーは『猿の言葉（*The Speech of Monkeys*）』という本を出版し相当な注目を集めたが、それは彼が自分は四十語ほどのサルの語彙を学んだと主張したからである。しかしこの本はあまりに空想的で非科学的で、その解釈が誇張に満ちているため、**全部**無視するべきであると私は思う。とくに後日科学者たちが行ったより注意深い観察は彼の報告とは相容れないものであるから。

（3）W. H. Furness, "Observations on the Mentality of Chimpanzees and Orang-Utans," *Proceedings of the American Philosophical Society*, LV（1916）, 281–290.

（4）R. M. Yerkes and A. W. Yerkes, *The Great Apes*（1929）, p. 569.

（5）W. N. Kellogg and L. A. Kellogg, *The Ape and the Child*（1933）, p. 281.

（6）H. Hale, "The Origin of Languages and the Antiquity of Speaking Man," *Proceedings of the American Association for the Advancement of Science*, XXXV（1887）, 279–323.

（7）同上、p. 285.

（8）同上、p. 286. 強調は筆者。

（9）Henry Wilson, *Wonderful Characters*, 2 vols.（1821）, vol. II. また J. Burnett Lord Monboddo, *Of the Origin and Progress of Language*, 6 vols.（1773）, vol. I をみよ。

（10）E. M. Itard, *The Savage of Aveyron*（英訳版 1802）をみよ。

（11）Arnold Gesell, "The Biography of a Wolf-Child," *Harper's Magazine*, January 1941 をみよ。

(12) サピアの記事 "Language" より p. 159.

(13) Kellogg, 前掲書、p. 177.

(14) 同上、p. 178.

(15) 同上、p. 179.

(16) R. M. Yerkes and B. Learned, *Chimpanzee Intelligence and its Vocal Expressions* (1925), p. 143.

(17) Köhler, *The Mentality of Apes*, p. 333〔宮孝一訳『類人猿の知恵試験』岩波書店、一九七四年を参考にした〕。

(18) 同上、p. 334.

(19) Kellogg, 前掲書、p. 160.

(20) Köhler, 前掲書、p. 99.

(21) 前引用箇所以下。

(22) Kellogg, 前掲書、p. 172.

(23) チンパンジーの行動についてのより詳しい調査研究は Köhler, *The Mentality of Apes* の各所に見られる。また観察結果の全般的評価については appendix, pp. 281-342, "Some Contributions to the Psychology of Chimpanzees" をみよ。

(24) Clarence Day, *This Simian World* (1920), p. 69.

(25) ファーネス自身がこの訓練について述べていることは重要なので、ここで繰返しておきたい。最初の単語と二番目の単語の学習に費やした時間の相違を考慮すると、自分の実験の成功についての彼の評価は謙虚に過ぎるように私には思われる。というのは彼は次のように言っているからである。「ほかの点では身体的に我々にこれほど近い動物に、脳内に原初的な言語中枢がないというのはほとんど信じられないことである。それさえあれば、あとはもっとそれを伸ばせば良いだけである。私は真面目に努力をしたし今も努力を続けているが、しかし希望が持てそうには思えない。

「有節な話し言葉を教えるにあたって、オランウータンとチンパンジーの両方について出会った困難は、彼らがごく自然な情感的な叫び声をあげるのに唇も舌も使わない、ということであった。

「……オランウータンの場合には、彼女に「パパ(Papa)」と言わせるのに少なくとも六か月かかった。この語を選んだ理由はそれがごく原始的な音だということのみならず、オランウータンもチンパンジーも……共に慣れていない二つの発声法を併せ持っていたから、つまり口唇の使用と呼気母音を用いているからである……」。おそらくはこの後者の事実が、偶然に「語」が出てくる可能性を、そして「語」を何か単なる自然界の音のように解釈する危険を遮断していたのであろう。教師は類人猿の唇を操作し、また彼女のために自分の口でも動作と音声とを作って見せた。

「六か月の末、或る日彼女は自分から、レッスン時間外に「パパ」と相当はっきりと言い、もう一度言ってご覧と言われるとなんどもそれを繰り返した。……彼女は以後決してそれを忘れず、最後にはそれを私の名前として認識したのだった。「パパはどこにいるの」と聞かれると、彼女はすぐさま私を差して私の肩を叩いた」。

或る時抱かれて水の中に入って行くとき、「彼女はパニックに陥った。腕を私の首に巻いてしがみついて、なんどもなんども私にキスをして「パパ！ パパ！ パパ！」と言い続けた。この悲痛な訴えを受けて、私はもちろんそれ以上先に進むのをやめた」。

彼女が学んだ次の単語は「カップ(cup)」であった。彼女に開口母音をつけてk音をka(カ)と発音するという純粋に身体的な芸を教えるには、多大な技術を要した。しかしこれを覚えると、「何回かレッスンしたあと、私がカップを彼女に見せて「これは何」と聞くと彼女はごくはっきりとカップといった。一度は夜中に具合が悪くて、彼女はハンモックから身を乗り出して「カップ、カップ、カップ」と言った。私は当然喉が渇いているという意味だろうと理解したのだが、実際その通りだった。これは、単語と彼女が欲しがっているものとの間に繋がりがあるという着想(アイデア)が出来かかっていることを示していると結論して良いと思われる」(Furness, 前掲書, pp. 281-284)。

まるまる六か月もかかったことではあるが一旦この類人猿に**話された語というアイデア**が目覚めると、次の語の学習は、主として身体的な動き方の不自然さをどうやって乗り越えるかということだったわけである。もし彼女がもっと生きていたら、どこまでこれが発達したであろうか、ということは誰にもわからない。

(26) Yerkes and Learned, 前掲書, p. 56.「実験者はイヌでも楽に覚えられるようなやり方で、彼に食べ物を欲しいと言わせる訓練に成功した。しかし彼は訓練者の真似をしたのではなく、食物を確保するためにやったのである」。

(27) Furness, 前掲書, p. 285.「話された単語とものや行為との連合を理解することにかけてはオランウータンもチンパンジーも共に他のどの家畜よりも優れていると私は考えている。私の高等類人猿たちは両方とも、私が見たことがある、専門的に訓練された動物のだれよりも賢く、私がいうことを理解した。彼らを教育するにあたって、私は、行為を誘導するのに食べ物を使ったことはなく、褒美は褒め言葉と軽く肩を叩いてやることだけだった。つまり私の目的は形の上で上手に芸をすることではなく、自分が考えていることの印を見せるようにさせる努力であった」。

(28) Itard, 前掲書、pp. 93–96.

(29) 同時代に書かれていたためもっとも信頼が置けるミドナプールの子供たちについて記述はケロッグとスクワイアズが *American Journal of Psychology* に発表した短い記録であろう。P. C. Squires, "'Wolf-Children' of India," XXXVIII (1927), 313–315; W. N. Kellogg, "More About the 'Wolf-Children' of India," XLIII (1931), 508–509, "A Further Note on the 'Wolf-Children' of India," XLVI (1934), 149–150.

(30) 例えばイスラエル・ラティーフは乳児期の「喃語段階」について次のように言っている。「この時期に赤ん坊は、少なくとも自国語では、後に使うことになるものよりも、ずっと多くの音声を発声している……」(この趣旨で、彼は多くの権威――スターン、ロリマー、K・C・モア、スタンレー・ホール、プライヤー、コンラディなど――を引用している。「さて、こうした驚くほど豊かで多様な使用可能な音の集合の中から、その子の親たちが使っているものが強化され、やがて習慣となる。そして他のものはもう発声されなくなってしまう」。Israel Latif, "The Physiological Basis of Linguistic Development and of the Ontogeny of Mean-

ing," *Psychological Review*, XLI (1934), 55–85, 153–176, 246–264, とくに p. 60 を見よ。

(31) 彼の論文、J. W. Tomb, "On the Intuitive Capacity of Children to Understand Spoken Language," *British Journal of Psychology*, XVI (1925), 53–55 をみよ。

(32) サピアの記事 "Language" より p. 157.

(33) Köhler, 前掲書、p. 37.

(34) この章の舞台をケーラーの類人猿に横取りされてしまう危険があるかもしれないのだが、私としてはこうした演技についての彼の記述を引用しないではいられない。チェゴとグランデはまるで〔踊る宗教〕スーフィー教の僧のようにぐるぐる踊り続ける演技をやるようになって、それを周りの者みんなが気に入っていた。ケーラーは言っている。「二頭が一緒になってやるゲームはいつも結局は「コマのようなぐるぐる踊り」になってゆく傾向があり、それはいかにも仲良しで、楽しい、**生きる喜び**の極まりを表しているようであった。輪舞がどんどん速くなったり、例えばチェゴが自分の腕を水平に伸ばしてぐるぐる回ったりすると、本当に驚くほど人間のダンスと似ていた。チェゴとチカは――彼女たちの一九一六年のお気に入りはこの「輪舞」であったのだが――時々回転と前に進み出る動きを結びつけて、二頭はゆっくりと自転しながら運動場を公転していった。

「チンパンジーのグループ全員がもっと凝った**運動パターン**を示すことがあった。例えば二頭が取っ組み合いをして、柱の近くに倒れこむ。するとやがてその動きがもっと規則的になって、その柱を中心として円を描くようになる。すると残りのグループから一頭また一頭とそこに近づいてきて、二頭と一緒になり、やがてはきちんとした行列をつくって柱の周りをぐるぐると何度も廻る。そしてそこで彼らの動き方の特徴が変わってくる。もう歩くのではなく、早足になり、しかも必ず片方の足にアクセントをおいて強く、もう一方の足は軽く踏む、という風に進み、そこにざっとしたリズムのようなものができて、お互いに「**足拍子を合わせる**」のである……。

「私にはチンパンジーの間に、どこかの原始部族のダンスをこれほどまざまざと思わせるものが、全く自発的に生まれてくるというのはいかにも稀なことに思われる」(*The Mentality of Apes*, pp. 326–327)。

(35) *Die sprachphilosophischen Werke Wilhelm's von Humboldt* (ed. Steinthal, 1884), p. 289.

(36) Jespersen, *Language*, p. 418, n.

(37) 同上、p. 420.

(38) 同上、p. 437.

(39) J. Donovan, "The Festal Origin of Human Speech," *Mind*, vol. XVI (O. S.), 498–506, vol. XVII, 325–339.

(40) 同上、part I. p. 499.

(41) 同上、part II, p. 330. ここでは言語の起源について衝動的な興奮ではなく祝祭的精神が強調されているのだが、これは同じく情動的あるいは祭祇的な起源の蓋然性を認めているマーキー(Markey)の所説と、著しい対照を示している。『シンボル過程(*The Symbolic Process*)』の中でマーキーは次のように書いている。「シンボルは複数の個人が関わる、本能的な叫びや声音が特定の行動に結びつくような条件付けが長い間かかって出来上がった後になって初めて発達したものに違いない。記憶の跡が十分に鮮明で一貫し、必要な全体的統一を生み出すためには、おそらく強度に情動的な状態が必要であろう。祝祭の集団的な歌唱や踊りの行事は背景としては役立ったであろうが、おそらく何か特定の性的行動が、高度に情動的な好機へと結びつかせる条件付けの過程に必要な、比較的類似した、何度も繰り返され、また特定される活動を供給したのであろう。この種の行動に結びつく特定の声音は、各人がそれぞれ作り出したり、互いに交換したりできる刺激のやりとりを供給したことであろう」(p. 159)。だが特定の具体的な性的行動とはあからさまな表現であって、まさに想像的意識とそのシンボル的な表現を不要にするものである。

(42) Donovan, 前掲書、 part II, p. 332.
(43) 同上、 part II, pp. 334-335.
(44) 同上、 part II, p. 337.
(45) Jespersen, 前掲書、 p. 437.
(46) 歌の文句が、純粋に発音に起源を持っている例は今日でも「ヘイ・ノニーノニー」「トララ」などに残っている。ドノヴァンはそのような無意味な音節は今日ではもっぱら合唱に担われていて、もはや本来の言語要素に混じることはない、と述べている。しかしながら、酒宴の歌とか応援歌ではいまだに語とたわごととがひとかたまりになったものがある。

ヴィーヴォがあると、ヴィーヴォがあると、
ヴィーヴォー　ヴィーヴォ　ヴムがあると
ヴム　は猫獲りよりでかいネズミ獲りがもらえる

ヴム　はネズミ獲りよりでかい猫獲りをもらえる
共食い、共食い、シシシ、ブーム　ふーん
（学校だ、学校だ）ラーラーラ

これほどボアズのいう「わずかな語がばら撒かれた無意味な音節」にぴったり合うものは、未開人の持ち歌にもなかろう。

(47) Karl Bühler, *Sprachtheorie* (1934), chap iii, 諸所に。

(48)「行為の内側にこうした弁別的記号が組み込まれてしまえば、もう行為を取り巻く枠組とか、他の言語による指標が要らなくなることが多い。なぜならそのような言語記号はものの代理となっているのではなく、この場合はむしろ記号の方が、自分を代行しているもの（行動、状況）に取り囲まれ、それらに支えられているからである。レストランの常連客が何かを食べようとしていることは、……相手（ウエイター）には完全に了解済みである。客は自分の、全体としてはすでに暗黙に了解できる行動のうち、疑問の余地が残る要点についてだけ、言語的な記号を用い、それで肝心な点を弁別する。彼がその言葉を挟むと、それで曖昧にされていた疑問が解消する。これが言語の**行為内実効的**用法である」（同上、p. 158）。

(49) Wegener, *Untersuchungen*, p. 34.

(50) 同上、p. 40.

(51) 同上、p. 54.

(52) 隠喩使用を決定する動機についての詳しい研究については Heinz Werner, *Die Ursprünge der Metapher* (1919); Hermann Paul, *Principles of the History of Language* (1888, ドイツ

語版 1880)；Alfred Biese, *Die Philosophie des Metaphorischen* (1893)をみよ。

(53) Jespersen, 前掲書、p. 429.

第Ⅵ章　死生のシンボル、聖体祭儀《サクラメント》の根元

もし言語が実際に人間の心の奥深いシンボル的特性から生まれたものだとすれば、同じ心が言葉よりもっと下のレベルでもシンボルを用いて働いていたとしても驚くにはあたらないであろう。これまでの考察で、感覚経験の主観的な記録である「感覚像（センス・イメージ）」も実はあった経験をそのまま模したのではなく、それを模写する写像を作る過程の中で新しい次元への、多少なりとも安定した**画像**《ピクチャー》と呼ばれる形式への「投射」が行われていたことを示した。その画像はもはや実際の視覚経験が持つ千変万化、変幻自在な捉えがたさではなく、統一的で恒常的な同一性を持っていて、感覚がというよりもむしろ心が所有する対象となっている。しかも実際の感覚のように自然現象の既成の型《パターン》に否応無しに固定されるのではなく、ちょうど赤ん坊が衝動的に勝手に小さな発音を作り出す、あのやり方で「自由」なのである。我々は色々な心像《イメージ》を呼び出し、それで自分と現実の対象の間に挟まった擬似空間に埋めて見たり、あるいは黒幕の上に

おいて見たり、あるいはだめだと判断して現実の出来事の流れを変えずにそれを捨て見たりできるのである。そうした像は確かに自分が作り上げたものではあるが、自分の身体的行動のようには自分の一部というわけではない。むしろそれらの像は我々にとっての対象となり、我々を驚かせたり、場合によっては怖がらせたりするかもしれないような、単に生きられた経験ではなく、つくづく眺めてみることができる経験である、という点で、自分が発した語になぞらえるのが適切であろう(ただし心像は完全に当人だけのものであって、他人と共有されないが)。

要するに心像はシンボルのあらゆる特性を備えているのである。もし心像が勢いの弱まった感覚経験であるならば、それは自然の秩序を混乱させるであろう。だが幸いなことに我々はそれらを感覚そのままでは受け取らず、通常それらの**意味**において、ものの像として——つまり、それを通してものを想念し記憶し考慮するが、ものに直接出会うのではなくそのシンボルとして、受け取るのである。

心像が本質的にシンボルであるという最良の保証はそれが隠喩的になるという傾向にある。それがものを共示(=含蓄的に示す)でき、そして時には連合の法則によって由来した前後関係をも示すことができる(ベルを見ると「リンリン」という音のみならず、また食事のことも思い起こすように)というのみならず、さらにその主たる意味とただ論理的類比関係しか持たないような事物をも「意味」するという、固有の傾向をも持っていることにある。バラの心像は直ちに女性美を象徴する〔シンボル化する〕ので、実のところバラから植物を連想する方がバラから少女を連想するより難しいほどである。火はその中では何も生きられないような自然要素の一つであるのにもかかわらず、生命と情熱のごく自然なシンボルである。火が持つ素早い動き、メラメラと揺れる炎、熱、色などが否応無しに、これを生き、感じ、活動するもの全てのシンボルにしてしまう。このように、心像とは実際の混乱した印象の流れの中から観念を抽象する、最も手近な道具である。それが我々のためにまず原初的な抽象をしてくれるのであり、ごく自然な一般観念の具体化なのである。

ちょうど言語的シンボルが赤ん坊時代のただ何かを示唆するだけの語ないし「一語文」から、我々が言語と呼ぶ文法的構築物へと自然に進化したように、〔非言語的な〕現示的シンボルも独自の特徴ある発達過程を持っている。それは単純な想念を示すごく一時的で単一の静的な心像に始まって、一連の継続する心像が互いに参照し合いながら、もっともっと大きな単位へと成長してゆく。その単位は変化してゆく光景や、時には動いているものの全体的展望にまで及び、それによって我々は出来事の経過を把握し想念することができる(1)。つまりは我々が心像を用いて最初にすることは一つの物語を思い浮かべることなのである。ちょうど我々が語を用いて最初にすることが何かを言うこと、一つの言明文を作ることであるように。

こうしてみると心像を作り上げ、想像するということは、我々が教えられなくても自然にする考え方の一つの様態であって、物語がその最初の所産である。我々は今起きていること、覚えていること、想像上のこと、予想されることを考える。心の眼で買いたい靴を見、買っている取引行為を見る。我々は川岸で、溺れている人の光景をあたかも本当のように目のあたりにする。画像や物語は心の常套手段である。一続きの出来事をシンボル化するより大きなより複合的な要素は、単に視覚的な成分だけでなく、運動感覚的、聴覚的、あるいはそれ以外の要因も含むであろうから、これを「物語の心像《ストーリー・イメージ》」と呼ぶと誤解を招くであろう。それでこれからはその種の心像を「空想《ファンタジー》」と呼ぶことにする。

どのシンボルもそうであるが空想も何か特定の経験に由来する。極めて念入りに作り上げられた怪物の話でも、もとは実際に見た出来事に発している。ただそのもとの知覚が——心に引っかかって離れない断片はどれもそうであるが——直ちに、そして自発的に抽象されて、実際に起こった事柄に**類するもの**全体をシンボル的に表象(描出)するのに用いられるようになる。我々が知覚する過程のすべてを記憶に止めようとするには、一つの空想として、一つの思い描ける展望として記録されねばならず、そうすることで想像の中に思い起こしてみたり、もう一度起こった時にそれを再認したりできるのである。なぜなら実際の過程が全くそのままもう一度起こることはなく、ただ似たような**種類の**事柄に出会う機会があるかもしれないだけだから。二度目には我々はもうその出来事がどういうものか「知って」いる。その出来事を先回の例から抽象した空想に適合させるからである。それはぴったりとは合致しないだろうが、その必要はない。空想はいくつかの**一般的な特徴**を伝えていればよく、この新しい事例がその一般的な事柄をそれなりのやり方で例示していれば、それであの見知りの出来事がまた繰り返されたのだと把握できるのである。

仮にある人が生まれて初めて汽車が駅に到着するのを見たとする。彼はおそらくその騒音、塊、蒸気とごった返す人々、力強い運動がやがて熱気を持って喘ぎながら停止する、といった「一般的印象」とでもいうべきものにすっかり興奮してしまうであろう。おそらく彼は車輪が回転していることには気づかず、ただ車軸がまるで走っている人の膝のように動いているのに注目したであろう。彼はすぐには煙と蒸気とを区別できず、〔蒸気が勢いよく漏れる〕シューシューという音と〔車輪が線路を擦る〕キーッという軋み音も区別できず、貨車と窓付の客車の違い、またボイラー、炭車、運転席を区別することすらできないであろう。それでも次に汽車が入ってきた時にはその過程がわかっている。彼の心には「汽車が駅に到着する」という一般的な概念を「意味する」空想が保持されているのである。二回目に起こることは全て、彼にとっては一回目と**似ている**か、似ていないかのどちらかである。汽車の停止についての概念と我々が呼ぶ彼の空想は、こうして多くの印象からだんだんに築かれてゆく。しかしそのもとの枠組みは最初の事例から抽象されたのであり、それがその後の事例を「見覚えのあるもの」にしたのである。

この（一連の行為全体を思い描くことという、ここでの専門的意味においての）空想の占めるシンボル的な身分はさらに、いくつかのシンボルの基本法則にきちんと従っているかどうかで検討される。語と同じく、また心像と同じく、空想は単に字義的な概念を指示するのみならず、隠喩的な意味をも伝える傾向がある。我々の短い一生の中でも出来事や一連の行為や運動や情感は数限りなく、新しい経験が絶えず我々を圧倒し続けている。どのような心も、自分を取り巻いておこるあらゆる挑戦とそれに対する反応を、事実と行為をきちんと字義的な用語で把握し想念することはできない。それでも想念化することはシンボルの本質的な技能であり、想念形成には何かの言語を必要とする。通常空想の中には少なくともなにかしら隠喩として使えそうなものがあり、それをちょうど手近な単語を新しい表現の中で使う様に、役立てねばならない。もしかしたら到着する汽車が、何か私の眼の前に急にやってきて問題を勝手に荷下ろしする、名前もない、心像もないような危険を具体化することになるのかもしれない。恐怖と混乱と萎縮の圧力のもとで、私のまだ生まれていない概念を形作る最初のシンボルとして、エンジンを、そしてそれに後続する中身も未知なままの車輛を思い浮かべる。到着する汽車が描出するのは私に把握可能な危険の最初の姿である。字義的には鉄道列車の出来事を意味している空想がここで新しい役割を果たしており、その字義的一般性やその汽車への適用可能性などはもはや関係なく、ただ迫り来る未来をシンボル化できる様な諸特徴――力、スピード、逃れようのない方向づけ(これを線路がシンボル化している)などなど――だけが意義を持ち続ける。ここでは空想は比喩であり、言葉を欠く認知の隠喩である。

隠喩は全ての意味的なものの成長法則である。それは展開過程ではなく、原則である。そのことは人間の脳が作り出す最低の全く意図的でない所産が、常軌を逸した隠喩的な空想であって、しばしば全く字義的な意味をなさないという事実が克明に立証している。つまりあの暴走的な夢のシンボル作用のことである。

我々がまず本能的に想念化しようとするのは生きているという経験である。生命とは必要そして充足、そしてさらなる必要という、網目をなす回路であり、そのあちこちに一時的な不満が散らばっている。もし基本的な必要が長い間満たされずにいると、その生命は終わってしまう。我々の最初の意識は必要の感覚、すなわち欲望である。したがって我々が、持つ最も原初的な想念とは、欲望の対象の想念である。

そのような対象の形や関係や名は幼児の心にとっては未知である。食べ物のことは知っているが、食べ物がどこから来るのかは、母親の乳房の感触とぼんやりとしたその形状以外は何も知らない。快適さ、安全さ、人の身近さ、光、動き――こうしたものは実体も同一性もない。だから感覚印象が最初に彼の心に生んだ心像が、彼の欲望の全域にわたって、必要なもの全てに応じなければならない。全て柔らかいものは母親であり、手に届くものは食べ物である。落とされることは、それが寝床へ降ろされるのであっても、恐怖そのものである――危険が特定の形をとった最初のものであり、死の形ですらある(我々の人生で不幸のことを「墜落」という。敵の手中に落ち、恩寵から堕落し、苦境に陥る)。

束の間の短い目覚めの時に感覚器官は報告をすることを覚えるが、音がはじめは塞がれていた聴覚を破り色や光の空間が彼の定まらない焦点を捉えると、乳児期のシンボルはどんどん数を増してゆく。それとともに願望と空想が育ってゆく。彼の心の本来の機能は想念化することであるから、彼は数知れぬ着想《アイデア》を作り出す。彼は必ずしも自分が考えたり夢みたりしたものを全て欲しいと感じているわけではない。欲望はただ心の背後に隠れて、心を行動に駆り立て、心をより生産的にする力である。活発すぎる心は無批判で、旺盛な食欲同様、えり好みをしない。子供は夢と現実とを、事実と虚構とをごっちゃにし、**全て**を捉え、経験の洪水を捉えようと急ぐあまり、全くあり得ない観念の結びつきを作り上げてしまう。もちろん彼らの手持ちの心象はその目的に対して少なすぎるから、全てのシンボルはそれぞれ、字義的な役割のみならず隠喩的な仕事もしなければならない。その結果生まれるのが夢のようにおぼろげで変幻する画像であり、それはいわば妖精の「世界」である。

こうした自由な空想は今日の子供たちの場合は周囲の大人たちの字義的な論理によっていくらか妨げられるが、似たようなものは原始社会においても見られ、そこでは最高度の考えにも子供らしさが残っている。我々が「未開」と呼ぶ人たちの間では、言語使用そのものが、一つ一つのシンボルにやたらに付着してくる様々な隠喩的意味でどうしようもない混乱を見せており、時にはそれに覆われて、もとの理屈の通った字義的意味が完全にわからなくなってしまうこともある。カイエ(2)はこの現象を研究調査し、思想の「植物的繁茂期」とよんで、その恐ろしいまでの非字義的意味の錯綜を、息が詰まるほど生い茂ったジャングルに喩えている(3)。このシンボルの放蕩現象の原因は思春期の競争への知的欲求にある。人間の心性に新しい、未開発の思考の可能性がどっと押し寄せてくると、日常言語の貧しさが痛感される。ここからくる不安が理解の範囲を超えてどんどん広がってゆき、伝統的な意味においてはどんなにつまらなく字義的であろうとも、全ての語句のもっとその先に深い意味合いがありそうな漠然とした予兆の光を放つのである。そのような心の状態は隠喩的な言葉の発達にとって特別な好機となる(4)。

比喩的な心像《イメージ》の特徴は寓意としての位置付けがそこに認められないことである。一つの観念についての字義的な言い回しと「詩的」な言い回しの**両方**を捉えられる心だけが、比喩と意味との区別をつけられる。自発的に描かれる心像においてはそのような形式と内容の二重性は存在しない。我々の最も原始的な提示作用――つまり夢の隠喩的描像――においては我々の感情を支配するのはシンボルであって意味ではないようである。我々はそれがシンボルだとは気づいていない。夢の中での経験ではしばしばごく日常的な対象――樹とか魚とかとんがり帽子とか階段とか――が強烈な価値を持っていたり、あるいは最大の恐怖を引き起こしたりする。何がそれをそれほど重要にしているのかはわからない。ただ夢の中ではそう思われるのである。もちろん情動的な反応はその対象に具体化された観念によって引き起こされるのだが、しかしその観念がその物体の中だけに生きているかぎり、その観念と字義的な常識からすれば全く些細なものである具体的なシンボルとの区別がつけられないのである。

未開の思考は夢のレベルとそれほど違わない。その働き方は夢と極めて良く似た形をとっている。夢のシンボルとして働きうる対象は目覚めている心に対しても神秘的な意味内容を持ち、実際的な目的には良くも悪くも全く役に立たないのに、情動を込めて眺められる。オーストラリアの〔原住民の石または木製の祭祀物〕チュリンガとかエジプトの〔神聖甲虫〕スカラベ、またギリシャの女性たちが祭壇に運んでゆく呪物なども、その種の記述し難い価値を持つ対象であり、目覚めている生活の中で見出され大切にされている夢のシンボルである。そのようなものが現実味を持って存在するため、想像上の過程が夢から現実へと運びこまれることになる。そして空想が「聖なる物」(sacra)を崇拝するという形で外化されるのである。

夢についての研究はこうした奇妙で神聖な物が持つ、より深い意味合いを解く鍵を与えてくれる。それらは男根のシンボルや死のシンボルである。この事実についてわざわざ精神分析医に相談する必要はない。人類学あるいは考古学の研究者たちが確証を与えてくれる。生命と生命を生み出すもの、死と死者とは未開宗教の大きな主題である。神々は当初は創造する力を示す象徴像《エンブレム》に過ぎなかった。様々な呪物、樹、立石《メンヒル》などである。或る種の動物が人類にとってごく自然な象徴《シンボル》となった。地中に隠れたヘビ、情熱的な強い雄牛、不意に死を割り当てる神秘的な長寿のワニなどである。やがて文明の進歩とともにその像が神社に祀られたり、行列で担がれたりするようになる。そしてそうした像は本来の自然の形よりもシンボル的な力を強調するように考案される。ヘビに角が生えていたり、冠をかぶっていたり、髭がついていたり、雄牛に翼があったり、人間の頭を持っていたりするのである。

このような聖なる物は特殊な情感を起こさせるのだが、それは例えば強い武器とか新しい奴隷などの、何か有利になるものを所有しているという単純な喜びの感情ではない。宗教的儀式の「歓喜」は人々が大きな魚を捕まえたとかゲームに勝ったといって有頂天の声をあげるような、自発的な喜びではない。崇拝者を守護するとされる神の力が「ハレルヤ」という叫びを呼び起こすのにふさわしくないのは、暗黙のうちに受け入れられている、父親が子供を保護する力がそれにふさわしくないのと同様である。子供たちはなるほど親が持つ、より強い力で保証されて生きており、そこに安心感を抱いているが、しかしだからと言って子供たちが定期的に親の力を一気に讃えるなどということはない。宗教上の歓喜は完全に決められた時期に限られており、それは神のシンボル――それはおそらくはいつも神殿内に収められている――が持ち出され、公の場で拝まれる時である。だがそれだけではない。まず誰かが叫びを誘導し、喜びの実演をしてみせる。するとやがてその感情が拡大してきて、歓喜が会衆を捉える。彼らの喜びは出来事のうちにあるのではなく、そこに提示されたアイデアにあるのである。その喜びは何かの対象を巡って湧きおこるのだが、その対象自体も全く受け身であって、ただ当の観念を伝えるという目的以外には無用である。

想念化の力すなわち「アイデアを持つ」力は人間の特殊な武器であって、この力を自覚することとは人間の強みを感じて興奮することである。新しい想念が生まれてくるときほどわくわくすることはない。生と死についての、人間と世界についての基本的な着想《アイデア》を具現するシンボルは、当然神聖なものである。だが素朴な思考はシンボルとその趣意とを区別しない。その思考は物であるチュリンガを見、あるいは粘土製のテスモス〔＝デメテル女神像〕だけを見るのであり、シンボルが人間の手で作られたのではなく自然物の中から選ばれる場合は、実物のヘビあるいはトキあるいはカシの木あるいは**生命の樹**(arbor vitae, ヒノキの一種)などを見る。そのような対象になぜ聖性が備わっているのかについては明示的な理由はなく、ただそこに人間の幸運や希望や力があるという強い感じがあるだけである。聖なる物が持つとされる実際上の効力は人間の観念化の力の偉大さを示す夢の隠喩である。その観念化の「力の偉大さ」は或る特定の効力の発揮なのだとみなされている。生命力を表現しているものは生命の源であると、死を表現するものは死の代理人であるとみなされる。未開人が示すといわれる因果関係についての愚かさとは、実はこの心の深奥にある法則によるのであり、それは原始宗教に例示されるのみならず我々の敬虔な信心においても、例えば悪魔は十字架を前に捧げることで避けることができるとか聖母マリアの画像が家を悪から守るというような信仰にも見られるのである。そのような発想はシンボル的価値と実際的価値とを、表現性と物理的機能とを、ごく自然発生的に同一視することによるものである。だがこの同一視は単なる「浅はかな」間違いとして脇に退けるにはあまりに深いところに根ざしている。我々が〈シンボルの〉重要性と日常生活での他の活動の重要性とを一緒にしてしまうというのは、我々が不断に着想《アイデア》に関心を抱いていること、そして表現性に富んだ形姿には自然に注意を向けずにいられないということを示す兆候なのである。

聖なる物を観照することは或る種の知的興奮を誘い出す――知的なのはその行為が精神活動を中心になされるからである――が、それは生命や力、雄々しさ、競争、そして死を現実に自覚することからくる興奮である。そのような観照によって人間の抱く情感が巡る行程全体が震撼させられる。神聖な感情が最初に表に現れる形は明らかに純粋に自己表現的であり、感情が高まって無意識のうちに叫んだり、跳ね回ったり、地面を転がったり、まるで子供の癇癪のように溢れ出してくる。しかしやがてはその爆発的な発作が習慣的な反応となり、個人の感情の発散としてではなく、意識的に外に**示威する**ために使われるようになる。その生き生きとした示威が或る種の情感に伝染力を与える。叫び声が叫び声に応え、集団的な飛び跳ねが踊りになる。すると必ずしも今ここで自分の内側の緊張を発散しなければならないわけではない人たちも足拍子につられ、集団の歓声に加わってゆく。

しかし内面の、今ここでの必要に駆られずに表現的行為が演じられるや否や、それはもはや**自己表現的**ではなくなる。それは論理的な意味において表現性を持つ。その行為はそれが伝える情動のサインではなく、そのシンボルとなる。一つの感情が通常自然に辿ってゆく経過を完成するのではなく、その感情を外示的に意味するのであり、演技者自身にとってすら、その感情をただ思い浮かべるだけかもしれない。或る行為がそのような意味合いを獲得するとそれは**身振り**《ジェスチャー》となる。(5)

本来の行為は無理やり中断されない限りは、詳細に至るまで完了するものだが、身振りの場合はかなり不備な模倣で、その行為の中の重要な特徴的局面を示しているだけのこともある。それでも身振りは表現的形式であり、立派なシンボルである。そこで示された局面が固定され、原型となった行為を生み出した感情の**アイデア**を伝えるために意図的に用いることができる。それは意図的な身振りであって情動的な**行為**ではないので、もはや情動の自然発生的なさまざまな変異には左右されず、むしろ同じ形を詳細まで厳密に反復されることが増えて、だんだんとその形式が語や歌の節と同じくらい熟知されたものとなる。

神聖な対象を前にしてとる目に見える振る舞いが定式化されると、そこは**祭祇**の領域である。これは言わば死生のシンボルを補完するものとなる。というのは死生のシンボルが人間存在の基本事項を、生殖と成就と死の力を提示するのに対し、宗教的観照の場で演じられる祭祇はそうした現実に対する人間の側の反応を定式化し、記録するからである。祭祇は生理的な意味においてではなく論理的な意味において「感情を表現する」のである。アリストテレスが「精神浄化的《カタルシス》」とよんだ価値も持つかもしれないがそれが特性というわけではない。それは主として感情の**分節化**である。そのような分節化の最終的な所産は単純な情動ではなく、複合的で永続的な**態度**である。この態度は聖のシンボルが与えてくれる深い洞察に対して崇拝者がする反応なのであるが、それは一つの情動の型《パターン》であって、個人の生涯全体を支配するものである。この態度をそれと認めるには、形式化された身振りという媒体を通す以上に明確な手立てはない。それでもこの不明確な形式の中にそうした態度が現に**認められる**のであり、それが部族あるいは会衆に強力な統一感を、正当性と安全性の感覚を生み出すのである。定期的に演じられる祭礼は「はじめにして終わりのもの」への情緒の絶えざる繰り返しである。これは情動の自由な表現ではなく「正しい態度」をしっかりと訓練する立ちげいこなのである。

しかしながら情動的態度は常にその時の生活の急務と密接に結びついており、目下の心配事や欲望に彩られ、特定の記憶や希望に影響されている。聖なる物は意識的には生そのものと死そのもののシンボルとしてではなく、生命を与える者、死を配分する者とみなされているから、単に祀り崇められるだけでなく、これに嘆願し、信頼し、恐れ、礼拝と犠牲で怒りを宥めようとされる。危険が迫った時には自分たち崇拝者を救済してくれるようにとその力を呼び求める。するとその力の持主が旱魃を断ち、飢饉を終わらせ、疫病を食い止め、戦闘の流れを変えてくれるのである。イスラエルの子ら（＝ユダヤ人）の軍列を先導する聖櫃は彼らに勝利をもたらした。聖櫃がペリシテ人の手に奪取されてしまうと捕らえた側に疫病が見舞った。その効力はユダヤの共同体が得た全ての勝利、全ての征服のうちに見出される。そして起こった特定の出来事は特定の感情とともに、至聖所（＝幕屋）に結びつき、その祭壇の周りに自らを表現するものを探すのである。

これが**模擬**祭祇の起源である。救済主の力への感謝を捧げる祝賀の挙式において、祝われている出来事の記憶は強烈である。最初はたぶんごく無意識のうちにであろうがその記憶はそうした感謝の念を慣習上伝える身振りや歓声の中に入り込んでくる。それを通して神聖な一者の性格が明らかになるので、物語は繰り返し語られ、その語りが決まり文句になり、その決まり文句に伴ってなされる手足の動きが伝統的な身振りとなり、祭祇の型の中に織り込める身体表現となる。偉業の想起に伴ってなされる剣を大きく振り回すという所作が、やがては語りの特定の箇所で決まってなされるようになり、それとともに正しい頃合いを見計らって、「ハレルヤ！」とか「イアッコス！」〔エレウシスの秘儀の行列の中でかけられる掛け声。Iacchos, Iacchusとも〕とか「アーメン！」というような叫びで、会衆が皆それに参加できるようにするのである。身振りには独自の揺れやリズムが伴うので、ぴったり調子を合わせて演じることができる。そして話の大団円では工夫が凝らされた長い実演、つまりは剣舞へと発展するのであろう。

もう一つの、そしてもっと明白な模擬的な祭礼の起源は聖なる物語ではなく、祈願である。祈願では想念が記憶におけるよりもっと鮮明であり、もっと切迫したものとなる。或る一つの行為がそれを実現できる唯一の存在である至高者の前に提案され、勧められるのであるが、祈願する者はその願望をなんとしてでも表現しようと熱心のあまり自然にパントマイム〔黙劇〕に陥るのである。(6) つまり行為の描出が懇願の身振りと混じり合っているのである。そしてちょうど聖なる物の持つ表現上の価値がその即物的な価値であると考えられるように、模擬的な祭礼のシンボル的力にやがて因果的な効力があるとみなされるようになる。そこから世界中至るところに、そして太古の昔から見られる、交感呪術への信仰が生まれる。「魔法《マジック》」という空虚な想念に陥ってしまうのは、模倣された出来事と現実に起こると期待される出来事との間に**直接の**関係が前提される場合のみである。パントマイムが物神または精霊あるいは神の面前で演じられる限りは、あくまで、その神々しい力の主を動かして行動を起こす気にさせようと意図しているのであり、原始的な祈りに他ならない。原始宗教は呪術に始まるとしばしば言われている。しかしむしろ呪術が宗教の中から生ずるという方が当たっているのではないかと私は考えている。その典型的な形式——決まった呪文、儀式、秘薬、祭礼など、即物的な効果を得るための保証つきの、実際的な**使用**——は宗教的行為を入れる空の容器に過ぎない。見えない力が隠れているのだという考えを捨てて現象を因果関係の結びつきで考えるようになった社会においてすら、混乱した、劣った精神はそうした容器をいまだに持ち続けているかもしれない。するとそこで我々は自然法則に**逆らう**という、理不尽な「魔法」の行使に出会うことになる。

　宗教とは人生の本質的パターンの展望が少しずつ開けてくることなのであるが、その洞察にはほとんど全ての対象や行為や出来事が寄与しうる。祭祇といっても、それを構成しているものは皆、外部にも普通に見つかるものである。聖なる物というのはそれ自体として貴重なのではなく、それが宗教的に用いられるということで価値が生じているのである。形式化された表現的な身振りはごく日常的な社交の中で起こり、挨拶したり、敬意を表したり、あるいは(ちょうど嫌いな先生の後ろで生徒が主として自分たちが楽しいからしかめ面をしてみせる、というような)反抗の真似をしたり、というようなことである。模倣的身振りというものは、全ての演劇的想像力に同時的に、しばしば無意識のうちに、必ず伴うものである。それはとくに真剣であったり重要な行為である必要はない。真似とは我々が色々な活動を心に描くための、ごく自然なシンボル作用である。その意味作用は極めて明白であるから、仮になんの行為も実際には為されないとしても、どんな着想もただ示唆するだけのパントマイムで皆に理解される。アヴェイロンの野生児ヴィクトルは、いやもっと知性の低かった野生のピーターですら、何も訓練しなくても模擬表現をすぐに理解した。二人とも言語は覚えなかったのであるが。

特定のシンボル的形式は公の宗教的使用に供される以前に——それが実際に深遠な観念を提示するという難しい芸当に用いられる以前に——おそらく長い間もっと日常的な役割を果たしていたであろう。人間が人生の様々な局面を再演する**祭礼**を遂行するずっと前に、彼らはそのような演技を**遊戯**の中で学んでいた。そして身振りの持つ奇妙に知的な（非実用的な）性質に注目すると、子供たちの遊戯から学ぶことは極めて大きいのである。もしその目的が、よく世間で言われるように**真似をして学ぶ**ということにあるのならば、演技がしばしば繰り返されるとそれだけますます現実に近いものになり、そして昔からよく知っている行為の方が、新しい行為よりももっとうまく描出されるはずである。ところが幼い子供たちの遊びの成分となっている、共通の白昼夢として示唆された所作を実際に最後まで**やり遂げ**ようとするような試みはほとんど全く見出されないのである。

「じゃあ、もう行くよ」――そう言ってゲームの中心から三歩離れればこの（行ってしまうという）過程が完結したことになる。「だから君は泣くんだよ」――置き去りにされた子は顔を両手で覆って小さな悲しげな声をあげる。「じゃあ今度は君に妖精のドレスを縫ってあげよう」――五本の指先を全部ぎゅっと握り締めた手でぐるぐると円を描く、という具合である。だがシンボル的身振りとして最も説得的なのが食べる真似である。子供たちは食べることに興味を持っており、彼らのゲームには食べるという大好きな機会が度々登場する。ところがその食べるという過程の真似が、おそらく現実から最も隔たった、全然似つかぬものなのである。スプーンやその他の器具をそれらしく似せようという試みが全くない。片手で、想像上の食物を一秒もかけずに口に運び、唇を、ぶ、ぶ、ぶ、ぶ、と震わせる。この種の真似事では仕草を学ぶという目的には到底役に立たないであろう。これは省略され、図式化された行為の形である。実際に子供がこの行為をきちんと遂行できるかどうかなどはどうでもよいことである。食べるという行為はずっと前に学んだ行為であり、一方の裁縫は子供たちにはおそらく神秘そのものであろう。それでもいかに不器用だと言っても縫う行為の真似の方が、宴会の真似よりましなのである。

或る行為がよりよく理解されるほど、そしてより頻繁にシンボル的身振りと結びつけられるほど、それを再現する動きはより形式的でより簡略なものになるようである。この国〔アメリカ〕にきた最初の白人の開拓者たちが先住民の祭りの宴会を〔おそらくその様子と声を真似て〕「パウ、ワウ、ワウ」と呼び、そしてのちにこうした宴会を指すのに無造作に「パウワウ」というようになったように、子供たちが裁縫や戦いや、その他の過程を、初めは実際に真似していたのであろうが、ゲームがなんども繰り返されると真似の方はどんどん減ってほとんど何もなくなっていったのであろう。それは描出するというよりも**参照**する行為になるのである。

原始宗教の祭祇の非常に多くが模倣に基づくという事実、そして模倣が子供たちの遊びの典型的な形であるという事実が、何人かの優れた哲学者たち、とくにジョン・デューイに、祭礼とは特定の実際的行為を、その行為そのものが面白いために繰り返すことであり、その反復がやがては習慣になり、そして呪術的な有用性があるゆえに尊厳性を持たねばならないのだ、と信じ込ませる結果になった。「男たちは釣りや狩りを楽しみごととし、周期的できちんと規律にしたがってやらねばならない農作業に向かうのは、このつまらない仕事を女とか奴隷とか格下の者にやらせることができない場合に限った。可能であれば有用な労働を、儀式や祭礼を加えることによって変容させ、その場で楽しめるような技芸に従属するものとする。それが可能でなければ、状況に迫られて仕方なく、余暇の時間を少し諦めて、出来るだけ短い時間をこの労働に譲ることになる。なぜなら仕事から解放された余暇の自由時間は白昼夢や儀式や会話の中に祭りの要素を許容するからである。それでも必要不可欠なものの圧力が完全に消滅することはないので、その圧迫感に引きずられ、休憩していることに良心の咎めを感じて落ち着かないとでもいうように遊戯や祭礼には実用的な効力があることにして祭礼に行事への強制力を与え、行事の支配者から恩恵を勝ち取る力を与えようとするのである。……〔このように〕人々が崇拝や祭礼に忠誠を抱き、部族の神話への信仰を保ったのは良心によるのではなかった。それが規則的な作業になっている場合は別として、敬虔な宗教心の枯渇をとどめていたのは責任のない、人生の劇の享受であった。物事の成り行きを左右する手段としての祭礼に対する興味や、神話を認識したり解明したりする仕事は装飾以上のものではなく、必要が実生活に否応なしに課してくる型《パターン》を、もっと快適な形式で反復するだけのことである。祭礼と神話とが、実生活の必要と作業の及ぼす影響と経歴とを自発的に予め演じるものであれば、それらがまた実効力を持つとも見えるに違いない」(7)。

この見地に立つと、どうして未開の祭礼があれほどしばしば恐ろしい拷問——焼印とか、皮膚を剝ぐとか、歯を無理やり引き抜くとか、指の関節を切り落とすとかいうようなな——を伴うのかが理解しがたくなる。例えば時には少年がナイフや鞭で死ぬこともある成人式は、到底「責任抜きの人生劇の享受」とは言えない。そのような行為は遊戯からは程遠いものである。確かにそうした行為が持つ勝利や繁栄や一般的な幸運をもたらす手段としての価値はデューイ教授が言われる通り、副次的なものである。しかしそれが達成するのは楽しみであるよりも**士気《モラール》を高めること**である。それはむしろ人間がする絶えざる想念化と方向定位の追求の一部である。このような行為のうちに目覚めつつある権力と意志の、死と勝利の観念の具体化が始まっているのであり、人間が抱く悪魔に取り憑かれたような恐怖とか理想に、活発で印象に残る形式を与えるのである。祭祇とは真剣な思考の最も原始的な反映であり、いわば人々の生命への想像的洞察がゆっくりと沈殿したものである。このゆえに時には祝祭や勝利の祭典がただの興奮やどんちゃん騒ぎや羽目外しに堕落することもあるとしても、祭祇は本質的に厳粛なものである。

　もし人間の心が本質的に遊びを好むものであれば、そこに「仕事を休んで遊ぶことで落ちつかない良心の咎め」は起きようがない。遊びが必要不可欠な若いイヌや幼い子供にはそんな良心はない。遊びがもっと重要なものに取って代わっていると感じる人々だけが、それをまずいと非難できるのである。もしそうでないなら、必要最小限の対処さえできれば仕事それ自体がとくに尊重に値するわけではないし、もし選択肢が実際的な仕事と純粋な娯楽のみであれば我々は全く自由に好きなだけ遊ぶであろう。

　しかし人間の心のうちを駆り立てているのは実は恐怖であって、その恐怖がこの混乱した世界の中で安全を得ることを至上命令として要求するのである。つまり全ての経験に行き渡り個々人に自然と社会との及ぼす恐ろしい諸力の只中《ただなか》で、確定的な**方向づけ**を与えてくれるような、一つの世界像の要求である。そのような明確な洞察を具現しているような対象が、そしてその洞察を表現し保持し、そして反復するような行為こそが、実に仕事よりももっと自発的な関心を呼び、仕事よりももっと真剣なものなのである。

　宗教が定式化しようとする概念が普遍的なものであるため、自然界のあらゆるものが祭祇の領域へと引きずり込まれる。未開人の、踊りと太鼓で雨を誘おうとする表面的には見当違いのように見える努力は、決して実践上の間違いではない。雨は雨乞いの祭礼の一部なのであるから。現地人の雨乞い踊りを実際に観た白人たちは極めて多くの場合に実際の土砂降りの雨が「その結果」降ったとしばしば述べている。またもう少し醒めた見方をして、踊りの指導者たちは気象を熟知しているので、踊りをちょうど天気が変わりそうな頃合いに合わせて、「雨乞い」をしているように見せるのだと評する人もある。そうかもしれない。それでもそれが全くの詐欺行為であるとは言い切れない。こうした「呪術」の効果は一つの祭礼を「完成するもの」である。どの未開人でも真夏に吹雪を起こそうとはしないし、全く季節外れに果物が熟するように祈願することもない。もし祈りや踊りがそのような出来事の物理的な原因になると本当に考えているのであれば、きっとそうしたであろうが。彼は雨と**共に**踊るのであり、どこかにいて反応せずにぼんやりしている天気に呼びかけて、自分の役を果たしてくれと誘っているのである。だから過去に失敗したことがいくらもあったとしてもだからと言ってそれが彼の実践を全く妨げるものではない。もし天と地が応答しないのであれば、その祭礼は**成就されなかった**だけで、従って「間違い」ではない。その失敗は酌量すべき情状とか、通常あるはずの頂点が訪れなかったことを説明する何か別の「対抗呪術」が見つかることで挽回される。医療師が魔物を呼ぶ呪文は必ず答えられると請け合い、場合によっては答えを自ら模擬的にやってみせるまでに策を練るのに悪意はない。なぜなら祭礼の最も重要な価値は実際上の成功よりも宗教的な成功にあるのだから。雨乞いは、もともとは長い旱魃のあとで、これからすぐ雨が降るというのでそれを祝ったことから始まったと十分考えられる。最初の大雨の兆しである黒雲がやってくるのを懇願し、興奮し、そしてこれを模倣で示唆して迎えたであろうことは明らかである。気まぐれな天が決心を固めようとしている間に祭礼が次々に展開してゆく。そしてその進行する次々の行為がそれぞれ嵐を近づける段階を印すことになる。その真の趣意《インポート》――つまりその瞬間にまざまざと示されている人間と自然との関係を分節する力――は、雨を誘引する物理的な力の隠喩的な姿の中にのみ認めうるのである(8)。

交感呪術は模擬祭祇から生まれ、主として部族的な原始宗教に属する。だが最も原始的なものから最も文明的な信仰に渡り、盲目的な強制的行動から呪術を経て、意識的な表現の高みに至る、その全行程にまたがる儀式の型がある。それは聖体祭儀《サクラメント》である。

聖体祭儀の表面的な形はたいていは普段日常的にやっている馴染みの行為で、洗うこと、食べること、飲むこと、といった事柄である。時にはもっと特別な行為――屠殺、性交など――もあるが、しかしそれでも基本的に現実的で必要不可欠なものである。一見したところ、最高に象徴的な趣意がこんな低級な活動に結びつくのが、不思議に思われるし、その内でもより日常的で頻繁になされることが、最も普遍的な聖体祭儀となっているということはとくに奇妙である。しかしそのような意味深い、太古からのシンボルの創造物語を考察すると、なぜその起源がごく日常的な出来事にあるのかが理解できる。

或る行動の型《パターン》に二次的な意味が浸透してゆけるようになるには、まずその前にその行動が明確で細部に至るまでよく知られたものでなければならない。そのような形式がごく自然に発達するには、それは**しばしば繰り返される**活動においてのみ可能である。習慣的に行われる行為はほとんど機械的とも言える形式を持つようになり、実践する動作の順序は常に決まったものになる。**なされる事柄**が一般的に繰り返されるのみならず、特定の人がする**やり方**も反復される。例えば二人の人がパンを口に持ってゆくという場合、同じことを**やって**いるのだが、二人はそれぞれの気質や伝統に応じて非常に異なったやり方をしているかもしれない。二人の振る舞いはともに特定の目的に合ったものであり、現実のものであるが、そこには無意識的に身振りの要素が含まれているのである。

この形式的要素が、シンボルを求める心性にとっては極めて高度の可能性を提供してくれることになる。一人の人が個人的な「やり方」を発揮するように、一つの部族もその部族的な「やり方」を持つようになり、それが無意識のうちに型にはまった独特の癖として受け継がれ、やがて従来の型からはずれるとそれに人々が気づくようになり、以後は「正しい形」として意識的に練習されるようになる。このようにして形式がそれとして抽象されると直ちに、その正しい身振りが部族にとって重要なものとなる。そのような形式的な統一性と様式とを獲得した行為に、誰かが二次的な意味を読み取る。するとその身振りが実用的な機能を持つとともにシンボル的な機能も持つと考えられ、そこにさらに新しい情動的な重要性がつけ加わる。シンボルへの衝動が奔放な「植物的繁茂」の段階にあるような社会では、食事を取り分けるとか季節の最初の新しい穀物を食べるというような実際的な行為がアイデアとして大きな関心を呼ぶので、かつての物質的な関心は新しい神話的な関心のうちに溶けて消えてしまうかもしれない。多くの未開人にはただ祭礼のため**にのみ**食する食物があり、キリスト教徒にも祭式に付随していないような〔ただの〕洗浄とか水浴などの全ての行いに眉をひそめる人たちがいたものである。

いまあげた洗浄や禊は格好の実例である。汚れを洗い清めることは単純で実用的な行為である。だがそのシンボル的価値が極めて顕著であるためこの行為が「本性的〔にシンボル的〕な意味を持つ」といっても良いであろう(9)。同様に、食べることも日常的なのであるが、こちらは一緒に食事をする家族の絆という意味が容易に感得できるし、さらに食べる者と食べられるものとの間にはもっと親密な結びつき――ないし同一化――が、認められるので、そもそも一般概念を想念しうる精神にとっては、すでに或る種の秘蹟的な性格を備えている。〔例えば〕或る動物を食べることのシンボル的趣意に気づくとすぐさま、宴会の進行は新しい精神でとり行われる。その会食を会食にしているのは食物ではなく〔食されている〕**動物の特性**なのだ、と。肉が宴会の主人である。もっとも肉に宿っているその功徳をそれと指す特有の名はないかもしれないし、従ってこれを食べること、集まること、この味、この匂い、その場所、を通してしかその効力を思うことができないのであろう。この新しい功徳を知ることができるシンボルはこの〔宴会という〕**特別の機会**しかないのであるから、その機会が永続的な形式を持って反復でき、その功徳が思い起こされ、呼び起こされるのでなければならない。そしてこのような機会としての行事の中の抽象可能な特徴——民族様式として、習慣的型としてひとえに教え込まれたそのやり方や癖になっている型——が神聖な儀式の手続へと高められるのである。肉は同じ順序で並べられなければならず、同じ形に切られ、動物の同じ部位から取られ、必ず祭礼儀式に従って食されねばならない。やがて全ての細部に意味が負荷される。一つ一つの所作がそれぞれその動物の持つ美徳を獲得する段階を表すようになる。全ての原始的シンボル化作用が持つ法則によって、このような意味合いは意味としてではなく、実物の効果として感得される。宴会は単にその進行劇を演じることにとどまらず、望みを獲得するための交渉過程なのである。この実演の行為は表現的であるのみならず呪術的である。このようにしてそこに、秘蹟の儀式に属する、力と意味との、媒介と表象とのあの特徴的な混在が認められるのである。[10]

ほとんどの未開社会で厳しい宗教上の管理が日常の食物や飲み物や家事に及ぼされている背景に、聖なる物に関わる力と日常生活での規則的行為に伴う危険について、何かぼんやりとした知覚があるのかどうかについては、ここで立ち止まって調べることはできない。現在のこの文脈で重要なことはただ、原始的生活には意味と呪術とが隅々まで浸透しているため、いかなる行動の型も、際立つ視覚的な形式とか音楽的リズム、決まり文句になるほどしばしば唱えられた問いかけとか宣言の全てが、何かしらのシンボル的ないし神秘的な機能を獲得するのだということである。つまりこの段階の思考は宗教の創造の時期なのである。ここに偉大な死生のシンボルが確立し、発展する。原始人あるいは半原始人の心ではとても把握できないような概念が、理解されないままに、物理的な具体物に、神聖な呪物、偶像、動物のうちに感じ取られている。漠然と理にかなっており正しいと認められる人間の態度が、自然な情動の吐露という行為によってではなく、あらかじめ決められた参加と承認の仕様という行為によって、表現されるのである。

祈願と供え物の祭礼がいつまでも、ただの棒の束とかあごの骨とか盛り土の墓とか一枚岩とかいうような名をもたないシンボルに捧げられ続けるわけにはいかない。〈神聖なる者〉は、沈黙している役であるとしても儀式の中での役柄を持っており、こうした崇拝祭礼が発展してゆくにつれてその主たる力の持ち主はその能力を表現する修飾辞を獲得する。「よく耳を傾ける者」とか、「なだめる者」「剣劇をする者、剣の者」というように。このような修飾的枕詞は呼び名としての役を果たし、そしてやがて名そのものになる。名がつくことで性格が定められ、それが次第に別の物理的描像という形でも表現されるようになる。だからかつては男根のシンボルであった石柱は「ヘルム(=頭像〔神霊を表す角柱像、とくに家長の繁殖能力の印、のちにヘルメスの原始的形態とされる〕)」となり、もともと自身がタブーであった岩は、自ら聖性を持つことを説明するために聖体であるヘビを匿う隠れ家となった。ヘビは見ることも聞くこともでき、反応し、あるいは引退し、撃つことも、許すこともできる。ヘビは許す者となりうるし、ヘルムは見張りにもなる。

これはもちろん全くの迷信から神学への、単なる呪術的な崇拝対象から神々を想念することへと進む段階の一つである。しかしそのような**神々**の描き方はまだ全く素朴である。「剣の勇者」は剣で表象されるかもしれないし、「耳を傾けるもの」は耳を持っているだけでなく、**耳である**かもしれない。(11) 神についての最初の着想は一つの対象、例えば樹木の中に棲む擬人的な存在などというようなものではない。ただ単純にその対象そのものを一人の**人格として**、祭祇の参加者の一人として捉えることである。この祭祇への参加ということ自体がそれを単なる呪術的な能力以上の、人格的意志といったものへと高める。崇拝の対象、呪文、あるいは聖櫃、あるいは神聖な泉の持つ力は全くの**効能**である。神々の力とは、その神が木であれ、動物であれ、像であれ、あるいは死人であるにせよ、**能力**である。呪術は正しく行われた祭礼によって作動させられる。神性を持つ者は礼拝ないしは追従に満足すれば召喚される。長い時代ずっと続いている祭礼もあるが、神聖なる者が神となる時に、祭祇の基調は祈禱になる。聖なる物があればできたようには、神からマナ〔マンナとも。旧約聖書では沙漠をさまよう民に神が天から与えた食物。広く神からの霊力〕を引き出すことはできない。神にその力を発揮してくださいと頼まなければならない。だから崇拝者たちは神の徳の一覧を——神の武勇を、知恵を、善良さを驚くべき寵愛を、そして不興に陥った時の恐ろしさを一つ一つ歌い上げるのである。このようにして神の特性が確定的に、また公に受け入れられることになる。崇拝者たちが求める全ての宝を彼が持っており、そしてそれらは彼からの賜物でもある。神の像はますますこの至高の性格を表現するものとなってゆく。彼は人間の理想の総括であり、部族の理想である。

ここに、高度の宗教の展開にほとんど必ず先立っていたとみられる動物崇拝の理論的根拠がある。道徳的な資質をシンボル化している神は動物の形をとるのが相応しい。人間という化身をとって現れたりすると混乱を招く恐れがあるからである。人間の人格は複雑であり極めて多様であり、定義しがたく、一般化が難しい。しかし動物は皆その類型に忠実である。雄牛の力強さ、ウサギの足の速さ、ヘビのしなやかな動き、フクロウの真面目さは、それぞれの種のどの成員も完全な明確さと単純さで例証されている。人間がこうした特徴を自分たちの中にはっきりと認めるより以前に、まず動物のうちに典型を見出すことができる。美徳をシンボル化している動物は、身体的にせよ道徳的にせよ、そこに美徳を認めて羨む人間にとっては神々しいものである。その動物はその特殊な資質を所有しているのでそれを施してくれるかもしれない。したがってそれは名誉を与えられ、支持を懇願され、そして時には聖体祭儀の場で崇拝者たちに食される。

或る動物に理想を見出す者は自分をその動物の名で呼ぶ。なぜなら彼が憧れる最高の姿がそこに例示されており、それこそが彼の「真の自己」であるのだから。今日もっと高級な神々を持つ我々でも、敵のことを自分が軽蔑する動物――「全くの〔愚かな〕ロバだ」「ただの豚野郎」とか、あるいはもっと挑戦的には「〔臭い〕スカンクたち」など――だと言ったりする。いまだに動物を崇める人たちはそれぞれの尊敬の念を込めて人間にも似たような称号を与える。敏捷で、極めて生き生きとして、繁栄する野ウサギこそ生命と繁殖のシンボルであるとする人々は自分たちも野ウサギであると考え、さらに、自分たちが崇拝し、祝福する祖先により多くのウサギ的な要素を帰するのである。彼らは「偉大なウサギたち」であった。文明人はこうした修辞句を隠喩的な意味に使うが、未開の心はシンボルと意味との間を行き来して、絶えず「私の最初の祖先は「偉大なるウサギ」だった」と言ったり「私の最初の祖先は一匹のウサギだった」と言ったりするのである。

おそらくこれがトーテム信仰の始まりであろう。トーテムはあらゆる種類の動物をその主要な特徴として用い、時には植物もトーテムの起源となることがある。というのは一度部族が自分たちの本質を表現しようと一つの動物の形を採用すると、他の部族が同じ動機は持たなくてもそれに続いて真似をし、隣の部族とは異なった動物を選んで区別をつけようとするからである。彼らにはもともと理想の観念などなかったかもしれない。その場合はその部族の理想を当のシンボルに合わせて形成するであろう。それができればの話であるが。しかしトーテムという考えは当初、動物の形態に何かしら人間にとって意味のあるものを洞察したことで始まったに違いない。あるいは純粋に性的な意味合いかもしれないし、もっと崇高な未開人の美徳の想念であったかもしれない。

このような憶測は、とくに神聖とされるのが動物の**形姿**であってその種を代表している個々の生き物ではないという事実が、その証左となる。エミール・デュルケムが『宗教生活の基本形態（*Les formes élémentaires de la vie religieuse*）』においてなしたトーテムについての詳細な研究の中で、トーテムの実践のうちに単純な動物信仰を見てとるという誤謬《ごびゅう》を犯さないようにと警告している。彼はこの研究の中で「**トーテム動物そのものよりもトーテム動物の描像《イメージ》の方が聖性が高い**という注目すべき結論に行き着く」と言っているからである。(12)

「ここにトーテムの本性がある。トーテムは人間の心があの非物質的な実体を、つまりあらゆる異なった種類の事物に広がって浸透するエネルギーを、信仰の真の対象になりうる唯一の力を、思い描くための物質的な形式に他ならない(13)」。さらに、その部族の特性に凝集されたこの〈力〉――社会的な影響力と権威――こそ、デュルケム氏のいう真の神性なのである。

彼は「トーテムは部族の旗印である」と述べ、さらに「宗教的な権力とは部族の集団的な、そして名のつけようのない〈力〉に他ならず、これはトーテムを通してしか表象（描出）できないから、トーテムの紋章は、あたかも（目に見えない）神の、目に見える身体のようなものなのである。……これで神聖なものの序列の中でなぜトーテムが最高位を占めるのかが分かる。

「なぜトーテム動物を殺害し、食することが禁じられるのか。そしてまたなぜその肉が祭祇に一役買う積極的な徳を持つのか。それはこの動物が部族の紋章に、つまり自分自身の描像に似ているからである。そしてもちろん、その動物は人間によりも、もっと紋章に近いのだから、聖性の序列の中で人間よりも高い位置付けがなされるのである(14)」。

デュルケムのトーテム信仰の分析全体が、トーテムが全ての聖体祭儀がそうであるように**観念形成**の一形式であり、概念が純粋に現示的な隠喩において表現されているということなのだ、という主張を支持している。

「宗教とは何よりもまず、それによって個人が自分がその一員である社会および自分がその社会に対して持っている、ぼんやりとしているがしかし密接な様々な関係のことを思い浮かべるためのよすがとなる観念体系である。そのような観念体系を持つことが信仰のまず第一の任務である。そして確かにそれは隠喩的でありシンボル的ではあるが、だからと言って偽りではない。それどころかそれが描き出しているとされる諸関係における本質的なことをそれが全て伝えているのである(15)……」。

「信者が、自らが依存し、自らの良心をそこから授かっている道徳的な権威が存在すると信じても、自分を欺いているわけではない。そうした〈力〉は実際に存在しており、それが〈社会〉なのである。……確かに彼が、自分の生命的な強さが高められるのは動物とか植物のように見える〈存在者〉の業であると信じるのは間違いであろう。しかしながら彼の誤りは、この〈存在者〉が自分の心に示されるのに用いられるシンボルを文字通りに、彼の想像力が伝えるのに用いている、外側の面だけを見て読み取っていて、その存在そのものには触れていないことにある。これらの形姿と隠喩の背後にこそ、雑なものであれ、洗練されたものであれ、具体的で生きた現実があるのだから」[16]。

このようなごく原始的な聖体祭儀の考えから真の神学への道、例えば黄泉の国でアスフォデルの花咲く野原に横たわるオリンポスの神々への信仰、あるいは三位一体の神が玉座に座る天上のエルサレムへの信仰への道は、あまりに遠く隔たって見えるため、まさか一方から他方へ人間の想像力が連続的に移っていったなどということがあろうかと疑いたくなるかもしれない。オーストラリアの先住民の心性と、昔から今日までのヨーロッパ人の崇拝者の心性も同じ程にかけ離れた世界のように思われる。聖なる鳥エミュは未来のゼウスの神を約束しそうにないし、洞窟のトカゲがキリスト教の愛の神の先駆けとは思えない。それでもそのような高度な神々の前史を辿ってゆくと、そうした神々の前身とオーストラリアやアフリカ、あるいはアメリカ先住民の地方の神々の間には驚くほどの親近性があるのである。我々はヨーロッパに本物のトーテム信仰があったという証拠を持っていない。だが動物崇拝があったことについては説得力のある証拠がある。幸いなことに全時代を通じて最も文明化された宗教の一つ、すなわちギリシャの宗教が盛んであったいくつかの場所に――古代ギリシャの夜明けからゆっくりとしたその没落を物語る神殿や家庭や墓地に、また図書館に、動物信仰の発達の軌跡を書き記してくれている。そしてまた忍耐力と洞察力をともに備えた古典学者がその展開を、資料が許す限り最も初期の段階から最後の凋落の時代の形態に至るまで跡付けてくれている。何故ならば、ギルバート・マレー教授が述べたように、「他の分野においても同様なのであるが、この分野では古代ギリシャは悲劇的かもしれないけれども極めて誇るべき、全くの底辺からはじめて、いかに危うげであったにせよ闘い続けて最高位に昇っていったという天晴れな勲章を持っている。原始的な恐るべき迷信でギリシャの記録にその祖先がないものはない。世界で達成された精神的思考の高みでその原型ないし共鳴現象が、タレスからプロティノスに至るまでずっと広がるギリシャの文献にないものもない(17)……」。

宗教の諸起源についての真に統一的な像について我々が最も負うところ大である学者はジェーン・ハリソンで、彼女の『ギリシャ宗教研究序説(*Prolegomena to the Study of Greek Religion*)』はオリンポスやキリスト教の神々の進化の跡を詳細に辿っているのだが、それはまず、墓場や蛇穴や炉端での卑近な動物崇拝の始まりから筆を起こしている。

この進化は長い物語である。それをもっと簡単に、先ほど引用したマレー教授の著書で簡潔にまとめられているので、[18]ここでは私はその始まり、その方向づけ、そしてその教訓を示す以上のことはできない。

その始まりは――ギリシャ的な心性について従来我々が抱いてきた考えに反して――太陽、月、そして虹といった愛すべき擬人的発想によるすばらしい空想とは全くの別物である。マレー教授は冒頭にこのことを述べている。

「ギリシャの宗教の原始的な段階を理解しようという我々現代人の努力を誤った方向に導いたのは、まず第一にホメロスを原初として扱うという、広範かつ根の深い誤りである。そしてもっと一般的には、まず「神々」という想念から始めるのだという無意識的な思い込みである。……実際にはこの天にまします神――単に「身体的部分を持たない、情念を持たない」〈第一原因〉のみならず、ほとんど全ての、我々が自然に「神」と呼ぶ存在――という発想は原始人にとっては把握困難な観念である。これは長い時代の哲学と思弁に満ちた、微妙で、純化された観念であるのだから[19]」。

オリンポスの神々は無邪気で喜びにあふれた想像力が自由に考え出したように見えるが、「彼らは奇妙にも自分たちに不似合いな背景に無理やり押し付けられている。長い間彼らの輝く姿に我々は目が眩んでいた。我々には神々の背後の、薄暗い領域が見えなかったのであるが、そこは暗い、神々が自らの生命を引き出している、欲望と恐怖と夢の根源的な絡み合いの世界であった。この問題についての最も確実な試験は実際の礼拝の示す証拠である。ハリソン女史は正しい方法を教えてくれた……」。[20]

その方法による彼女の観察結果は、簡単にいうと、大きなギリシャの祭りにおいてはオリンポスの神々は全くなんの役割も演じていない、ということである。神々の名は全く外側からこの行事に結び付けられたもので、たいていの場合修辞句で修飾されていて、当の結びつきが少なくとも理屈に合うようにされているのである。だから例えばアテネの〔最大の村の祭り〕ディアシアは「ゼウス・メイリキオス」すなわち「宥和のゼウス」を讃えて催されることになっている。

「修辞句付きの神というのは、必ず何か怪しいところがあって、「別名」や「偽名」を持った人のようなものである」とマレーは言う。「ハリソン女史の調査によるとその祭礼にはゼウスの占める場所がどこにもないのである。メイリキオスの方は初めから十分安定した位置付けがある。浮き彫りの図のいくつかではメイリキオスは神ではなく、巨大な、髭を生やしたヘビの姿で表されており、これはよく知られた、冥界の権力者ないし死んだ祖先の表象である。……

「ディアシアの祭りは宥和の祭礼であり、つまりは様々な汚染と危険の要素を払い取り巻く暗黒の未知の怒りをなんとか癒し宥めようとするものである。この祭りに含まれるもので、最も神に近いのはメイリキオスである。……〔それで〕彼の名は「宥めるもの」という意味であり、彼は全くそれ以外の何物でもない」。

「テスモフォリア祭はデメテルとその娘コレーの大きな祭りであるが、ここでもデメテルは付いて離れない修辞句テスモフォロスを伴って現れる。この祭礼の進行全体はかなりはっきりと知られている。……詳しく見ているとオリンポスのデメテルとペルセポネは次第に姿を消し、残っているのは影の存在であるテスモフォロス、「テスモイ〔＝呪術、制定された法〕を運ぶ女」だけである。これは実体を持った人格的女神ではなく、祭礼を人格化しただけである。多くの呪文が運ばれることから生まれた想像上の運搬者であって、それはちょうどディアシア祭で宥めの儀式からメイリキオス〔＝宥める者〕が生まれたのと同じことである」(21)。

全くの擬人的発想が最初にギリシャに入ってきたのはアカイア人の征服によるものと考えられ、彼らの山の神であるオリンポスのゼウス(22)は当時すでに人間の姿をとるようになっていたが、原住民のペラスギアの神々はまだ動物の形あるいは、せいぜい異種の動物が合体した怪物の形をしていた。アテナはいまだにフクロウである、あるいは水鳥アビないし鳥の頭をしたメガラの「潜水娘」とされていた(23)。この擬人化されたアカイアの神が当時のエーゲ海周辺の地の原始的な崇拝に及ぼした影響はおそらく目覚ましいものであったろう。一つの高度な想念化が、重い、混沌とした人間の思想を一挙に引き上げる素晴らしい梃子となることがある。地域の神々は新しい人間の型をとることになったが、それは気づいてみればいかにも当然のことであった。そしてこのアカイアの山の神が、というよりは山に住む天の神が、彼の似姿に合わせて生まれ育った神々の父となり支配者となったのは驚くにあたらない。

「このアカイアの神は途上で出会った様々な土着の信仰の対象を追放し、あるいは吸収してゆく尋常でない力を持っていた」とマレー教授は述べている。「〔彼がその信仰対象としての地位を奪った〕メイリキオスに起こったような物語は珍しいことではない」(24)。

しかしこの偉大なオリンポスの神も、彼が単なる祭祇を超えた者になるまでは、天上界との、神々との、人間界との明確な関係を得た完成した形をとることができなかった。人間の神概念が真に分節化されるのは偉大な**神話**の世界においてである。シンボルは神に同一性を与え、模擬舞踊はその恩恵を表現するが、しかし神の特性が決定されるのはその起源と、なした行為と、これまでの冒険について受け継がれる伝統によってである。小説や劇の主人公同様、神は自分がただ姿を現すことによってではなく、自分の物語によって個性を持った人格となる。〔犠牲を要求するトカゲの〕モレク神はいかに広く崇拝されているとしても、その祭礼を離れて独立することはできないのだが、それはモレクには神話がなく、彼について一貫した、意味の通る話がないからである。しかしゼウスとその家族には、我々が知る最大の神話の創始者であるホメロスにその家系の説明がある。ヘロドトスはホメロスがギリシャの神々にその名と身分と、その形姿まで付与したといっているがそれほど的外れではないであろう(25)。神々は祭祇から生まれるが神学は神話から生まれる。ハリソン女史は**コレー**、つまり原始的な地上の女神の起源を述べるのに、「五月祭の柱(May-pole)とか収穫の稲束は〔彼女が〕収穫の〈巫女〉になってゆく中途段階である。このようにして……女神ができたのである。歌が歌われ、物語が語られ、そしてその話を語ることが、女神の人格の輪郭を定める。霊をそのまま長く礼拝し続けることは可能であるが、物語の語りと神話づくりの本能が目覚めるとそこに人格化と神話が生まれる(26)」。

しかしながら「神話づくりの本能」にも独自の歴史があり、独自の死生シンボルがある。それはより高級な宗教が出来上がってゆく過程での秘蹟に相当するのだが、しかしその下級段階に属するというわけではない。言い換えれば、少なくともそれは哲学的思考が目覚める以前はほとんど重要ではなく、その哲学的思考こそ本来の宗教が最後の到達点であって、そこに宗教の完成とそしてその解消があるのである。

原注

（1）M. Drummond, "The Nature of Images," *British Journal of Psychology*, XVII（1926）, 1: 10–19を参照のこと。

（2）Émile Cailliet, *Symbolisme et âmes primitives*（1936）, chap. iv.

（3）同じ比喩はイェスペルセンが原始的言語の形式作りの時期を記述するのに用いており（*Language*, p. 428）、またホワイトヘッドも（*Symbolism*, p. 61）制御の利かない象徴化熱を語るのに用いている。

（4）発達遅れの人がいるように思春期のまま成長が止まってしまったいくつかの種族がある。彼らはもはや想像力旺盛ではないが、しかしこの「植物的繁茂期」の効果を卒業することができないでいる。それで彼らは比喩的言語をその洗練された社交の伝統の中へ取り込んでいるのである。彼らの隠喩は新しいものでも発見的なものでもなく慣習的で、ただ字義的な想念化の前進を邪魔する役割しか果たしていない。

（5）L. A. Reid, "Beauty and Significance," *Proceedings of the Aristotelian Society*, N.S. XXIX（1929）, 123–154を参照のこと。とくにp. 144.「もし一つの表現が最初は自動的なものであったとしても、表現すること自体が楽しくて何度も繰り返されると、審美的になる。……意識的に演じられることで享受される怒りは単なる本能的な怒りではなく、演劇的な（時には感情を誇張したメロドラマ的な）怒りであり、全く異質のものである」。

（6）W. W. Newell, "Ritual Regarded as the Dramatization of Myth," *International Congress of Anthropology* (1894), 237–245. W. Mathews, "Some Illustrations of the Connection between Myths and Ceremony," 同上、pp. 246–251.

（7） John Dewey, *Experience and Nature* (1925), pp. 78–79.

（8） アルフレッド・フィーアカントの論文の中で祭礼の表現的な機能は実用的な機能と区別されている。Alfred Vierkandt, "Die entwicklungspsychologische Theorie der Zauberei," *Archiv für die gesamte Psychologie*, XCVIII (1937), 420–489. フィーアカントは因果観念を事後に重ね合わされたものとして扱っている。「この〔模擬〕行為は望まれる目的への手段と見える。もしこの目的が祭礼の動機のすべてであるとすると祭礼は純粋に表現的行為から目的行為に変化したのである。……この変化の行程の中で、単なる目的的行為の上乗せから表現性への必要の消失に至る、二つの構造間の関係のあらゆる段階が認められるであろう。一方の端には実用的目的が単に上乗せされた上部構造があり、これはイデオロギーであって、実際の推進力は表現欲である。……もう一方の端は目的手段というカテゴリーに従って全体が組織化される、本来の意味での目的行為である」。

（9） アーバン教授は「真のシンボル」という述語をこうしたその意味が「本性的に」示唆されるような表現のみに用い、他のシンボルは全て記号（サイン）として扱っている（cf. *Language and Reality*, part II, とくに pp. 402–409）。すでに説明した様々な理由から私はサインとシンボルの区別はこれとは別の次元にあると考えており、この用法には従うわけにはいかない。

（10） もっと現代的な例としてはフリーアの次のような言明がある。「聖体拝領は一つの同質的で連続的な行為であって、そう言って良ければ一つの劇のように進行してゆく。序奏があり、次第に盛り上がり、最高潮に達し、後奏が来る……聖体拝領はそれまでの祭礼と犠牲をまとめ、それを超えるものである。それは最初からキリスト教の中心的な聖体式であり、**単に有意味なだけでなく、実効的であった**」。W. H. Frere, *The Principles of Religious Ceremonial* (1929), pp. 37–39(強調筆者)。

(11) Jane Harrison, *Prolegomena to the Study of Greek Religion* (1908), p. 187 をみよ。
(12) Émile Durkheim, *Les formes élémentaires de la vie religieuse* (1912), p. 189.
(13) 同上、p. 270.
(14) 同上、pp. 315–318.
(15) 同上、p. 323.
(16) 同上、p. 322.
(17) Gilbert Murray, *Five Stages of Greek Religion* (1925), pp. 15–16.
(18) 同上、とくに一章、二章をみよ。
(19) 同上、p. 24.
(20) 同上、p. 28.
(21) 同上、pp. 28–31.
(22) 同上、p. 66.「それ(＝Olympus)は山々を指すのに用いられた前ギリシャ時代の語である」。
(23) Harrison, 前掲書、p. 304.
(24) Murray, 前掲書、p. 70.

(25) Harrison, 前掲書、p. 64.
(26) 同上、p. 80.

第Ⅶ章　死生のシンボル、神話の根元

宗教がただ盲目的に〈生〉を礼拝し呪術で〈死〉を「避ける」ことから始まって、やがて特定のトーテム信仰その他の聖体祭儀へと成長していったのに対し、もう一つ別の種類の「死生のシンボル」が独自のやり方で展開しており、こちらもはっきりした意図のない過程から始まって、やがては永続的で有意義な形式へと到達している。その媒体は神話である。神話を宗教と結びつけて考えるのが一般的になっているが、しかし実のところ神話は、祭祇におけるようないわゆる「宗教的感情」に近い恐怖とか神秘的畏敬とかあるいは祭りの興奮といったようなものにさえ、その起源を辿ることができないのである。祭祇は運動的な態度に始まるものなので、それがいかに個人的であっても外面化でき、したがって公開できるのだが、神話は空想《ファンタジー》に始まり、長いこと暗黙のままとどまっていることもある。それは空想の原初の形が夢であって、全く主観的で私的な現象だからである。

物語はその最も低級な形では夢語りと大して変わらない。そこには行為の統一性とか一貫性にすら配慮がなされておらず、また可能性の有無とか常識とかについてもそうである。実際のところ、例えばパプア人がしているこの種の当てにならない長談義が、ともかく棍棒や弓あるいは火や水、また動物や人間のもののやり方などについて、その物理的な性質を判断できるほどの知性を持った社会の中に存在しているということは、この原始的な物語が単に字義的な意味以上の何かを含んでいるに違いないことを示している。その物語は基本的に夢の材料からできている。そこに現れる心像《イメージ》は実際の生活から取られており、普通の事物や生き物であるのだが、ただそれらの振る舞いが全く経験法則に合っていない。現実的基準からして、その事物に全くふさわしくないことをやっているのである。

ロランド・ディクソンはその『オセアニア神話』[1]の中でメラネシアの或る物語を引用しているのだが、そこでは野牛とワニが論争しており、そこで「今度河を下ってくる者に」自分たちの争いの仲裁を頼もう、ということになった。だが裁いてほしいという頼みは、流れてきた葉の皿にも臼にも座布団にも次々と断られてしまい、とうとう〈マメジカ〉が裁判官になったという。[2]また別の話は次の様に始まる。「或る日卵とヘビとムカデとアリと馬糞の塊が首狩の遠征に出かけた……」[3]。またもう一つの語りは「二人の女が家で寝ているとタパの樹皮叩きがそのうちの一人に変装してもう一人を起こし「いらっしゃい、魚釣りに行く時間よ」と言った。そこでその女は起き上がり、二人で松明をとって海へカヌーで出かけた。しばらくすると流木でできた島が見えてきて、やがて夜が明けてくると相手がタパ叩きに変わっているのに気づいた。そこで彼女はこういった。「あら、タパ叩きが私を騙したのね。私たちが昨日の夕方話しているのを部屋の隅に立って聞いていて、夜になってきて私を騙したのだわ。」彼女を島に降ろすとタパ叩きは彼女を置き去りにしてカヌーを漕いでいってしまった……」。奇跡的に助かって帰ってきて「その女は両親にタパ叩きに騙されて拐かされた経緯を話した。彼女の父親は腹を立て、大きな焚き火をしてそのタパ叩きを投げ込み、すっかり燃やしてしまった(4)」。

この様な物語は確かに人間の想像力のレベルとしてはかなり低級なものである。これらは「神話」とも、ましてや「宗教的神話」とも呼ぶことはできない。争いの仲裁を断った葉皿(ところで彼はまだ何も欠陥がなくて使えるのに捨てられたのでイライラしていたのである)も、同じく不親切だった臼も座布団も、また首狩に出かける馬糞も、また詐欺師のタパ叩きも、奇妙な変装をした「人物」ではないのだから。確かに人間の様な振る舞いをするが、彼らは家の中の物品である。実際タパ叩きが女のように見えたのは変装していたのであり、そして昇ってきた太陽が呪いを解いたので**真の**姿に戻らねばならない。しかしタパ叩きであっても、ちゃんとカヌーを漕いで無事に一人で家に帰れるのである。

いかに単純でも正気の人間なら、その様な事件が起こると本気で「思ったり」しないし、そして明らかにこの様な物語を楽しむ時誰もその通りだと「思い」はしない。妙な取り合わせの狩の一団が実際にジャングルをかき分けて進んでくると想像するのは、我々にとってと同様、パプア人にとってもまず不可能であろう。とすると、その様な話が語られるのは誰もその**登場人物**がその役柄にふさわしく行為するかどうかなどということを気にしていないからだ、という以外に説明がつかない。その行為は実際にはその人物に適合しているのではなく、**代理人である人物が描出（表象）している誰か**にふさわしいのであり、物語の中での行為も、実はシンボル化された人物の行為をただ**描出しているだけ**かもしれない。言い換えればこの奇抜で荒唐無稽な形の話が持っている心理的な基盤は、物語が主観的なシンボルから捏造されたものであって、実際に観察された習俗とか自然の営みから採られたのではないという事実にある、ということである。その様な無意識のうちの隠喩こそが、他には説明のつかない我々の夢の根拠になっていることを発見した精神分析学者たちは、提供できるこの種の空想の数多くの例に事欠かない。そうした空想は話し手本人の感情と願望に全面的に結びついており、それが彼の、自分では認めたくない恐怖と話したくない口の重さのゆえに、奇怪な、あるいは化け物じみた鋳型のなかにはめ込まれ、自己表現の手段として定式化されて語られ、語り直されてゆくのである。このような話は先ほどのメラネシアの物語でみた様に、実際本来の夢のほんの一段上をゆくだけのものである。それでもなお、そうした物語はただの夢よりは改良されている。というのはそれを語るということ自体が、通常の悪夢よりはもう少し首尾一貫したものを要求するからである。そこに一本の論理の筋道が通っていなければならない。タパ叩きが女で**もある**のならば、どちらであるにせよ一方が他方に「変装して」いなければばならない。また狩に出る糞と卵と動物たちの一団は一緒に出発しなければならず——話が終わる頃には首狩の旅のことは忘れられているのだが——彼らは**何かを**一緒にやるか、あるいは離れ離れになるかのどちらかでなければならない。登場人物の性格は大筋において説明がつかねばならず、それは我々が夢でやることを超えている。

話を作った当人が、全く文句を挟まずに聞いている相手に語っているのであれば、もしかしたらその話はばかばかしいまでに羽目を外しても許されることもあるであろう。幼い子供たちが長々と作り話をしているのを聞いたことがある人はその通りだと言うであろう。しかしその話を外部へ持って出るとなると、その意味についてもっと厳密な要求に出くわすことになる。もしその話が消滅せずに広範囲に広がって行くとすれば、一貫性と多数の聴衆に訴えようという関心のもとに、様々な変更が加えられることになる。そこにあった純粋に個人的なシンボルはもっと一般的に通用するものに置き換えられ、それまで悪役を果たしてきたタパ叩きとかそれに類したものが、動物や幽霊や魔女たちに取って代わられる。それはちょうど聖なる物がその形姿をかえ、祭祇行為の発達によって次第に人格化を進められていくように、物語の中の出来事の発展と統一が空想のシンボルを、それが当てはめられている役柄に合うような、もっと納得がゆく外形を備えるようにするのである。そこにもっと高度なおとぎ話の様式が出てくる——動物の寓話、〔策略と悪ふざけの神〕トリックスターの話、あるいは正統的な幽霊物語などである[5]。その主題はしばしばごく短い一過性の——行方不明になっていた人が戻ってくる、とか、ココナッツが盗まれた、とか誰かが藪で人喰い鬼に出会ったとかいう様な——ものであるが、その単純な筋が生活の技の発達と社会的組織化が進むにつれて、おとぎ話というよく知られた一つの**ジャンル**へと成長してゆくことになる。

　おとぎ話は暗黒の大陸の未開の文化と同様、ヨーロッパの文明化された人種にも共有される、一つの文学的所産である。今や貴族階級の人たち、領主や王子たちがその主役を演ずる様になる。強力な龍や〔人の形をした人喰い鬼〕オーグル、あるいは性悪な魔王あるいは美しい魔女たちがこれまでの伝統的なサルとかワニとか怒った死人とか村の人喰いたちにとって代わる。人間の抱く希望で膨らみきった想像力が公の場に曝され、より現実的な反省によって制御され、個人の夢物語からは遠く隔たった本物の芸術形式へと変貌しており、その違いは、祭祇での舞踊がただ自分の気持ちを表すのに飛んだり跳ねたり叫び声をあげたりすることからずっと遠く隔たっているのに似ている。

それでも、この空想の高度な展開は神話の方角へと向かってはいなかった。おとぎ話はおそらく神話より古い形式であるが、だからといって神話がおとぎ話の発展形態であると単純には言えないのである。神話もまた原始的な空想に遡《さかのぼ》るのではあるが、その母体から出てくる起点は文化史的にずっと昔で、今日のいわゆる童話——ドイツ人がKunstmärchen〔＝文学的童話〕と呼び、時にVolksmärchen〔＝民間説話〕とすら称するもの——の進化が始まるずっと以前なのである。ハリソン女史のいう「神話づくりの本能」が始動するために必要だったのは、語りがより高い段階に達することではなく、**主題が転移する**ことであった。

これら虚構《フィクション》の二様態の間の相違は——多くの学者が反対意見を述べているにもかかわらず[6]——決定的である。おとぎ話は無責任である。全く想像の産物であることを隠さず、その目的は願望を「夢がつかの間喜ばせるがごとく」〔シェークスピアのソネットより〕満たすということにある。その男性の主人公と女性の主人公は素晴らしく高い身分で、富もあり、美しくもあり、などなどであるが、しかしそれは個人の話で、「とある王子」「或る美しい姫君」のことに過ぎない。物語の最後は必ず満足のゆくものである。もっとも必ずしも道徳的とは言いがたい。というのは主人公の英雄的行為は誠実さから、ないしは勇気からであるかもしれないが、あるいはまた狡猾さの故だったり運が良かったりしただけでも構わないのだから。物語の主題は概して不幸な者――呪術にかけられた乙女、末っ子、かわいそうなシンデレラ、ばか者扱いされている者――が自分より上位の者――王、悪い妖精、強い動物(『赤ずきん』の狼など)、継母、年上の兄弟など――に対して勝利を得るというものである。要するにおとぎ話とは「希望的観測」の一形式であり、これについてのフロイトの分析がなぜそれがいつの時代にも魅力的であるのかを十全に説明してくれているが、しかし大人であれば誰も、語っている本人でも話を全く信じていない。

一方神話は文字通り信じられるか否かは別として、歴史的事実としてあるいは「秘伝的」真実として宗教的な真面目さで受け取られる。その典型的な主題は悲劇的であってユートピア的ではない。そして登場人物は超自然的な性格を持った、より安定した人格に融合する傾向がある。例えば多少似た型の――奇跡のような生まれで、並外れた力を持ち、英雄的な闘いの末に敗北し絶命するという様な――二柱の神は同一人物とされる。

彼らは二つの名を持つ一人の神である。その複数の名がその神を別の礼拝儀式に結びつけるための修辞と化すことすらある。

このことが神話の主人公をおとぎ話の主人公とはっきりと区別することになる。白雪姫の話に出てくる王子が眠り姫の目を覚まさせた紳士といかに似ているとしても、この二人が同一視されることはない。あのトリックスターの「小クラウス」が「一撃七殺」のちびの仕立て屋と同一人物とか、あるいはジャックが殺した巨人が、長靴をはいたネコにやっつけられる怪物オーグルと何かつながりがあるとか、あるいはよそでは青髭になっているとか思う人はいない。おとぎ話は互いになんの関係もない。しかし神話の方は次第次第に一つの織物に織り合わさっていって全体としてまとまった一群をなし、その**登場人物たち**は同一とはされないまでも緊密に絡み合ってくる。彼らが活躍する舞台はこの実世界——テンペ渓谷、オリンポス山、海、空——であって、地図に載っていないどこかの妖精の国ではない。

この二種類の物語の間にこれほど著しい相違があるとなると両者は果たす機能も根本的に違うのではなかろうかと考えさせられる。そして実際、神話はおとぎ話よりももっと難しく、もっと真剣な目的を持っている。話の要素をなすものは大体似ているのだが、その使用のされかたが違う。おとぎ話は個人の楽しみであり願望とその想像上の達成を表現したもので、現実世界に欠けているところを満たしその埋め合わせをして、実際にある欲求不満と葛藤から逃避させてくれるものである。果たす機能がこのように主観的であったため主人公の英雄は必ず個人であり人間である。彼が仮に呪術の力を持っているとしても、決して神であるとみなされることはないのだから。親指太郎の様な奇妙な人物でも超自然的とはみなされない。同じ理由で――つまり主人公の担う使命はただ白昼夢の中での「自我」の代理をすることなので――彼は救世主でも、人類を助ける者でもない。彼が善良であれば、その善良さは彼の個人的な資質であって、きっと豊かに報われる。だが彼の人道的な役割が物語の要点なのではない。せいぜい彼が完全に社会的な勝利を収めるための背景に過ぎない。彼の賢い行動やその武勇やその美徳から利益を得るのは彼自身であって、別に後世の人々ではない。そしてその個人歴はおとぎ話が空想で描くものであるから、各々の物語の「幸せな結末《ハッピー・エンド》」の訪れとともにその関心も終結するのである。シンデレラとラプンツェルにそれぞれ起こる奇妙な事件は、二つの別々の夢と同様お互いになんの関連もない。

これに対して神話は、少なくともその最良の形では、自然の様々な葛藤についての、すなわち人間の願望が非人間的な諸力、敵対する圧力、あるいは相反する願望によって妨げられていることについての認識である。だからそれは誕生、情念、そして人間の普遍的運命である死によってもたらされる敗北の物語となる。その最終的な目的は世界を自分の希望に沿うように変形しようというのではなく、その根本的な真実を真剣に見据えることであって、倫理的な方向づけであり逃避ではない。このゆえに話を語り終えればその物語の役割が終るわけではないし、またそのゆえに別々の話が互いに無関係ではいられないのである。神話はいかに隠喩的にであるにしても一つの世界観を提示しているのであり、一般的な意味での人生への洞察であって個人の想像上の伝記ではないので、それは体系化されてゆく傾向がある。つまり同じ様な詩的意味合いを持つ人物が混ぜ合わさって一つになり、全く異なった起源を持つ人物が互いに特定の関係に入ったりする。さらに神話の英雄は自己中心的な白昼夢の主人公ではなく、どの個人よりも偉大な主人公であり、神とまでは言わずとも、必ず超自然的であると考えられている。彼は少なくとも神々の子孫であり、人間以上の者である。彼が活躍する世界はこの現実界である。なぜなら彼がシンボル化しているものが、その表現がいかに空想的で非現実的であろうとも、現実界に属しているのだから(これはまさに自然に生きている個人を現実の外の妖精の世界へ移すというおとぎ話の用いる手法とは正反対である)。

確かに神話の素材はよく知られた夢のシンボルである心像と空想である。心理学者たちがこれはおとぎ話と同じ素材だと気付いたのも当然である。両者共に父と息子、乙女と妻と母、所有と情念、生と死のシンボルを持っている。[7] 両者の相違はそれぞれの素材の**用い方**の違いにある。一方はこれを主として擬似体験を供給するのに用い、もう一方は主として実際の経験を理解するのに用いる。[8] 同一の物語が、この両方の関心を満足させることもあるであろう。両者が完全に区別されるのは古典的な事例にのみ言えることである。半ば神話的な動機が全くの白昼夢に起こることもあるし、夜の眠りの中にすら出てくるかもしれない。そして空想による不満の代償という要素が、最も普遍的な完全な神話の中にも残っているかもしれない。そもそも現実的な思考は全て自己中心的な空想から生まれてくるのであり、後者のタイプは前者のどこかの地点で生まれてきたのであるから、それは不可避である。そこにはっきりとした境界線が引けるわけではない。しかし両者は夏と冬ほどに、夜と昼ほどに、そのほか中間点を持たないあらゆる両極端ほどに異なっているのである。

人間の思想の発達の途上の一体どの時点で神話づくりが始まったのかはわからないが、いつか、物語の中に**現実的意味**が認められた時にそれが始まったのである。どんな空想の中にも、それがいかにユートピア的であろうとも、現実の人間関係、現実の必要と恐怖、そしてやがては「幸せな結末」が解決してくれる苦境と争いとを描出するような要素が入っている。現実的な条件が明らかには言述されずに、シンボル化された形で示されているかもしれない（衝撃的な状況はきっと扮装さているだろうし，神秘的な事柄が風変わりなやり方で捉えられているかもしれない）としても，そのような要素には或る種の重要性が，或る情動的な関心が付きまとうものである。オーグルや龍，魔女などは民話の中で興味のある人物である。英雄と違って彼らはたいてい大昔から住んでいて，世代を超えてその土地を悩ませてきた者たちである。彼らは自分の城とか洞穴とか隠れ家また自分用の魔法の鍋とか杖とかを持っている。彼らは性悪な行為を重ねて恨みを買っており，人喰いに類する極めて酷い癖を持っているのが普通である。物語は主人公の運命について話を先に続けようとするから，彼らについての記録は示唆に終わるのだが，それでも夢を紡いでゆく以外のことにも関心を払うだけの心であれば，そうした示唆を受けるだけで活動を始めるのに十分である。こうした悪者たちは，夢が空想的な逃亡を始める出発点となっている現実的な舞台を代表《レプレゼント》しているのであるから，彼らにはごく真面目なまなざしが要求される。

子供たちにおとぎ話をするのを拒否する人たちは，子供たちが王子や王女を信じるのを恐れるからではなく彼らが魔女や魔物を信じるのではないかと心配するからだ，ということは意味深い。願望が満たされるのは王子や王女においてなのであるが，それは自分たちの内部にあるから外界に探す必要はない。その根拠は主観的であり，彼らは自分の夢に由来しており、我々はそれが「架空の王子／王女」なのを承知している。だが付随して登場する脇役の人物については、その意味が現実の世界の側にあるので迷信の材料となる。彼らが表象しているのは、おそらくはじめは死体とか骸骨とか醜い化け物のような「恐ろしい」対象を通して把握された、幽霊とか〔死人を探して飛ぶ精霊〕ケレスとか疫病神とかそれに似た化け物と同じ様々な力である。文学に現れるオーグルや民間でよく知られている〔墓荒らしの食屍鬼〕グールたちも同じ神秘的な神的力を体現している。したがってたいていの子供たちが話としては信用していないおとぎ話にも、本来の目的にとっては全く副次的ではあるのだが、迷信にとっては極めて説得的な要素であるような、多くの着想が詰め込まれている。墓の中の恐ろしい祖先が鬼に化けて外に出てくる。これが迷信の神である。幽霊宗教が作る世界像はおとぎ話の鏡像であって、夢の中の悪夢の要素が目に見える崇拝の対象に結びつき、そして本気で信じ込まされるのである。

そのようなシンボルが具体化できるような存在には何も宇宙論的なところはない。古典的な意味での神々は個人的な意味合いを持つ話から生まれることはできない。なぜならそのような話の舞台は必然的に風俗画の設定で、いかに歪曲され変形した形であるにせよ、どこかで、いつか、生活している人たちの環境なのだから。個人の夢の中に入ってくる諸力の持ち主は社会的な力であって、世界を支配する神ではない。主人公が自我である限り、彼が打ち倒す隠喩的な龍とは自分の先輩か競争相手か、あるいは個人的な敵である。彼らが実際の世界へ神聖な存在として投射されるとすれば、それはせいぜい祖先か洞穴の怪物か幽霊かあるいは気まぐれな半神として現れるしかない。

　このような白昼夢や物語の脇役が外界世界の景色の中へと組み込まれて迷信の対象となる時、彼らは当該の社会的な力が一般化され高度化された想念を表象しているのだ、ということは注目に値する。例えば或る人の父親としてではなく**父祖**が、すべての世代に関わる父親的な力が、その人が畏敬する空想的な動物祖先のうちに認められるかもしれない。自分の兄ではなく「大兄」を、森の伴侶であるマニトの熊〔オジブワ宗教で、熊に変装して夜歩きまわるという霊〕のうちに見るのかもしれない。シンボル化の過程はしばしば着想の起源を曖昧《あいまい》にしてわからなくするが、しかしその想念の形式を高めもする。だから魔神は特定の人を我々に現すのではなく、そのような種類の人が持っている人間的な階級を示すのであり、そのために我々が圧迫されたり、挑戦されたり、誘惑されたり、あるいはそれに打ち勝ったりするのである。彼は純粋に自己中心的な想像力から生まれたのではあるが、しかし超個人的である。特定の経験からのみならず**社会的な洞察から**生まれたのである。彼は人生に決定的な要因が目に見える姿に描き出された姿である。だから彼は宗教のシンボル作用によって現実界に投射されるのである。

社会的な諸力——人、習慣、法、伝統などの力——のみならず、人類を取り囲む宇宙的な諸力が物語の中に表現されるときに、おとぎ話から神話への大きな一歩が踏み出される。それは個人が持つ社会との関係のみならず人類が持つ自然との関係が、詩的な空想による自発的な隠喩を通して捉えられる時である。

ばらばらでそれぞれ自己完結的な主観的な物語から、組織立った永続的な世界劇へのこの移行は、もし創造的な思考が、天体や昼と夜の変化、季節、潮の満ち干といった、自然がもたらす永続的でしかも一目瞭然なシンボルの存在に助けられなかったとしたら、おそらく不可能であった。ちょうど個人的な生活における社会的な枠組みが、初めは夢うつつのうちに不完全な形でしか捉えられていないが、宗教的シンボルを通して次第に永続的に認められてゆくように、太陽と月が、星々の進行が、地上の風と水が、或る神的支配を顕示し、人間の活動する範囲をそれと定めるまでは、人間存在の宇宙的な位置付けは全く思いもつかないものであり、せいぜい悪夢にすぎない。その名が天体の力や自然の過程を共示しているこれらの神々が訪れると、地元の洞窟や木立に棲む神々はただの臣下となり影が薄れてしまう。

しばしば問われる疑問は、そしてそれはもっともなのであるが、いったい健全な観察能力のある精神の持ち主が――いかに世間知らずで素朴であったとしても――太陽や月や星をそのまま神聖な物語の中で人格化された人物と同一と考えたりするだろうか、ということである。だが神々と英雄たちを自然のシンボルだとする解釈は極めて古くからある。そうした考えはギリシャの哲学者によって、また中世の学者たち、また近代の言語学者、考古学者、神学者たちによって、二千五百年の長きにわたって様々な形で受け入れられ、排斥され、論議され、論破され、そしてまた再構築されてきている。心理学にとっては不思議な謎であるが、我々にとっては事実として挑んでくる。デメテルは確かに地の女神だったのであり、オリンポスの神ゼウスは天でありアポロは太陽、アルテミスは月である、などというのが極めて正統的であるため、昔からこれらの神々がそれぞれ対応する自然現象の「人格化」であるとわざわざ主張するのは陳腐だと考えられてきた。だがそれにしても、そのような人格化の過程はいかにも不自然な空想の飛躍に思われる。自分自身の心には全く生じる気配すらない過程を、未開人の心には起こると決めつけるのはやめておくのが無難である。結局のところ、未開人と文明人の心性との違いとは、素朴な考え方と批判的な考え方の差である。つまりは我々の頭にもときに異様で奇怪なイメージがよぎることがあるのだが、それがほとんど直ちに理性的な修練によって排除されるということである。だが夢の中でも子供時代にも、我々は太陽が人だと思いがちだ、とは私には思われない。星々については、それらが人であるとするにはかなり洗練された文学的伝統がいるし、月御前の羊たちとみなすのですら、直ぐにはできない。

それでは英雄的冒険がこの最も非個人的な役柄に結びつけられ、しかもそれがごく普遍的に見られるというのはどうしてであろうか。私はその過程は神話がおとぎ話から進化してゆく自然な一段階であり、かつその進化の中の重要な要因を示していると考えている。その変化は漸次的なものであり、必然的にいくつかの中間的段階を経てゆく。その一里塚をなすのが宇宙的なシンボルが最初に導入された時点である。この、人間である英雄に焦点を置く民話の自己中心的な関心と、高度に一般的な意義をもつ神的特性を扱う完成された自然神話の出現との間の過渡期がいわゆる**伝説**《レジェンド》であり、その伝説が「文化的英雄」を作り出すのである。

この広い範囲にわたって様々に描き出される架空の人物は主観的思考と客観的思考が合体したもので、個人の心理を表象する民話の英雄に由来しており、したがってその特性の多くを維持している。しかしおとぎ話の中の別の存在のシンボル的性格もこの英雄に影響を及ぼして、彼は一種の超自然性を帯びている。彼は社会的権力と格闘する個人を超越する者である。ただ彼が個人以上のなんであるかについては伝説の様態の内に現れてくる彼の人格から推量するしかない。

彼は半ば神であり半ば強敵破り《ジャイアントキラー》である。彼は強敵破りをする者の多くがそうであるように、しばしば末っ子であり、愚かな兄弟のうちただ一人の利口者である。元々は高貴な生まれなのだが、幼い時に誘拐されたか、あるいは捨てられて救い出されたか、あるいは呪術をかけられて奴隷となっているのか、である。しかしおとぎ話の夢の主人公と違って、彼の偉業はその奴隷状態から逃れた時から始まり、その業がその後ずっと人類の利益に役立つことになる。彼は人間に火を与え、領土を与え、狩の獲物を与え、農業の仕方、船の作り方、そしてもしかしたら言語も教える。彼が国土を「造り」、(洞窟の中に、卵の中に、あるいはよその国に)太陽を見つけて空に据え、風と雨を支配する。だがその偉大さにもかかわらず、彼はしばしば民話の主人公の役柄に後戻りして、トリックスターになったり、敵対する人間や地元の幽霊や、時には尊敬すべき祖先をも、悪さをして騙したりもするのである。

このように文化英雄の位置づけは極めて複雑である。その活動はその現実世界にあり、その効果は現実の人々にずっと末長く実感され続ける。したがって彼は生きている人間との間にやや曖昧ではあるがしかし間違いなく歴史的な関係を持っており、自らが足跡を残した地域との繋がりも持っている。このことだけでも彼をおとぎの国の英雄と区別するのに十分であろう。おとぎの国の英雄の行為はその物語の内側に限られているので、物語が終われば彼の出番も終わり、次の話には次の英雄が導入される。一方文化英雄の持つ歴史的また地域的な結びつきは彼の存在に或る種の永続性を与えている。複数の物語が彼の周りに集まってくるが、それは例えばその業績が伝説となったカール大帝〔＝シャルルマーニュ〕とかアーサー王とかフビライ・ハーン〔＝クブラ・カーン〕のような歴史上の実在の英雄の周りに物語が集まってくるのと同じである。ただこのような現実の王侯は、彼らがなした人間的な業績を高められ、誇張されるのであるが、原始的な文化英雄は人間相手ではなく、自然の業に介入し、挑戦する。その敵はサラセン人や野蛮人ではなく、太陽であり月であり地球であり天である。

その様な半神の完璧な例は(北米)インディアンの〔アニシナベ伝説の〕マナボゾないしミキャボで、またハイアワサとも呼ばれている(9)。彼は超自然的な存在であり、かつ極めて人間的な人物でもある。彼が山脈全体をほんの数歩で越えられる自然霊マニトであり、西風である父が月の子孫である母を侮辱したので、これを厳しく難詰するのであるが、だからと言って彼が冬になると空腹を感じないとか、ハチが長年棲んでいる木を盗もうとしてハチに刺されたりしないというわけではない。

ごく早い時期に北米インディアンの民話を組織的に集めたブリントンは、原住民〔レッドマン〔顔に塗る顔料の赤茶色から、レッドスキンとも〕たちの間に伝わる「自然神学」を探していた時、マナボゾの持つ性格に戸惑い、困惑してしまった。というのは「彼はいたずらをしたり、悪巧みをしたりするのだが、しかししばしば食料をどうやって手に入れれば良いか分からない。また大きな野獣に呪術を使ってみたくてたまらず、やってみてとんでもない失敗をする、他人の権力を羨み、彼らが得意とすることで自分が勝とうとする、というのである。要するに悪ふざけを楽しみ、自分の超人的力を利己的で卑俗な目的のために濫用する性悪な道化者とあまり変わらない」のである。それでいて、「太古の海底から拾い上げてきた砂つぶから彼は人の住める陸地を作り海の上に浮かべた。……彼の一歩は八リーグ〔＝二十四マイル〕あり、五大湖は実は彼が作った〔堰き止め池〕ビーバーダムで、滝たちがその作業の邪魔をしたので彼は彼らを手で破いて捨ててしまった[10]」。彼は絵文字を発明し、また最初の漁網を作った。明らかに彼は神である。それでも彼の名は、どの方言や翻訳でも、〈偉大なウサギ〉とか〈霊のウサギ〉となっている。ブリントンは彼についての民間の物語は「程度の低い、近代的な、そして堕落した異本版」であると確信しており、彼の名はインディアンの皆がやる歴史言語学上の間違いによるものであって、wabo「ウサギ」とwapa「夜明け」を混同したのである、様々な彼の名は元々は太陽神を指していたのだが、言語上の偶然から彼がウサギで表象されるようになってしまったのだ、と信じている。[11]

マナボゾは恐らくは降格した至高神ではなく、高められ、賞賛された架空の英雄である。彼は天体や、季節や、風といった人間生活全体を支配するような偉大な諸力との関係を打ち立てたのではあるが、しかしいまだに元の人間の名残をとどめている。彼のなし遂げた超人的行為がこうした偉大な力と肩を並べるまでに彼を高めたのである。そして人間との擬似歴史的な関係によって彼はトーテム動物すなわち彼の民の神秘的な先祖であるとみなされるようになった。したがって彼は西風の息子であり、月の孫、その他のもろもろであり、そしてまた偉大なウサギでもある。それと同時に悪賢いトリックスターであり、大酋長であり、カヌー作りであり、また超人でもある。

栄光に満ちたポリネシアの半神マウイにも文化的英雄の姿がある。[12] 彼もまた道化者で詐欺師で悪者でありながら英雄的で、神的な資質すらも備えている。普段は人間の姿をしているのであるが、彼もマナボゾ同様宇宙的血統を引いている。マウイもあらゆるトーテムの特徴をも備えていると広く言われているが、彼自身、魚にも鳥にも獣にも、思いのままに変身できる。実に彼が〔妖精〕トロールから神に至る全てのものであるというのは、彼が文化のあらゆる段階に属しているからで――パプアの妖精物語の悪ふざけ者であり、もっと進んだ伝説では火を盗む者、また龍を退治した者(古典的な意味での

「英雄」であり，ハワイの宇宙論では地球と空を作った半神であり，ニュージーランドの神話では実に人間に不死をもたらそうと自己犠牲を払った慈悲深い守護神となる。

それでもマウイはマナボゾ同様、崇拝されることはない。彼を祀る宗教もなく、彼の名は神聖ではなく、また人々は彼の力が現在の出来事に影響を及ぼすとは感じておらず、恐れてもいない。彼はすでに死んだのであり、あるいは西国へ去っていったのであり、そうでないとしてもともかく当地での任務を終えているのである。彼の足跡を溶岩の中に見つけ、天と地の様々な段取りに彼の所業を見ることができるかもしれないが、しかし彼は今これらを取り仕切ってはいない。昔からの敵手である太陽はマウイが命令した軌道をいまだに走っている。彼の祖先であり殺害者でもある月は次々と復活蘇生することで不死を誇っている。これらは目に見える力であり、祈願され、あるいは尊敬される神々である。それではなぜ彼らの息子であり孫であり征服者であり、あるいは遊び相手である文化的英雄は永遠の神ではなく空の星でもなく、あるいは海の王と想像されることがないのだろうか。

それは彼が神々や精霊のようには、その存在が本気で「信じられて」いないからである。おとぎ話の中の英雄のように、文化英雄も人の願望を乗せて運ぶ乗り物である。彼の冒険物語は空想である。しかし物語の主人公は自分の敵――父親、主人、兄弟、あるいは競争相手など——を退治する個人であるが、**文化英雄は自分を脅威する、自分より大きな力を克服する〈人間〉である**。一人の発案者がではなく一つの部族が、無意識的に彼と自分たちを同一化する。その劇の舞台は広大無辺な世界である。彼の敵は嵐であり夜であり、その試練は洪水であり死であって、これらの現実に刺激されて彼の救済の夢が生まれる。彼の仕事は自然を——地と天を、植物を、河川を、季節を——管理し治めることであり、また死を征服することである。

ちょうどおとぎ話がその脇役たち、王や魔女、亡霊、妖精(彼らはしばしば現実の存在と同一とみなされ、単なる物語からそのようなものとして取り出されている)を通して、個人的な環境と人間関係を明確化するのに役立っていたように、文化英雄の物語も、個人性の少ない、環境としての現実のシンボルを提供している。主人公の偉業は大体においいて、その発案者にとってすら架空の事柄である。しかし彼に挑戦してくる諸力の方はしばしばもっと真剣に受け止められる。そうした力は現実世界に属し、そのシンボルは、それが編み込まれている夢物語を超えた何かを意味している。マウイは超人である。人間の力と技と重要性について、かくありたいという願望がとった姿である。しかしながら自然の諸力の中での彼の位置付けは〈人間〉自身の位置付けである。人はどこから来たのか。自然から来た。空から、地から、海からやってきた。宇宙的に言えば人は

子孫である。[13]

「〈夜〉から」出てきたのである。人間的な言い方をすれば人は〈女〉から生まれた。したがってその神話においては人はヒネ-ヌイ-テ-ポ（Hine-nui-te-po）、〈偉大な夜の女〉の子孫である。[13]

ポリネシア語の「ヒネ」（Hine, Hina, Ina とも）は興味深い語源を持っている。それ自体は常に固有名詞か形容詞かのどちらかであるようで、形容詞としての意味は明るい（例えば白い、色の薄い、チラチラする）か、あるいは落ちているとか傾いたとかいう意味で、複合語になると女性を指すのが普通である。[14] 名前としては、これこれの性質を持った女性ないし娘、という意味でギリシャのコレー（korê〔意味は「若い娘」〕、ゼウスとデメテルの娘ペルセポネーの別称でもある））に少し似ている。このように普通名詞の意味と固有名詞の意味合いとが混じっていることがこの語に**一般化の**機能を与えている。したがってこれが、すでに見たように一般化された人格者である超自然的存在に、とくにぴったり当てはまるのである。[15]

しかしながら何人かの人物が、本質的に同じシンボル的価値を持つゆえに同じ名を持つとなると、当然ながら全員が融合しやすい。「偉大な女」も「山の乙女」も「母」も「彼女」もそれぞれみな女なので、ヒナについての大きな混同が起こるのである。

ポリネシア神話での様々なヒナの役柄は大体においてマウイの物語の脇役として展開

されている。彼女たちは彼の母親であったり妹であったり、祖母であったりあるいは最初の先祖であったりする。英語圏の読者はほとんどこの伝説に馴染みがないので、この強力で性悪で、そして才能溢れる英雄についての最も重要ないくつかの話を簡単に書いておきたい。

1　火を求めて

マウイは四人あるいは五人兄弟の末っ子であるが、その全員がマウイという名で、それぞれ違う枕詞がついていた。末息子の彼を除いてマウイたちは皆愚かで、彼は赤ん坊の時から奇跡的に賢かった。生まれたときは未熟児で、母親のヒナはそんな弱い子には興味がないと、海に投げ捨ててしまった。一匹のクラゲが彼を育て、その後自然の諸力がもとの家に連れ返した。そこで彼は捨て子として迎えられた。彼は力もいたずらも元気一杯で、いつも兄弟や年長者たちといざこざが絶えなかった。

マウイの母親はポリネシアでは母親が皆そうするように、子供たちと小屋の中で寝ていた。だが朝日が射し始めるとすぐに彼女は出て行って一日中どこか謎の隠れ家にこもって出てこなかった。若いマウイはどうしても彼女を見つけるのだと決意を固め、小屋の隙間や窓の穴をことごとく塞いで真昼になるまで光線が彼女の目を覚まさないようにした。それから彼女が目を覚まして急いでとびだしてゆくと彼はその後をつけ、彼女が黄泉の世界に降りてゆく路を見つけた。そこで彼女は死んだ先祖たちと一日を過ごすのが習わしになっていたのだ。マウイは鳥の姿になってこの地下の神々の仲間に加わり、彼らから煮炊きした食物の味を初めて教わった。ここで彼は貴重な火の秘密を管理している女先祖を見つけたのだった。

彼のこのプロメテウス的な業績については様々な異版がある。その一つは先祖が火の原理が宿っている指の一本を彼に与えたというものであり、彼がその指を彼女からもぎ取る、という場合もあり、また彼が火を起こす秘密を、この先祖の火の女に捧げられたアラエ(Alae)、すなわち「ヒナの鳥」(＝アメリカオオバン)に教わる、という版もある。しかしいずれの場合も、あるいは火山に、あるいは洞窟に、あるいは地中に棲む、太古のヒナが宝を持っていて、マウイがそれを策略で、あるいは甘言で、あるいは暴力で手に入れる、という筋書きである。

2　魔法の釣り針

これはニュージーランドで今日も語られている話であるが、マウイが食べ物を年老いた先祖のところへ届ける役目をする話である。「だが彼が女先祖のところに着いてみると、彼女は病気が重く、体の半分はすでに死んでいたので、マウイは彼女の下顎をねじりとってそれで釣り針を作り、それを隠し持って家に帰った」[16]。彼はこの釣り針を持って釣りに出かけ、巨大な魚を引き上げたが、それは実は乾いた陸地であった。彼と一緒にカヌーにいた愚かな兄弟たちがその魚を切り刻んでしまわなかったら、大陸ができていたであろう。だが結局は陸地はいくつかの島に分かれてしまった。

3　ヒロ(Hilo)のヒナとマウイが太陽に罠をかけたこと[17]

「〔ハワイの〕ワイルク川はヒロの町を通って流れているが、独特の不思議な美しさを持っている。何マイルも滝と急流が繰り返し続いている。……この川のほとりに女神ヒナの息子のマウイの領地がある。この川の河床の、中でも大きな滝の下にある洞穴の中をヒナは自分の住処とした。……伝説によるとこの川岸で彼女はタパ布を打ち、食事を作ったという。……当時昼間がひどく短くてタパ布を作っている間は休む暇もなかった。……ヒナは女神であり、その家族は奇跡的な力があったのだが、ハワイの伝説の語り手は彼女に素晴らしい結果を楽に生み出す能力をあたえることを思いつかなかった。……「ヒロのヒナが樹皮を苦労しながら非常に薄くなるまで打ってやっと干せるようにしたところで、太陽がもう沈み始めてしまい、干すのに必要な光の助けが得られないのを深く悲しんだ。……太陽はいつも急いでいるので布が乾かないのである。……彼女は呪文を唱えても太陽には効かないことを知った。もっと遅く歩いて自分が仕事を終える時間を与えるようにと彼を説き伏せることができなかった。そこで彼女は自分の強力な息子マウイ―キ―イ―キ―イに助けを求めた。

「……彼は木々の繊維と蔓で（別な版では妹のイナ―イカの髪の毛で）[18]作った縄をとり、投げ縄をして山際の向こうに降りて頂上の凹んだ大きな噴火口へ入る太陽を捕まえた。太陽は噴火口の東側にある大きな隙間を通ってできる限り速く滑り降りようとした。するとマウイは一つ、また一つと投げ輪を太陽の脚（＝光線）に引っ掛け太陽をしっかりと捉えて、その何本かを折り曲げてしまった。魔法の棍棒でマウイは太陽の顔を何度も何度も打った。ついに傷だらけで疲れきって、そして折れた脚を引きずった太陽はこれからずっと、もっとゆっくり歩くとマウイに約束した」。

4　マウイの死

この物語はニュージーランドのもので悲劇的で倫理的な響きがあり、オセアニア系の話に比べより叙事詩的な面が現れている。というのはここでは悪ふざけをする狡猾な英雄がもっと真面目な様子をしていて、遅かれ早かれ誰もが死の門を潜り、決して戻ってくることがないという人類の不幸な運命を直視しているからである。マウイは自慢の魔力によってこのような死の運命を翻し、死後の命を見つけそれを地上の人々にもたらそうとするのだが。

マウイは多くの事業を成功させた後、意気揚々と両親のもとに帰宅する。父親はこの英雄の偉業をそれなりに讃えるが、まだもう一人、お前を打ち負かすかもしれない者があると警告する。

マウイがまさかと疑いながら、いったい誰が自分を負かすのかを尋ねると「彼の父親は答えた。「お前の偉大な女先祖神、ヒネ-ヌイ-テ-ポだ、彼女はほらあそこの地平線が空と出会うところで、まるで開けたり閉めたりしているかのように瞬いている。……あれほどキラキラと輝いて見えるのは彼女の目だ、そして歯は火山ガラスのように鋭くて硬い。彼女の体は男のようで、目の瞳は碧玉である。髪の毛は長い海藻が絡み合ったようで、口は大カマスの口のようだ」と」(19)。

マウイはこの警告にも拘らず恐ろしい先祖のヒナを探しに出かけ、そして彼女の開けた口に潜り込んでその腹のなかへ這い込んで見ると、その子宮に永遠の生命が隠されていた。彼は地平線までの光る道を友人の小鳥たちを連れて――彼らは全く助けにはならないから恐らくは勇気づけのためであろう――行った。そして鳥たちに彼女の口から安全に外に出るまでこの怪物を起こさないように、決して物音を立てないようにと厳命した。それから彼は彼女の体内に入り込み、死の門である黒曜石の歯のところを通って行った。彼は永遠の命の宝を見つけ、それから脱出しようとした。ところが彼が再び鋭い歯の門の間に来た時、愚かな小鳥の一羽が彼のみっともない脱出ぶりに我慢ができなくなって大きな声を上げて笑ってしまった。ヒネ-ヌイ-テ-ポは目を覚ましマウイは二つに嚙み切られてしまった。こうして彼の偉大な祖先は、これまで全ての人間たちを征服したように、彼を征服したのであった。彼らは皆結局は彼女の顎に挟まれねばならなかったのだから。

マウイはこのような説話のすべてに、様々な姿で現れる同一人物である。しかしヒナという名を持ったこれほど多くの不思議な女性たちが登場して、マウイの母親だ、祖母だ、最初の先祖だ、最初の女神だ、姉だ、あるいは親類だというのは確かに奇妙なことである。小屋に住み、彼を弱虫の役立たずだと言って追い出した——これこそポリネシアの女性の鑑なのであろう——彼の母親と、恐ろしい巨人の女ヒネ-ヌイ-テ-ポの間にはほとんど何の類似点もないように思われる。なぜこのような神話中の女性たちがそれ

ぞれの奇妙な人格を一つの名に融合させているのだろうか。

この謎は、**ヒナが月も意味する**ということを勘案すると分かりやすくなる。[20] 様々なポリネシア神話の中には月の「人格化」の極めて多くの段階がつめ込まれており、輝く軌道の終点となる地平線に立つ、光を放つ中味のない女から、夜は子供たちと過ごすのだが、昼になると地下に降りてゆく母親まである。一方の側では生き、他方の側では死んでいて、その両方が火の秘密を握る同じヒナである先祖というのが月の神であるのは明白である。[21] 洞穴から出てきてタパ布を広げるヒロのヒナは、どうやら過渡期の姿であるらしい。

もし神話の神々が「人格化」の過程に沿って出現するというのが本当であれば、マウイを投げ捨て、のちに彼をまた養子にした母親は、月についての単なるアニミズム的な想念に始まった過程がゆきついた最終結果であると見なければならない。しかし全ての原始的な物語がおとぎ話的な性格を持つこと、真に未開の精神には宇宙的関心が全くなかったこと、そしてまたより高度の神話には明らかに自然をシンボル化する作用が働いていることを考え合わせると、発展の過程はまさにその逆であったに違いない。つまりヒナが月のシンボルなのではなく、**月がヒナの、女性のシンボルである**ということである。

月は際立った相の変化を見せるため極めて表情に富み、応用がきき、かつ顕著なシンボルである。それは単純な軌道をゆき、形も不変な太陽に比べてずっと顕著である。少し考えてみればどうして月が女性のシンボルになりやすいのか、またどうしてその意味が多様で多くの女性を一度に提示できるのか――ヒナが多くの、しかもしばしば相容れない姿で、母親であり乙女でありまた老婆であり、若くも年寄りにもなるのか――がわかる。人間の精神にはシンボル的形態をそれと認める不思議な力がある。そしてもちろんそれが何度も、ちょっとした逸脱もなく繰り返し示されるならばなおさら、直ちにそれと捉えるであろう。自然の不変の規則性、天体の運動、地球上で昼と夜の交互に訪れること、海の潮の満ち干、といったものは、我々自身の行動パターン(これが持つシンボル的価値については前章で論じた)を別にすれば、最も持続的で執拗な反復である。これらの現象は誕生、成長、衰退、死という生命機能についての最初の概念を伝えるのに最も分かりやすい隠喩である。

女性は原始的な省察にとって、自然のごく基本的な神秘の一つである。生命は女性の中に始まる。もっと啓蒙された社会だけが、生命は性的な結合によって始まることを知っている。ごく素朴に観察してみると女性の体は生命とともに、特定の期間大きくなりそれから小さくなる、ということが何年間か繰り返し起こる。彼女は大母であり、生命の道具であるとともにそのシンボルである。

しかし人間の妊娠と懐胎期間の実際の過程はあまりに緩慢なのでそう容易には捉えられない。だからこれを筋道立てて考えるにはシンボルが要る。おそらく人々の心は、論述的な思考がこの目的で様々な命題を打ち立てるずっと前に、月の満ち欠けという女の本性の自然界のシンボルを認識していたのであろう。

現示的シンボルの特徴の一つは、多くの概念を構成している部分が、一つ一つ順次示されてゆくのではなく、全体がひとまとめに表現され、望遠鏡の筒部分の様に自在に縮めることができるということにある。夢のシンボルがこの特徴を持つことを発見した精神分析学者はこれを「圧縮(condensation)」と呼んだ。月はこうした「圧縮された」シンボルの典型である。女性というものが持つ神秘の全体を表しており、単に相があることのみならず、太陽に対して劣性にあること、見かけ上雲に近くて、それが衣のように月を隠すこと、などを表している。月光が絶えず作り出す神秘の要因と、そして複雑な周期で完全に身を隠すこと(部族社会で女性は男性には探索しきれない細かい手の込んだ禁忌と祭儀の日程が組まれている)なども、シンボル的要因として過少評価してはならないであろう。

しかしちょうど新しい生命が次々と成長して満ちてゆく位相を経て完成するように、

欠けてゆく期間には年老いた月が、輝いている部分を少しずつ征服してゆくのも見て取れる。生命はこのいかにもあからさまな過程を経て、やがて死に飲み込まれるのだが、この飲み込んでいる怪物は実は今死ぬその生命の先祖でもあった。月の持つ意味合いは圧倒的である。その永年の反復は生と死の姿を目の前にまざまざと示している。もし人々が月を観照することを覚え、月の周期をモデルにして個人の命についての考えを形成し、死とは、生命を与えた者でもある先祖の亡霊のなすことであると考えたとしても——女先祖のヒナとはそうした想念全部の像である——全く驚くにあたらない。それに、また復活とか輪廻という観念がそのような月の観照から生まれるのも、同様である。

これら全てのことからヒナという名が月に当てられること、またこの光り輝く天体が神格化されることとの説明がつくであろう。だが未開人の思考過程では力を具体化するのに人間の姿を必要としないのに、どうしてこのヒナは人格化されているのだろうか。

未開人というものは自分に働きかけるものは全て自分と同じような人であると考え、その活動を説明するのにそれ以外のやり方では説明できないので、無生物にも人間的な形態や必要や動機があるとするのだ、というのがごく一般に認められている説であり、ほとんど陳腐である。神話の作り手である原始人が、太陽を、月を、そして星が自分たちと同じような人であってそれぞれ自分の家を持ち家族を持っていると信じている、なぜならその素朴な心は天体と人間の身体を区別できないから、あるいはそれぞれの違った習性を区別できないからだ、と記されているのを我々は繰り返し読んでいる。原始神話についての本を取り上げてみれば、そのほとんど全てが、ずっと以前にタイラーの古典的な著作で説明された信条を金科玉条としているのである。

「下級な部族の人間にとっては太陽と星と木々と川と風と雲とは人格を持つ生き物であり、人間あるいは動物と類似したやり方で生活をしており、ちょうど動物が手足を用い、人間が人工的な道具を助けにしてやるのと同じようにして、その特別な機能を果たしているのだ」(22)。あるいはまたアンドリュー・ラングの言葉では「未開人は自分と世界にある事物との間に、固定された明確な境界線を引かない。……彼は太陽や月や星や風に、また動物や鳥や魚にも、人間の言葉や感情があると思っている」(23)。

さてマウイが太陽の脚を切り取った(24)、また神ターネが、空である父親ランギの脇の下に昼の光を見た(25)、と言われているのは明らかで疑いの余地はない。彼らの完成度の高い神話の中ではこれらの自然の諸力は確かに人格化されている。しかしながら私がどうしても信じられないのは、未開人はもとからごく自発的に太陽を男と見、月を女と見たのだろうか、などということで、もしそうであるなら人間の心性発達の過程で今知られているよりずっと低い段階で宇宙論的な空想《ファンタジー》が見つかるはずである。それに自然神話がもともと天文学的あるいは気象学的事象を説明する試みであったというのも私には信じがたい。自然神話はもとは超人的英雄の物語で、マウイもハイアワサもバルドル（Balder〔Baldrとも。北欧神話の神オーディンとフリグの二番目の息子で、色白で美しい〕）も、あるいはプロメテウスにしても、彼が超人なのは人間以上であると感じられたからであり、言うなれば〈人類〉が一人の人間の姿をとったものだからである。彼は自然の諸力と闘うが、この自然力は同時に彼を作り、いまだに彼を支え続けている力でもある。彼の自然力に対する関係は親子関係であり、かつまた社会的関係でもある。そして**彼が**〔神的でありながら身体を持つ〕**化身であるということが、自然の力である彼の先祖や兄弟や敵の人格化を導いているのである。**彼の物語の中では彼の母親は十分人間と言える。だが彼が〈人間／男（Man）〉であるように、彼女も〈女〉である。さて女性のシンボルは月である。そして神話づくりをする心性は、シンボルとその意味とを区別しないから、月はマウイの母である〈女〉を**表象《レプレゼント》する**のみならず、また**現示《プレゼント》**もする。月の人格化ではなく**ヒナの月化**が、ポリネシアの宇宙論を生み出したのである。

　これが伝説からの神話の創生の物語である。未開人はその素朴さのゆえに、両者の違いがわからなくて月は女だと「思う」のではない。彼は月は丸い火であり光る円盤だと

「思う」。だが彼はその中に〈女〉を見て、月を〈女〉と名づけ、月の活動や関係のうちで彼が関心を持つのは〈女〉であるという意義に沿う事柄である。文化英雄と月との繫がりは月の持つ神性を人間的にし、その働きを確定するのに役立つが、それは文化英雄が明らかに人間だからである。そのため、単なる経験的事実として眺めると言い表す名もなく解りにくい月の光や形や位置の変化が、人間の色々な関係や働きとの類比から眺めることで、その重要性や明白さを得ることになる。月は孕《はら》み、産み、愛したり憎んだりし、飲み込み、あるいは飲み込まれる。月がとくにそのような解釈を許すのは、それが女性の持つ非常に多くの局面を提示することができるからである。様々に異なるヒナの一群が月の女神とされている。それでいてその根底にある〔月という〕統一シンボルが、逆に神学的発想を働きかけ、それぞれ異なるヒナ全員を「母」と「娘たち」の一つの血統にまとめ上げるのである。これに促されて神話の構成はもっと詳しく洗練され、またそこに本物の自然神話を発生させることになる。

　神々や半神たちの系図が一見理屈に合わないのは、神話の中の家族関係が、自然界および人間社会での、極めて多様な相異なる物理的また論理的関係を描出しようとするからである。〈夜〉は〈うなだれる夜〉、〈漂う夜〉、〈嘆く夜〉を「産み出し」、〈朝〉は違った論理で〈揺るぎない昼〉、〈明るい昼〉そして〈空間〉を産み出す[26]。そして〈人間〉はこれまた違う意味においてこれらすべての〈諸力（神々）〉の家族を先祖とする子孫なのである。[27] 月の「娘たち」の親子関係はマウイの父子関係とは非常に異なった起源に由来しているのだが、それでもこの両方の関係のゆえに彼の姉妹であることは疑問の余地がない。マウイの釣りの冒険談の一つに明らかに月の女神である人物が登場しているのはこうした事情によるのである。[28]

月の人格化について長々と述べてきたが、それは第一に月の話が神話づくりの最も説得的な例であるから、そして第二には昔から長くまた広く世界中に広がっている神話づくりの過程が、もともとこの話に刺激されてのことだったらしいと思われるからである。神話学者たちの中にはこれが最初だというのみならず、**すべての**神話が実は月の神話なのだと主張する学派もある。[29] 私はこのような十把一絡げの仮定が正当かどうかは疑わしいと思う。なぜなら人間の心性が月神の人格化を発想できるところまで発達したら時をおかず、太陽や星や地球、海その他にも月と似たような扱いがなされて当然だからである。そのような創造的な想像力の画期的な一歩がただ一つの主題あるいはただ一つのシンボルに限られていたとは考え難い。ひとたび自然の中の〈人間〉の位置を、宇宙論的神々の中の英雄として思い描くならば、いやでも周囲の大勢の神々が目に入ってくるはずである。この地点で当然予想されるのは、むしろ宗教的空想の「植物的繁茂期」ではなかろうか。

ここで「**宗教的**空想」という用語を私は意図的に用いている。多くの神話学者たちはこれをはっきりと排除しているにもかかわらず。レスマンはそうした学派に属するのであるが、「ギリシャ神話が宗教と神話があたかも二つの密接に関連した現象であるかのような印象を与える」のは奇妙な事実であると指摘し[30]、そして、そのような誤解を招く様相が出てきた原因は、ギリシャの神話上の神々とバビロニアの祭式的な神との混同が原因であると説明している。祭祇の神々は先祖の幽霊とか悪魔や地霊に関連しているが、しかし「根底では、悪魔学は低いレベルの宗教に他ならず、宗教同様、神話とは関係がない」と彼は言っている[31]。私はこの「混同」こそが祭祇の神と物語の神とが出会う標準的な場であって、収穫の乙女となった収穫の穂が、神話の誰かの乙女物語をのっとって、それによってその話が神学になり、本物の宗教的な思想へと移ってゆくのだということをここで示そうとしてきたのである。

『神話の創世記(*La genèse des mythes*)』という本の中でA・H・クラップは、神話が詩人たちが全く根も葉もないところから作り上げたものであることは原則的に確かであり、それは純粋に審美的な作品であって、たまたま何かの聖典に載っているのでない限りは信じるには及ばない、と頭から断言している[32]。しかしながらこれは思考における神話づくりの段階と字義的な段階とを混同することになる。信じることと疑うことは基本的に後者の字義的段階に属する。神話づくりの意識が知っているのはその着想が強い感銘を与えるかどうか、従ってその着想をとりいれるか捨てて忘れてしまうか、のみである。字義的精神の発展があって初めて神話の真偽に疑いが投げかけられ、宗教的**信念**の問題が提起される。広大な詩的シンボル作用のうちにのみ訪れる偉大な着想は、我々がそれに対して、肯定したり否定したりできる命題ではない。しかしだからと言ってそれらを「本気にするほど愚かでない」、「もっとよくわかっている」心がほんの戯れにする文学上の玩具なのでもない。ホメロス時代のギリシャ人たちは、恐らくアメリカのファンダメンタリスト〔聖書の文字通りの無謬性を主張する原理主義者〕がヨナとクジラを「現存したと信じている」ようには、アポロンの存在を**信じては**いなかったであろうが、しかしアポロンはホメロスにとって、ミルトンにとってはそうであったようには、文学上の空想や純粋な想像の産物でもなかった。アポロンは原型的現実――人間がそこから霊感を受け取る太陽や神や精霊――の一つであった。誰かが彼の所業や恋愛を「信じた」かどうかはどうでも良いことである。それらは彼の性格の表現なのであり、完全に理屈に合っていると思われたのである。確かにギリシャ人は今日我々が神を信じるように、自分たちの神々を信じていた。しかし彼らはこうした神々についての教義を持っていなかった。

それは平均的な人間の心には神の物語について事実上の疑いが起きることは未だなく、その疑いのゆえにはるか遠くの、あるいは目に見えない存在の持つ意味が分からなくなるというようなことはなかったからである。常識がそのような物語に**対抗して**、それは空想のおとぎ話にすぎないとか、あるいはこれは比喩的な言い回しなのだ、と主張することは全くなかった。これは言うなれば〔修辞的言い回しではなく〕**思考上の修辞**であって、この様な考えかたでしか、真に大胆で創造的な思想は働けないのである。

それでも神話が叙事詩人たちによって作られるのだという主張については一言言っておかなければならない。人類の偉大な夢は、すべての個人の夢と同様変幻自在であり、曖昧であり、首尾一貫しておらず、シンボル的な想念があまりに豊富であるという困った事情から、どの空想にも数多くの異版がある。このことは伝説が文献を持たない人々に伝えられる際に数多くの変異型があることにも認められる。同じ英雄が矛盾した冒険話を持っていたり、同じ冒険が何人もの違う英雄や神や鬼の話にされていたりする。また時には乙女と鳥の区別がつかなかったり、その「特性を示す動物」が同じ鳥であって、母親と娘が区別されなかったりすることもある。そしてその鳥／母／娘が地の女神だったり、月だったり、大母だったりする。初期段階の神話的人物は形や意味が固定されていない。彼らは夢に現れる心像に酷似しており、捉えどころがなく、規定する語が多すぎ、その物語は無数の観念が圧縮されたものなのであり、その同一性の証拠は名だけという例が多い(33)。伝統はその想像力の生長期が終了してしまえば、無意味になり衰退する。その後には偉大な原始的世界概念の断片が迷信とか呪文の中に残存するだけで、熟練した神話学者であればそこにかつての思想の体系の影を認めるかもしれないが、平均的知性しか持ち合わせない人間には、愚かさが奇妙な突拍子もない形をとったものとしか見えないのである。

やたらに繁茂した神秘的な寓話や形や劣化した民間の伝統のただ中でも生き延びた偉大な神話は国民的叙事詩という形で固定されたもので、イリヤッドとかエッダ、ラーマーヤナあるいはカレワラなどの叙事詩である。叙事詩は空想的であるとしても、全く一貫性に欠けるということはありえない。それは語りであり、出来事は時間的な順序を追って起こり、その世界は地図に載っており、その登場人物は個人である。ちょうど自然のシンボルが導入されることで、太陽や月や星の振る舞いのうちに怪物や人物が例示されているとみる或る支配的な型が空想に与えられるように、神話的伝統を運ぶ偉大な担い手である叙事詩が、放逸な想像力に特殊な制限を設けて、それを一貫性と統一性へとまとめてゆく。というのはそれが単なる人格化のみならず、また英雄的行為の浮き沈みのみならず、**詩的形式**を、別々の出来事を超える或る統一を、神話劇全体の起承転結を要求するからである。この様な定式化には、伝統がしばしば供給する膨大な量の全く混乱した状態のままの物語素材を、抜本的に操作することが必要である。したがって詩的形式の原理は人間の観念をこしらえ直す強力な遂行者である。このことが、クラップがやや独断的で誇張した言い方で述べた、神話は**本質的に**叙事詩人の作品であるという信念が生じたゆえんである。「叙事詩なしには神話はない。ホメロスはギリシャ神話の著者である。ノルウェーとアイスランドのスカルド(吟唱詩人)たちがスカンディナヴィア神話を創り出した。同じ現象はインド、アイルランド、日本にも見られる(34)」。

実際、ギリシャ神話やエッダ神話は未開人の狂気じみた夢のような繰り言とは全くかけ離れている様に思われる。大叙事詩は確かに神々の力や宇宙的出来事を背景にして進行するのだが、しかしその英雄は人間であって神秘的存在ではなく、そして彼らのもっとも素晴らしい所業は論理的な動機を持ち、論理的に達成されているからである。ユリシーズもジークフリートもベオウルフもはっきりとした追求目的を持って行動を起こしており、物語はその成功あるいは挫折を以て終わる。その構造全体が超人的な人物の、種族の強さと誇りを代表する者の経歴を示しており、偉大な力と葛藤、挑戦、そして運命の世界の中で明確な方向付けを持っている。このような大叙事詩における完成された宇宙的また社会的な着想の側に立って、北米のイロクォイ族や南洋諸島人の空想を眺めるならば、未開人には本来の意味での神話はない、詩人こそがあの広大なシンボル形式の創造者なのだと言いたくなる。

しかし、そうではない。創造的な詩人による神話「作り」とは、太古の昔からの普遍的な着想の一変容に過ぎない。ホメロスやヘシオドスの完成された著作を見ると、それは物語のために自由に考案されたようにしか見えないかもしれないが、しかしもっと粗野な部族の詩の中には、詩的構造がその形成に影響を与えているとはいえ、いまだにはっきりと大衆的な、宗教的な神話の起源が見て取れるのである。

フィンランドの『カレワラ』(*Kalevala*)は、神秘的な自然神学と太古の伝説から、永続的な詩的形式のうちに具体化された哲学的な信仰の国民的宝庫と歴史的伝統へと移行する過渡的過程を示す古典的な例である。それはすべての叙事詩の中でおそらくもっとも原始的な――決してもっとも古いという意味ではないが――ものであって、明らかに未開の神話を書き留めたものであり、勇気ある男の偉業とか女の善い、あるいは悪い、やり口といったことよりも、宇宙的な起源、自然神同士の葛藤、呪文、呪術の手柄や競争などに、より多く関心が向けられている。ここにはトロイ戦争も出てこないし、計画的な復讐作戦も生涯をかけた探求も、都市や神殿の創設といったこともない。『カレワラ』の第一「ルーン」つまり第一編《カント》では〈母なる水〉が海で七百年泳いでいる。最後に彼女は青いコガモが彼女の立て膝に巣を作るのを許すが、その壊れた卵の破片から陸地と干潟と深海と空が作られる。この創造作用の後、彼女は子宮に英雄を三十年間宿し、彼が生まれた時は、すでに呪術を縦横に操れる老人となっている。〈夜の女王〉が彼に〈虹の乙女〉や〈大気の姫君〉たちを次々に引き合わせるのだが、この姫たちは気が進まぬ恋人で、結局彼はその誰とも結婚できない。この奇妙に歳をとった、不運な主人公であるワイナミュイネンは森の木々を植えて、それを伐り、穀物の農作を指導し、蒸気風呂《サウナ》を発明し、全くの魔法で船を造り、また最初の琴を作る。彼は女性たち気に入りのおとぎ話の王子様では全然なく、純粋な文化英雄である。敵を退治するには呪術の歌でやり、向こう見ずな若い敵手や競争相手も、武装した戦闘でではなく歌の競技で挑戦するのである。

物語全体を読むとこれはヨーロッパの叙事詩というよりはポリネシアの神話に似ている。動物たちは人間の使者または従者であり、英雄は太陽や月や火や水の世話人であり、乙女たちは魚を訪ねてともに住み、母親は〈夜の女王〉であり、兄弟は〈霜の巨人〉である。『カレワラ』は実質的には呪術の釣りや栽培やそして不思議な出会いなどが夢物語のように繋がったもので、英雄や精霊をなんとかその場所に結びつけておくために、橇を作るとか、箒を束ねるとか、フィンランド人には不可欠の風呂《サウナ》というような人間に関わる挿話とつぎはぎに縫い付けられているのである。ヘレネーやメネラーオス、パリスへの呼びかけ、アカイア軍の陣営、ヘクトールの死、アンドロマケーの悲しみとはなんと隔たっていることか。

そうはいっても、ギリシャの伝説にも神から火を盗んだ者、太陽に挑戦した若者、といった文化英雄はいる。そして一方『カレワラ』にはその奇妙で謎のような枠組みの中に突然人間的な意義をもつ節が入り込んでいる箇所がある。老人のワイナミュイネンが〈夜の女〉の娘〈虹の乙女〉を探し求めていると、その全く現実的な可愛らしい少女は、生まれた時から年老いているこの怪しい呪術使いに身をまかせるよりはましと湖に身を投げる。彼にとって少女アイノはあまりに子供らしく、あまりに人間的すぎる。彼女は水の表面につき出ている岩に座って自分の若さと自由とそして親の下した残酷な命令を嘆く。彼女の窮状は全く現実的で心動かされるものであり、彼女の自殺で湖が家族の、部族の、そしてこの彼女を愛した不幸な愛人にとっての、禁忌の場となるのもごく当然である。

ポリネシア人やインディアンの神話には〈虹の乙女アイノ〉の嘆きや追い詰められての行為のような現実生活に近いものは全くない。自然神話はどれも揃って、虹を捉えようとすれば逃げる乙女として扱うが、しかし恋する老人にとってあまりに気まぐれで美しすぎる少女のうちに虹の幽《かす》かな美を認め、まず人間の物語を据え、そこに天体現象を象徴的な名として彼女に当てはめたのは、詩の持つ考え深い構想が必要である。ここに、基本的に人間生活の舞台である高等神話の、人間的かつ社会的な真の叙事詩の始まりがある。空想がこのような発達を成し遂げられるかどうかは、意識的な作詩のために明確化し統一化する媒体すなわち簡潔な韻律的な詩形に依存しており、そうした詩形が必然的にかつての断片的な夢の様態には思いもつかない、あるいは必要としない、首尾一貫性と連続性の基準を立てるのである。

こうした詩的な力の効果は『カレワラ』ではまだ完成していないのであるが、しかし確かに働いており、我々はそこに叙事詩の中で神話が「作られる」過程を認めることができる。詩に具体化された神話とは、その神話づくりの過程が完了した最終的な形式に他ならない。この後に来るより高度な段階がないという理由で、我々はこの形式を「真の」神話的想像力とみなしているのである。そしてまたここではそのシンボル形式が、空想の純粋な分節化として明らかに際立っているため、我々はひとえにこれを虚構として見るだけだが、実はそれらが描出しているのは生命の至高の観念であり、それによって人間は宇宙における自らの宗教的な方向づけを得るのである。

思考における主要な前進のすべてが、画期的な新しい洞察のすべてが、新しい類型《タイプ》のシンボル変換から生まれるというのは奇妙な事実である。より高いレベルの思想とはまず何よりも新しい活動である。そしてその道が意味論における新しい出発によって開かれることになる。単なるサイン使用からシンボル使用へという一歩が動物と人間の境界線を越えることを示していた。これが自然な言語の成長を始動した。情動的また実践的な動きからシンボル的身振りが生まれ、これが論述的な様態であるパントマイムと同時に祭祇の秩序全体をも生み出した。身体的形態のうちにぼんやりとではあるが、しかし決定的な意味を認めたこと――もしかしたらそれがシンボル作用の最初の訪れであった――が我々に偶像や紋章やトーテムをもたらした。夢というごく原初的な働きによって、我々は初めて出来事を思い描くということができるようになった。自然のシンボルすなわち自然現象のうちに反映している生のパターンという画期的な発見が、最初の普遍的洞察を生み出したのだった。思想の様々な様態が次々と贈り物のように我々に訪れてきて、それぞれがシンボル的表現の新しい原理をもたらした。そこに論理的な発展があったが、それはとりもなおさずそのシンボル作用が許すすべての使用方法を活用することに他ならない。そしてこうした用法が全部開発され尽くしてしまうと、当該の心的活動がその限界に達する。すると、例えば「ユークリッド空間」における位置付けとか、対象とその偶有性を(意味深くも「論理」と呼ばれている言語構造の定型によって)理解することのように、その目的に役立ち、やがて陳腐になるか、あるいは新しい思想の冒険の道を開くような、より強力なシンボル様態によって取って代わられるか、のどちらかである。

神話の起源は力動的であるがその目的は哲学的である。それは形而上学的思想の原初的な段階であり、**一般的観念**の最初の具体化である。神話は一般的観念を始動することも、提示することもできない。なぜなら神話は非論述的シンボルであって、分析的で真の意味で抽象的な操作に耐えるものではないからである。神話にとって可能な最高の発展形態とは叙事詩が繰り広げて見せる人間の生と宇宙的秩序の展示である。その概念をそれ以上抽象したり操作したりすることはこの**神話様態の内部においては**できない。この神話様態の可能性が尽くされてしまうと、自然宗教はより論述的な、そしてより字義的な思想形態すなわち哲学に取って代わられるのである。

言語はその字義的能力という点では固定された慣習的な媒体であり、本物の新しい着想を表現するのにはうまく対応できない。新しい着想は通常は何か大きな、当惑するような隠喩を通して心に無理やり侵入してくるものだからである。だが飾りのない外示的言語は厳密な理性の道具としては優秀である。(35) 実のところそれはかつて人間の脳が生み出した唯一の、一般精密器械である。はじめは空想的な形で漠然と予示された着想は、論述的な言語がその表現にまで届くようになってはじめて、現実の知的な財産となる。だからこそ神話は形而上学にとって欠くことのできない先駆者であり、形而上学は我々の冷静な事実理解の土台をなす、基本的抽象作用の字義的な定式化である。知識のすべての詳細が、すべての厳密な区別も、計測も、そして実用的操作も、真に抽象的な概念を基盤にして初めて可能であり、そのような概念の枠組みが字義的な、外示的な、そして体系的な自然哲学を構成するのである。言語だけがそのような経験の分析と知識の合理化を成し遂げる力を持っている。しかしながら字義的な思考の原則を応用することは、そこにあらかじめ経験が――何か言語とは別の形成媒体を通して、何かの理解と記憶の担い手を通して――提示されていて初めて可能である。つまりまず着想がなければ字義的な分析ができない。そして真に新しい着想は、予想のつかない創造的な心に、それ独自のやり方で現れてくるのである。

神話が字義的な意味において真かどうかをただす最初の問いかけが、詩的思考から論述的思考への転機である。事実についての真偽価値への関心が目覚めるや否や、神話的な様態での心の世界を描き出す活動は衰え始める。それでも長いこと神話を巡って続いてきた情動的な態度はそう簡単には壊れない。だから誰かが神話の語りは**事実**を構成しないことを発見したからといって、それで神話に体現されている生命的な着想が排除されるわけではない。詩的な有意義性と事実的な指示関係とはシンボルとその意味との一般的類型における二つの全く異なる関係なのだが、両者はともに「真」という同一の名で呼ばれるようになる。空想と事実との間の明らかな乖離を見出す人は、神話は真ではないと言う。神話のうちに真を認める人はそれが事実を表していると言う。そこには宗教と科学との愚かしい対立があり、そこでは科学が勝利しなければならないことになる。それは科学が宗教について述べていることが正当だからではなく、宗教が若い、まだ暫定的な形の思考に依っていて、もし考えることをやめずに進めてゆくのであれば誇り高く「科学」や「知識」を自称している自然哲学がこれを引き継いでいかなければならないからである。この時点以降は合理的な時代が始まらねばならない。いつか、その展望が完全に合理化され、そこでこの着想が活用され使い尽くされたときに、また別の展望が、新しい神話が出てくるであろう。

神々には黄昏の時があり、英雄は忘れられる。しかし神話が人間の心の歴史の中での一つの経過点をなす段階であったとしても、叙事詩は哲学と科学とまたすべての思考の高度な諸形式とともに生き続ける。それはなぜだろうか。生についての神話の隠喩的な見方を排除したものにとって、叙事詩とは、神話の権化とは何だろうか。

叙事詩とは新しいシンボルの様態すなわち**芸術**の様態がまず最初に花開いたものであ

る――いや最初に咲き出した花の一つというべきかもしれない。それは古いシンボルすなわち神話をただ受容する器ではない。芸術はそれ自身が新しいシンボル形式であり、大いなる可能性を持ち、それまで担い手がなかった意味を取り上げ、その着想を自ら表現してみせるものである。芸術が初めて、そして恐らくは芸術を通してのみ、接近可能にする新しい着想《アイデア》とはどういうものなのかは、完全に身近なものでありながら謎めいた「音楽的意義」という考えの分析から明らかになるかもしれない。それについて次章で話を進めることにしよう。

原注

（1）Roland Dixon, *Oceanic Mythology*, vol ix of *The Mythology of All Races*（1916）.

（2）同上、p. 198.

（3）同上、p. 202.

（4）同上、pp. 141-142.

（5）ここで注意しておきたいのは、原始的な動物の寓話には、イソップやラ・フォンテーヌの寓話にある様な、意識的な寓意性がないこと、また幽霊の話には何も自然法則に基づく様な「説明」はつかないことである。幽霊は未開人の宇宙ではそのままいると受け入れられているのだから。

（6）とくに P. Ehrenreich, *Die allgemeine Mythologie und ihre ethnologischen Grundlagen*（『一般神話学およびその民族学的根拠』）（1910）; E. Mudrak, "Die deutsche Heldensage"（「ドイツ英雄伝説」）、*Jahrbuch für historische Volkskunde*, VII（1939）; Otto Rank, *Psychoanalytische Beiträge zur Mythenforschung*（『神話形成の精神分析的研究』）（1922）をみよ。

（7）Sigmund Freud, *Collected Papers*, vol. IV（1925）, Essay ix（pp. 173–183）, "The Relation of the Poet to Day-Dreaming," また Otto Rank, 前掲書、とくに essays vi（pp. 119–145）, "Das Brüdermärchen," vii（pp. 146–184）, "Mythus und Märchen" を参照のこと。

（8）この区別はかなり前にベーテ（E. Bethe）の単行本 *Mythus, Sage, Märchen*（『神話、サガ、童話』）（1905）でなされており、彼は次のように書いている。「神話や伝説やおとぎ話はお互いにその起源と目的を異にしている。神話は原始的な哲学であり、思考の最も単純な現示的（anschauliche, 直観的）形式である。世界を理解し、生と死を、運命と自然を、神々とその崇拝儀礼を説明しようとする一連の努力である。伝説は原始的な歴史であって愛と憎しみによってごく素朴に定式化されており、無意識のうちに変形され、単純化されている。だがおとぎ話はひたすら楽しみという動機から生まれ、娯楽のために役立つものである」。また A. Thimme, *Das Märchen*（『童話』）（1909）も参照のこと。

（9）ハイアワサ伝説についての印刷された最初の資料はおそらく J. V. Clark, *History of Onondaga*（1849）で、ロングフェロー（Longfellow）がここから自分の物語の材料をとり出している。H. R. Schoolcraft, *The Myth of Hiawatha*（1856）はより詳しく、より一貫しているが、しかし信頼性にはやや欠けている。

(10) D. Brinton, *The Myths of the New World* (1896), pp. 194–195.

(11) 同上、p. 194 ff. この様なブリントンの説に従うと、マサチューセッツにある州会議事堂に祀られていて、時にはマサチューセッツの自動車の登録番号札にトーテム風に描かれている神聖なタラ(Sacred Cod)は、元々はピューリタンがCod(タラ)とGod(神)とを少しばかり混同したことに始まると仮定できることになるのかもしれない。白人でも、インディアンでも、意味がこれほど異なれば、全くの同音異義語であっても相互に取り違えるということはまずありえないことで、この混同は明らかにばかばかしいことである。同じ反論は、マックス・ミュラーとハーバート・スペンサーが提唱しているような、神話を言語上の間違いとか事実の歪曲された形に基づくとするどんな試みに対しても成立する。我々は一方では宗教的な思考を学びつつ、他方ではただの間違いから福音を寝物語に変えはしない。例えばson(息子)をsun(太陽)と読み間違えたり、ピーターと呼ばれたシモン〔聖ペテロ〕と〔ベアトリクス・ポターの絵本にある〕ピーター・ラビットを一緒にするというような。そして恐らくはまともな感覚をもったインディアンもそのような間違いはするまい。

(12) Dixon, 前掲書; E. Shortland, *Maori Religion and Mythology* (1882); J. C. Andersen, *Maori Life in Ao-tea* (年代記録なし、一九〇七年ごろ); W. D. Westervelt, *Legends of Maui, a Demigod of Polynesia, and of his Mother Hina* (1910) を参照のこと。

(13) Dixon, 前掲書、p. 52; Shortland, 前掲書、p. 23; Westervelt, 前掲書、p. 133; 完全な系統図については Andersen, 前掲書、p. 182 をみよ。

(14)「女性」を表す一般語は‘wahine’である。H. R. Hitchcock, *An English-Hawaiian Diction-*

ary (1887); E. Tregear, *The Maori-Polynesian Comparative Dictionary* (1891); L. Andrews, *Dictionary of the Hawaiian Language* (1865)をみよ。

（15） Shortland は（前掲書の第二章で）次のような訳語を当てている。

Hine-ahu-one ―土で作られた乙女（最初に創造された女）

Hine-a-tauira ―原型の乙女（最初に生まれた女）

Hine-tu-a-maunga ―山の乙女

Hine-nui te-po ―偉大な夜の女

（16） Dixon, 前掲書、p. 43 ff.

（17） Westervelt, 前掲書、pp. 140–145 からの抜粋。

（18） 同上、p. 54, イナ-イカ（Ina-Ika）はもう一人のヒナ（Hina）である。Ina = Hina であるから。

（19） Sir George Grey, *Polynesian Mythology and Ancient Traditional History of the New Zealand Race, as Furnished by their Priests and Chiefs* から Dixon, 前掲書、p. 52 に引用されている。

（20） Westervelt, 前掲書、p. 165; また Martha Beckwith, *Hawaiian Mythology* (1940), p. 220 ff. を参照のこと。

（21） Dixon, 前掲書、p. 43; Westervelt, 前掲書、p. 23 を参照のこと。

（22） Tylor, *Primitive Culture*, I, p. 285.

（23） Andrew Lang, *Myth, Ritual and Religion*, I, p. 47.

（24） Westervelt, 前掲書、p. 46 を参照のこと。

(25) Shortland, *Maori Religion and Mythology*, p. 20 をみよ。
(26) 同上、p. 12.
(27) Dixon, 前掲書、pp. 26-27 を参照のこと。
(28) Westervelt, 前掲書、p. 156 を参照のこと。
(29) *Gesellschaft für vergleichende Mythenforschung*(比較神話学会)の学派。
(30) H. Lessmann, *Aufgaben und Ziele der vergleichenden Mythenforschung* (1907–1908), p. 7.
(31) 同上。
(32) A. H. Krappe, *La genèse des mythes* (1938), p. 23 ff.
(33) ハリソン女史はこの事実を認識しており、まさにこの洞察に導かれて彼女は研究者として精通していた古代ギリシャの文明形式の背後に宗教の原始的源泉を見出したのであった。彼女は次の様に言っている。

「我々の精神には古典神話がすっかり染みこんでしまっている。我々の想像力にはオリンポスの神々の生き生きとした、くっきりとした輪郭を持った登場人物が住み込んでいる。**神など全然いなかったのだ、**……それを想念する人間の心が、それぞれ違った色付けや変化をつけたのだ……ということに気づくにはかなりの精神の努力がいる。画像を作る芸術、属性と機能を結晶させる文学は、こうした絶えず揺らぐ万華鏡の像を止める。しかし芸術と文学が誕生するまでは、そしてその後もしばらくは、神学の方式は「万物は流転する」である」(*Prolegomena*, p. 164)。

（34）Krappe, 前掲書、p. 57.

（35）私は数学的記号を言語的表現形式の一つとみなしている。

第Ⅷ章　音楽における意義について

芸術作品と「ただの」工芸品とはどこが違うのだろうか。芸術的活動の成果というべきギリシャの壺を、芸術作品の部類には入れられないニューイングランドの手作りの豆用深鍋とか木のバケツと区別させるのは何だろうか。ギリシャの壺ももちろん工芸品である。それは伝統的な型《パターン》に従ってこしらえられている。その壺はもともとは穀物とか油を入れるとか、その他の家庭内で使うために作られた品であって、博物館に陳列されるためではない。それでもそこに芸術的な価値が代々認められ続けている。

「ギリシャの壺が美しいからだ」という答えは論点先取のはぐらかしである。芸術的価値とは最も広い意味における美**である**のだから。豆鍋も木バケツにも芸術家に「良い形だ」と褒められるような、つまり目で見ていかなる点でも不快感を与えない、という性質を持つことが多い。それでも、全然醜くはないがつまらなく平凡で、**芸術性が低い**というよりそもそも芸術**でない**〔＝審美的でない〕。では芸術作品が——ごく質素な家庭用のギリシャ壺ですら――備えているような何がここには欠けているというのであろうか。

有名な批評家クライヴ・ベル氏の言葉を借りれば「『有意義的形式(Significant Form)』こそ視覚芸術のすべてが共有する性質である」(1)。美学の諸問題に非常に詳しい哲学者L・A・リード教授はこの特性の適用範囲を芸術全般に拡張した。彼によれば「美とは表現性に他ならず」、「真に審美的な形式とは……表現的形式である」(2)。また別の芸術批評家ロジャー・フライ氏はこの「有意義的形式」という術語を受け入れつつも、正直なところその意味を定義することができないとしている。(例えば)美しい壺をじっと眺め、観照していると、それが持っている線の美と肌理《きめ》と色合いが我々に及ぼす効果によって、「或る目的の感じが我々に訪れる。つまりその感覚上論理的に適合しているという感じ全体が、実は或る特定の感情が、他に良い言葉がないのであえてアイデアとでも呼ぶしかないものが生み出している結果なのだと、思われるのである。それで我々はついこの壺は芸術家の心の中にある着想《アイデア》の表現なのだ、とまで言ってしまうこともあるのだ」と(3)。芸術的表現性という観念をなんとか定義しようとあれこれ多くの努力をした後で彼は次のように結んだ。「今のところ私は有意義的形式というごく漠然とした輪郭以上のものを提供することができそうにない。フローベールのいう「アイデアの表現」というのが私の考えにぴったり呼応していると思えるのだが、残念ながら彼もこの「アイデア」が何を意味するのかを説明しなかったし、おそらくできなかったであろう[4]」。

今日では芸術を快の経験つまり感覚的満足としてよりも**有意義な**現象として扱う傾向が強くなっている。おそらくこれはあらゆる領域——文学、音楽、塑造芸術——の芸術家たちが、不協和音やいわゆる「醜さ」を自由に使うようになっていることによるのであろう。また或る程度は教育のない大衆が芸術的価値というものに著しく無関心になっているということによるのかもしれない。過去の時代にはこれらの大衆は偉大な芸術作品に触れる機会がなかったのである。音楽も、絵画も、そして書籍ですら富裕な人々の楽しみであった。貧しい人や教養のない人たちも、もし手に入るのであれば芸術を楽しんだであろうに、と仮定することもできるであろう。だが今日、誰でも本は読めるし美術館にも行けるし、少なくともラジオを通してなら偉大な音楽を聴くこともできるので、大衆が実際にこれらのものに判断を下せることになり、そしてその結果**偉大な芸術が直接に感覚的な快を与えるものではない**ということがごく明白になったのである。もし仮にそうであるなら、芸術は——ケーキやカクテルのように——教養のある人にも教育のない人にも気に入られるであろう。この事実が、多くの現代芸術が本質的に含む「不快さ」と相まって、芸術を純粋な快と扱うような理論の全てを弱体化させるのは当然である。これにさらに今日のシンボル作用、表現的媒体、またアイデアの分節化といったことへの論理的心理学的関心が加わって、我々は「有意義的形式」の概念に基づく新しい芸術哲学を見いだすのにはわざわざ遠くを探すまでもなくなっている。(5)

しかしもし形式がそれ自体有意義であるとすれば、そしてまさに芸術的であると分類されるためには有意義でなければならないとすれば、形式に属するような種類の有意義性が、意味論上極めて特殊な問題を構成するのは当然である。芸術的な有意義性とは何か。「表現的形式」が表現するのはどのような種類の意味なのだろうか。

明らかにそれは字義的シンボルがするように命題内容を伝えるのではない。誰しも皆、(例えば)海の風景画が水や岩とか船や釣り場の埠頭などを描き出すのを知っているし、静物画がオレンジとかリンゴ、花瓶入りの花、死んだ狩の獲物とか魚などを描写するのを知っている。しかしそのような内容が画布の上の絵の具模様を「表現的形式」にするのではない。ウサギ、ブドウ、あるいは日暮れ時の船といった単なる思念が絵画に霊感を与える「着想《アイデア》」なのではない。芸術的着想は常に「より深いところにある」想念である。

数人の心理学者たちはこの「より深いところにある」有意義性をあえて露《あら》わにするために、絵画を、詩を、また楽曲すらを、実はそれらが当然ながら主として、禁じられた愛の対象のシンボルなのだ、と解釈しようとしたのであった。注意をそこに向けた精神分析学者たちによれば、芸術活動とは原始的な力動性の表現であり無意識の欲望の表現であって、芸術家が秘かに抱いている空想を具体化するために、ものや光景の描出像を使うことなのである[6]。

この説明は魅力的である。それは、芸術作品が何を意味しているかについては（基本的欲望の現れを歪める倫理的検閲のゆえに）決してそうと言うわけにはいかないが、しかしそこに**意義**を持たせたい我々の気持ちをうまく説明している。またこの解釈は我々が芸術的経験を受け取る際の情動的な関心と真剣さとを、充分に認めている。何よりも、それは人間活動のうちでも変幻自在で厄介な領域を一般性のある心理学的体系すなわちいわゆる「力動心理学《ダイナミック・サイコロジー》」の領域内に引き入れている。力動心理学はいくつかの人間の基本的欲求を、それらの欲求が相互に干渉し合うことから葛藤が生じることを、そしてその欲求が自己主張し変装し、そして最終的には自己実現してゆく機構を認めることを基盤としている。この心理学はそれまで認められていなかった**シンボルという様態**の発見を出発点としており、その様態は夢に典型的であり、すべての空想の所産に完全に見出すことができる。芸術を想像力豊かな生一般のうちに融合させることは決して無理なことではない。さらにそうすることで美的経験という問題が本著の主題であるシンボル中心の哲学へもたらされると思われる。

これらの事情は美学の精神分析的理論を強く推し進めるものである。しかしこれら全ての事情にもかかわらず、私はこの理論が（たぶん妥当なものではあるけれども）芸術家や批評家が直面し、芸術についての哲学的問題を構成している問題に、真に光を当ててはいないと考えている。というのはフロイト流の解釈はどこまで推し進めても、**芸術的な卓越**については、ごく大雑把な基準ですら提供できないからである。この理論はなぜ詩が書かれるのかを説明し、なぜそれが人気を集めるのか、その空想に満ちた像の下にいかなる人間的側面が隠れているのか、或る絵画にどのような秘密の着想が結びつけられているのか、そしてなぜレオナルドの描く女性たちが神秘的な微笑を浮かべているのか、を説明できるかもしれない。しかしそれは**良い芸術と悪い芸術を区別しない**。この理論が偉大な傑作の重要性と有意義性に属するとしている特徴の全てが、下手な画家や詩人によるごく無名の作品の中にも見つかるかもしれない。ヴィルヘルム・シュテーケルは芸術的産出に関心を持つ、代表的なフロイト派精神分析学者の一人であるが、この事実を明言している。「私は直ちに次のことを指摘したいと思います」と彼は言っている。「当の詩人が偉大な、広く認められている詩人であるか、それとも我々が扱っているのはヘボ詩人なのかどうかは、我々の目的にとって関係ないことなのです。我々は結局のところ人を創造に向かわせる衝動をのみ追求しているのですから」[7]。

作品の芸術的価値とは関係ないような分析はとても将来性のある芸術批評の手法とは言えない[8]。なぜならその分析はその作品に隠された**内容**にのみ注目し、芸術家ならだれでもそれこそが真の問題だと知っている、当の形式を芸術的な意味において「有意義」にする**形式の完成**ということには目を向けていないからである。その形式によって描出されあるいは示唆された、隠れている対象物をもっとたくさん探し出すことで、その完成度を評価するなどということはできない。

描出されている対象への関心とそれらを模写する視覚的あるいは言語的構造への関心とはどうしようもなく絡み合っているのが常である。それでも私は「芸術的意味」は感覚的構成そのものに属すると考えている。これのみが美しいのであり、その美に貢献する全てが感覚の内に含まれているのである。

芸術のもつ形式的側面へ接近しようとする最も自明な方法といえば、もちろん純粋な意匠《デザイン》を検討することであろう。しかし詩には純粋な意匠は存在しないし、造形芸術においては意匠は最近までごく副次的な役割しか果たしてこなかった。織物においては相当な高度なものとなるし、建築とか陶器に結びついては装飾として登場もする。しかし世界の偉大な芸術家たちは滅多にこのような媒体で仕事をしなかった。彼らの最高の偉業の場は彫刻と絵画である。研究領域を純粋に知覚可能な形式に限ろうとすれば、確かに造形芸術にその余地があるが、しかしそれは中心的なものではない。

それに対し音楽は、ごく古典的な作品においても、殊更に非描出的である。音楽は純粋形式を装飾としてではなく、まさにその本質として展示している。その花形――例えばバッハからベートーヴェンに至るドイツの音楽――を取り上げてもそこにあるのは事実上音の構造のみである。なんの情景も対象も事実もない。そのことは我々がここで形式についてとくに考察しようとするのに、強力な助けとなる。そこには邪魔をする明白な字義的な内容がない。もし芸術の意味が、表向きに描出しているものを離れた感覚的知覚そのものに属すると言うのであれば、そのような純粋に芸術的な意味は当然音楽的作品を通して最も容易に捉えられるはずである。

こういったからといって、音楽が最も高度な、最も表現性に富んだ、最も普遍的な芸術だというのではない。音というものが純粋に芸術的なやり方で用いるのに**最も容易な**媒体だということである。だが最も安全な媒体で作業することと最高の目的を達成することとは全然違う。さらにここで一般化を急ぐ誤謬《ごびゅう》に陥らないように、つまり音楽を通して芸術一般を研究しているのだ、だから音楽の本性についてのあらゆる洞察がそのまま絵画や建築や詩や舞踊や演劇に当てはまるのだと仮定してしまわないように、重々留意しなければならない。そして何よりも、これらすべての領域に明らかな類似物を持たないような言説は、音楽という狭い文脈においても大して価値がないのだと思い込む誤りも犯さないように注意すべきである。(9) すべての芸術の目的に、またその全てに適合する一般的方法にすら、きっと基本的な統一性があるというのは極めて魅力的な仮説であるし、もしかしたら最終的にそれが証明できるのかもしれない。しかしこれをあらかじめの結論として、独断的な前提として立てるとすれば危険である。そうすることが特別な理論や一徹な専門的研究への努力を控いてしまうからである。一般理論はその詳細にわたって十分に知られ、理解された、特定の領域の諸原理の**一般化**というやり方で作られるべきものである。そのような型をなす体系的秩序がないところでの一般理論は、妥当な一般化ではなく曖昧《あいまい》な一般的概論の集まりになってしまうであろう。

だから我々は目下音楽だけについて考察することにしよう。音楽という主題についてはヴィンケルマンやヘルダー以来と言わないまでも、少なくともショーペンハウアー以降多くの哲学的思考がこれに捧げられてきており、それも初期の著作者たちがとっていた美学者としての一般的な見地からのみならず、音楽家や音楽批評家のもっと専門的な立場からのものもある。思想史の流れの中での音楽美学の歴史は多事多端であったから、その考察には数多くの理論を相互に比較検討せざるを得ない。こうした考察と論争の流れの中で、音楽の本性と機能に関する問題の中心が何度か動いている。カントの時代には諸芸術は文化活動の担い手であるという考えに依っており、関心の中心は音楽が知的前進にいかなる貢献をするか、その位置付けにあった。これを基礎にして理性の崇拝者は当然ながら音楽をすべての芸術形式の最下位においた。(10) のちのダーウィン主義者たちは起源にその重要性を解く鍵があるとした。もし音楽に〔人間の〕生存価値があると、あるいはせめて過去において有用な本能ないし方策であったという痕跡があると証明されれば――少なくともそれが想像できれば――、音楽の尊厳は救われることになる。仮に今日の我々の音楽への関心が、ウィリアム・ジェームズが(11)「目的論的意味合いを持たない、神経組織の偶発的特殊性に過ぎない」とみなしたものに過ぎないとしても。一方音楽が存在し、かつ存続するということ自体がそもそも問題だと考えたヘルムホルツ、ヴント、シュトゥンプその他の心理学者たちは、音楽は**快感**の一形式であるとの前提で考察を進め、楽曲の価値をその音響成分の持つ「快感要素」から構成しようとした。ここから好き嫌いに基づく美学が生まれ、美を感覚主義において定義しようとする追求と芸術を趣味の満足とする発想とが生まれたのであった。この種の芸術理論はどの芸術領域にも区別なく当てはめられるのはもちろん、全く字義通りの意味で「審美的《エステーティク》＝感性的」である。そして今日その信奉者はこの感性の学と定義された領域を超えないということに誇りを抱いている。[12] しかしながらこの接近方法では単純な音そのもの、あるいは音の基本的な組み合わせに対しての快不快の反応を試験してそれを記述すること、そして音楽の選択に際しての人々の趣味を何らかの形で観察すること以上には何もできない。これは基本的に不毛な企てであると思われる。

しかし音楽に対するもう一つ別の種類の反応はもっと注目に値し、もっと重要であるように思われる。すなわち音楽が通常惹き起こすとされる情動的反応である。音楽が情動を惹起するという信念は古く、ギリシャの哲学者にまで遡《さかのぼ》る。この信念からプラトンは市民が軟弱なあるいは官能的な歌に誘惑されて退廃的な情動に耽ることがないように、彼の理想国には、旋法と旋律とに厳しい検閲が必要であると主張したのであった。[13] これと同じ原理が部族社会における音楽の使用、アフリカの太鼓による誘導、召集ラッパ、軍隊や部族への〔スコットランドのバグパイプによる演奏〕「ピブロック」による戦闘への呼びかけなどを説明するのにしばしば引き合いに出され、また子守唄で赤子をあやすという世界中に広く、昔からみられる習慣を説明している。〔ギリシャの、鳥の翼を持ち美しい歌声で船乗りを魅了する〕セイレーンの伝説は音楽に催眠や中毒を誘う効果があるという信念に基づいているし、また〔ギリシャ古典音楽の祖と言われ、紀元前七世紀レスボス島からスパルタに渡り、キタラー（琴）を伴奏に歌う叙事詩を完成したと言われる)テルパンドロスがスパルタの内乱を収めたという話、またデンマーク王エーリクが、或るハープ奏者が故意に気分喚起の実験をしたために殺人を犯してしまったという伝説もそうである(14)。私の知る限り、音楽の作用によってだれかが特定の性向とか意図とかが変えられたとか、あるいは実際上の衝動が抑制されたとかいうことですら、何一つ信頼に値する記録がないにもかかわらず、芸術が身体に及ぼす力はずっと今日まで信じられている。確かに音楽が心拍数や呼吸に影響を及ぼすことが知られているし、集中を促進したり妨げたりするし、身体を刺激したり弛緩させたりもするのであるが、ただそれはあくまでその音楽的**刺激が続いている間**のことである。だが歌ったり、拍子をとったり、音楽のリズムに合わせて歩いたりする衝動を引き起こし、また時には見つめたり、息を止めたり、緊張したりという以上には、通常音楽が行動に影響を及ぼすということはない(15)。その催眠的効果は、音楽的感性をもつ人にももたない人にも同じ様に及ぼすようであり(こうした実験で選ばれるのは、おそらく音楽的感性をもつ人を落ち着かせたり霊感を与えたりするよりも、むしろイライラさせる種類のものであろう)、従ってそれは**音楽**の働きというよりは**音**の働きであると考えられる(16)。声楽についての実験は、言葉と声に含まれている人間の気持が音楽的刺激に重なってしまうので、全く信用できない。全体として言えば、音楽会の聴衆が最も感動的な演奏の後ですらみせるその後の振る舞いからしてどうやら人間の行動への音楽の呪術的影響という伝統は怪しいものである。その催眠的効果は一時的であり、その倫理的残存物とか高揚とかはほとんど無視して良いであろう。

しかしながら、原因が消えた後にはその効果が長くは残らないとしても音楽が聞く人に情感を引き起こすという命題は、空想や神話の中でのことだとはなから一蹴すべきではないと思われる。実のところ音楽に情感を喚起する力があるという信念はそれなりの評価を受けて、事実一辺倒の現代心理学者たちも、様々な曲の情動的な効果についてのテストを実行しその結果を集めた。彼らは次のような可能な「効果」についての表を作成した。

悲しい
真剣な
踊るような
ドキドキする
敬虔な
陽気な

落ち着いた
面白がっている
感傷的な
憧れに満ちた
愛国的な
イライラした

通常いわゆる「準ポピュラー」な音楽（例えばマクダウエルの『野ばらに寄せて（*To a Wild Rose*）』とかスーザの『義勇軍行進曲（*Volunteer March*）』）を選んで聴くような人たちが、用意された記入用紙を配られ、そこで音楽的に刺激されて出てきた感情を、そこに示唆された標語を参照しながらチェックするように求められる(17)。

このような実験の結果はたいていの人が感情を音楽に結びつけるということ、そして（この結びつきの厳密な性格についてよく考察したのでない限り）その人たちが、音楽の影響を受けている間、自分たちは感情を**持っている**と信じていること、とくに音楽が次のうちどの感情を与えますか、と聞かれればそうだという、周知の事実以上に付け加えるところはほとんど何もない。速くて弾むような旋律は人を幸せにし、あるいは「踊るような」気持ちにさせ、賛美歌は人を荘厳な気持ちにし、葬送行進曲は悲しい気持ちにする、と言われているのは別に目新しいことではない。また『やさしき愛の歌（*Love's Old Sweet Song*）』が「優しい記憶」を掻き立てると広く言われるのもそうである。こうした研究が皆そろって、イギリスの音楽学者でありオルガニストのチャールズ・エイヴィソンが一七五二年に、実験に基づく証拠なしに次のように述べたことをそのまま自明としているのである。「情念を惹起する音の力は驚異的であり」音楽は「自然に人間の胸に、表現された音に似た様々な情念を引き起こす。このようにして音楽家の技能により……我々はあるいは歓喜に踊り、あるいは心地よい悲しみに沈み、勇気を奮い立たされ、感謝に満ちた恐れで鎮められ、哀れみと優しさと愛へと溶けこみ、あるいは神への賛美の恍惚のうちに、祝福の場へと運ばれてゆくのである(19)」。

「心地よい悲しみ」とか「感謝に満ちた恐れ」という用語は謎解きの対象になりそうである。もし音楽が実際に悲嘆や恐怖を惹き起こすというのであれば、どうして我々はわざわざそれに耳を傾けるのか。今日の実験者ならこうした問いに悩まされることはないがエイヴィソンはそれに応えなければならないと思った。そして音楽の悲しみや恐れは、自分自身の感情ではなくて、共感によって感じるものなのだと説明した。「或る音は喜びにふさわしく、或る音は悲しみや落胆にふさわしく、また別の音は優しさや愛にふさわしい。そしてこれらの音を聞くことで我々は悲しんだり苦しんだりしている人にごく自然に共感できる」[20]。

だが共感によって心動かされるというのであれば、我々は誰に共感しているのであろうか。我々が理解しているのは誰の感情だろうか。すぐ出てくる答えは、その音楽家の感情だというものである。音楽の作者が自分の心から真の感情を吐露しているのだ。音楽は彼の持つ自己表現の道であり、彼は自分の情感を聴衆に告白し、あるいは——ひとりの時は——ただ自分の真情を発散しているのである。ほとんどの演奏家が自分の作曲した曲を弾いたり、時に即興演奏をしていた時代には、音楽についてのこの説明はごく自然なものであった。ルソー、マルプルク、マテソン、C・Ph・E・バッハたちはみな（バッハの言葉で言うと）「音楽家は自分自身が感動する以外のやり方で人々を動かすことができないから、聴衆に引き起こしたいと思う情感のすべてを自分自身に誘発する能力を持たねばならない。彼は自分の感情を彼らに伝達し、こうして直ちに彼らを動かし、共感による情感を起こすのである」[21]。十八世紀末に向けて、作曲家と演奏家の区別が増大してゆくにつれ、問題はもう少し複雑になっていった。だがここで表現と印象との相互性が助け船になる。確かに作曲家がそこに描写された情感の最初の当事者なのであるが、演奏家は彼の秘密の聞き役かつ代弁者になるのだ、と。彼は曲の主の感情を共感的聴衆に送り届けるのである。

このような形の教説は今日まで続いており、音楽家たちにも哲学者たちにも共に広く受け入れられてきた。そうした哲学者にはルソーからキルケゴール、そしてクローチェがいるし、音楽批評家としてはマルプルクからハウゼガーそしてリーマンがおり、何よりも音楽家自身――作曲家、指揮者、演奏家――の間で、音楽は情感の浄化作用《カタルシス》であり、その本質は自己表現であるという信念が広く流布していたのである。大作曲家の名だけあげてもベートーヴェン、シューマン、リストがこの趣旨の証言をしている。さらに平均的な感傷的音楽愛好家の意見では、全て感動的で強烈な音楽は何かしらの個人的な経験を、つまりは芸術家自身の恋愛生活《ヴィ・アムルーズ》における憧れや恍惚や絶望を表現していなければならない。そしてアマチュア音楽家の多くがアンリ・プリュニエールの言葉を躊躇《ちゅうちょ》なく受け入れるのだが、彼は作曲家が伝える感情が何にせよ「彼自身の生涯の或る瞬間に実際に経験したのでなければこうした感情を説得力をもって表現するはずがない、と安心して良い」と断言した。(22)おそらく彼らはベートーヴェンが初めに書き留めてから十年後になって用いた主題についても「最も痛烈な悲しみの印象を伝えるあのような主題は、その苦しみの日に彼に訪れたものに相違ない」と彼が言うのに賛同することであろう。(23)音楽をカルナップがいうように、「『おお、おお』、というような叫びであり、もう少し高級なレベルでは抒情詩」に分類するこの自己表現説が、実のところ音楽の有意義性と機能について一般に最も普及している説なのである。[24] この説は音楽と感情との繋がりが否定し難いこと、そしてはっきりと明示される主題を持たない音楽作品の持つ謎をも、説得力を持って説明している。何よりもこれは音楽活動を現代の心理学の力が及ぶ領域内に――行動主義的、力動的、発生論的などなど――もたらしてくれるのだから。

ところがこの、音楽が本質的に自己表現の一形式なのだという信念は、直ちに逆説に出会ってしまう。哲学的にはほとんど出発点で停止してしまう。と言うのは音楽の歴史とは**形式**が漸次統合化され原理化され、かつ分節化されて行った歴史なのであって、それは古代の表情豊かな叫び声という源泉から次第に乳離れするほどにそれだけ重要になってゆき、やがて情動的ではなく外示的(外延的)かつ共示的(内包的)になっていった、あの言語の歴史によく似ているからである。我々は今日、古代社会がおそらく必要としていた以上にいわゆる「純粋音楽」を必要としており、それに尊敬を払っているのだが、[25] そうであっても、今日の対位法や和声転回はインディアンの奔放な表現「キーキー」や「ハウハウ」、あるいは原始的な嘆きの悲歌あるいはアフリカの部族の野生的な弱拍と強拍をずらしたシンコペーションの叫びなどとは似ても似つかぬもので、全く比べ物にならない。**純粋な自己表現に芸術的形式は必要ない**。絞首台の周りをぐるぐる回って奇声をあげる私刑祭り、病気の子供に手を揉む母親、事故にあって愛人を救い出したばかりの、立って震えながら汗を流し、もしかしたら感動のあまり笑ったり泣いたりしている恋する男は、強烈な感情を吐き出している。しかしそのような場面は音楽が生まれる契機とはならないし、ましてや作曲がなされる場でもない。情念の自己表現を必要とするときの男や女や大衆には「強烈な悲しみの印象を表現して」というような考えなど頭に浮かびようがない。情動の浄化は自然の法則であって芸術の法則ではない。「ああ！」とか「おお、おお」というような言語でする反応は創造ではなく、言葉の習慣である。誓いの言葉の持つ表現性ですら、その語は心理的浄化の目的で考え出されたのではなく、それが禁忌《タブー》だからであり、禁忌を破ることが情動的な解放をもたらすからである。だがそのためなら花瓶を割る方がよっぽど効果的であろう。

それでも確かに音楽を**演奏する**ことで我々は自己表現をしようとするし、しばしばそれができる、と論ずることはできよう。作曲における情動的**意味**を徹底的に排除しようとしたハンスリックですら、鍵盤に向かって自分の感情を解放する可能性を認めていた(26)。そして声を出すことができ、あるいは楽器が手元にある人なら誰でも、自分の経験から音楽に思いを吐露した時のあの解放感を確かめられる。実際そういう人は時には自分の興奮を歌に、あるいは狂詩曲《ラプソディー》に、あるいは激しいタランテラの舞曲に発散したい衝動に駆られることがあったであろうし、狂気じみた爆発をしてすっきりしたこともあるであろう。しかもそういう時は興奮で「調子に乗って」、いつも以上にうまく歌ったり弾いたりできたことであろう。彼はその曲が自分の状態を「表現する」と思ったからそれを選んだのである。少なくともその時はそれが自分の気持ちを代弁するようにできていると思われたのであり、あるいは以後ずっと、まさにそれこそ作曲家が譜面に記録しようとした感情なのだと彼が信じたとしてもおかしくはない。

同一の曲に異なった演奏家や聴取者が与える解釈が極めて多様であること——悲しみ、怒り、高揚、焦燥というようなごく一般的な感情内容についてすら違いがあること——を考えると、原作者の意図にそれほどの信頼を置くのは素朴過ぎるようにも思われてくる。曲が表現しうる異なった情動のすべてを作曲者が感じていた、などとは到底あり得ないことである。事実は音楽は自分の主観的な経験を発散し、自分の気持ちのバランスを回復するのに**使える**ということなのであるが、しかしこれがその主たる機能というわけではない。もしそうであれば芸術家はプログラムをあらかじめ発表することができないし、またそれをうまく演奏することも期待できない。仮にその場でプログラムを宣言したとしても、アレグロ、アダージオ、プレスト、そしてアレグレットと一つのソナタが順に指定してくる情調に合わせて**自己表現**することなど不可能である。そのようにコロココと変わりやすい情念は音楽家というひどく気まぐれな人種においても、異常というしかない。

もし音楽になんらかの有意義性があるとすれば、それは兆候的なものではなく意味論的なものである。明らかにその「意味」は情感を引き起こす刺激でも、また情感を伝える信号でもない。もし音楽が情感的な内容を持つとすれば、その「持つ」は言語が概念的な内容を「持つ」のと同じく、**シンボル的に**持つのである。音楽は通常情感に**由来する**のではなく、また情感を**惹き起こすため**でもない。条件付きではあるが強いて言えば、情感**について**のものであるとはいえよう。音楽は感情の原因でも、これを癒すものでもなく、その**論理的な表現**なのである。ただこの役割についても音楽には特別な働き方をするので言語とは共約不可能であり、イメージや身振りや祭儀などの現示的なシンボルとすら、共約でない。

音楽を情動の言葉として扱おうとする多くの試みがこれまでなされてきた。そのどれも実際には満足のゆくものではない。確かに中には鋭く、的を射ているものもあるのだが。非常に多くの優れた思考が音楽の哲学に費やされており、私見では、この「有意義的形式」の中心問題の前進を妨げてきた唯一のつまずきの石は、様々なタイプの「有意義性」に論理構造が入り込む、そのやり方が理解されていなかったことである。やるべき実際上の仕事はすでになされている。残っている変則的な例や謎は確かにひどく困惑させるものではあるが、それらは主として論理上の誤解あるいは論理学者でなければそれと認められないような、多少素朴な前提に由来している。ここで我々は今日の学問状況に広く内在する困難にぶつかる。それは**知識（情報）が多すぎる**ため、別の領域の専門家がなした新しい「研究結果」をいやでも受け入れざるを得ない、という障碍である。そうした研究成果は我々の追求の参照枠のもとに行われて出てきたものではなく、そのためしばしば我々にとっては最重要の事柄が抜け落ちている。例えばリーマンは、音楽美学は論理学の諸法則と論理学者の諸原理を与えられた前提として受け入れられるし、受け入れねばならない、と自信満々で宣言している[27]。

しかし音楽美学において我々が直面する決定的な問題は、たまたまシンボルの論理全体に関わる様な種類の問題なのである。それは**芸術の論理的問題**なのであるが、おそらく論理学者の中で自分自身の関心からそれに関わる「研究成果」を出そうとする者はまずないであろう。音楽美学は、論理学者が使わないようなタイプのシンボルの論理構造に関わっているので、彼らが研究中にふとこれは面白いと関心を脇道にそらせるということすら起こらないのである。要するに我々が扱うのは一つの**哲学的な**問題であり、その問題は論理学的研究を要し、かつ音楽に関わっているということである。なぜなら

「音楽的意味」を適切に厳密に、だが**実証主義的にではなく芸術的な文脈と目的に沿って**定義できるかどうかが真に強力なシンボルの哲学の試金石なのだから。

ここで方向づけがぶれないように、刺激としての音楽、また情動の兆候としての音楽という諸問題をはっきりと捨てることを明言しよう。このどちらの機能も（確かに存在するのだけれども）我々が音楽に認める重要性を説明するには不十分であるのだから。そして、その「有意義性」とは**なんらかの点で**シンボルに属するものだ、と仮定してみよう。そうするとこの理論に対して我々が受ける挑戦は**どうして、どのような点において**そう言えるのかを決定することである。明らかにあらゆる点においてそうなのだとは言えないのだから。この問いはシンボルの論理およびシンボル構造が含みうる様々な意味の可能性を扱った第Ⅲ章に我々を引き戻すものである。ここではもしその様なものがあるのなら「音楽の言語」の条件を、あるいは言語以外のものの「有意義的形式」の条件を、見出さねばならない。

音楽が言語の一種であって、その場限りのものではなく真正の概念的な内容を持つものだという前提は、感情の喚起‐兆候の理論ほどには普遍的ではないにしろ、広く受け入れられている。この領域で最もよく知られている先達がショーペンハウアーである。彼が音楽を精神生活の非合理的な側面である〈意志〉のシンボルであると解釈しようとしたのは、良い試みである。もちろんその結論は「形而上学的」であって、かなり悪い。だがそれにしても当該の問題に関する彼の斬新な功績は、音楽を誰かの感情的条件を表す、目に見える記号(サイン)ではなく、非個人的で、検討可能な、真に意味論的な、観念的内容を持つシンボルとして扱ったことにあるのは確かである。この原理は他の思想家たちに直ちに採用されることになった。尤も、楽音の言語に体現されているのはいかなる観念的な内容であるかについては、相当な議論があったのであるが。実際に或る著者はこれについて十六種類の解釈を列挙したのだが、そこには「意志の自由の表現」も「良心の表現」も含まれている。(28)

この〔音楽的な〕「言語」の最も分かりやすい素朴な解釈は擬声語中心の言語と受け取ることで、その音楽的効果の中に自然にある音を聞き分け、認めることである。これが、市場の騒音や呼び声、馬の蹄の音、金槌のカンカンという音、小川の流れ、ナイチンゲールの啼き声、鐘、そしておきまりのカッコウ、を意識的に真似する「標題音楽」の基礎であることは皆よく知るところである。このような「音による絵画《サウンド・ペインティング》」は、決して近代に始まったものではない。ずっと昔の十三世紀にカッコウの節が『夏は来ぬ(Sumer is icumen in)』の音楽の主題に導入されている。(29) 或る十八世紀の批評家はこれには否定的で次のように述べている。「〔幕間に演奏される〕間奏曲は空想的な真似事や馬鹿馬鹿しい仕掛けでいっぱいである。そこでは時計の打つ音とかアヒルのおしゃべり、カエルの鳴き声が聞こえる。そのうちノミのくしゃみとか草の生える音とかも聞こえてくるようになるだろう」と。[30]しかし当初用いられたのはもっと他意のない芸当で、例えばバッハが自分の名前の綴りを主題にして作ったフーガ（B-A-C-H、ドイツ式には B♭-A-C-B♮）のようなものであった。オペラやオラトリオが発展してきて初めて、オーケストラに特定の場面に適合する**音響**を奏でるように求めるようになったのである。ハイドンの『天地創造』では跳ねまわる馬やくねくね這う虫は、伝統的なカッコウや鶏の声と同様、音楽的な登場者に技術的な可能性を与えられているだけであるが、地球を覆う海についてては明らかに音響効果によって思想を盛り上げようとする真面目な意図を持って用いられている。バッハの『マタイ受難曲』ではオーケストラは明らかな音楽的嵐の只中《ただなか》で神殿の幕が引き裂かれる事態を明確に示している。この時期以後、サウンドペインティングは増えていって、ロマン派の交響楽では木製ラチェット、鐘鈴（カウベル）、口笛、時に録音や風音機すら必要とされることもある。[31]楽譜への付記がどんどん詳細になり不可欠になっていったことも助けて、次第に正真正銘の「効果音作り」の標準規則が成立してきた。有名な『ニューヨークタイムズ』の批評家が述べたように、ついには「シュトラウスは彼が標題音楽に熱中していた時代に、作曲家はいつかは聴衆がナイフとフォーク

を区別できるような銀食器の曲を作曲できるようになるだろうとまで宣言した」のであった。(32)

しかしながら音楽の意味についての考えが全てこのように素朴で字義通りというわけではない。サウンドペインティングの進化と並行して、より主観的な意味合いでの「劇的」な音楽が、つまり**感情の言語**を意図し、そのように受け取られる音楽の発達がある。銀の食器も行列や雷すらも音楽的描写の対象ではなく、ここでは愛や憧憬、希望と恐れが、悲劇と喜劇の本質が描出されるのである。これは「自己表現」ではなくて、舞台上の人とかあるいは物語詩《バラッド》の中の虚構の人物に帰される感情の**提示**である。劇的な行為のない純粋な器楽曲にはどの主体にも帰属しないような高度に情感的な趣意があるかもしれないし、口達者なプログラムの筆者の中には、これは確かに作曲家の人生への抗議なのだ、絶望の叫びだ、彼の恋人の幻像だ、などと請け合う者もあるが、これは全く根拠のない空想である。なぜならもしも音楽が真に情動の言語であるというならば、それはまず作曲家が持っている**人間の感情についての知識**を表現しているのであり、彼がいつ、どのようにしてその知識を得たのかということではない。それは彼が普通の会話の中で話すのはおそらく、もっと具体的な事柄についての彼の知識を表現しているのであって、それを初めて経験したことについてであることは滅多にないのと同じことである。

これは音楽における意味についての、もっとも根強く、説得力があり、そして興味深い説で、これまでに相当の発達を見ている。理論面ではクレッチマー、E・フォン・ハルトマン、もっと最近ではシュヴァイツァー、ピルロ、そして実践者の側ではシューマン、ワーグナー、リスト、ベルリオーズ(彼らは理論的な文章も残している)、その他多勢がいる。その原理をはっきりと説明していると思われる一節をワーグナーから拾ってみよう。

「音楽が表現するものは永遠で、無限で、そして理念的である。音楽は誰々がこれこれの折に抱いた情熱とか愛とか憧れを表現するのではない。そうではなく情熱そのもの、愛そのもの、憧れそのものを表現するのであり、それを、他の言語では表現できない音楽だけの、そして音楽の特性をなす、無限に多様な動機《モチーフ》において提示するのである[33]」。

そのロマン主義的な言い回しにもかかわらず、この一節は極めて明快に音楽が自己表現ではなく、情緒、気分、精神的緊張や弛緩の**定式化であり表象である**こと、つまり感じ、反応する生命活動の「論理画」であり、洞察の源となるものであって、共感を求めての訴えではないことを述べている。音楽に現れる感情とは本質的に、「誰々がこれこれの折に抱いた情熱とか愛とか憧れ」であり、我々にその個人の身になって感じて欲しいと招いているので**はなく**、我々がこうした感情を捉え、自覚し、理解できるように、直接に我々の知性の前に提示されているものである。だから我々は自分がそう感じているふりをするとか、誰かがきっとそう感じているに違いないとする必要はないのである。ちょうど我々が語を用いて自分では直接会っていない出来事や見たことがない場所や物について述べることができるように、音楽は我々が感じたことのない情感や気分、これまで知らなかった情熱を提示できる。その主題となるものは「自己表現」の主題と同じであり、シンボルも、もしかしたら時には表現的な兆候の領域からの借りものであるかもしれない。それでもその借りてきた示唆的な要素は**形式化**され、その主題が芸術的射程のうちに「距離を置かれる」のである。

経験を芸術的に「投射」するやり方すべての旗印となる、エドワード・ブロウが展開した「心的距離」という概念は、情動的内容を典型的、一般的、没個人的ないし「静的」にするのではない。そうではなくその情動を**想念(把握)可能**にするのであり、そのおかげで言葉の助けを得なくてもそれらを思い浮かべ、理解することができ、しかもそうした感情的内容が立ち現れるための機会を組み立てずに、可能となるのである(すべての自己表現は、その主体の一時的な感情が起るのには、何かの機会ないしは原因——現実であるにせよ、虚構であるにせよ——があったことを含蓄的に意味しているのだから)。作曲家は言語が名付けることすらできず、ましてや説明などできないような、微妙で複雑な感情を指し示すのみならず、それを**分節化し明確化**するのである。彼らは情感の諸形式を知っており、それを操作し、「作曲《コンポーズ》(構成)」できる。我々は自分の感嘆やイラつきを「作曲(構成)」したりしない。

この音楽的意味に関する二つの情動論――自己表現説と論理的表現説――の間の実際的な対立をまとめるには、すでに四〇〇ページに引用したC・Ph・E・バッハの「音楽家は自分自身が感動する以外のやり方で人々を動かすことができない」のであり、常に「自分の感情を彼らに伝達し、こうして直ちに彼らを動かし、共感による情感を起こすのである」という趣旨の一節と、ブゾーニの次のような一節を対照させるのが最適である。

「芸術家が、聴衆を動かしたいのであれば、自分自身が感動してはならない――自分の素材を使いこなす力を失わないように――のと同様に、聴者もオペラの効果を十全に得たいのであれば、決してそれを現実とみなしてはならない。彼自身の芸術的鑑賞力が単なる人間的共感に成り下がってしまわないように(34)」。

この共感への成り下がりはブロウなら「心的距離」の喪失と呼ぶであろう。事実これは我々に対象を**把握させる**シンボルと、我々にそれが意味する対象に**対処させる**サインとの混同である。

「〔心的〕距離は……対象とそれが及ぼす影響を自己自身から切り離すことで、その対象と、その実践的な必要と目的とを連結しているギヤを外すことで、得られる。しかし……距離とは没個人的な、純粋に知的な関心による関係ということではない。……むしろ逆にそれは**個人的な**関係を述べているのであり、しばしば高度に情動的な特徴に染められているのだが、ただし**極めて特殊な性質**の関係なのである。その特殊性はその関係の個人的な性格がいわばフィルターをかけられているという点にある。その関係の及ぼす影響力から実際的で具体的な性質が除かれているのである……」(35)。

その内容は我々にとってはシンボル化されており、それが招くのは情動的反応ではなく**洞察**である。「心的距離」とはそれまで分節化されていなかったものをシンボルを通して把握することに他ならない。芸術の内容は常に現実的である。が、その現示作用がなされる様態すなわち露わに示されつつ同時に「距離を置かれる」というやり方は、虚構であるかもしれない。またその様態は音楽であるかもしれないし、ダンスの場合のように動きであるかもしれない。しかし内容が感情や衝動や情熱の生であったとすれば、それを露わにするシンボルそのものは通常その活動を**表示する**ような音や行為ではないであろう。連合によるサインではなく、シンボル形式がそれを我々の知性に伝えるのでなければならない。

音楽に何かの有意義性を付与しようとする著者たちの中でこのようないくつもの意味の種類を厳密に区別している人はほとんどいない。字義的意味――オーケストラで演奏する鳥の声、呼び鈴、雷、また〔一九〇二年に登場したニューヨーク―シカゴ間の高速豪華列車〕〈二十世紀特急〉など――は通常は曖昧なやり方で情動的意味と混じり合っており、そうした意味を支持し、時には意味の示唆を与えささえするものだ、とされている。そして情動の方は、いわゆる「情動的音楽」の効果として、時にはその原因として、時にはその内容として扱われることになる。感情を描出するにあたって音楽は抽象化し一般化する機能を持つのだと明言しているワーグナーにすら、多くの混乱が見られる。自分自身の**詩的狂気**(furor poeticus)について述べる際には、彼は自分は個人的な感情の昂揚を表現しているのだとしている。だが『オペラと劇(*Oper und Drama*)』の中ではオペラは**語っている俳優**(“des redend Dargestellten”)の情念ではなく、**語り手と演技者**(“des Redenden und Darstellenden”)の情念を表現しなければならないと言っている(36)。それでもなお作品の存在理由である「詩的意図」(“die dichterische Absicht”)は演技者に自己表現をさせるのではなく、また聴衆に情感的熱狂を与えるのでもなく、人間の情念的本性への偉大な洞察を**効果的に伝える**ことであり、これを想念可能にすることなのだ、ということは全く明確である。また同じ著書の中で彼は、自分の言いたいことを理解しない、好奇心はあるが心を動かされないでいる聴衆に、自分の私的な感情を、**自分自身の**苦悩を伝達できないベートーヴェンの悲劇的運命に言及している。(37)

そういうわけでハンスリックが、あの有名な小著『音楽美論(*Vom Musikalisch-Schönen*)』を書き、当時を風靡し始めたロマン主義的な「音楽の言語」という概念を一掃しようとした時には、単にワーグナーのヴァルキューレの騎手たちの蹄の拍音とか、さまよえるオランダ人の遭難を宣言する雷鳴の轟きなどの擬音の使用に対してのみならず、情感を作り出し、展示し、あるいは象徴的に描写すること――例えばオーケストラによる呻き声とかトレモロ(震音)、またトリスタンとイゾルデとの押し寄せる熱情の爆発など――とも対抗しなければならないのに気づいたのであった。これら、申し立てられた音楽の「表現機能」の全てを敵に廻して、この偉大な純粋主義者は手持ちの議論を総動員させた。猛烈な勢いで彼は強硬に音楽はなんの意味も伝えない、音楽の内容とは力動的な音のパターン(“**tönend bewegte Formen**”「鳴り響く動的形式」)に他ならず、(38)また「音楽の作曲の主題がその真の内容である」(39)と宣言した。だがとくに彼の反発を駆り立てたのは、実はワーグナーの本来の狙いであった音楽の**意味論的**使用すなわち情動的生の**表象(描出)作用**であった。

彼は冒頭からに次のように宣言している。「「表象」という観念に私が特別に抗議するのは、単に言葉の上の争いなのではない。なぜならこの「表象」という観念こそが音楽美学の最大の誤りを引き起こしたのであるから。何かを「表象」するということは、常に、二つの切り離された別々のものについての想念化（Vorstellung〔概念、「前に置くということ」から想念するという意味になる〕）を含んでおり、一方がまず何か特定の作用によって、もう一方との明示的な指示関係を与えられなければならないからである」[40]。彼の考えでは音楽というものは決してこのような格下げのやり方で用いてはならないのである。

彼の表象の条件についての言明はもちろんシンボル作用についてのより良い知識に照らして反論することができる。彼の言うことは字義的表現一般に、とくに科学的な表現に当てはまる。しかし別の表現様態すなわち知識の既成の所産を伝達するのではなく、これをまず定式化するのに用いられる様態には当てはまらない。だが彼の抗議には正当性もある。なぜならば彼の反対者たちがする**音楽の言語**の主張は実際誤解を招くもので、音楽家や聴衆の間にも害を及ぼすことが十分考えられるからである。

これらの主張は、ハンスリックの反論と全く同様に、論理的な批判検討を要する。そこでここでは、主張されているあれやこれの「意味」についての議論をするのではなく、音楽を何かの可能なシンボル的形式とみなす純粋に論理的観念から眺めることにしよう。シンボル形式であるためには何よりもまず、何であれそれがシンボル化しているというものと類比関係にあるような形式上の特性を持っていなければならないであろう。言い換えれば音楽が何かを、出来事とか情念とか劇的行為などを描出していると言うのであれば、音楽はその対象もまた取り得るような一つの**論理形式**を示していなければならないであろう。我々が想念化して捉えるものは、それぞれの内容について異なった諸形式があるにせよ、全て何かの形式において捉えられるのである。しかし我々が音楽の形姿として認めるものは、同時にそれによって指し示されているものをも把握できるような**一つの**形でなければならないことになる。

　音楽の持つ構造が人間の経験の持つ或る種の力動的パターンに論理的に類似しているということは、十分確立した事実である。ハンスリックですらそこまでは認めている。当時としては今日の理論家たちが主張できるほどの科学的裏付けはまだなかったかもしれないが。彼の時代にはそのことは音楽理解のためになされる心理学的前提であったが、今日ではそれが適切な音楽上の実例によって示されている心理学原理となっているからである。ゲシュタルト心理学の偉大な先駆者ヴォルフガング・ケーラーは、いわゆる音楽の「力学」が精神生活の諸形式を記述するのに有用であると指摘している。彼は次のように言う。「一般的に言って、情感的なものにせよ知的なものにせよ心の内的過程は、通常音楽的な出来事に当てはめられるような名、例えば**だんだん大きく**《クレッシェンド》とか

だんだん小さく《ディミヌエンド》、**だんだん速く**《アッチェレランド》、**だんだん遅く**《リタルダンド》で呼ばれるような種類の類型の展開を見せていると言える」。彼はこうした便利な用語を、内的生活が身体的態度や身振りに反映した目に見える行動の記述に転用している。「このような性質が聴覚的経験世界に起こるように、また視覚的世界にも見られので、これらの用語を用いて、直接に観察できる活動の中に、それと**類似する**内的生活の力学的特徴を表現できるのである。……内面における速さや力動的レベルの増大は、目に見える動きの**クレッシェンド**や**アッチェレランド**に呼応している。もちろん同じ内的展開は話し言葉の**アッチェレランド**や**リンフォルツァンド**〔＝強くアクセントをつけて〕におけるように、聴覚的にも表現される。……内面でのためらいや決意のつかなさが……目に見え、あるいは耳に聞こえる行動の**リタルダンド**として、目に見えるようになる[41]……」と。

これはまさにジャン・デュディーヌがした音楽についての記述の逆である。彼は音楽を一種の身振りとして、感情の形式を音響に投射したものと扱い、より直接的にはオーケストラの指揮者の模倣的「ダンス」に反映しているという。その刺激的で読みやすい本『芸術と身振り』はこう語っている。「指揮者の表情豊かな身振りは全て実はダンスである。……すべての音楽はダンスである。……すべてのメロディーは姿勢のつながりである[42]」。さらに、「実のところ、すべての感情がそれぞれ、生命の本質的な特徴を少しずつ我々に示してみせる或る特別な身振りを生み出すのに力を貸しているのである。……すべて生きとし生けるものは自分自身の内的なリズムを絶え間なく成就し続ける」。このリズムすなわち生の本質を安定した背景として、我々は感情によって作り出された特別な分節化作用を経験する。「そして全く無事平穏な生命と雖も、喜びや悲しみのもとになる何かのリズムの区切りがあって、それ抜きでは我々はまるで高速道路にある小石のように全く動かぬものになってしまうであろう(43)」。そしてこのような生命のリズムが音楽構造の原型となる。芸術はすべてそうしたリズムがひとつの感覚領域から別の領域に投射されること、すなわち一つのシンボル的変換に他ならないのだから。「芸術家は皆変換者である。芸術創造とはすべて一つの変容作用に他ならない(44)」。

ケーラーが両者の形式的類比性に則って、音楽力学の言語を用いて心理的現象を表現したように、デユディーヌは動きを生命形式の原型に据えて、すべての芸術を「一種のダンス」とみなした(このように高等なものも低級なものも含めて生命機能と類比関係をつけることとは、ずっと以前にハヴロック・エリスが『生の舞踏(*The Dance of Life*)』の中でしている)。そしてまた音楽学者のフォン・ヘスリンも同じ類比性を根拠に、ダンス、造形芸術、思想、感情を音楽になぞらえている。彼は音楽における基本的な関係は**緊張と弛緩**であるとしており、この働きによって生み出されるさまざまな型《パターン》はすべての芸術に例示されており、またすべての情動的反応にも例示されているという。アイデア同士の対照そのものが一つの反応を引き起こすところ、また純粋形式の経験が精神的緊張を引き起こすところ、そこに旋律《メロディー》の本質がある。そこで彼は詩における**言葉のメロディー**(Sprachmelodien)について、また生命における**思想のメロディー**(Gedankenmelodien)について語っている。(45) もっと自然主義的な傾向を持つ批評家たちは音楽の形式と感情の形式の間の比較を無理なく繋げるために、音楽は情感の身体的な原因をなす神経組織の興奮の型を示すのだという前提に立つことが多い。(46) だが何れにしても結局はみな同じことになる。このような思弁や研究の全体の要点は――身体的なものにせよ、精神的なものにせよ――「内的生活」と呼ばれる何らかの局面があって、それが音楽と似た形式的な特性――動きと静止、緊張と弛緩、合致と不合、準備、達成、興奮、豹変などというようなパターン――を持っている、ということである。

こうして音楽と主観的経験との間の共示的関係にまず必要とされる論理形式の類比性という要件は確かに満足される。さらに音楽的形式がシンボル的に用いられてしかるべきである幾つかの特性を備えていることも明らかである。それらは、容易に作り出されごく多様な異なるやり方で容易に結びつけられるような、分離可能ないくつもの要素から構成されている。要素それ自体は、その意味論的な機能を覆い隠すほどの重要な実用的役割を果たしていない。それらは容易に区別され、記憶され、繰り返される。そして最後に語同士がするのと同様、全てが相互に文脈となるので**結合の仕方で互いの性格を変容し合う**という著しい傾向を持っている[47]。シンボル作用のための純粋に構造的な要件は、我々が「音楽」と呼ぶ特別な音響現象によって満足されているのである。

それでも論理的な観点からして、音楽は言語ではない。語彙をもたないからである。ある音階の音を「語」と呼び、和声を「文法」、主題の展開を「構文」と呼んでみても、その比喩は役に立たない。なぜなら楽音には、一つの語を単なる音声の組み合わせから区別する肝心のもの、固定された共示的意味ないし「辞書的意味」が欠けているからである。それに楽音は音楽的意味という観念に含まれる多くの面を持っているのだが、しかし和声という観念に含まれるものはない。音楽の持つこのような面は心理学的な見地から詳しく、また真剣に研究されており、それらはたとえば特定の節に伴う個人的な連想とか、楽器とか、（たとえば教会音楽、軍隊の音楽のような）様式とか、あるいは標題的な示唆というような非音楽的要因を大方除いたやり方でなされている。優れた力量と注意深さをもつ著作において[48]クルト・フーバー（Kurt Huber）博士は可能な限り単純な楽音のパターンを理解する際に、表現的要因が次々に生まれてくる過程を辿っている。それは二つあるいは三つの周波数〔＝高さ〕の音を重ねた、音色やリズムや音量などのあらゆる文脈的要素を剝ぎ取った裸の楽音パターンを、電子楽器で均等に、同じ間隔で、同じ強さで鳴らしたのである。被験者は自分の好みのやり方で自分の経験を記述するように、その経験の性質でも、関係、意味、情感的性格、身体的効果、連想、示唆、その他もろもろの用語で述べるように指示された。彼らはよび起こされたイメージとか思い出を報告するように、もし何もそのような経験がよび起こされない場合はできる限り自分の印象を伝えて欲しいと言われた。このような形の実験方式が特定の楽曲についてのシェーン(Max Schoen)とゲイトウッド(Esther L. Gatewood)のアンケートよりももっと統制が効いており、かつ決定的であることは確かである。そして、材料が単純で指示が特定されていないのだから、フーバーの実験結果はおそらく貧弱なものになるだろうと予想されるかもしれないが、実は情動価の統計よりもずっと有意であり、組織的に整理しやすい。その結果を簡単にまとめると次のようになる。

(一)楽音把握の最低段階で得られるのは楽音の複合全体あるいは別々の音の**音色**の違いの印象だけである。

(二)そのような単なる音の輝度(明るさ)の印象によって伝えられる意味には必ず、状態ないし性質ないしはその変化つまり**受動的な**変化が含まれる。何かの**出来事**についての想像は**楽音の動き**の印象なしには生まれない。

（三）楽音の動きを知覚する上でもっとも原始的な要因は、どちらに向かっているかというその進行**方向**の感覚である。著者によるとこれが「音楽的動機と情緒を関連づけようとする傾向の中で出会う、音型についての**心理的なシンボル作用**(psychische Gestalt-symbolik)の出発点をなす」。

（四）**音程の幅**の把握はこの方向感覚からは独立であって、「動機の解釈におけるすべての空間的なシンボル作用は、この楽音間の音程の印象に根ざしている」。

（五）**旋律的音程**という観念は音程と方向という二つの知覚が結び合わさって出てくる。「高度な心的解釈のすべてはこの楽音間の**音程形式**の把握に直接に依存している、ないしは少なくともそれに間接的に関わるものとしてみなす、としても言い過ぎではない」。

（六）協和音、不協和音、近親性(Zusammengehörigkeit, 関係性とも)の印象には音階(次の音との音程)ないし進行という観念(共時的な音は与えられない、ここでの問題は**旋律的要素**についてである)を要する。

（七）近親関係にあるとされた複数の音はトニック(主和音)と呼ばれることもある、それは複数の音から選び出されたり、あるいは「暗黙のうちに」そうと理解された、つまり聴者が想像力を用いて補足したものである(この流れが否応なしに示唆されるのは完全四度、例えば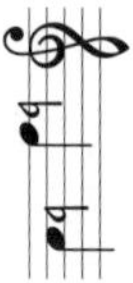で、それはほとんど否応なしにという調の設定を意味している)。

(八)主和音を決めることは旋法の感じを決定する。例えば、はから取られたものとみればとは異なった旋法を共示していることになる。

(九)主観的な力点《アクセント》は、聴者が音程をどうまとめたかによって和声的により重要な音に決まるであろう。もしかしたらリズム的な構造をも示唆するかもしれないが、しないかもしれない。

(一〇)主観的なリズム付けが生ずる場合は、心の中での力点が土台となって生じる。

そのような心的な力点は、実際の強調がされて(この実験では必然的にそうなるが)いなくても生じうるし、それに音楽におけるリズムの問題は周知のように極めて複雑であって、ただ太鼓とか踊っている大勢の人々の足音とかを参照すれば解決できるというようなものではない。実際フーバーはそのような純粋に時間的な**小節分け**と「音楽的なリ

ズム」とを区別しており、後者は動機《モチーフ》内部での楽音の組織化の結果出てくるものである。(49)

こうした研究全体が如実に示しているのは、ごく単純な音楽構造にすら、可能な表現性の価値の要因となるものがいかに多く含まれているか、一つの音楽上のメッセージを伝えるのに、作曲に用いたと認められている素材の他にも決定的となる要素がいかに多く存在しているか、ということである。音声上の抑揚も話し言葉の表情の中に入ってくるではないか、と主張することもできるだろう。だが実際にはそれ抜きでも言われている内容《メッセージ》は理解できる。声の抑揚は語彙と構文法によって一義的に決まる言明の内容を変えることはなく、せいぜいその言明に対する反応に影響を与えるだけである。しかしながら音楽の意味論上の要因は決して孤立して取り出せることはない。シュヴァイツァー(50)やピルロ(51)が試みた、バッハの音楽的な音型とそれに彼が通常その音型に当てはめる単語とを相関させてバッハの「情感的語彙」を探しだそうとする努力は、興味津々たるものではあるが、それは表現の音楽的法則というよりはむしろバッハの心の中で、あるいは彼の生きた時代ないし彼の属した流派の中で、習慣的に受け入れられていた一定の連想のあり様を示すものである。別々の音型をそんな風に厳密に解釈しようとしても、中途半端で終わってしまう。なぜならフーバーが本職の心理学的研究において指摘しているように、「別々の音程(三度、五度、など)がそれぞれ持つ絶対的な表現的価値を定めることは不可能である。なぜならその音程を成す各音がもつ絶対的な周波数が、その輝度に影響し、それに伴ってその音程の対照の質とか把握しやすさといった性質も左右されるのだから」(52)。自然のリズムに由来する音型が存在すること、また上昇、下降の進行方向、あるいは行ったり来たりする振り子運動などは音楽的に「模倣」できるということ、また色々な旋律の節がすすり泣き、忍び泣き、あるいはヨーデルの歌い方を示唆するという様なことはここで繰り返すまでもない。このような一般的な分類(53)は音楽上の語彙を与えてくれるわけではないし、またかりにシュヴァイツァーやピルロの、通常音楽の「文法」と呼ばれる和声についてのもっと野心的な辞典を受け入れたとしても、そこに要素としての「単語」が認められるわけでは全くない。音楽と言語との類似性は、両者が共有するとされる、単なる一般的な意味論的機能を超えて主張しようとする途端に崩壊してしまう(54)。論理的に言って、音楽は言語の持つ特色ある性質を持っていない、つまり固定された共示的意味を持つ分離可能な項《ターム》も、また構成要素を損なうことなしに複合的な共示的意味を生み出せる構文法則も持っていない。慣習となっているいくつかの擬音的な主題――カッコウ、角笛、時に教会の鐘など――を除けば、音楽に字義的な意味はない。

それでも音楽は描写的シンボルでありうるし、明暗法《キアロスクーロ》の要素のように分離不可能な部分を持つ全体的形式を通して、情動的経験を提示するかもしれない。このような見解は実際すでに提供されている[55]。しかしながら物事を文字通りにしか受け取れない我々凡人には、何か**名付けられないもの**がそれでも**知られ得る**ということがどうものみこめない。だから哲学者や批評家は情動の音楽的シンボル化ということを繰り返し否定したのだが、その根拠としては例えばパウル・モースが言ったように「純粋の器楽曲は、愛とか忠実さとか怒りのようなごく日常的な感情すら、自力では明晰にかつ判明に表現することができない」のであり[56]、またハインリッヒが似たような調子で言うように「高い芸術的価値を持つ音楽作品でありながら、それが伝えようとしている気分を一言で表示しようとすると全く途方に暮れてしまうようなものが数多くある。このことだけからでも音楽を情緒の芸術だとか情緒を表現する技だとかいう考え方は全く支持し難い[57]」からである。またA・ゲーリングは音楽上の楽句あるいは音型が、それぞれ何か名付けられるような感情や記憶あるいは観念や宣言内容を意味している証拠は挙げられないことを指摘しつつ、「それができるまでは我々はこの芸術の基本的な魅力をシンボル作用で説明することを否定しなければならない」と述べている[58]。

だがこれは誤りである。そしてこの誤りは言語が設立した規定が絶対であり、その他の意味論があるとすればそれは論述的思考と同じ判明性を持ち、同一の「もの」や

「相」や「出来事」や「情動」として個別化できなければならないのだ、という前提に基づいている。ここで弱点として批判されている事柄が実は音楽の表現性の持つ強みなのである。つまり**音楽は言語が提示できないような形式を分節化する**のである。言語がする分類は自動的に多くの関係をあらかじめ排除しており、我々が「項《ターム》」と呼ぶ思考の支点の多くを排除している。音楽は科学と同一の項〔＝術語〕と型《パターン》を持っていないからこそ、科学的でない概念を顕示するのに役立つのである。「愛とか忠実さとか怒りのようなごく日常的な感情を明晰判明に述べる」のであれば、すでに言語的な名付けが十分やれることを繰り返すだけになろう。

　したがって私はアーバン教授の「言語以外にもシンボルがあるというのは本当である。すなわちそれは芸術と数学のシンボルで、それを通して確かに意味が伝えられる。だがしかしこれらのシンボル自身が解釈を必要としており、その解釈は言語によってのみ初めて可能になる[59]」という主張には同意できない。彼がそもそも芸術と数学を結びつけていること自体、一つの誤解を表していると私には思われる。なぜなら数学は論述的であり字義的であって、専門的かつ略記的な言語であるのだから。数学は基本的に目に訴えるもので、したがって楽に「紙に書いて」できるのだが、しかしその記号にはすべて名がある。$\frac{\sqrt{a+b}}{c^{m+n}}$ というような入り組んだ合成式も必ず言語で「aプラスbの平方根を

cのmプラスn乗で割った商」と言い表すことができる。これは非言語記号ではない。ただ極めて高度の専門用語であって、数学を教えるということは新参者にその用語の解釈をすることである。しかし芸術においてはそのような解釈は害を及ぼす。というのは芸術――音楽の場合は明らかに、そしておそらくすべての芸術が――形式的にもまた本質的にも解釈不能だからである。だから私としては「詩の解釈はその詩が何を言っているかを確定することであって……文学を教えることの本質的な機能の一つは詩の解釈である。……そのような解釈の特徴の一つはそれが常に詩的でない、ないしは解釈されるものよりもより少なく詩的であるような、用語でなされることである(60)」というのに賛成できない。明らかにアーバン教授はこの種の説明を音楽にも拡張して当てはめている。なぜなら他所で彼は「音楽とか純粋なデザインのような、言明という要素が明らかに欠如している非言語的芸術においても、実はそれは見かけの上のことだと考えたい」と述べているからである(61)。

もしそうなのであればもちろん、モースやハインリッヒやゲーリングが、感情についてのいかなる言明もその音楽形式の内容として確信を持って割り当てることができないのだから音楽には情動的意味がない、というのは正当であるということになる。しかしながら私にはアーバンのもう一つ別の言明の方が、実は正鵠を射ているのではないかと思われる。その言明は彼の明確で周知の、言語の主要性と優越性についての見解とはどうも折り合いの悪いものである。「詩人は……比喩を用いることで、自分自身のシンボル形式を守るのに成功している。それはまさにそのシンボル形式のうちにこそ、他のやり方では適切に表現できない種類の現実の側面が与えられるからである。何にせよシンボル的に表現されうるものはすべて、字義的によりよく表現されうるのだ、というのは当たっていない。なぜなら字義的表現などというものは存在せず、あるのはただ別の種類のシンボルなのだから[62]」。

音楽家の場合、この別の種類のシンボルが言葉で言われたことによって絶えず曖昧にされるということが起こらないので、彼らはそのシンボルの特性と重要性とを文芸批評家たちよりももっとはっきりと把握している。もし音楽が一つのシンボル作用であるならば、それは本質的にこの翻訳不能な形式をもつのである。これがワーグナーが述べた「交響楽的言語」の核心である。この「言語」は慣習的意味を持つ単語を持たず、論述的理性に訴えることは全くできないのであるから。しかしそれは「言語的言語では話せないことを、そして我々の理性主義的な(Verstandesmenschlichen)立場からすると、ただ「言えないこと」と言うしかないものを表現するのである[63]」。

人間の感情の諸形式は言語の形式よりも音楽形式に符合しているので、音楽は言語では近づけないような詳しさと正確さを持って感情の本性を露わにすることができる。生命的かつ情動的事実の意味論としての音楽の持つ、この特殊な明確さは、約二世紀近くも前にマルプルクの有名な寄稿集『音楽論集(*Beyträge zur Musik*)』の著者の一人によって発見されている。この著者(「現代音楽」に登場するというアヒルの声やノミのくしゃみに反対したあのヒュラー)は次のように述べている。

「我々の情念の激動によっていつもいつも抑圧されているために、ひどく臆病にしか表せないような、そして実際自分自身でも気づいていない様な感情がある。……だが或る種の音楽が我々の心にどのような反応を惹き起こすかを見てみよう。我々はじっとそれに注意を向ける。それは魅力的である。それは喜びとか悲しみ、憐憫や怒りを喚起することを目指してはいないのに、我々はそれに動かされる。ほとんど気付かぬほどに穏やかに感動しているので自分がその影響を受けていることに気づかない、いやむしろその影響にいかなる名前もつけられないでいるのである……。

「実際、音楽における素晴らしいものの全てはそれと名指し、特定の項目のうちに収めるのが不可能である。だから音楽の使命は、我々の心を満たせばそれで果たされたのである」(64)。

これが書かれて以後多くの音楽学者が——とくにフィッシャー、リーマン、そしてクルトが有名であるが——この「感情の言語」を解釈するのは不可能であると強調してきた。ただ彼らは音楽の働きが、どういう風にしてか、情感や気分あるいは名前をつけられない反応を表すものであるとは認めていた。リストは交響詩の情感的内容を敷衍するという特定の慣習に対して警告を発していた。「なぜならそういうことをすると、語が魔力を破壊し、感情を冒瀆し、語とかイメージとか観念とかでは定式化できないからこそこの形式をとった、魂の最も微妙な織物を破いてしまいがちだから(65)」。

しかしながら音楽的意義の言うに言われぬ性格を認めるだけでは満足しない音楽家もいる。彼らは自分たちの芸術を意味の領域の外に移してしまわねばならないと思う。彼らにはそもそも音楽が何かのやり方で何かを表現するという考え自体が受けつけられないのである。音楽的意味という全く正統な問題についていかにも奇妙なのは、これに関しては人々が、私心なく、あるいは正直に議論することがどうも不可能らしいということである。それはまるで宗教問題である。ただ違うのは信仰の問題に関しては教説の擁護者は通常熱心な信者であり激情的に弁護する者であるのに対し、この音楽学上の議論ではいちばん感情的になっているのが非信奉者であり、当の教説を嘲笑し批判する人たちだという点である。音楽が感情の言語ではないとする人たちは、シンボル的理論を非説得的であるとか、実証不可能と言って単純に排除するのではない。彼らは音楽のうちにあるとされる意味が見つからない、だからこの仮説はこじつけだと主張するだけでは満足できない。音楽を一つの意味論として構築するという試みそのものを憎悪を持って排斥するのである。彼らはいかなる意味合い――情動的なものであれ、なんであれ――をも音楽に帰するのはとりもなおさずミューズ神への侮辱であり、音楽を純粋に力学的な形式へと貶めることであり、腹立たしい異端であるとみなす。彼らは音楽的構造がもし実際に有意義であって、それが自ずからを超える何かの関係づけがなされるのだということになったら最後、それはもはや音楽ではなくなると感じるようである。音楽の尊厳はそれが自律的であることを要求する。その存在には何の説明もあるべきではない。それが持つ感覚的な美徳に「意味」を付け加えることは、その価値を否定することよりもっと悪い。それはなぜか音楽の生命そのものを破壊してしまうからだ、と。(66)

ところが情動的内容についての理論に対する最も厳しい批判者も、どうやら自分の攻撃相手の教説の病原菌に感染してしまったようである。音楽にはいかなる内容もありえないと否定しきることで、彼らはこの問題を形式と内容で考えるというやり方に陥ってしまった。彼らは気がつくと**有意義なのか無意味なのか**、という二者択一に直面していた。音楽が意味論的であるという命題を真っ向から否定するものの、だからと言って音楽が無意味であるというわけにはいかない。彼らが感染したのはその教説にではなく、その問題の立て方にであった。彼らは両説の良いとこ取りをしようと、通常は数学者の仲間内だけで受け入れられている論理学上の技術を使おうとした。つまり当該の問題への回答という形式をとりつつ、実際にはそのどちら側にも与《コミット》しないような言明を立てたのである。音楽の形式はそれ自身が内容であり、形式は自分自身を意味するのである、と。この回避方法はハンスリックが「音楽の作曲の主題とはその本質的内容である」と言った時に示唆されていた。彼は実はこれが論点回避であることを知っていた(67)。しかし彼の後継者は、内容という**問題**にますます抵抗しきれなくなって、この自分自身を意味するというばかばかしい軽薄な虚構を一つの尊厳ある教義の位置にまで高めてしまったのである(68)。それは実際のところ何であれ音楽への特定な内容の振り分けを全て避けるための護符に過ぎず、やがてはその真価が明らかにされるであろう。

人が或る命題を激しく排除するというのはいつも、その言明に納得がいかないからではなく、むしろ納得**している**からである。ただそれを受け入れてしまうと自分の思考が重大なやり方で阻まれて進められなくなってしまう恐れがあるからである。それがどのような弊害を及ぼすか厳密に定められないとなると、ただそれを「堕落させるもの」とか「唯物的」とか「有害」とか、その他の悪名で呼ぶしかない。彼らの判断は明快でないが、しかし自分の立場を何とか理由づけしなければならないと感じる直感は正しい。

相手の言明をそのまま額面通り受け入れると、困った結果を導くことになるのだから。

さて問題は音楽の「有意義的形式」についてである。何かの楽音構造を特定の、言葉で言い表せる意味と結びつけることは音楽的想像力を制限することになり、またおそらくは感情に囚われて、音楽そのものに全面的な注意を向けられなくなってしまうであろう。ハンスリックはこう述べている。「心の内で感じることができではなく、心の内で歌うことこそが、才能のある人に音楽作品を作り出させるのだ」と(69)。だから事後になってどのような感情がその作品に、あるいは作曲家に帰されようが、どうでも良いことである。彼の責任はただ「力動的な音響形式」を分節化することである。

音楽形式の中には悲しいとも嬉しいとも どちらにも無理なく解釈できるものがあるというのは特異な事実である。一見それは逆説のようである。だがそれは十分理由のあることで、そのゆえに情動的有意義性という考えが妥当しないというわけではなく、むしろ特定の意味付けを躊躇《ためら》う思想家の考えが正しいことを示している。なぜなら音楽が実際に反映しうるのは感情の形態構造なのであって、悲しみの何かの条件と喜びの何かの条件とがごく似通った形態を持つことは全くありそうなことであるのだから。この洞察に導かれて、音楽が感情の一般形式を伝えるもので、ちょうど〔一般的〕代数記号が算術計算に関連するようなやり方で、それが特定の感情に関連するのではないかと仮定する哲学的音楽学者が出てきた。この説はモーリッツ・ハウプトマン(70)とモーリッツ・カリエール(71)によって提唱された。この二人の優れた思想家は音楽に多くの美学者たちが見落としていたもの――その知性的価値を、概念との密接な関係を、難解な学問的「法則」の故にではなくその露顕によって見てとったのである。もし音楽が感情の根拠を、高揚と衰退とその絡み合いのリズムとパターンなどを我々の心に露わに示しているのであれば、それは我々の精神的生の力であり、我々の自覚と理解の力であって、単なる情動的経験ではない。

ハンスリックですら、この音楽と情動との間の論理的類比関係を認めていた。(72)しかし彼自身、それを自分がどこまで認めたのかに気づいていなかった。彼が考えていたのはごく慣習的な外示的意味であったから、音楽は何も意味しないと主張したのであった。数学者は皆、代数を知らない初心者に「a=5, b=10とする」というように特定の外示的意味を与えない限り、文字は何も意味しないということを納得させるのに苦労する。やがて初心者も項にどのような意味内容が振り分けられても等式が成立することには関係ない、ということを学ぶ。そして彼が等式の左右を、算術上可能な実例を離れて形式そのものとしてながめた時に初めてその抽象作用を把握し公式によって表現されている真の概念を理解するのである。

代数の文字は純粋なシンボルである。我々は文字の中にではなく、文字を通して数量的な諸関係を見て取る。それらは言語が獲得できる最高の「透明度」を持っている。音楽をそのようなシンボル作用になぞらえることで、ハウプトマンとカリエールは抽象物に属する特殊な「有意義性」が音楽にあるのだと主張したのであった。つまり形式がそこから抽象される、元の現実の領域への一般的指示作用であり、その領域の規則の反映であり、すなわちすべての実例となる事例が適合しなければならない「論理画像」であるが、しかし具体的事例の「画」ではない。

だが、音楽を高度の抽象と捉え、また音楽的経験を純粋に論理的な露顕であるとするこの説明は、楽音の持つまぎれもなく感性的な価値を、そして音楽の効果の決定的な本性を、偉大な作曲が繰り返されるたびごとに我々が出会う個人的な趣意の感覚を、正当に評価しているとはいえない。音楽が伝達しようとする真意は、感情についての高等数学の授業が教えるかもしれないような、不変の抽象でも、裸の、一義的な、固定された概念でもない。それが伝えるのは、我々がその曲をいかによく知り、いかに長いこと知っていたとしても、常に新しい事柄であって、そうでなければそれは意味を失ってしまう。それは透明ではなく玉虫色である。その価値は互いに重なり合い、そのシンボルは汲み尽くせない。

音楽と情感経験との間にある**形式的な**相似性だけを認め、それ以上の解釈は正当でないとしたハンスリックと、音楽のそうした形式性に気づきながら、その形式が音楽的シンボルのもつ本性ではなく音楽的**意味**の本性であると書き記した著者たちは、実は正しい分析に極めて近かったのだと私は思う。なぜなら音楽はただ特定の**共示的意味**が振り分けられていないということを除けば、真正のシンボル作用としてのすべての特質を備えているのだから。音楽は共示的意味を持ちうる形式であり、それが受け入れる意味は情感的、生命的、感覚的経験の分節化である。ただその趣意《インポート》は決して固定されない。音楽においては我々が扱うのは基本的に自由な形式であって、従うのは「適正さ」という普遍的な心理学的法則であり、ひとえに音楽的素材からのみ示唆される、可能な分節化に関心を置くのである。ここで我々がとり扱っているシンボル作用は極めて活発で、それ自体の基本的な形式の中にすでに発展の法則を育んでいる。すべて十全なシンボル作用にはそうした傾向があって、例えば言語が「言語法則」を持っていて、それによって語が自ずと同族語を生み出し、文構造をなして、従属形式を作り、間接話法をなして「牽引法則によって」仮定構文を生じ、名詞の屈折語尾が「一致法則によって」修飾語の語尾変化を生じてゆくのと同様である。そこに何か意識的な知的意図があって母音変化や語尾変化、あるいは熟語が決まるわけではない。従来「言語感情」とか「語感」とか呼ばれてきたもの――フォスラーのいう〈言語精神〉――が言葉の様々な形式を展開させるのである。表現するとはこういうことだという既成の観念に基づいてその上に一つの言語を作り上げる、というやり方では決して真の言語はできない。言語とは既成の表現の過程によって分節化された形式の中でではなく、分節化の過程によって、その意味が育つのであるから。

　言語に当てはまることは音楽にとっても本質的である。作曲家が何を表現すべきかに心を定めて工夫されたような音楽はおそらく音楽にならないであろう。それは制限つきの楽句であって、人工言語のようなものであり、それ以下である。なぜなら**最高の状態における音楽は明らかに一つのシンボル形式であるが、あくまで成就されない未完成のシンボルであるのだから**。分節化こそがその命であって、言明ではない。表現性であって表現ではない。変わらない内容を要求するという意味の実際上の機能は達成されない。というのは可能な意味の中から、これであってそれではない、という**振り分け**が明示的になされることは決してないからである。したがって音楽は、ベル氏とフライ氏がそれを把握ないし感得できるけれども定義はできないといったあの特別な意味において「有意義的形式」なのである。そのような有意味性は暗黙のうちに含まれているが、慣習によって固定されるものではない。

音楽は成就されないシンボルであり、慣習的意味を持たない有意義的形式であるという事実は、標題音楽の登場が引き起こした不明確で相反する議論全体に或る種の光をあてるものである。或る着想をシンボルという様態で表現するということは成功することも失敗することもあり、容易で適切であることもあるし、滞りがちで直截でなく、不正確であることもある。通常我々は受けとる情動についての厳密な「論理画像」などというものを持っていない。ただ「びっくりした」とか「除け者にされた」とか「感動した」とか「まるで罵るように」とか「逃げてゆくように」感じるなどと、主としてその原因や効果を述べるという間接的な方法を用いるだけである。気分はそれを引き起こすであろう状態によってしか記述できない。例えば「日暮と宵の明星」の気持ち、とか村祭りの気分、あるいは「ウィーンの夜会」の雰囲気というように。もし、作曲家の音楽的楽句がその楽音形式だけでは完全に首尾一貫し、有意義で、そして満足のゆくというほどには豊かでも特定的でもない場合には、彼が感情についてのアイデアを我々や他の人たちに表現しようと、ごく普通の、音楽以外のやり方でその気分を捉え、あるいは情感を特定できる状況や事物や出来事で補おうとするのはごく当然のことである、彼は自分の音楽的想念を組織的にする足場として頭の中の像を使うこともあるだろう。シューマンは自分や他の作曲家が或る場面とか存在とかを思い浮かべてその心像が直接の刺激になって、まとまりのある、仕上がりの良い音楽作品を生み出せたことがあると述べている。[73] 時には『シェヘラザード』とか『オベロン』などの一つの題語によってもたらされる、「中世圏」とか「妖精界」とか「英雄場面」など、フーバーが「小宇宙」と呼ぶものの単なる示唆が、絶えず揺れ動いてあてどもなく漂う音楽のテーマを一つの芸術形式に結晶させるのに役立つこともある。また時には作曲家自身が手の込んだ筋書きを想定し、台本や振り付けノートに従うようにそれに沿って作業を進めてゆくこともある。このようなやり方で生み出される音楽表現は、ただ一筋に専念して作るものではないから、純粋に主題による思考によるものほどには完全な音楽表現にならないのは事実であり、また当然でもある。その音楽に、関連する事柄のすべてが含まれているわけではないし、それにその**作品の中には**作曲家にとって助けになった空想を、聞き手に強要するものは何もないのであるから。ティル・オイレンシュピーゲルの曲を聞いているときにはそのいたずらを思わなければならないと我々に強制するものは何もない。

だが同時に、音楽を演奏したり聴いたりしながらその曲に主観的な意味合いを自分では直接つけられない場合に、何かしらの心像や空想、記憶あるいは何かの**小宇宙体験**(Sphärenerlebnis)に寄りかかってはいけないという理由もない。プログラムはいわば松葉杖である。それにまつわる状況を思い浮かべることで想像力の中に色々な感情を保っておくための、大雑把ではあるが、よく使われる方法に頼ることである。だからと言って聞き手が音楽性に欠けるということではなく、ただ全く音楽だけによって考えることができるほどには音楽的ではない、ということである。その聴き手はいわば外国語を理解するけれども、細かい、知的に難しいことについては母国語で考える人のようなものである。

音楽的感覚が限られている人にとっては、そのような観念形成は音楽に対する最も価値のある反応であり、聞き手が提供しなければならない「主観的内容」であると思われるだろう。このように考える人たちはしばしば、確かに「快感を与えてくれる」純粋な美しい音の鑑賞というものも存在するだろう、だが我々はその音楽が何か詩的な内容を伝える時に、それをよりよく**理解できる**のだ、という。[74]例えばゲーテは（文化的所産としての芸術には関心を持っていたにもかかわらず）とくに音楽的才能があったわけではなく、或る時或るピアノ四重奏を初めて聴いて、ピンとこなかった、わかったのはブロッケン山での魔女の集会《サバト》だと解釈できたアレグロの部分だけだったと述べている。「だがそのおかげで結局私はこの特殊な音楽の背景といいうる一つの着想を見出したのである」と。[75]

そのような解釈が自発的に生まれたというのであれば、それは全く正当な事例であって、音楽の才に恵まれない人によく見られることであり、鑑賞の助けになる。しかし、教師とか批評家、あるいは作曲家までがそれを率先してやるとなるとやはり弊害が出てくる。なぜならそれは松葉杖を使って歩くのが良いと勧めていることになるのだから。本当のところは、そもそも習慣化されない、言語化されない、思想の自由という音楽の真の本性を否定することに他ならない。だからこそ標題音楽の反対者が、解釈学の反対者が、これほどまでに激しく抵抗するのである。彼らは楽音構造の持つ**芸術的**意義が完全に誤解されていると感じているのであり、彼らの理由づけには疑わしい面もあるものの、その反応自体は全く健全である。

　音楽の持つ真の力はそれが言語では不可能なやり方において、感情生活を「如実に」示すことができるという事実にある。その有意義的形式が、言語の持ち得ない内容の**両義性**を持っているからである。これがハンス・メルスマンが次のように書いていることの真意であると私は思う。「対立する両極を同時に表現しうるということが、音楽そのものに、最も錯綜し微妙な細部にも届く表現性を与え、この点で他の芸術形式には全く及ばない高みに導いている」[76]。音楽は言語が隠すものを明らかに露顕させるが、それは音楽が単に内容を持つのみならず、内容同士の一時的な戯れをも持ちうるからである。音楽は自ずからは感情に縛られずにそれを分節化することができる。一つの楽音の持つ物理的な性格を我々が「甘い」とか「豊かな」とか「執拗な」などと言い表してみるのは、身体的な反応によって、一時的な解釈を示唆しているのであろう。転調は新しい「世界感情（Weltgefühl）」を伝えているのかもしれない。こうした意味の振り分けは、絶えず変化する、万華鏡のような遊戯であって、おそらく識閾以下で起こっており、そして確かに論述的思考の領域外のことである。音楽に反応する想像力は個人的なものであり、連想に基づき、そして論理的であるが、そこに多少情動が影を落とし、多少は身体的リズムの影響があり、多少は夢の要素も入っている。しかしその**関心事**は、言葉にならない豊富な知識を、その情感と有機的経験についての、生命の衝動の、調和を、葛藤を、様々な生き、死に、感じる**やり方**についての知識全体を豊かに定式化することなのである。こうした意味の振り分けはどれも全く慣習になっていないから、それも、過ぎ去る音を超えて残るものはない。それでもその一時的な結びつきが理解のひらめきだったのである。より永続的な効果は何かと言えば、精神の発達に言語が与える最初の効果と同じく、**ものごとを把握できるように、想念化できるようにする**ことであって、色々な言明文を溜めてゆくことではない。伝達ではなく洞察が音楽の贈り物であって、ごく素朴な言い方をすれば、「感情とはどんな風に働くものなのか」についての一種の知識である。こういってもいわゆる「**音楽の情動説**（Affektenlehre）」とは全く関係ない。もっと微妙で、複層的で、変幻自在で、そしてもっと重要である。なぜならそれが後に残すものはひとえに情動的満足であり、知的確信であり、そして**音楽的な**理解であるのだから。「この様に我々の心が満足すれば音楽はその使命を果たしたのである」。

このことはまた次のような文脈を離れるといかにも奇妙に聞こえる理論にも、実質的内容を与えるものでもある。その理論とはリーマンが提案し、もっと最近ではキャロル・プラット教授が(どうやら互いに全く独立に)展開した理論で、彼は音楽は実際の感情の原因になるのでもなく、またその感情を「発散」させるものでもないような、特殊な効果を生み出すのだが、我々はそれを感情だと誤って受け取ってしまうのだ、というのである。音楽はその特別な、純粋に聴覚的な性格を持っているが、それが「本質的に或る種の性質を含んでいて、それが主観的領域の何かの特性によく似ているため、しばしば情動そのものと混同されてしまう」(77)。しかし「これらの聴覚的特性は全然情動などではない。それは気分が**感じる**、そのやり方で**響く**のである。……音楽のこうした形式上の特性は名付けられないことが多いが、それが音楽というものなのだ……」(78)。

音楽の引き起こす或る種の効果が感情とあまりによく**似ている**ために我々が両者は全く違うのにそれを取り違えるのだという考えかたは、音楽を「明示されない、暗黙の」シンボル作用と見なさない限りはいかにも奇妙に見えるだろう。だがそう見なせば、この混同は予測ずみのものとなる。なぜならシンボル形式が意識的に抽象され取り出されるまでは、シンボルとシンボル化されるものとはむしろ混同されるのが常だからである。これは神話がそのまま信じられ、力を外示する名にその力があるとされ、聖体の儀式が実際の効果をもたらす行為と受け取られるのと同じ原理である。この原理はカッシーラーが提唱したもので、私はその一節を以前引用したことがあるのだが[79]ここでまた繰り返さずにはいられない。「神話的意識が、また言語的思考がその最初の、まだ素朴で未反省の段階にあるときに典型的なのは、その意識内容がシンボルと対象物とに明確に分かれておらず、完全に未分化に溶け合い、融合していることである[80]」。この原理は「神話的意識」と「科学的意識」との間の、または現実についての暗黙的想念と明示的想念との間の境界線を画するものである。音楽は我々の内的生の神話である――それはごく最近の霊感を受けた、しかしいまだに「植物的」繁茂期にある、若く、生命に溢れた、そして意味深い神話なのである。

原注

（1）Clive Bell, *Art* (1914), p. 8.

（2）L. A. Reid, *A Study in Aesthetics*（1931）. とくにpp. 43, 197をみよ。また*Knowledge* *and Truth* (1923), とくに終章、また "Beauty and Significance," *Proceedings of the Aristotelian Society*, N.S. XXIX (1929), pp. 123–154 も参照のこと。

(3) R. Fry, *Vision and Design* (1925), p. 50.

(4) 同上、p. 302.

(5) この傾向はシンボル作用についての或る論文の著者がずっと以前に認識していた。その論文の書き出しは「シンボルについての徹底的な研究は、いわば美学の雛形ともいうべきである。なぜなら近年シンボル作用ということが美学の中で中心的な位置を獲得したので、美学という広大な領域に、何かのシンボル関係にぶつかることなく足を踏み入れることはほとんど不可能であるのだから」となっている。R. M. Wernaer, "Das aesthetische Symbol," *Zeitschrift für Philosophie und philosophische Kritik*, CXXX (1907), 1: 47–75.

(6) Ch. Baudouin, *Psychanalyse de l'art* (1929); A. M. Bodkin, "The Relevance of Psycho-Analysis to Art Criticism," *British Journal of Psychology*, XV (1924–25), Part II, 174–183; J. W. Brown, "Psychoanalysis in the Plastic Arts," *International Journal of Psychoanalysis*, X, Part I (January 1929); J. Landquist, "Das künstlerische Symbol," *Imago*, VI (1920), 4: 297–322; Hanns Sachs, "Kunst als Persönlichkeit," *Imago*, XV (1929), 1: 1–14; 同じ著者による文献ノート、"Aesthetics and Psychology of the Artist," *International Journal of Psychoanalysis*, II (1921), part I, 94–100; George Whitehead, *Psychoanalysis and Art* (1930). とくに音楽については A. Elster, *Musik und Erotik* (1925); Max Graf, *Die innere Werkstatt des Musikers* (1910); K. Eggar, "The Subconscious Mind and the Musical Facul-

ty," *Proceedings of the Musical Association*, XLVII（1920–21）, 23–38; D. Mosonyi, "Die irrationalen Grundlagen der Musik," *Imago*, XXI（1935）, 2: 207–226; A. van der Chijs, "Ueber das Unisono in der Komposition," *Imago*, XII（1926）, 1: 23–31. この一覧はすべてを尽くすものではないが、代表的なものを挙げてある。

（7）W. Stekel, *Die Träume der Dichter*（1912）, p. 32.

（8）奇妙なことであるが、このことがJ・M・ソーバーンのような優れた文芸批評家に見逃されている。彼は「詩人とは子供の発言の持つ単純さを追求しているのだと見なされるべきだと私は思う。詩人が目指すのは子供となって考えること、子供となって理解することである……

「彼が仕事を終え、良い作品が出来た時に、その天分を測る基準となるのは、彼が深層へどこまで掘り下げたか、また彼の言葉の独創性とその古代性の程度による」と述べている（J. M. Thorburn, *Art and the Unconscious*（1925）, pp. 70–71）。

「もし芸術がシンボル的であるとすれば、そのシンボルを発見したのは芸術家である。しかし芸術家自身はそれをシンボルと認識する必要はない――もちろんそう認識しても良いが。それをシンボルとして認めねばならないのは、我々鑑賞する受容者である」（同上、p. 79）。

この発言に従えば芸術的判断とは、精神分析の技術が特別な発達を遂げたものだということになる。「我々はあらゆる資料を用いて彼（その芸術家）の人格を再構成しようとする」（同上、p. 21）。作品がより夢見がちで主観的であればあるほどその言語は原始的である。そうならば最も偉大な詩人とは最も鮮やかに夢見る人のはずである。しかしながらシュテーケルはシンボルを作り出す段階では詩人はごく散文的な人と変わらないと指摘している。彼の患者である女性が報告した夢と、ゲーテの夢と、ゲーテの友人であり助手でもあるエッカーマンの夢という三つの夢を分析したのちに、彼は次のように述べている。「偉大な詩人ゲーテと無名の女が……こんなにも似たような夢を作り出したというのは驚くべきことではないか。そしてそのうち誰かがそれに詩的卓抜さの名誉を与えるとしたら、エッカーマンとその棄てられた女が共にゲーテより優れているということになるだろう」(Stekel, 前掲書, p. 14)。

(9) 時には或る芸術的原理がただ一つの特別な領域でのみ明らかで、その領域で十分な発達を成し遂げた後でもっと一般的に応用可能であることが判明するということもありうる。例えばエドワード・ブロウ(Edward Bullough)の「心的距離(psychical distance)」(これについては後にもっと詳しく述べるが)という優れた考えは音楽や陶芸では重要な原理とは認められていなかったであろうが、演劇における特殊な問題がそのような概念を要したのであった。これは普遍的に応用できると証明されなかったとしても、そのもとの領域では妥当である("'Psychical Distance' as a Factor in Art and an Aesthetic Principle," *British Journal of Psychology*, V (1912), part II, 87-118 をみよ)。

(10) ガッツ(F. M. Gatz)の資料集 *Musik-Aesthetik* (1929), p. 53 掲載のカントの *Kritik der Urteilskraft* からの抜粋をみよ。

(11) James, *Principles of Psychology*, vol. II, p. 419. 彼は直接には高所恐怖反応のことを言っており、彼によればこの奇妙さが「船酔いしやすいとか、音楽好みとか」に似ているのだそうである。

(12) こういうわけでクライヴ・ベルは芸術批評の基調音としての「有意義的形式」という概念

を提唱した後で次のように述べている。「この時点で一つの疑問が起こる……「どうしてある特定のやり方で関連づけられた形式に、これほどまでに心動かされるのであろうか」。この問いは極めて興味深いが美学には関係がない。純粋な美学においては我々はただ自分たちの情感とその対象とを考察すれば足りるのだから」と。

　だがもし情感と対象との間の**関連付け**には関与しないというのであればこの両要因について何を「考察する」のだろうか。

(13) Platon, *Republic*, 第iii巻（プラトン『国家』第三巻）。

(14) これらの話は他の話とともに Irmgard Otto の論文 "Von sonderbahrer Würckung und Kraft der Musik," *Die Musik*, XXIX (1937), part II, 625-630 に引用されている。

(15) 音楽が心身に及ぼす効果についての徹底的な研究については博士論文 Charles M. Diserens, *The Influence of Music on Behavior* (1926)を参照のこと。ディサレンス博士は、私としては疑問があるような多くの証拠も受け入れているが、十八世紀には主張されていたような、音楽によって刺激された実際的な行動あるいは人の気性や性向への永続的な効果（例えば *Reflections on Antient and Modern Musick, with the Application to the Cure of Diseases* (anon., 1749)やアルブレヒトの *De Effectu Musices in Corpus Animatum* など）については何も報告がない。

(16) この区別がしばしば無視されるという指摘が Ernst Kurth の *Musikpsychologie*, p. 152 にある。意識的に音楽的感性をもつ人よりもたない人について作業を進めるシュトゥンプが与えてくれるものは **Tonpsychologie**（音心理学）であって **Musikpsychologie**（音楽心理学）ではない、とクルトは述べている。

(17) Esther L. Gatewood, "An Experimental Study of the Nature of Musical Enjoyment," *The Effects of Music*, ed. Max Schoen (1927) をみよ。

(18) この結果はもちろん自発的なものではない。なぜなら質問票が被験者を、音楽を聴いたときにこういう特定の種類の経験をするはずと世間一般に言われている方向へ誘導しており、しかも〔限られた選択肢から〕選択をするように指定されているので、どの曲についても、何かの特定の感情が全面的ないしは主として当てはまる、としなければならない。他の感情にすぐに取って代わられた一過的な情感に印をつけてしまえば誤った印象をひき起こしてしまう。だから結果として生まれるのはごく一般的な感情の状態のみになり、然るべく報告される、ということになる。

基本的に同じ技法がケイト・ヘヴナーによっても用いられている。Kate Hevner "Expression in Music: A Discussion of Experimental Studies and Theories," *Psychological Review*, XLII (1935), 2: 186–204, また "Experimental Studies of the Elements of Expression in Music," *American Journal of Psychology*, XLVIII (1936), 2: 246–268.

(19) Charles Avison, *An Essay on Musical Expression* (1775), pp. 3–4.

(20) 同上、また p. 5 n もみよ。

(21) C. Ph. E. Bach, *Versuch ueber die wahre Art, das Klavier zu spielen* (1925, 第二版からの復刻版; 1st ed., part I, 1753, part II, 1762)。Part I, p. 85. この初期の理論の詳しい研究については Wilhelm Caspari の博士論文 *Gegenstand und Wirkung der Tonkunst nach der An-*

sicht der Deutschen im 18. Jahrhundert（1903）. より広範な資料については Gatz, *Musik-Aesthetik* をみよ。

（22）Henri Prunières, "Musical Symbolism," *Musical Quarterly*, XIX（1933）, i: 18–28, p. 20 をみよ。

（23）同上、p. 21.

（24）今日の主導的な心理学者ですらこれに同意している。「音楽家が成功するためには聴衆をほとんど恍惚状態ともいうべき情感の波に乗せなければならない」という言葉は「美学における哲学の名のもとに半ば科学的な知識を繰り返すのではなく」事実を厳密に探求するのが自分の立場だと誇るカール・シーショアの口から出ている（Carl Seashore, *Psychology of Music*（1938）, pp. 174 and 377）。

（25）Eduard Hanslick, *Vom Musikalisch-Schönen*（5th ed. 1876, 1st ed. 1854）, また Ferruccio Busoni, *Entwurf einer neuen Aesthetik der Tonkunst*（1907）, p. 5 を参照のこと。

（26）Hanslick, 前掲書、pp. 78–79.

（27）Hugo Riemann, *Die Elemente der musikalischen Aesthetik*（1903）, p. 3.

（28）Colin McAlpin, *Hermaia: A Study in Comparative Esthetics*（1915）. その目次をみよ。

（29）Richard Aldrich, *Musical Discourse*（1928）, p. 25 を参照のこと。

（30）J. A. Hüller, "Abhandlung von der Nachahmung der Natur in der Musik," in Marpurg, *Historisch-kritische Beyträge zur Aufnahme der Musik*, 5 vols.（1754–1760）, vol. I, p. 532 をみよ。

(31) レスピーギの『ローマの松』にはナイチンゲールの啼き声のレコードが使われている。シュトラウスの『アルプス交響曲』では「風音機」が必要である。
(32) Aldrich, 前掲書、p. 15.
(33) Richard Wagner, "Ein glücklicher Abend," *Gazette Musicale*, nos. 56–58 (1841) より *Musik-Aesthetik* に Gatz によって転載。
(34) Busoni, 前掲書、ここでの引用は Gatz, 前掲書、p. 498 より。
(35) Bullough, 前掲書、p. 91.
(36) ここの引用は Gatz, 前掲書、p. 166 より。
(37) 同上、p. 172.
(38) Hanslick, 前掲書、p. 45.
(39) 同上、p. 136.
(40) 同上、序文 p. viii.
(41) Köhler, *Gestalt Psychology*, pp. 248–249.
(42) Jean D'Udine, *L'art et le geste* (1910), p. xiv.
(43) 同上、p. 6.
(44) 同上、p. xii.
(45) J. K. v. Hoeslin, *Die Melodie als gestaltender Ausdruck seelischen Lebens* (1920).
(46) ケーラーもコフカもこの「生理学的影像」という概念を支持している。彼らによればこの像は外在的な模写ではなく、身体全体の状態ないし活動が実際に表面に現れたものだとしている。同じような見地はすでに一八六五年、C・ボーキエの『音楽哲学』(C. Beauquier, *Philosophie de la musique*)で定義されており、さらにこれに続く著者たちも枚挙にいとまがない。

(47) ゲーリングはこの**文脈的機能**の原理を、個々の曲の範囲を超えるところにまで拡張している。「無関係な作曲も、関係を持つ曲と同じようにお互いに影響し合う。音楽という領域全体が一つの大きな作曲の場とみなすことができ、この世界で書き込まれた一つ一つの音符が一つの大きな楽音の世界に影響を及ぼすであろう。ギュイヨーの言葉を借りれば、……それぞれが美の条件そのものを変容させるのだ」と。

「これで同じ曲が異なった時に異なった効果を生むことも説明がつく。今日では斬新に聞こえる和音も数十年経てばごくあたり前になるであろう。かつて我々の祖先を喜ばせた音量や豊かさが、今日では場違いになっている」(Albert Gehring, *The Basis of Musical Pleasure*, 1910, p. 34)。

ゲーリングの観察は言語との相似性を示している。言語では狭い文脈の中で用いられた一つ一つの語が、そこで確定された意味を持って、生きて成長する言語に貢献してゆくのである。

(48) Kurt Huber, *Der Ausdruck musikalischer Elementarmotive. Eine experimental-psychologische Untersuchung* (1923).

(49) フーバーは「だからこの見解に基づけば(ところでオーマン(Ohmann)も同意見である)音楽的なリズムは、単なる小節内の時間的分割(measure)から来るリズムとは対照的に、動機自体が持つ内的ゲシュタルト関係から生まれてくるものである」(同上、p. 179)と言っている。この結論はその科学的実証によって、ハインリッヒ・シェンカーの韻律とリズムに関する原理、すなわちリズムは楽音の運動の関数であって時間的配分の関数ではないという原理を支持することになる。こうした音の運動はテンポのみならずメロディーや和声上の緊張と方向付けにも依存するものである（Schenker, *Neue musikalische Theorien und Phantasien*, 3. vols.[1935], とくに vol. III, *Der freie Satz*, ch. vii, pp. 191–206）。

(50) Albert Schweitzer, *J. S. Bach, le musicien-poète* (2nd ed. 1905).

(51) André Pirro, *L'esthétique de Jean-Sébastien Bach* (1907).

(52) Huber, 前掲書、p. 182.

(53) その完全な実例は E. Sorantin, *The Problem of Musical Expression* (1932) にある。

(54) Siegfried F. Nadel, *Der duale Sinn der Musik* (1931), p. 78 を参照のこと。

(55) Julius Bittner, "Die Grenzen des Komponierbaren," *Der Merker*, II (1910), part I, pp. 11–14 を参照のこと。

(56) Paul Moos, *Die Philosophie der Musik* (1922), p. 297.

(57) F. Heinrich, "Die Tonkunst in ihrem Verhältnis zum Ausdruck und zum Symbol," *Zeitschrift für Musikwissenschaft*, VIII (1925–26), 66–92, p. 75 をみよ。

(58) Gehring, 前掲書、p. 90.

(59) W. M. Urban, *Language and Reality*, p. 55.

(60) 同上、pp. 487–488.

(61) 同上、p. 478.

(62) 同上、p. 500. 奇妙なことにこの同じ一節をまとめる最後の言葉は次のようになっている。

「だがこうした議論を尽くしてみると、詩はあくまでも隠れた形而上学であり、その含蓄的意味合いが批判的に解釈され、適切に表現されて哲学の一部となった時に初めて、適切な世界観が獲得できるのだ」というものである。この批判的で適切な表現が字義的解釈でないならば、他に何であろうか。

(63) Wagner, *Oper und Drama*. Gatz, *Musik-Aesthetik*, p. 192 をみよ。

(64) Hüller, 前掲書、pp. 515 & 523. 強調は筆者。

(65) Franz Liszt, "Berlioz und seine 'Harold-Symphonie'," Liszt, *Gesammelte Schriften* から Gatz, 前掲書、p. 127 に転載。

(66) この葛藤の重要性を認めたヴィアリンク博士は、次のように述べている。「ハンスリックがその著書で引き起こした大きな反動は、その激しさからしてただの意見の違いからくる争いなどではなく、異端に対する教義の対立に似た力の闘争である。……ハンスリックに対する反応は自分の最も神聖な信念を攻撃された人のする反応であった」(Gustav Wierling, *Das Tonkunstwerk als autonome Gestalt oder Ausdruck der Persönlichkeit*, pp. 24–25)。そして全く同じ精神的態度がハンスリック自身にも確かに見えており、彼もまた、単なる過誤ではなく有害な教説だと考えて拒絶した。

(67) Hanslick, 前掲書、p. 133:「音楽という芸術においては形式に対立するような内容はない。音楽には内容を超えた形式というものはないのだから」。これは事実上形式と内容という二項対立を排除しており、問題を拒否しているのであって問題への回答ではない。

(68) 例えば E. J. Dent, *Terpander: or, the Music of the Future* (1927), p. 12. Carroll C. Pratt,

The Meaning of Music (1931), p. 237. また F. Heinrich, 前掲書、p. 67 をみよ。

(69) Hanslick, 前掲書、p. 75.

(70) Moritz Hauptmann, *Die Natur der Harmonik und der Metrik* (1853).

(71) Moritz Carrière, *Aesthetik*, 2vols. (1859).

(72) Hanslick, 前掲書、p. 26.

(73) ベルリオーズの『幻想交響曲(*Symphonie Fantastique*)』についてのロベルト・シューマンの言葉、ガッツによる *Gesammelte Schriften über Musik und Musiker* からの転載、Gatz, 前掲書、pp. 299-303 をみよ。

(74) アンリ・プリュニエール(Henri Prunières)(彼はベートーヴェンが自分の主題を考案した時に絶対にこう感じていたはずだとした当の「解釈者」である)はシュトラウスの標題音楽曲について「これらの作品は形式それ自体が十分美しく、聴者は作曲者の意図のすべてを聞き取ることができなくても、生き生きとした快感を得られる。しかしながらその人がもしそこに隠れているシンボルを摑むことができたら、順次それを見出してゆくことができたら、その喜びは倍加するであろう、ということを忘れてはならない」(“Musical Symbolism,” p. 20)。

D. M. Ferguson は“How can Music Express Emotion?”という題の論文の中で、音楽が「語や絵がやれるようには感情の原因や外部事情に我々の注意を向ける(**主としてそうした事情から我々は感情そのものの性質を推量するのだが**)ことができないので、**話の途中から**、神経が刺激を受けて動揺した段階から始めて……情感を引き起こす諸条件をまず描写し、観察者がそこから情感的意味を見て取るように要求するというのではなく、音楽は情感的動揺自体を描写し、**聞き手がそれをもっと十全に理解しようと、その原因を推測するように要求する**」**のである**と主張している(*Proceedings of the Music Teachers' National Association* (1925), pp. 20–32, pp. 26–27をみよ。強調は筆者)。

もう一人の解釈提供者はF. Nichollsで、彼は(「恐怖の和音」〔ソシレファの属七和音〕と「朗らかなアルページオ〔分散和音〕」の分類をした後で)「さて、今度は一つの純粋な音楽作品に光を当てるのに、そこに——我々は音楽的シンボル作用について獲得した知識に従って——もっと**限定され**、**特定された**意味を読み込んでゆくことが望まれる。……音楽とは特定の事物についての、より高度な、ないし宇宙論的な解釈である……にもかかわらずその音楽についての解釈はしばしば有用である。そして言葉でする、いわば喩えのようなものは、しばしば、そして正当にも、音楽の楽しみを増やしてくれるのである」(*The Language of Music or, Musical Expression and Characterization* (1924), pp. 77–78))。これに続けて彼はベートーヴェンのピアノソナタの一つについて相当ふざけたことを言っている。

(75) J. P. Eckermann, *Gespräche mit Goethe*, 一九一一年版、p. 158.

(76) Hans Mersmann, "Versuch einer musikalischen Wertaesthetik," *Zeitschrift für Musikwissenschaft*, XVII(1935)1: 33–47.

(77) Pratt, 前掲書、p. 191.

(78) 同上、p. 203. Hugo Riemann, *Wie Hören Wir Musik?* (1888), pp. 22–23と比較せよ。「実は問題は情感を**表現する**とかいうことでは全然ない……なぜなら音楽は情感が魂を揺らすのと**類似した**やり方で、だがいかなる意味でも情感を引き起こすという様なことではなく、魂を揺らすからである(それが何も意味しないが故に、全く異質な情感作用が似た力動形式を持つこともあり、従って、ハンスリックがすでに正しくも指摘した通り、同じ音楽でそれらが「表現」されることもあるのである)」。

(79) *The Practice of Philosophy*, p. 178.

(80) 音楽におけるこの種のシンボルと対象との同一視はゲーリングの *The Basis of Musical Pleasure* の一節に著しい事例がある。「数分ごとに心を占める思想の継起がメロディーの構造に密接な類似性を持つとしてもそれはあまりに微妙なので誰もまだそれと見定めたことがない。だがその類似関係をそれとして辿らなければならないだろうか。もしかしたら心の現象とそれの音楽上の相当物とはそこで溶け合ってしまっているのではないか。もしかしたらメロディーが、それが映しているはずの重要な思考の流れの代替物になり変わっていはしないか。拍や強度や速度の場合は音楽が心を複製ないし複写する。だがメロディーの場合は全く合致してしまうのだ」(p. 98)。

第Ⅸ章　芸術的趣意の発生

音楽の起源は歴史的にはずっと昔に遡《さかのぼ》るが、おそらく当初は音楽は芸術ではなかった。どうやら音楽には長い前史があって、その頃は音を順序よく組み立て仕事や儀式の拍子づけや神経を刺激して興奮を誘うために、また呪術的な目的にも用いられたらしい。この時期に音楽を作る原初的な**素材**が確立し、楽音の形式がついには分節化の段階に達してその素材がごく自然に意味に満たされるようになった。だからこそビュッヒャーはその有名な著書『労働とリズム』[1]の中であれほど多くの音楽的動機《モチーフ》について、その起源を水夫の呼び声、粉挽きの長い息遣い、脱穀者の殻竿打ち、鍛冶屋の仕事場での金槌の弾みうちなど具体的に辿ってゆくことができたのである。これらすべての機械的な音や自動的な発声は、その楽音的な性質が抽象されて人がそれに耳を傾けて聴く様になるずっと以前から身近に聞き慣れていなければならなかった筈である。それらは音楽的想像力のための要素となる以前に、まず決まった形式を獲得しなければならなかったのだから。

おそらくある種の歌も、太鼓によるダンスの拍子づけも、いかなる音楽的な関心よりも古いものであった。もし本当にフンボルトが言う通り「人は歌う生き物である」のならば、歌が生まれると同時に音楽も与えられたとは必ずしも言えない。もしそうであるならば、発声の形式が美しく、とくに何も意味しなくても歌は歌えるものだと知るずっと前から、人は起床や招集の合図また呪文や舞踊を歌っていたことであろう。集団で何かを喋ると必ず詠唱になる。一息で喋りきれる長さの文が歌の自然の区切りとなる。ちょうどコラールの終止形と同様に。人にとってごくあたり前の物音、仕事であるいは祭りの興奮の中で、また世の中の物音――カッコウの啼き声とかフクロウの声、馬のひづめ、人の足、太鼓、金槌など――を真似してなされる発声から音楽が形成されるには、仕事のリズムや踊りの拍子、そして一緒に声を合わせての詠唱が影響している。

この種の音はどれも潜在的な「主題《テーマ》」、つまり芸術的想像力がそれを捉えて何かの楽音の着想を形成できるような、音楽上の範型《モデル》である。しかしこのような実際の音自体は直接には曲の中には入ってこないのが普通である。それらは何か特徴的な動機《モチーフ》に変容される。音程やリズムやメロディーなど歌の実際の成分となるものを自然界で聞こえる音が供給するのではなく、ただその刺激となるだけである。我々の印象に残る聴覚経験とはすでに音楽的な可能性を備えたものであり、それに多様性を持たせたり、ふくらましたり、変化させたりして、和声的な修正によってその情感的な値を変えることができる。エルンスト・クルトはその優れた『音楽心理学（*Musikpsychologie*）』の中で、このような音楽の原型となる要素を徹底的に調べ、それらを**原シンボル**（Ursymbole）と呼んでいる。身近な物音が音楽に変容してゆく様を、私が知る限りでは彼の言葉が最もよく述べているのでそれをここに引用したい。

「民謡の**主題の**起源を探ってゆくと、やがて**心理的な**起源にも出会うことになる。全ての種族には、彼らの活発な意識の究極のシンボルそのものである特徴的で単純な慣用句があり、繰り返し現れる。いくつかの呼びかけ、呼び鈴、子守のリズム、仕事のリズム、また何かの身体の動きや足運びに密接に結びついた踊りの形、また叫び声、狩の呼び寄せ、軍隊の合図、山岳地帯での〔放牧や夕暮れの合図に吹く長い笛〕アルプホルンの節、〔狩でイヌをけしかける声、目標視認の合図〕「タリー・ホー！」の掛け声（高度に芸術的な作曲にも残る人気のあるおかしみのシンボル）、またさらに国民的儀式文からの数多くの借用などである。要するに民族の想像力の底流が顔を見せる、あらゆる種類の動機である。

「ここにはとくに幼児期の最初の時期にうけた印象の跡が残っている。そうした印象の記憶から、民謡のゆりかごのリズムとか、或る種の招きかけの呼び声とか、さらには宗教的な動機についても、また明確な、あるいはただほのめかされただけの、多くの鐘の音などに対する(自分でも気づかぬような、隠れた)愛着に由来しているのである。

「これらの主題は皆民謡の中にすぐに見つかるもので、そこにあからさまにそのままの形で、あるいははっきりしない形で隠れており、時には明らかな解釈がつき、時には不確定な象徴的な性格を持っている。それらは決して単に歌詞の一過性の字義的意味を表しているのではなく、むしろ(時には歌詞に逆らうような)独自の音楽的な反省と形式化から直接に流れ出しているという方が当たっていよう。……それらは全体として滑らかに流れる旋律の中で、とくにこれが動機に当ると区別して認めることはほとんどできない。音楽の面からも着想の面からも、民謡とはそのような最終単位のシンボルの総合として図式的に分析できるというようなものではない(2)」。

日常生活の中で絶えず留意していれば耳に入ってくるこれらの音が、決まった形で心に残るようになるのは、自然の中で仕事で社会で、何度も何度も繰り返し聞こえてくるからである。だがそれが音楽を生むのは、そうした音が本質的に表現性を備えているからである。それらは単に何かの連想を引き起こす力を持つのみならず、リズムとして、また音程としての価値を持ち、緊張と緩和、前進、高揚と衰退、動き、限界、休止を表している。それらが芸術の中に登場するのはこうした音楽的な可能性においてであって、それらがもともと持っていた記号（サイン）としての、自己表現の、宗教的シンボルとしての、あるいは音の機械的な模倣をするなどの能力のゆえではない。

世間に広くまた身近に知られている誤謬《ごびゅう》に「発生の誤謬」と呼ばれるものがあるが、それは哲学と批評における歴史的方法に由来している。それは物事の**起源**とそれの**趣意的意義**《インポート》とを混同してしまう誤りであって、物事の最も原始的な形を辿っていって、それは「要するに」かつてあったこの旧い現象に過ぎないのだと決めてしまう誤りである。とくにシンボルの哲学においてこの誤りは致命的である。というのは**初期のシンボル形式はすべて、その起源をシンボル的関心以外の事柄に持っているから**である。意義は常に外来的である。語はおそらく伝達のための装置となる以前に祭祇上の音声であった。しかしだからと言って今日言語は「本当は」伝達手段ではなく、「本当は」部族の興奮の名残りに過ぎない、ということにはならない。同様に音楽の素材になっているものも、音楽に使用される以前は他の用途に用いられていたであろう。しかしだからと言って音楽が「本当は」知的な成果ではないのだ、そして音楽的着想の表現というものが仮にあるとしても、実際には単なる雨や獲物の招来であり、踊り手にリズム上の助けをしているだけなのだ、などということにはならない。

だが音楽をその起源に還元することが間違いであるように、小鳥の歌とか感傷的な人がするお経のような抑揚のついた話といった、原始的な情動から出る音を音楽の尊厳にまで高めるのも間違いであると私は思う。これらは音楽の素材となるものであるが、それをただ無意識に用いるのは芸術ではない。そこに何かの節がついていても同じである。『おんまはみんな(The Old Gray Mare)』の節は行進のために作られたもので、実際調子をとって足踏みするのに役に立つが、しかし音楽的な働きは副次的である。紡ぎ歌の中には音楽的には全くまずいものがある。そうした歌は語りの語を乗せるためのもので、旋律を気にする人はいない。太鼓の踊りの拍子に叫び声や歌声が挿入されるのも同様である。楽音形式は実用的な要求に応えるために出てくるのであって、建築とか陶器や絵の形式と同様、そもそも誰かが芸術的な形式として眺める以前に、ある程度の慣習的な発達を遂げたものなのである。

造形芸術には至るところに自然の範型《モデル》がある。自然には個性的で美しく、特徴のある形がたくさんあり、粘土で形をこしらえたり、砂に指で印をつける人なら誰でも、自分の手元で出来上がってくる形に捉えどころを与えてくれる何かの対象を思い起こすものである。何かを**再現(描出)させ**れば極めて容易に意匠に有機的なまとまりを与えられるので、何か純粋な形式を試してみようと思う時でも、できた結果をつい人間の姿とか顔とか花とか何かよく知っている物だと解釈してしまう。幾何学的な形式は純粋に知的で独創的なまとまりがないと、見た目にそれと感知できる形態《ゲシュタルト》をなさないし、しかも比較的単純でないと、創作者も鑑賞者も美しい形として扱えない。ところが自然界の事物はそれが実用的な意味合いを持つために或る種の統一性と永続性が保証されており、我々はその形を把握できる。もっともそうした形式を外在的な意味づけ抜きにして、単なる視覚的パターンとして捉えるには困難すぎるとしても。芸術的な感受性を持つ心はそのような形式が提示されているとそこに有意義的形式を見て取る。造形芸術が早くから発達したのは、明らかに自然の中に範型が豊富にあるおかげである。

しかしこのような利点にはまた危険もある。というのは純粋に視覚的な芸術はともすれば**範型に囚われて**しまう。その範型がただ芸術的な着想を与えるのにとどまらず、芸術家を支配してしまうかもしれない。それを形式として捉えるのに役立つ範型の実用上の機能が、芸術家の注意力を奪ってしまって、彼の抽象的な想像を損ねることになりかねない。対象としての関心が、図柄としての関心と対立してしまって、彼の仕事の目的を混乱させてしまうかもしれないからである。

ごく平均的な人が芸術作品を見て判断する際にはこうした混乱が避けられない。まず最初に出てくる素朴な評言は必ずと言って良いほど、この絵は**かなり正確だとか**、**あまり正確でない**とかいうものである。次には題材がわざわざ描写するのに値するかしないかということである。そしてその次にはおそらくこの作品は「好感が持てる」とか「気持ちが悪い」とかいうものであろう。この三つの評言は、芸術とは関係のない基準に則ったものである。三つとも、通常は「有意義的形式」を減じるような性質に重きを置いている。第一の要求は画家は何よりもまず描く対象に関心を置くべきだ、というものである。ちょうど店主が在庫品の値打ちに関心を向けるように。第二の要求は対象自体に関わるもので、それと絵との関連——つまりそれが視覚的に価値があるかどうか——ではなく——絵**以外の**世の中の全てのものとの関係においてどうかということで、ここではその実用的、倫理的あるいは歴史的意義が基準となる。第三はその絵を、真に「審美的な」能力において、それが我々の感覚を興奮させたり鎮めたりする力、うるさがらせるか休息させるか、という効果を扱っている。ちょうど居間の壁紙の色がそうするように。あるいはもしその「好感度」が絵の主題からくるのであれば(田園の風景は「気持ちの良い」絵であり、身体中矢だらけの聖セバスチアンは「気持ちが悪い」絵である)、絵が想像力を快いやり方で刺激することが期待されているのである。

だがしかし、このような価値は皆二流の絵に属するものであろう。それらの価値は通常は風景画や海の絵、そして美女の肖像画がふさわしくない場合に雑誌の表紙に用いられる風俗画に含まれるものである。それなりの洞察力も、判断力も想像力も持ち合わせないような画家であれば、ゲーテが絵画についてした忠告に従って、高尚な性格を人格化するために優美で理想的なモデルを探し、それを正確に上手に――この忠告者の言う「自然の忠実な似像(getreue Nachahmung der Natur)」を――申し分のなく良い趣味で選んだ色をつけて、どの客間にもかけられるような、しかし真の芸術家の感性には何の意味もない絵を製作するのが良かろう。(3) ここに挙げられた要因は全て、確かに芸術的想念化の**素材**とはなりうるが、しかし想念そのものではないし、決して卓抜さの規準となるものではない。芸術家にとって情動的な意味合いを持つ主題はそのゆえに彼の注意を釘付けにするであろうし、その形式は彼の洞察に満ちた積極的な眼差しで眺めさせ、その重要性がどのくらい高い可能性を持つかが彼に明らかになるまで、彼の高揚した想像力の中にその形式を提示し続けるであろう。すると彼はそれについて深い、独創的な想念を得て、きっとそれを描き出すであろう。だからこそ長い間愛し続け、あるいは宗教的な熱意をもち続けた人々が、偉大で説得力のある芸術作品を作り出す霊感を与えられるのである。芸術作品を有意義にするのは、主題そのものの重要性でもその描出の正確さでも見る人に引き起こす空想でもなく、ヘスリンならその「メロディー」と呼んだであろう、視覚形式の分節作用なのである。

もし芸術が生まれるためには、誰かがこの内的な意味を捉えて想念化し、そしてそれを表現しようと意図するのを待たねばならないのだとしたら、頭の弱い哀れな我々人類には最初の芸術的創造など到底成し遂げられなかったことであろう。我々は自分が何を見ているかを知るずっと以前に、そのもの**の中に**意義を見て取っており、何か別の実用的なあるいは情動的なあるいは迷信的な関心が、我々に何かの対象を作り出させて、作った対象がたまたま表現的な価値をも備えていた、ということなのである。我々には無から(ex nihilo)有意義的形式を想念することなどできない。それを**見出す**ことができるだけで、見つけるとそれに似せて像を創作するのである。ただ人間は模写する対象の「有意義的形式」を見てとったので、その形式を強調しながら模写するのであり、それも計測によってではなく、自分の知的な眼差しの持つ選択的解釈の力によって模写するのである。未開人もこの洞察性を持っているらしい。実際ブッシュマンもインディアンもポリネシア人もインドネシア人もそうした傾向を持っているようであり、古代エジプト人や名もない旧石器時代の洞窟の住民がそうであったように形に敏感であるらしい。どうやら原始的な人類は言語的、神話的、また祭儀的成長期を持ったように芸術的活動の「植物的繁茂期」をも持っていたようである。粗野なアテネ以前の時期の農夫が自分の家を守るためのヘルムを建て、古代美をもつ彫像を作り出す。或るインディアンがトーテム・ポールを彫り、一つの構図を達成する。彼はカヌーを工夫したり水差しを形作り、綺麗な形を作り上げる。その範型となっているのは人間の身体あるいは木の幹、丸まって漂っている枯葉などであり、あるいは飲むのに使っている巻貝や頭蓋骨、ココナツなどである。しかし彼は実用的な目的からそのような手本を真似しているうちに、その形に単なる効用的な意義を超えたものを見るようになる。彼は自分が注意を集中している形象の中に、文字通り人の感情の反映を**見る**のであり、生命の「力学的」法則を、力とリズムとを見る。そこになんと呼べば良いかわからない呪術的な趣意を、線や質量の適正さを見、彼の手は知らず知らずのうちに自分の見たものを表現し、それに誇張すら加えて、その結果できたものが彼を驚かせ、喜ばせ、いかにも「美しく」見えるのである。しかし彼は自分が表現しているものが何かを論述的には「知らない」し、なぜ自分が範型から多少外れてその形をもっと「有意義」にするのかも言えない。人がこの野蛮状態から抜け出して、もっと論述的な理性を真剣に捉えるようになると、彼はより正確に模写しようとする。そして写実的で字義的な描出への、そして芸術の合理的な基準、倫理的解釈などなどへの、野心が彼の直感を混乱させて、その視覚的把握を危うくしてしまうのである。

今日我々が理解している音楽すなわち一つの芸術的媒体としての音楽が登場したのはごく最近のことだという指摘はよく聞かれる。ウィリアム・ウォレスは音楽がこれほど遅れて出現したということに感銘を受けるあまり、この突然の躍進は新しい聴覚機能が生まれたからだ、人類が達成したばかりの神経組織の発達によるものだ、と考えた。『音楽の識閾（*The Threshold of Music*）』の中で彼はギリシャ人が、そして彼らのごく五、六百年ほど前の祖先ですら、今日我々が聞いているように聞くことができなかったのだと述べている。つまり彼らは協和音と不協和音の区別ができなかったのだ、と。彼はこの理論を裏付けるために興味深い事実を挙げている。注目すべきことにギリシャ人にとって、そしてもっと以前に中国人にとって、音楽は本質的に知的作業であった。器楽曲はただ料理の仕出しやマッサージなどに似た生活上の身体的楽しみをもたらす技芸として演奏されたのであり、真の芸術という威信など全くなかった。したがって楽器は数も少なく粗雑で、あの青銅にあらゆる種類の微妙な彫刻形態を刻むことができた天才のギリシャ人が、その同じ技術を、フルートやリラにごく当然の改良を施すためにすら使わなかったのである。そこで彼の下した結論は、古代の音楽家は普通の「心の耳」を備えていなかったのだ、今日では才能のある人のみならず平均的な人も普通それを持っていて旋律があれば自然にそれを何かの和声的な構造の文脈の中で捉えるのに、というのである。彼は「ギリシャ人が眼の訓練と精神の訓練について最高のレベルに達したことは、彼らの芸術作品にまた彼らの弁証法論理とその詩歌に示されているが、現存する彼らの音楽の記録は彼らの聴覚が音の繊細な色合いや微妙さを見て取る機能に欠けていたことを証明している」と結んでいる[4]。ギリシャの職業的吟唱詩人たちは四分の一音まで正確に歌えたことを誇りにしていたから、この言明には明らかに疑いの余地がある。しかしそれにしても、オルガンが中世時代ずっと存在していたにもかかわらず誰も同時に鳴る楽音の組み合わせの可能性を発見しなかったということは実際驚くべきことである。さらにまた音楽の偉大な古典時代が他の芸術、演劇、彫刻、絵画といったものより何世紀も遅れていたことも注目に値する。もし我々が「音楽的感覚」が最近の神経細胞の発達とともに出てきたというウォレスの仮説を取らないとしたら、もっとよい説明をする責任があろう。

それは、音楽には自然界に範型が数少ないという事実にあると私は考えている。小鳥の歌声、啼き声、口笛、伝統的な牛寄せの呼び声、そして金属の鐘の音といったところが数少ない素材である。人の声の抑揚ですらも、(我々の言語ように)純粋に情動的なものであるにせよ、あるいは(中国語の四声のように)意味論的なものであるにせよ、不確定で捉えにくく明確な形式として記憶に止めるのが難しい。秩序だった楽音構造を示唆するような音楽的配置で、しかもそれが素朴で敏感な未開な耳にも有意義的形式として表れているようなものは、ほとんど自然界に与えられていない。

音楽が形成されるために必要だった鋳型や枠組みは全て外来の性格を持っている。絵画には視覚的範型があり演劇には実際に行為をする直接の原型があり、詩には物語がある。その全てはプラトン的意味ないし単純にアリストテレス的意味において「模倣」であるといって良い。しかし音楽には妥当な範型がないため、二つの音楽的でない補助手段——すなわち**リズム（律動）**と**語（歌詞）**——に寄りかかるしかなかったのである。

リズムは抑揚に比べるともう少し固定的で安定している。おそらくそのゆえにリズム的構造が音楽が形式化され厳密化される最初の局面となったのであろう。リズムは同時に多様なやり方で——叫び声で、足踏みで、太鼓を打つことで、声で、身体の動きで、そしてまた何か器具を用いた音でも——表現できる。言葉も動作も、叫びも、口笛もガラガラいう玩具もタムタムも、皆同期させて一つのリズムに合わせられる。そのような多様な様式で演奏されるときに、そこから簡単にリズム形象を抽象して取り出せるのは当然である。それは歌ったり踊ったり手を叩いたり、太鼓を打ったりされるのは、明らかに同一の律動的なパターンであり、全般にわたる力動形式である。この要素はいつでも繰り返しができ、したがって伝統的に保持される。当然それが音楽という生まれつつある芸術の最初の論理的枠組みと骨組みとなる構造を与えてくれることになる。(5)

言うまでもなく楽音のもっとも自明な素材は人間の声である。そして声が自発的に果たす機能とは叫び声や話し声など、自然な発声である。大人の場合には言葉を用いるのがすっかり癖になってしまっているため、全く純粋に情動的な叫びであっても「悲しや！」とか「ああ」とか「おやおや」とかいうような言語的な形を取る傾向がある。そしてビュッヒャーはリズムを続行してゆくための無意味な語音が、音が似ている語に、指す意味にはおかまいなしに次第に置き換えられてゆく過程を示した。テニソンの語る〔財産をなしたことを誇りにしている新時代の Northern Farmer の〕農夫には馬のひづめが「プロパティ〔＝財産〕、プロパティ、プロパティ」と聞こえ、それなりに意味をなしていた。だが船が「ジェリーとジョシュ、ジェリーとジョシュ」といっているように聞いた漁師や、汽車の車輪が「エルサレム、エルサレム、エルサレム」と繰り返すように聞いた子供というのは単に言語習慣に引きずられてしまった例である。この種の心による聞き做しの形式化が、作業歌の、また恐らくは多くの祝祭の歌の土台になっているようである。言語的衝動を音調のリズム形象の要求に合わせて適応させることが、全ての詠唱の自然な源泉であり、それが声楽曲の始まりである。(6)

人に聞こえるように歌うには、響きがあって長く持続できる母音がいくつか必要であるから音節ごとに歌わざるを得ず、するとそれが語を示唆するため、そこに詩的な表現の機会があるのに気づかないではいられない。だがリズム上の形と音調上の要求に従った、最初の無意味ででまかせの冗長語に詩的な意味合いが浸透するや否や、すでにそこに新しい芸術性の源が生まれていたのである。なぜなら**詩行**が**合唱の歌詞**となりそれがメロディーの初期的形式をなす楽句を決定するからである。語の強調の型に音の高さの型が従い、メロディーをなす旋律は文をなす詩行とともに始まり、ともに終わる。これが第二の、外来の音楽形式の「範型」である。

長いこと音楽はこの舞踊と歌という二つの母体に依存し、それなしで見出されたことはなかった。祭祇舞踊が姿を消し、宗教が祈禱と公的礼拝《リタジー》という、より言語的な表現に結びつくようになるにつれて、仕事場や世俗の祭りでの音楽が舞踊の形態に結びつき、宗教音楽が詠唱に結びついていった(7)。そのためゲーテは音楽芸術の歴史を検討するにあたって、その案内役であるものを本質的な特徴と取り違えて、「宗教音楽の聖性と民謡の愉快で滑稽な節回しこそ、全ての真の音楽がその周りをめぐる二つの中心点である。……礼拝か舞踊か(8)」と述べるに至ったのであった。

しかしながら民謡は決して愉快で滑稽な感じに限られるものではないし、また常に踊りのリズムを基にしてできているわけでもない。宗教的な起源を持つこともあるし、世俗の祭り気分から生まれることもある。そしてやがてその両方の起源から、最初の独立した**音楽的**生産物である「節」が抽象されて出てくる。古い歌の節は今日の賛美歌と同じく、悲しくも陽気でもない。韻律的に型がきちんと合っていればどんな歌詞でも、その節に合わせて歌える。そのような旋律は何も特別な機会とか、特別な主題とかが決まっているわけではなく、いろいろな詩句を歌うために**使われる**だけである。こういうわけで歌自体も、元の歌詞からだけでなく、しばしば場所や作曲家や聖者などから取られた名が付けられる。歌は国民の所有物である。それらは民族の物語を伝えたり、半ば宗教的な場や厳《おごそ》かな卒業式、愛国の儀式などに登場し、時には信仰復興運動の集まりとか、果ては尊厳のある聖歌研究の場にも登場する。(9) 歌のリズムの強拍《アクセント》が軽快ではっきりしている場合は、村の緑地や納屋の床、ダンスホールなどにも容易に登場して、たわいのない言葉に合わせてなんどもなんども歌われたり、歌詞は全く抜きにしてバイオリンやバグパイプで奏でられたりする。舞踊は歌の口実のようである。しかしやがてはこうした節が、誰もとくにリズムの拍子を必要としていなくても、ただ音楽そのものが目的で、街で弾かれたり口笛で吹かれたりするようになる。この段階で音楽はもう詩や舞踊というような枠組み抜きで独り立ちし、楽音の力動的な形式として、自らの法則と生命を持つ表現媒体となったのである。

　その範型となったものが音楽ではなかったため、それは音楽の成熟期の芸術的所産にとって、絵画や彫刻や劇や詩の範型がしばしばそうであるほどには重要不可欠ではない。

もちろんモーツァルトのメヌエットには一つの舞踊がはっきりとその跡を残しているし、また別の舞踊がショパンのワルツに残っている。それでもメヌエットとかワルツとか呼ばれる音楽作品は、絵画が何かの対象を描出しているという意味ではそうした舞踊を描出してはいない。それらは抽象された形式が音楽のうちに新しい媒体を得て生まれ変ってきたのであり、音楽を聴きつつ舞踊を忘れるのは、肖像画を見てそれが描き出しているものを忘れるよりもずっとたやすいことである。踊りは単なる一つの枠組みである。歌の節には別の内容があり、音楽的特性があり、直接に我々の関心を引き付けるのであって、それが踊りの「ステップ」を共示的に意味するからではないし、そもそもそのステップを我々は知らないかもしれないのである。

同じことは旋律に枠組みを与えるのに役立っている歌詞にも言える。言葉が聞こえなかったり、わからなかったりする人には、旋律が自力で一つの楽音の型として進み出てくる。そして歌う代わりに演奏されても十分有効である。音楽が範型なしでも楽にやって行けるのは、音楽がその範型を再現ないし代表するという役割をきちんと果たすことはそもそも全く不可能だからである。これらの範型はあくまで育ての親であるし、いずれにせよ音楽は親に忠実な似像だとはとても言えない。この、実の親の不在という状態が、その芸術としての発育を遅らせ、長いこと補助的で、実用上の地位しか占められなかったことになる。しかしそのことが幸いして、いざ自我を獲得できた暁には、他のどの芸術よりももっとしっかりした範型からの独立を享受できたのである。我々はいかなる固定的で字義的な意味にも、それが描出するいかなるものにも邪魔されることなく、それを「有意義的形式」として知覚する。だから音楽の**芸術的**趣意を把握するのは、より年長の、範型との結びつきの強い様々な芸術よりも楽なのである。

この芸術的な趣意とは画家や彫刻家や詩人たちが対象や出来事の描写を**通して**表現するものである。その意味的成分は造形芸術においては線、量感、色、肌理《きめ》、などの行使であり、詩においてはイメージの戯れ、アイデアの緊張と緩和、速さと休止、語の響きや韻律など——ヘスリンが「形態メロディー(Formenmelodie)」とか「思想のメロディー(Gedankenmelodie)」とか呼ぶものである。芸術的表現とはこれらの媒体が伝えるものであり、そして私は芸術的表現の趣意はだいたいにおいて全ての芸術について音楽においてと同じであることに、ここで独断的に断言する用意はないのだが、かなりの確信を持っている。その趣意とは——言葉では尽くしがたいが、しかし表現不可能ではないような、生命的経験の法則であり、情動的感覚的存在が示す型《パターン》である。それは我々が「美しい形式」として知覚するものの「内容」であり、その形式の要素は全ての偉大な芸術作品が伝える芸術家の「着想《アイデア》」である。それはいわゆる「抽象芸術」がモデルに対抗して、あるいは全く抜きで、抽象しようと探すものに他ならない。そして全ての芸術の中でもとくに音楽が、偶発的な字義上の意味に邪魔されることなくはっきりと明らかに示せるものである。それがおそらくウォルター・ペイターがあの多くの論議を醸した格言「全ての芸術は音楽の境地に憧れる」で言おうとしたことなのであろう(10)。

しかしこう述べたからといって音楽が他の芸術よりも優れて芸術的表現の目的を達成するという意味ではない。そのための理想的な条件を備えていることがその特典なのであって、それを最高に達成できているということではない。他の芸術が獲得しようと努めねばならないこの**条件**を音楽はそもそも芸術とよばれるようになった当初の段階からすでに満たしていたということである。その芸術としての使命が音楽の場合より顕著に現れているのだが、それは対象の像を作る形式にではなく、描出されている対象そのものに属する意味によって邪魔され、隠されることを免れているからである。しかしだからと言って音楽の作曲の**趣意自体**が、それぞれの部門で完全を極めようとする絵画や詩やその他どの芸術作品の趣意よりもより大きいとかより完全に定式化されているということはない。

そこで働くシンボルの意味の割り当てが定まらない音楽的意味の領域——感覚的かつ情感的な経験の領域——が最終的に全ての芸術の主題をなすのかどうかという問題には

まだ議論の余地がある。一般的に言えばおそらくそうであろう。しかしこの偉大な、そして未踏の領域の内部にも特別な区域があるのかも知れず、そこでは或る特定の芸術媒体の方が別の媒体よりも分節的表現をするのによりふさわしい、ということがあってもおかしくない。例えば世界における我々の身体的定位——質量と運動、抑制と自律性についての我々の直感的な自覚、それに伴う全ての特徴的な感情も含めて——は（例えば詩に比べて優れてダンス的あるいは彫刻的主題であるし、またエロス的な情動なら音楽のやり方で形式化するのがもっとも適切であると言えよう。だから私にはなんとも言えない。このような可能性を考えると、全ての芸術の趣意は同じである、ただどの媒体によるかはその芸術家の特殊な心理的あるいは感覚的な気質によるのであって、或る人はそれを粘土でこしらえる、別の人は和声で、あるいは色を用いるだろう、などという、多くの哲学者や批評家がするような断言をするのは私にはどうも躊躇《ためら》われるのである[11]。自分の着想を得るのにごく自然に選んでいる媒体が、その着想を特定の形式に限っているのみならず特定の領域に限っているかもしれない。その全てが、言語的には捉えられない生命的経験と質的思考の領域内に入っているにしても。

　全ての芸術の基本的な統一性を論ずるのに、全ての芸術的**着想**はいわゆる「審美的情動」の内に始まり、それが芸術の源であるわけだから、したがって（多少杜撰な推論だが）その趣意でもあるのだと論じられることもある。(12) 誰でも複数の媒体を試したことのある人なら、たぶん様々に異なる芸術の創造に伴う「審美的情動」は同一であると証言するであろう。だが私は、この特徴ある興奮は確かに初めの着想と内的展望《ヴィジョン》に極めて密接に結びついてはいるものの、実は芸術的な作業を生み出す源ではなく、むしろその作業が生み出す効果なのではないか、と考えている。この芸術的作業とはすなわち、ひらめきを受けた芸術家の個人的で情動的な経験であり、洞察であり、精神的な力であって、「暗黙の理解」への探検が刺激したものである。その興奮は数学者が会心の優雅な証明を仕上げた時に襲われるのと同じ感動だとよく言われ、またこのことをよく知っていたスピノザが神への知的愛と呼んだ至福の経験である。芸術を産みだす際の程度には及ばないが、これに似た何かが芸術の鑑賞のうちにも生まれる。この違いが程度の差であるという事実に、芸術家と鑑賞者とが違った割合でではあるが共有する、言葉にならない着想を理解するという一つの活動から情動が湧いてくるのだということの納得がゆく。芸術家においてはこの活動は永く保持され、完成され、強烈であるに違いない。彼の知的興奮度はしばしば熱病の高さに近付くものである。その着想は彼自身のものであり、もし素材によって混乱させられたり、関係ない事柄に気を取られたりなどして彼がそれをうまく使えなくなってしまえば、彼のためにそれを保持しておいてくれるようなシンボルはない。彼の心は芸術的な想念が形成されつつある間は、しばしば激しく活動的である。鑑賞者にとってはその作品は洞察の絶えざる源として提供されており、彼はその洞察を少しずつ、あるいはより明確に、あるいはより不明確に、獲得してゆくだろうが、もしかしたら論理的な完全性にはついに達しないままであるかもしれない。そして彼のこの心的な経験もまた「美の感情」とか「審美的情動」とか「美的快」とか様々に呼ばれる特徴ある情動を呼び覚ますが、しかし彼自身は芸術家が手付かずの大理石とか粘土、何も書かれていないキャンバスとか紙を前にした折に、その頭の中に新しい作品がひらめく時の高揚と強烈な興奮については、何も与り知らないのである。

この、芸術的構想を生み出し、あるいは鑑賞する際に人が確かに「持っている」この情動が、作品の内容と混同されるのはもしかしたら避けられないことなのかもしれない。何しろその内容自体が情動的であるのだから。もし作品に感情が入っているとしたら、そして芸術家も鑑賞者も共に一つの感情を経験するのだとしたら、そしてさらに芸術家が鑑賞者よりも「より多く」その感情を持っているのだとしたら、よほど注意深い思考をする人でない限りは、形式のうちに具体化された情感は芸術家が仕事を始める以前に感じていたものであり、その感情が創作過程の途中で、叫んだり泣いたりして「表現され」たかもしれなかったのと同じような意味で、そこに「表現されて」いるのだという結論に飛びついてしまうであろう。それでも私は「美的情動」と芸術作品の持つ情動的内容とは全く別のものだと考えている。「美的情動」は言語に縛られる思想が持つ障壁を乗り越え、文字通り「言語を絶する」現実への洞察を達成したという知的な勝利から生まれるものである。しかし作品のもつ情動的内容はいかなる知的経験よりももっと深く、もっと本質的で、前理性的なものとなる傾向があり、しかも生命に関わるもので、成長し、飢え、動き、恐れる、すべての生き物と我々が共有している、生命のリズムとでも呼べるような、何かである。それは究極的な現実そのものであり、信じ、感ずる存在の核心となる事実なのである。

そうすると「美的快」とは、真を発見することの満足に(同一ではないが)似たものであろう。それはよく知られてはいるが通常うまく定義されない、「芸術的真」とよばれる現象への特徴ある反応である。それは創作者にせよ鑑賞者にせよ、全ての芸術家によく知られているのだが、ほとんどの認識論者はうまく定義し損ねるので、なんとかこの反応を避けて論じようとする。それでも真はシンボル作用と極めて密接に結びついているのだから、もし我々がシンボル的表現に二つの根本的に異なったタイプを認めるのであれば、論理的に言って真について二つの別々の意味を見つけなければならない。そしてもしその両方のシンボルの様態が十分合理的であるならば、真の持つ二つの意味を定義することができるはずである。

ここで留意しなければならないのは、論述的シンボルと現示的シンボルとの相違が、字義的意味と芸術的意味との相違にそれぞれ対応するわけではない、ということである。多くの現示的シンボルは言述の代用物に過ぎない。幾何学的関係は代数の用語に翻訳することができる――それはいかにもぎこちない用語かもしれないが、しかし等価である――し、またグラフは記述の省略版にすぎない。それらは論述的な思考をするための事実を表現しているのであり、その内容は**言語化可能であって**、語彙と文法の法則に従わせることができる。一方芸術のシンボルは翻訳不可能である。その意味合いは、それがとっている特定の形式に結びついてしまっている。それは常に**含意的（暗黙的）**であり、いかなる解釈でも説明できない。そのことは詩についてすら当てはまるのである。というのは、確かに詩の**素材**は言葉なのであるが、その趣意は語でなされる字義的な言明ではなく、その**言明がなされるやり方**にあって、そのやり方には、音も、その速さも、用いられている語の連想が放つ雰囲気も、長い、あるいは短い着想の繋がり、その着想を含む、現れては消える豊かな、あるいは貧しい像、純粋な事実による空想の突然の停止、あるいはまた突然の幻想による周知の事実の一時停止、字義的な意味が両義性の継続によって宙釣りになり、待ち続けた決め手の一言でやっと落着すること、さらにその全体を統一し、包括してゆくリズムの技がある。（音楽が不協和音を用いて作り出す緊張とそれぞれの新しい和音への解決という形でなされる方向転換は、ちょうど詩において言明的意味が一時停止され、それが周期的に決定されるのに相当している。語の響きではなく、字義的な意味が詩の「和声構造」である。文字における語調は、むしろ音楽における音色に当たる。）

詩の全体が芸術的趣意を担っているのであり、それは絵画や演劇の場合と同じである。我々は、作品の中から名場面を取り出すように、意味のある詩行を取り出すことはできるかもしれないが、しかしその意味が文脈によって、すなわち作品全体によって決定され支えられているのでなければ、その作品は優れた宝を含んでいたとしても失敗である。だからアーバン教授がT・S・エリオットの謎の多い詩行

そして私には女中たちの濡れた魂が
勝手口で迷いながら芽を出しているのが見える

を「女中たちの魂が濡れていて、そこから芽を生やしていること」と述べ直し、彼がさらにこの言明を、哲学的解釈によって**より適切に解明すること**を要求するのは、詩的趣

意についての根本的誤解であると私には思われる。[13]「より適切な解釈」があるとすれば、より少なくではなくより多く、詩的なものであろう。それはよりよい詩ということになろう。「芸術的真」は詩の中にある言明とか、その明白な比喩的意味にある**のではなく、それらが用いられているままの形での**語句や意味に属するのであり、**なされているやり方での**言明、語の音や続き具合、リズムや反復や韻、色、心像、そしてそれらが通りすぎてゆく速さといった枠組みに、要するに「有意義的形式」としての詩に、属しているのである。詩の素材は論述的であるが、その所産——芸術的な現象——はそうではない。その有意義性は、全体としての詩に、音と示唆と言明と沈黙とが重なり合った複合的な形式に、純粋に含蓄的に含まれており、翻訳で元の姿を再生することはできない。詩は別の言語で近似させることができ、もしかしたら驚くほど美しい新版を生み出して、その枠組みになっている字義的なアイデアや修辞的術策の新しい可能性を露《あら》わにしてみせるかもしれない。しかしこうして出来た産物は新しい作品**であって**、ちょうどオルガンのフーガを交響楽に編曲したもの、弦楽四重奏曲をピアノ版にしたもの、絵画を写真に撮った作品などと同じである。

一つの芸術的シンボル——それは人間が技巧的に作り出したものかもしれないし、あるいは（純粋に個人的なレベルで）自然の中の何かを「有意義的形式」とみなしたものかもしれない――は論述的あるいは提示的意味以上のものである。形式そのものが、感覚的現象として、祭式や神話のように、私が「含蓄的」意味と呼んだものを持っているのだが、ただそれはより普遍的な種類のものである。それは(コールリッジならそう呼んだであろう)第一次想像力をも、また隠喩的な見方をする「第二次想像力」をも超えた、L・A・リードが「第三次主題」と呼んだものを持っている。「第三次の主題は芸術作品において想像的に経験された主題であって……作品を離れれば捉えることができない何かである。理論的にはその表現性と区別しうるけれども[14]」。

いわゆる「芸術的真」とはシンボルが感情の形式に忠実であるという意味での真であって、その形式は名付けられないが、それが感覚的な複製の中に現れれば、それと再認できる。そのような真は表現の或る種の論理形式に結びついているため、命題的真とは別の論理的特殊性を持っている。現示的シンボルには否定形がないから、その真偽値を逆転させる操作はなく矛盾関係がない。そこからメルスマンが指摘した「対立する両極を同時に表現する可能性」が出てくるのである。芸術における偽とは、複雑な形での失敗であって否定の一関数ではない。このためリード教授はこれを偽と呼ばずに非表現性と呼んだ。そしてアーバンは認識の問題を全く気にしないで「偽」のみならず「真」も捨ててしまい、芸術的形式はそれが具現化する着想に対して適切かあるいは不適切かを表示するべきだと提案したのであった。[15] もしかしたら彼はこんな風に用語をずらすということが、すべての芸術は最終的には言語で解説できるような言明をしなければならないという彼自身の原理と食い違っているのに気づかなかったのかもしれない。言明は真か偽であり、そもそも言明としての判断が可能になる以前に、その適切性は自明とされていなければならないのだから。言明は常に論争可能であり、その解明可能な帰結のゆえにその真偽値を試すことができる。一方芸術には帰結などというものはない。それはちょうど感覚が持つ直感的な秩序化の働きが、ものや空間や色や音に形式を与えるように、芸術はただそこにあるものに形式を与えるのである。それはバートランド・ラッセルが「見知りによる知識(knowledge by acquaintance)」と呼んだ情感的経験を、信念より一段下層に、洞察と態度というより深い層に与えることになる。そしてこの使命を果たす上でその形式は適切であるか不適切であるかのどちらかである。というのは「もの」の原始的なシンボルであるイメージ(=像)は物事が「どんなものか」という想念を与えるのに適切だったり、適切でなかったりするからである。[16]

　したがって芸術作品の中の「着想」を理解することは、新しい命題を考えるというよりはむしろ**新しい経験を持つ**ことに似ている。そしてこの種の見知りの知識を扱うのに、作品が**或る程度の**適切性を持つということもあるかもしれない。字義的な真には程度の違いがないが、芸術的真は有意義性と表現性と分節性の全てであるから、程度の差がある。だから芸術作品には良し悪しがあり、それぞれが示してみせるものを我々が経験に照らして判断しなければならない。芸術の基準は何らかの芸術様態――音楽、絵画、建築などなど――に長いこと精通してきた、高い感受性と厳格さとを身につけた人々が持つ期待によって設定される。芸術の適切性についての不変の法則はない、なぜなら有意義性とは一つの形式が**持つもの**だが、しかしまた常に人の心に**とってのもの**でもあるのだから。だが一つの形式、和声、そして**音色**《ターンブル》ですら、それに全く接したことがなければ当然「無意味」である。なぜなら我々はその形式の中に含蓄的意味を知覚する以前に、いやそのような意味がありそうだという希望を持つ以前に、まず形態《ゲシュタルト》をはっきりと把握しなければならないのであるから。そしてそのような確たる把握には何かしら見知っていることが必要である。したがっていつの時代でも極めて独創的な現代音楽は必ず人々の耳を悩ませるのである。その新しい作風が顕著であればあるほど、人々には通じない。その作曲家をこの創作に駆り立てた衝動が人々に共有されている経験であったり、他の人たちも薄々感じているような、まだはっきりしない時代精神《ツァイトガイスト》であったりすれば別であるが。そのような場合には、人々は作曲家と一緒になって新しい表現を試し、最良の人でも判断がつかないようなものにも、先入観抜きで接してみようとする覚悟ができていよう。もしかしたら何か本当に素晴らしい音楽が、あまりに異質であるがために失われてしまったかもしれない。もしかしたら作曲家自身も、その形式をうまく扱えなくて失敗だと捨ててしまい、彼にとっても失われてしまったかもしれない。だがあらゆる種類の音楽に親しく精通していることが、柔軟な心の持ち主に、新しい音を把握する力を与えることになる。そのような傾向と、訓練を備えた人たちは少なくとも、自分たちには今のところほとんど騒音と聞こえるけれども、これはきっと真の「有意義的形式」なのだという、「勘」を抱いて、それをなんとか理解できるまで聴き続けるであろう。その結果が肯定的であるか否定的であるかは別として。バッハ、ベートーヴェン、そしてワーグナーが当時「聴きづら」かったというのが語り草である。今日リムスキー・コルサコフとかドビュッシーをシューマンと同じくらい抵抗なく聴ける人の多くが、ヒンデミットとかバルトークを聴いても音楽と感じない。それでも経験の豊かな人は、何かの標《しるし》から、聴くべき音楽がそこにあるとわかるのであろう。

その一方で、芸術的形式も無尽蔵ではない。自らの使命を果たし尽くしてしまった音楽はもう不要になってしまうかもしれない。そしてそのスタイルや特質やその想念全体が、今や何か別のものを熱心に表現している、あるいは表現しようと求めている世代にはもう飽きられてしまうかもしれない。(17) ただ極めて包容力のある人だけが多くのスタイルに、歴史的な空想力を借りずに、あるいは別な背景とか時代へ意識的に「自己投影」することなく、美を見出すことができる。おそらくこうしたことは音楽においてもっとも容易である。音楽においては、典型化した形式が、一過性でもはや古くなった特性を持つ事物への字義的な言及によってさらに足を引っ張られるというようなことがないのだから。

芸術的判断の最悪の敵は文字通りの字義的判断であって、その判断はずっと自明的で、実用的で、しかも素早いので、好奇心を持った目がそこにある形式全体を捉える以前に、もう判決を下してしまいがちである。我々は「有意義的形式」に対して盲目だというのではなく、目隠しされて**盲目にされてしまうので**、ごく身近に慣れ親しんだ事物に目が眩んで、芸術的、あるいは神話的、あるいは祭典的趣意を見落としてしまうのである。これがおそらく昔から広く説かれてきた、いわゆる「物質界」が、人間界とより高い、より純粋なより充実した〈真〉を隔てる覆い――マヤのヴェールとかベルクソンのいう偽りの、「空間化された」〈現実〉――なのだという教説が生まれてきた原因なのであろう。

神秘主義が不適切な芸術の印であるということは考えられるだろうか。それは全ての極めて偉大な芸術的構想が鑑賞者に何かしら神秘的な感じを残すという事実を説明しているのかもしれない。そしてもしそうであれば形而上学としての神秘主義は暗黙の知識を絶望に陥れるものであろう。懐疑主義が論述的理性を絶望させるように。

身体的快適性、機械、医薬、大都市を生み出したものであり、またそれらを破壊する手段でもある言語に、自分たちの知性がしっかりと結びつけられてしまっている我々にとって、知識の理論〔認識論〕とは伝達理論、一般化、証明などについての理論であり、要するに科学批判である。しかし言語の限界は経験の最終的限界ではないし、言語では入手不可能な事物が、それ独自の想念化の形式を、すなわち独自のシンボル的術策を持っているかもしれない。こうした非論述的形式が意味の論理的可能性をはらんで、音楽の意義の底に横たわっているのである。そしてそれを認めることが我々の認識論を科学の意味論に止まらず、本物の芸術の哲学を含むところまで拡張させることになる。

原注

(1) Karl Bücher, *Arbeit und Rhythmus* (4th ed., 1908, 初版 1896).

(2) Kurth, *Musikpsychologie*, p. 291.

(3) "Zu malende Gegenstände," "Maximen und Reflexionen über Kunst," *Werke* (Cotta ed.), vol. XXXV を見よ。

(4) William Wallace, *The Threshold of Music* (1908), とくに pp. 35–42.

(5) R. Wallaschek, "On the Origin of Music," *Mind*, XVI (1891), 63: 375–386 を参照のこと。

（6）Bücher, 前掲書、p. 380.

（7）Kathi Meyer の所見を参照のこと。「古代においては祭祇は崇拝の祭式行為であって、本物の犠牲を実際に捧げたのである。祈りや歌は単にそれに並行して行われることであり、あくまで副次的な付属物であった。したがって祭式の中でのこの部分はあまり発達していない。現在ではキリスト教の礼拝儀式では実際の犠牲の奉納はなされず象徴的であり、超越的、霊的なものである。礼拝は或る種の寓話である。したがって祈禱と聖歌詠唱が現実性を担うものとしてますます強調されねばならなくなる。この両者もまた最終的には霊化の過程に仕えるものである。もし過去において礼拝の祭式にシンボルが要るとしたならばその行為を、あるいは神をすら、絵画なり彫像なりの似像で代用させることができたはずである。今日では宗教の概念化が進んでいるので心的な過程である「アニマ」だけが精神化されうる。そしてそれは語によって、あるいはむしろ音楽によってよりよくなされるのである」（*Bedeutung und Wesen der Musik*（1932）, p. 47）。

（8）Goethe, "Maximem und Reflexionen über Kunst."

（9）Bücher, 前掲書、p. 401 を参照のこと。

（10）Walter Pater, *The Renaissance, Studies in Art and Poetry*（1908; 1st ed. 1873）, p. 140.

（11）S. T. Coleridge の試論 "On the Principles of Genial Criticism Concerning the Fine Arts, More Especially those of Statuary and Painting," *Biographia Literaria* 付録、一九〇七年版、また D'Udine, *L'art et le geste*, p. 70 を参照のこと。

（12）「全ての美学の体系の出発点は特殊な情動についての個人的な経験に違いない。……この情動は審美的情動と呼ばれる。そしてもし我々が全てに共通し、かつそのような情動を引き起こすどの対象にも欠けていない何かの性質を見出すことができれば、美学の中心問題というべきものは解決されるであろう」(Clive Bell, *Art*, p. 6)。ベル氏は、当該の性質が**特殊的に**美的対象のみに含まれるのでなければ、そのような発見は何の証拠にもならないという論理的な法則を失念している。全ての対象に共通する性質ならどれでも彼のいう条件を満たしてしまうであろう。

(13) Urban, *Language and Reality*, 本書四三〇ページの引用をみよ。この箇所での詩人の意味と洞察力を把握できない人の誰にとっても、アーバンの「解釈」は事態を好転させるどころか、悪化させている。

(14) Reid, "Beauty and Significance," p. 132.

(15) Urban, 前掲書、pp. 439–442 をみよ。

(16) ラッセル卿は感覚の持つ論理的、定式化の役割を見落としているか、さもなければその役割が観念論と歩調を合わせているので(意識的に)避けているのだと私は思う。しかし**何かの形式でみる**ということは新しい内容を作り上げることではない。もっともそれは確かに「所与(データ)」を相対的にし、感覚の最終性を、絶対性を彼の経験論が許容できない程度にまで落としてしまうだろうが。

(17) Hanslick, *Vom Musikalisch-Schönen*, p. 57 を参照のこと。

第X章　意味の織物

考えることは全て**見てとること**に始まる。必ずしも眼を通してではなく、視覚とか聴覚とか触覚とか、通常はこうした感覚の全てが混じった、感覚知覚の基本的な定式化を用いて見てとることに始まる。なぜなら考えることはすべて概念的であり、概念化の働きは**形態**《ゲシュタルト》を捉えることに始まるからである。

こうした知的な眼差しが最初に作り出すものは字義的な知識であり、ものから抽象された概念化であって、ものはその概念の実例という関係に立つ。いわゆる「常識《コモンセンス》(共通感覚)」は、この、ものや行為や人などの観念を字義的に定式化するという作業をあまり綿密に進めない。常識的な知識は素早く断定的で、そしてあまり厳密でないものなのである。とくに形式そのものに敏感で、常識がものを再認し記憶し分類するのに必要とする以上に形式に注目する人の場合は、みずからの心像《イメージ》を字義的にではなく隠喩的に用いてそれが持つ意味の可能性を活用し、遠く隔たった、あるいは知覚できないような観念を捉えようとしがちである。つまりもし**形態**についての関心がその常識的な意味をさらに超えてゆく様な場合には、しばしばより力動的な神話的あるいは芸術的な意味の領域へ誘われるということである。或る種の人々にはこうしたことがたやすく起こる。原始的な社会においては、少なくとも社会の発達のある段階においては、むしろこちらが原則で、形式——塑像上の、言語上の、あるいは行動上の諸形式——が持つ、こちらの二次的な趣意が、コールリッジが「知覚の際に無意識のうちに働く、対象からイメージを作り上げる活動である」「第一の想像力」とよんだものをしばしば覆い隠してしまう。言い換えれば感覚所与も経験も元から**有意味な構造**をなしていて、その一次的、二次的、あるいはもっと複雑に込み入った意味が我々が受けとる印象の中ですでに交差し絡み合っており、その結果そのうちのどれかの意味が損なわれることもある、ということである(1)。しかし普通は、何か形式に気づくと我々はそれを用いてまずその**種類**に応じて仕分けをし、「見知りの知識」の一般的貯蔵庫に入れるのである。

形式についての我々の最初の理解が、通常このように対象を**典型的なもの**として、あるいは**これこれしかじかの出来事**として捉える字義的な把握であることは好都合である。この解釈が、ごく身のまわりの環境に対して毎日、毎時間、そして瞬間ごとに適応する知的な振る舞いの土台となるのであるから。それは非論述的な、感覚経験の流れからごく自発的に抽象された原初的な感覚的知識で、言うなれば**実践的な展望**である。これはシンボル的である思考と、サイン知覚に基づく動物的行動とが出会う交差点である。なぜなら字義的な想念から組み立てた建造物すなわち実践的展望が生み出すのが、体系的な時空間の世界なのであるから。動物的な条件反射にとってはサインをなす、同じものが、概念的体系の何らかのシンボルの内容でもある。もし家について字義的な観念を持っていれば、家のことをただ考えられるのみならず、**家を見たらそれが家だとわかる**。なぜなら実践的な行為を刺激する感覚的サインが、我々が思考するのに用いる心像《イメージ》にも応えるからである。

この、一つの所与が同時にサインとしてもシンボルとしても二重に働くということが、現実的思考の鍵であり**事実**を見て取る鍵である。この行動のためのサインから思考のためのシンボルを作り出す実践的展望の中に**実践的知性**の根がある。それは特化された反応以上のものであり、そして自由な想像力以上のもので、現実に錨を下ろした概念的把握なのである。

「事実」とは決して単純な観念ではない。事実とはそれに対する我々の反応が成功するような種類のサインの発生源であり、かつその脈絡でもあると我々が考えるものである。この定義はやや明確さに欠けるのだが、とどのつまり「事実」とは明確さに欠ける術語である。論理学者が定義を試みると、事実は命題が実体化されたものとなる。[2] そうなると肯定的および否定的事実、特定的および一般的事実、普遍的および個別的事実がそれぞれ存在することになってしまう。[3] ルイス教授は現実的事実と非現実的事実があるとすら言っている。[4] 一方心理学者とその哲学的な親戚にあたるプラグマティズム（実用主義）の哲学者たちが定義すると、事実は動物的なサイン反応とほとんど区別がつかないものとなる。一方に「厳然たる現実」とでもいうものを、他方に言語ないし字義的な定式を置いて、その両者の関係で「事実」を定義しようとした試みで、私の見た限り最良のものはカール・ブリットンの最近の著書『伝達（*Communication*）』でなされているものである。

　ブリットンは次のように述べている。「事実は本質的に抽象的なのだが、しかし**現にそこにある**。それは現在する出来事において、注意の対象となり、識別力を持つ覚知の対象となる。……事実とは出来事の中で、我々が知識を持って識別的な対応をする対象のことであるが、その対応は部分的に**言明文を理解することによって**決定される。

「事実とは推論をすることなく、規則に則って肯定か否定かを決定するものである。

……

「言語の形式的な規則は命題の構造を決定し、一般的な形で命題とはどういうものであるかを示している……しかし命題〔p〕が**真であること**を示す事実とは、出来事において、私がそれに対して命題pと**同じ構造を持つ反応**をするものである。では私は言語の形式的な規則から**事実**が持つ一般的な構造的特性について学ぶことができるということだろうか。確かにできる。しかしもとの**出来事**自体が持つ一般的な構造的特性については学ぶことはできない。……

「同一の出来事に対して無限に多くの反応が可能である。だから「p」を理解する人は特定の反応をするがそれ以外の反応はしない。まさにそのことがそこに制限つまり構造を**導入**する。だが**出来事自体に構造はない**。……

「従って、自然に構造があるのは、ただ考える心にとってそうなのだ、ということになる。……心がない世界は構造のない世界であり、そこには関係も性質もなく、そして**事実もない**[5]」。

以上ここに抜き出した節に、論理学者の持つ事実の**形式**が命題の形式であるという確信と、行動主義心理学者の持つ概念を用いず「反応」だけで語ろうとする願望との両方が一目瞭然である。こういうわけで、事実の形式とは特定の人間が特定の出来事に対してとる反応の形式ということになる。思うにその反応が人間のする出来事の捉え方なのだと言って良いのであろう（ただし出来事の捉え方はあくまでも彼の「反応」を構成する一つの成分であって、その反応には事実の決定には全く関与しない別の面もあるのだと考えるべきであろう)。何れにせよ操作主義、行動主義、その他の主義が要求してくる特別な言い回しがあることを勘案しても、我々としてはその形式化が純粋な洞察によるにせよ、言語的解釈によるにせよ、あるいは実践的な反応であるにせよ、大筋において**事実とは知的に形式化された出来事である**という主張に異論はないであろう。事実とは我々がみてとる出来事ないしもし我々の身にふりかかれば我々がみてとるであろう出来事である。それは命題が当てはまる何かである。いかなる出来事にも当てはまらないような命題は**偽**である。我々は**全ての**出来事に当てはまる命題を構成することができる。それが必然的命題でありヴィトゲンシュタインのいう「トートロジー」(=同語反復)」である。命題には出来事に直接当てはめられるものも、間接に当てはめられるものもあり、したがって、特定的あるいはまた一般的事実が、普遍的あるいはまた特殊的事実が、肯定的あるいはまた否定的事実があることになる。ただ「非現実の事実」だけは完全に命題内容の実体化であり、「事実」概念の目的に、つまりシンボル的過程とサイン的反応とのつながりを、想像力と感覚経験とのつながりを認識するという目的に、違反していると私には思われる。

素朴な段階の思考では事実は自明のこととされる。事実的な事柄はそれが明白となれば、実際的なやり方で対処される。或る事態を説明するのにさらにもっと多くの事実が必要であれば、その多くの事実は端的に前提される。想像力がそれを供給し、哲学的関心がそれを認可し、普通の人はそれを経験的な証拠がなくても別の根拠からでも受け入れる。このような、論証としては十分体系的であるが感覚経験との詳細な合致については頓着しない前科学的な思考については、哲学の歴史が書かれるたびに語られ、批判されてきたことである。プラトンが円運動が優れているがゆえに惑星の運動は円運動であるとしたこと、しかしケプラーは観察によって惑星の軌道を作図し、それが楕円運動であることを発見したこと。学者たちが物体の落下速度について、学界の**恐るべき子供**ガリレオが錘を斜塔から落としてみせるまで、どんな議論をしてきたことか、などなど。そしてこれらの、またそのほかの、様々な実験がスコラ的煩瑣哲学を少しずつ突き崩していって、ついには全壊させ、新しい科学を誕生させたことは周知のことである。フランシス・ベーコンが言ったように「いろいろな考えはとりあえず脇に退けて、ただただ事実のみに注意を向け」さえすればよかったのだから。

さて、もし人が本当に「いろいろな考えを脇に退けて」、ただ事実だけに注意を向けたとすると、彼らはきっとスチュアート・チェイス氏があれほどに渇望して止まなかった心性を持つネコのホビー・ベイカーの状態に戻って行ったことであろう。宗教と迷信と空想的な聖書的世界史は様々な「発見」によって瓦解したのではない。それらはヨーロッパ精神によって追い越され、**時代遅れにされてしまった**のである。そしてまた個人の生涯はその小宇宙の中に人類の進化の型《パターン》を映し出している。夢のような空想から現実的な思考へという知性の成長の傾向は、種族においても個人においてもみられる。神学と矛盾する事実がたくさんあることはずっと以前から知られていた。多くの発見は望遠鏡も試験管も世界探検の旅も必要とせず、何百年も前でも物理的には可能であった。それでもあまりに長いこと偉大なキリスト教の展望が人間の眼を奪い、倫理的な象徴の体系や偉大な芸術的な企てが彼らの心をいっぱいにしていたので、木片は水に浮かぶが石は沈むとか、生き物の身体は一定の温度を保っているが他のものは気象によって変動するとかいうことは無意味だったのである。確かに水夫たちは船の全体が完全に姿を現す前に水平線にまず横帆が見えることを前から知っていた。もし狩人や農夫がわざわざ数えてみようと思えば、確かに知られている動物の数はノアの箱舟の大きさからして各二頭ずつ積み込み、かつ八か月ないし九か月分の食料までを積み込めるわけがないことは明らかであった。それでも箱舟の寸法のことを読んでいるときにこのような数字を注意深く検討しようとする者はなかった。神話的目的には箱舟は「非常に大きかった」のであり動物は「多数」おり、その**生存圏**《レーベンスラウム》の問題は神に任せていたのである。

独断的教義の時代の終焉を決定的にしたのはより多くの情報ではなく、**成熟するにつれて現実主義へ向かうという、思考の持つ自然な傾向**であった。論理的な洞察力が或る程度の高さに達し想像的な力が実質的な技術と創意工夫の才へと訓練されてゆくと、事実についての関心が当然増大し、そこに哲学的思考への新しい挑戦が露《あら》わになる――「〔いわゆる〕偶発的な〔可能だが条件によって起きたり起きなかったりする〕」事柄への知的な挑戦である。実際の場面では極めて頻繁に反復される事実は常に尊重されていたのであり、そうしなければ我々はとてもここまでやってこられなかったはずである。しかし精神が宗教的シンボルにしっかりと囚われている社会では、事実については完全に実際的精神で対処し、事が生じたらすぐさま片付けてしまう。事実に伴う変化や順序、その画一性といった事柄に哲学的な関心を向けるには視座の変化が必要なのである[6]。新しい視座は建設的な思考のための新しい目標を立てる。それは伝統的な前提から一つの体系を形成するためのみならず、論理的に一貫した宇宙論を打ち立てるためでもあって、その宇宙論の前提には観察可能な事実によって例証されるいくつかの命題が含まれているであろう。このような挑戦を受けていると感じられた場合（必ずしも意識的にそれと認められなくても良いが）、まず出てくる効果は事実への新しい関心である。それは純粋な思考を途中で邪魔する物としてではなく、まさに思想の源泉かつ到達点としての、それを支えとして理論や発明が留められる動かぬ固定点としての事実である。

科学的知識に伴う力が目に見えるようになったのは、科学が相当に発達を遂げた後のことである。だから実用上の利得としての自然の支配ということは、科学の初期の動機ではなかった。動機はあくまで知的なもので、想像力溢れる精神が建設的な思考の活動の場として事実の世界の可能性を活用したいという、飽くことを知らない欲望であった。[7] ちょうどクロスワード・パズルにはまってしまった人が新語マニアになってしまうように、科学の開拓者達は自分の本職にもしかしたら使えるかもしれない事実を貪欲に求めていた。事物をよく見ること、計測すること、分析することそのものが、ゲームのように面白くなった。しかし優れた科学者たちは決してただ事実発見の騒ぎに夢中になることはなく、初めから自分達が何をしているのかを心得ていた。彼らの課題は常に**事実と事実との間の相互関係をつけること**であって、同じ一般的事実の異なる事例として、あるいは初期の事実が何らかの体系的原理に従って順を追って変化してゆく様を、あるいは（概念化の初期の段階では）「付随的法則」を例示するより多くの事例として、あるいは一般的に観察される画一性として関係づけることであった。

　事実への関心に導かれて彼らは次々に発見を進め、また発見のための補助器具や装置の発明をも進めて、やがてこれまでにないやり方で世界を知るようになった。しかし信じ込んでしまった宗教的信念を取り消すのに力があったのは、人々が得た新しい情報よりも、その種の探索をするように励ました心情の変化であった。事実から世界を構築しようという欲望が、「価値」の織物を織りあげようというかつての野心を乗り越えていったのである。かつては物も出来事も善と悪との発現として解釈され、権力と意志と精神とに関連づけられていたが、しかし本質的にそれら相互間の関連付けはされなかった。それら相互の法則は、単なる「偶発的事象」としてさっさと片付けられ、そのような偶発事が、場合によっては「奇蹟」と呼ばれる結果を生み出すような、何かより高度の原則に従っているのかもしれないとすら考えられていたのである。新しい事実に対して古い秩序がどんな大声で威嚇して、それは違う、それは知り得ないことだ、不確実だ、危険だ、生半可な真理だ、その他諸々に非難したとしても、その旧秩序を真に破壊したのはその新しい事実ではなく**その事実をみる新しい眼差し**であった。

　今日の我々はこの現実主義的な視座とその知的理想である科学を受け継いでいる。事実が実在し、それが最終的な決め手になるというごく素朴な信仰を受け継いでおり、人生は、もしそれに何かの価値があるとすれば、事実の引き起こす緊急事態には(もっとも世間離れした生活でもそうであったように)臨時的にその折に合わせてとりあえず対応すればよい、というのではなく、「あるがままの事物」を理解することで知的に満足できなければならないと確信している。事実こそは価値の尺度である。それは我々の生活の枠組みである。観察可能な事実の発見につながるような思考こそが我々を「現実に直面させて」くれる。ヴィトゲンシュタインは現代人の知的態度を真に捉え、それをその形而上学的な箴言に記録している[8]。

「世界は、成立している事柄〔(成立している事態)〕の総体である」(一)

「成立している諸事態〔原子事実〕の総体が、世界である」(二・〇四)

「世界は、分解されると、〔原子的〕諸事実になる」(一・二)

我々の世界が「事実に分割される」のは我々がそう分けるからである。事実が我々に**真**を保証してくれる。どの世代も「真理」を渇望し、彼らが満足できるような命題の真理を保証するものは何にせよ、思想が「知識」に落ち着く場である理論の原点となる。誰にせよ、**目の前の証拠**「**ほらこれを見たまえ**(demonstratio ad oculos)」——に**実際に**抵抗してまで、事実とは別の基盤に基づく、自分の最深の確信——その確信によって自分の行為が決められるのだが――を固持し続けるなどということは、今日の我々には全く考えられない。しかしこれまで人々はただの「見かけ」に惑わされたりしないのだという威厳を持ってこれを無視してきたのだし、今でもそうである。〔精神的癒しを強調するメアリー・ベイカー・エディの教えに基づく宗教団体〕〈クリスチャン・サイエンス〉(Christian Science)の会員は目に見える不愉快な事実の現実性を頭から否定し、それを信用しないという立場で行動する。観念論者だけでなくその大敵であるウィリアム・ジェームズですら、人間よりも「より高い存在」の知的な観点から見たら、我々が目にする様々な悪は幻影であるかもしれないと考えている。(9) 古代ギリシャ人は純粋理性を尊重するあまり、事実に**全く**例証されず、経験に端的に反するような実在についての教説を、その論理的な価値のゆえに真面目に受け入れることができたのであった。パルメニデスは彼の体系的思想の前提のもとでは変化は不可能であるため、すべての出来事は幻影であると宣言することができた。これほどの感覚的証拠からの勇気ある独立の例は稀であるし、もちろんこの最も不屈なエレア派の学者も、自分がそれで死ぬ覚悟を決めるまではこの信条のもとに行動することはできなかった(**この仮定に従うならば**死ぬはずはないのだが)。しかしこれらすべての教説は、思想の異なる発展段階において、自分の確信を守るために人々がいかに多様な種類の保証を求めたかということを示している。

我々はといえば、思考の過程にとって感覚的証拠は極めて満足のゆく決着点であると考えている。我々の合理性の基準はユークリッドやアリストテレスの基準と同じもの――一般性、無矛盾性、首尾一貫性、すべての可能な事例が体系的に含まれていること、証明に無駄がなくかつ優美であること――なのであるが、我々の科学の理想にはさらにもう一つ要求事項がある。いわゆる「最大解釈可能性」と呼ばれてきた要請である。それはできる限り多くの命題が**観察可能な事実**に適用できるようにするということを意味している。我々には「知識」を代表していると見える思想の諸体系は**仮説として企てられたもの**、すなわち経験に係わり、一定の試験に合格することを意図して打ち立てられたものである。つまりいくつか特定の要点について、その仮説が含意するものから、〔真偽を〕発見できるような事実を表す命題が生み出されなければならない。もしこれらの決定的命題が事実と一致するならば、そして一致する場合にのみ、仮説は「真」という位置付けを得、その前提が「自然法則」としての位置付けを得ることになる。

私は科学の前提、方法、基準、そして目的といった事柄についてこれ以上詳しく論ずるつもりはない。なぜならそのことはアンリ・ポアンカレ(Henri Poincaré)の『科学と仮説(*La Science et l'hypothèse*)』(10) 以後何十回となく繰り返し説かれ、また科学におけるシンボルの果たす役割についてすら、数学者やチャールズ・パースからウィーン学団に至る哲学者たちが徹底的に、また優先的に論じてきたと私には思われるからである。こうした流れ全体の結果はといえば、要するにいわゆる「経験的精神」が我々の学問も思弁も、そしてまた我々の常識をも占領しており、そのため純粋な理論の世界でも、またビジネスや政治においても、最終的には「所与の事実」と呼ばれる概念と知覚との特殊な交配物に訴えるのが常になっている、ということである[11]。

現代文明を特徴付けている、そしておそらくは人類として成熟したことを示す印でもあろう、この心の現実的転向はさらに**歴史的事実**について我々が課す厳密な基準にも現れている。歴史的事実は科学的事実とは全く別物であり、また歴史的真理は科学命題の真理とは別の規準で判断される。なぜなら科学にとっては、ラッセル卿がかつて学界のセミナー[12]で指摘したように「もし奇蹟が一回限り、あるいは極めて稀にしか起きないのであればあまり重要ではないだろう」。しかし歴史ではただ一回だけ何が起こったのかを発見し、或る特定の機会についての特定の事実がなんであったのかを見出すのが肝要なのである。科学は歴史的な事例そのものには関心を持たない。科学の「所与の事実」とは常に何かの法則の**実例**として注目されるのであって、何かの一例になっていないような出来事は「科学的」ではない。もし奇蹟——説明がつかない出来事で、繰り返し不可能ないし、繰り返し起こるとは予想されないもの——が起こったとしても、それは我々が描いている自然の全体像の中でたまたま起こった「不正確さ」として無視することができよう。だが歴史家にとって奇蹟は、世界中で一度しか起こらないとしても、もしその帰結が最終的に多くの人々を巻き込むのであれば重大である。もしそれを明らかに奇蹟として確立させるような、反駁できない記録があったとすれば、歴史はこれを受け入れるしかない。しかし科学はその事実を排除するか、さもなければ科学自体を完全に書き直さなければならないであろう。さてもしこの奇蹟が実際唯一の事柄であるならば、あるいは**事実上**唯一といえるほどに稀であるならば、科学を書き直すのはいかにも不都合なので、記録を残す代わりに、例えばその「事実」と言い立てられているものを根拠なく否定する「科学的虚構」を立てておくのが良いであろう。

科学とは事実を扱うための知的な枠組みであって、事実の集合全体がそこで理解されうるような広大で比較的安定した**脈絡**である。だがそれが現実主義的思考を表現する最も決定的なものというわけではない。むしろ新しい「歴史感覚」の方が決定的である。それは歴史上何が事実**であるか**についてのより優れた知識ではなく――それを判断するすべはない――、証拠を突き止める熱意であり、特定の日時の特定の場所の出来事について、歪曲も仮説も解釈も抜きにした、あらゆる偏見のない、客観的な証拠を追求する熱意――**純粋な事実**を手に入れることができるのだ、それが価値のあるものなのだという信念が、その最も確実な兆候である。それは過去の世代の歴史家達全体を、資料集そのものが救済手段であると信じさせた、真理についての理想なのである。

さてこの理想は、カール・ベッカーが「探さずに何かが見つかると希望し、質問することを断固拒否しつつ人生の謎についての最終解答を得ようとすること——それは間違いなくこれまで考案された中でも最もロマンティックな種類の現実主義であり、ただで何かを手に入れようとする、これまでで最も奇妙な試みである」と評したように、あるいは行き過ぎかもしれない[13]。しかしこの評は〈近代人〉という強力で相当恐るべき人物の世界に対する態度を、その「硬く冷たい事実」と考えるものに完全に従属するという態度を、如実にまとめている。近代人の最高の価値は、虚構や信仰や「構築された体系」を捨ててそれを事実と置き換えることである。そのゆえに彼は、宗教や伝説が作ってきた伝統の欺瞞を「暴露」する周期的爆発運動を起こす。文学における裸の写実主義に満足し、詩に対して疑いと苛立ちを抱く。そしてごく平均的な心性の素朴で無批判なレベルにおいては、**ニュース**に対する熱狂があろう——どんなニュースであれ、ただ**新しく**《ニュー》**珍しい事柄**というだけであったとしても。このことが、やや逆説的ではあるが、我々をとくに宣伝活動に弱い犠牲者にしてしまうのである。前の時代には説得力のある演説者を、その起源は神か悪魔か、つまり彼は正しい陣営か不正な陣営か、ということで判断したのであったが、今日の我々は**事実**とされているもので判断するのだと公言し、最も華々しい「事例」を集めている一団に楽々と陥落するのである。

我々の時代の立派な人たちは真実を恐れないということ、真実に直面したいと望むと、そしてそれを敢えて「受け入れ」ることができるということに英雄的な誇りを抱いている。ウィリアム・ジェームズは心情的には古い伝統的な「価値」の秩序に深く根ざしており、神の摂理とか進歩、そして巡礼者の魂といった宗教的な神話に結びついていたのだが、それでも新しい理念に敢えて自分の運命を委ねざるを得なかった。有名な「脆弱型精神(tender-minded)」と「強靭型精神(tough-minded)」の哲学者の区別をなし、後者がより真理に近い精神であると賞賛したことが、時折は「信じる意志」や「人生の理想」を擁護しているにもかかわらず彼の新しい信条告白となっている。英雄的とは言わないが、ジェームズと同じ意味合いの英雄主義が、バートランド・ラッセルの初期の論文「**自由人の崇拝**」(14)(“A Free Man's Worship”)のほとんど全文に共鳴している。ただ違うのは彼の場合その興奮に満ちた幻想からの覚醒と、「動かしがたい事実(hard fact)」への高貴な崇拝とが、古い神々との戯れによって妨げられるということはなかったということである。ジェームズの世代(少なくとも、ジェームズを含めた最良の人たち)は新しい真理の基準を受け入れることができた。ラッセルの世代はそれを受け入れ、かつそれを好きになることができた。そのまた子供たちである現代はどうかというと、人々はそれ以外の真理の基準を知らないのである。事実調査が常識になっているからである。彼らの無意識のうちの方向定位は経験的、状況調査的かつ歴史的である。

ヨーロッパ文化の持っていた神話的な方向定位を破壊したのは(物理学者のいう意味での)科学的精神ではなく、むしろ歴史的精神であった。数学者ではなく歴史家が、いわゆる「高等批判(higher criticism)〔上層批判とも。歴史的資料に基づく聖書批判から〕」を、すなわち**実在する事実**という基準を導入したのだった。歴史家こそが現実的時代の真の伝道者である。科学は要となる点で現実に接しながら、仮説上の「要因」とそれらのふるまいについての法則の構造を組み立てる。そしてもし観察可能な出来事に対応しているはずの命題の全部が本来の感覚的経験に「引き換え《キャッシュ・イン》」できれば、その枠組みとなっている仮説が承認され、成立するのである。しかし歴史家は知られた事実をわざわざ仮説的な、過程の一般的なパターンに位置付けるなどということはしない。彼の目的は**事実と事実を**、一回きりの知り得る出来事とそれを生み出したもう一つの出来事とを結びつけることである。〔一般的な〕空間と時間の位置付けではなく、地理上の特定の場所とB.C. とか A.D. の日付が彼の命題を現実にしっかり固定する。科学はどっぷりと経験主義に浸るようになったのだが、それでいてその理想とするところは普遍性、形式性、永続性という、ユークリッドおよびアルキメデスの時代以来の長い経歴をずっと支配しつづけた理念そのものである。その理念が近代の知的な進歩と歩みを共にしたという事実は、近代が新しい出発点であったというよりは、むしろ人間の思考の連続性を示す標《しるし》であり、合理性が経験の一つ一つの段階で少しずつ対処を積み重ねる力を持っていたということを示すものである。科学はヨーロッパ文化とほとんど同じほどに古い。しかし歴史(同時代の年代記とか系統図ではなく、時代をまたがる長期にわたる歴史)は誕生してまだほんの数百年しか経っていない。奇妙なことであるが歴史とは現実主義的な段階での、判断力が成人期に達したところで初めて生み出された産物なのである。

『歴史と科学(*History and Science*)』という最近の著書の中でヒュー・ミラー博士は、**完全な事実的知識**の理想を数学的科学の領域にまで広げようと提案している。彼は事実に基づく知識の基準を新しい創発的着想《ジェネラティブ・アイディア》という観点から捉えている。もし自然科学が完成されたとすれば、それが記述する現実の体系ではあらゆる出来事が一意的に決定され、かつ物理的世界の展開のパターンが自然史の実際の展開と軌を一にするような、**進化**として現れるはずだとしている。彼は「進化の原理が時に「進化論」と呼ばれることがある。まるでそれがもう一つの理論的仮説に過ぎず、すべての理論的知識が歴史的事実へと方向転換しているのではないとでもいうかのように」と言っている。[15]まさに徹底した現実的理想である。

これらの大いなる知的構造物――科学、歴史、そして「自然史《ナチュラル・ヒストリー》」という名の交配種――の底に横たわっているのは我々個人の心を支配している主要原理すなわち**因果律**への暗黙の信念である。我々の個人的な希望や恐怖、また行為の計画と手法はこの信念に基づいている。それは実際我々の心を**支配**している。因果関係への信念が、先に「実践的展望」と私が呼んだもの――いくつかの心像に**時間的な出来事**を対応させ、思想のシンボルとしても、行動のサインとしても働くようなやり方で、一般概念を切り出す作業――を刺激し促進するからである。思考が一段落するところでシンボルに代わるサインをより多く要求し、また人に新しいサインを期待させるように仕向けるより多くのシンボルを要求するという傾向が、我々の生活をもっともっと事実的にし、知的な精力を費やし、日常の出来事の進行に離れがたく執着させ、予期しないことが起こるとひどく困惑するようにしてゆく。増大する因果律を駆使する力がもっともっと複雑な活動を可能にする。そしてこれまで我々と外界の自然との間に、人工物や装置を、また製造と改造の多くの段階を繰り返し挿入してきた。町に住む普通の人は土が何を生み出せるのか何も知らない。日の出を知らないし滅多に日没に気づかない。彼に今の月齢を聞いてみても、いつ港に高潮が来るのか、それどころが潮の平均の高さを聞いても、たぶん答えられないであろう。種まきの時期も収穫の時も彼にはなんの意味もなさない。地震や洪水やハリケーンにも遭ったこともなければ、おそらく自分の生活を取り巻いている現実としての自然の力をじかに感じることは全くないのであろう。彼の現実とはエレベーターや地下鉄、車を動かすモーターの力であり、本管からくる水道やガスの安定した供給であり、電線を通して送られる電気、夜中に届けられ朝一番に彼がチェックできるように目の前に広げられる木箱に詰められた食料品であり、コンクリートとレンガ、光るスチールや煤けた材木が、土や水辺や風雨を凌ぐ屋根にとって代わっているであろう。彼の「家」とは大きな人工都市にあるアパートである。彼に関する限り、家とは内装だけであって外側がない。家は崩れないし、雨漏りもなく、吹き飛ばされることもありえない。もし漏れるような隙間があればそれはパイプが駄目になっているか、上の階に住む人のせいであって、天のせいではない。

人はかつてよく知っていた自然をもはや知らない。シンボルよりもサインを高く評価することを、感情的な反応を抑え実用的な反応をすることを、そしてかつてのように神聖なものとして崇拝するのではなく、**自然を利用する**ことを覚えて以来、人は現実の核心とまでは言わないとしても、現実の顔を変貌させたのである。公園は「風景化」して、舗装道路と壁でできた彼の世界に合わされている。行楽地は広大な「集団住宅」であって、そこでは手つかずの野原は形をなさず、現実味がない。彼の動物たちですら(彼の知っている生き物はイヌとネコだけで、馬は牛乳配達車の部品である)勝手に改良された気まぐれな「変種」である。そうであれば、人が人間の力を最高の力であり自然とはその「素材」であると思うのも驚くにはあたらない。だが人間の力とは知識のことであり、そのことを人は知っている。それは自然の**事実**についての知識であり事実の変容に関する科学法則なのである。

世界についての新しい見方の登場とともに、当然ながら人間的な価値に関する古いシンボル作用も崩壊した。太陽は対象としても、また変換可能なエネルギーの源としてもあまりに興味深いため、神とか英雄とか情熱のシンボルと解釈して済まされはしない。我々は太陽が**現実に**「力」と呼ばれるものの究極の源であることを、様々な単位で測れる変換可能なエネルギーであることを知っているため、これに対して神話的でなく現実的な態度を取る。その心像はもはや、非論述的な思考の視点から見た「遠くかけ離れたもの」ではない。我々の字義的な概念がこれに追いついたのである。月については、頻繁に見る機会がないのでそれほど現実的には感じられず、また科学に支配された宇宙の体系内にしっくりとはまっていて驚異の念を起こすこともない。我々は月の美しさについて書かれたものを読むほうが、ネオンの光やチラチラする電球の瞬きに邪魔されずに実際に眺めることよりも多いのである。建築現場とか公園などでむき出しになった土は、かつては未開人にいつも見せていたようには、自生の生命が育ってくるさまをもはや提供しない。今では農夫だけが――人類のごく小さな割合を占める――「母なる大地」を知っている。水夫だけが――農夫よりもっと少ない割合を占める――海の怒りの脅威を知っている。昔の、自然についての自明のシンボルは、今では大部分の人にとって文学的比喩となっており、かつ多くの人にとってその比喩そのものがばかばかしく感じられる。かつてのそうした比喩の意味合いはもっと成熟した字義的な精神による把握によって、太陽も月も地球も、土地も海も成長も破壊も、**自然法則と歴史的事実**という観点から捉える「実践的展望」によって、解体されてしまったのである。

現代の心は様々な印象と様々な転換とが信じがたいほど複雑に込み入った複合体である。そこから編み出される意味の織物に比べたら、もっとも野心的な絨毯の織師が夢見る精巧な理想の作でも、ただの一枚のござのようなものに見える。意味の織物の縦糸は我々が「データ〔＝与えられたもの〕」と呼ぶもので、それは我々が経験によってそれに注意するように条件づけられ、それに対してしばしば何も考えずに行動する**サイン**である。横糸はシンボル作用である。このサインとシンボルから我々は「現実」を織り上げる。

サイン自体が極めて複雑で入り組んだ連鎖をなしていることがある。多くのサインには名前がついておらず、連続して進行する**状況**の内部に結びついているため、我々はその状況に対してただ一つの所作ではなく、安定した〔ひと続きの〕知的な行動で対処する。自動車の運転はサインに対する一連の反応の例である。それは習慣的行為ではない。確かにその中の一つ一つの反応を取り上げれば、それは練習によって容易になった、或る種のサインへの反応ではあるのだが。この過程全体に含まれる唯一の習慣はといえば、絶えずサインに従い続けるという習慣だけである。ちょっとの間他のことに気を取られたり、ぼーっとしていたりして、惰性で習慣的な動きに身を任せてしまったならきっと車を衝突させてしまうであろう。**思考抜きで**運転することはできても、**注意抜き**では決してできない。

サインに対する我々の反応それ自体が、今度は新しい状況のサインとなる。初めのサインの意味が経験に「現場化《キャッシュ・イン》され」て、次のサインの脈絡をなす。我々からするとそれが具体的な経験の連続性に他ならず、その連続性によってしっかりとした現実の縦糸をなし、我々はその縦糸の間を縫って想念の横糸を渡したり、結びつけたり、転換させたりすることになる。

凝った織りの絨毯を眺めてもなかなか織り糸が互いにどう織り合わされているのかわ

からないことが多いように、これと名付けられる現実の一項目が、実はサイン的な経験に由来したものでありながら、一つのシンボルの役割のなかに入り込んでいたり、あるいはシンボル作用の一要素が、例えば或る機会に発せられた単語が、一時的にサインとして働くこともあろう。言語はシンボル的なのだが伝達活動の中では概念を表現するという働き以外のこともする。言語は記述するが、また**指し示す**こともする。「ここに……があります」とか「ほらあそこに」とか「気をつけて」「ありがとう」などと現在形で話す場合にはいつも、我々はその命題文が適用されている現実世界の表示もしているのである。この言語のサイン的な表示機能は、言語構造そのものの中に組み込まれている。というのはそれぞれの命題には少なくとも一つの単語――動詞――が入っていて、それが名付けられた諸要素を**結びつけて**一つの命題の形式にすること、及びさらにその命題を**断言すること**、すなわちその形式を外の現実の何かに関連づけ参照することという、二重の働きを持っている。**すべての命題は真か偽である**のは、すべての本物の動詞に含まれている暗黙の断定の機能のゆえである。例えば一つのイメージとか名とかの一つの概念を表現するだけのシンボルは、有意味であるが真でも偽でもない。

我々が「事実」と呼ぶ固定された現実を産出するにあたって、サインとシンボルとは互いに絡み合い、結び合わさっているのであって、そのことをこの意味論研究全体で示したつもりである。だが事実と事実の間には記録されない現実の糸が何本も通っていて、それが表面に浮かび上がって姿を現すとき、我々はごく瞬間的にそれを認め、サインに対して暗黙の適応をする。そしてこの明るく輝く、縒り合わさったシンボル的な展望、想像、思想——記憶と作り直された記憶、経験を超える信念、夢、架空の話、仮説、哲学といった——の糸が、観念形成や隠喩や抽象のあらゆる創造的な過程なのであって、それが人生を知の冒険とするのである。

織物の図案を作るのは横糸である。確かに縦糸もあちらこちらでそれに変化を与えるのに使われることはあるだろうけれども。固定されることなくどこまでも成長できる意味とはシンボル的意味つまり共示的意味《コノテーション》であって表示的意味《シグニフィケーション》ではない。シンボル作用には論述的と現示的という二つの基本類型がある。だが意味の類型はもっとずっと数多く、必ずしもこれかあれかのシンボルの類型に対応するというわけでもない。確かに一般的にいえば字義的な意味は語に、芸術的な意味は語によって呼び起こされたイメージや現示的シンボルに属すると言えるが。しかしそのような規則は大雑把で単純化されており、そして極めて不正確な言明である。地図、写真、図表は純粋に字義的な現示的シンボルである。詩はその複合的な全体の形式の優勢な因子は論述的なのであるが、本質的には芸術的な意味を持っている。単語の意味は、元々は全くの隠喩であった表現が「色褪せて」一般的な、最終的には字義的な意味になるため、字義的な意味と比喩的な意味との間を行ったり来たりすることもある。例えば我々の新聞は「候補者は対抗者を**叩く**」とか「知事が議会を**打ちのめす**」、「会合で新しい業者の採点を**叩きだす**」といった見出しをやたらに使う。これらの語はもともとは強い隠喩表現であった。しかし我々はもはやこれらをただ「叱る、非難する」と同じ意味に読んでいる[16]。我々は今でもこれらが比喩表現なのだということはわかってはいるのだが、急速にその単語は二つの意味を持つようになり、例えば「flay」とは、意味(1)皮を剝ぐこと、意味(2)酷く非難すること、という具合である。

どの単語にも歴史がある。そして語はおそらくどこかで、その最も重要な意味が、すでに失われている連想的繫がりの中だったり、今では廃れた用法になったり、いわゆる**両義**《デューブル・アンタンドル》の中に入っていたりしてわからなくなる段階を経るのであろう。シェークスピアの英語でも書かれた時からはそのニュアンスが変わっており、それがすんなりわかるのは時代の背景を知っている歴史家だけである。一般的な意義を持っていた単語が「専門用語」と化して、言語の中でのかつての位置付けを事実上失ってしまうこともある。また時には主要な指示作用の対象が狭まって一個の固有名詞を指すように戻ってしまうこともある（例えば「オリンポス」は字義としては高い山のことであるが、**或る特**

定の山の名前となったし、「アダム」は最初の「人《マン》」(＝土《アダマ》から作られた)、そして次に抽象的に人類を指し、今日では〈Man〉は**或る特定の**人の名である)。そして意味の様々な変容を経て、そのような語はかつて自分が持ったすべての意味の何かの痕跡をまるで倍音の響きのように残しており、これまでに持っていた連想の一つ一つが霊気のように漂っているので、生きた言語においては事実上どの語も純粋に慣習的な対象との引き換え券ではなく、常にラヴジョイ教授の言う形而上的趣を持つシンボルである。その意味は部分的には社会的慣習に依存し、また部分的にはその歴史に、過去に関わり合いがあったものに、また時には「自然のシンボル作用」とかあるいはその語の響きが示唆するものにすらも依存するのである。

　言語的シンボルを理解し作り直し使用する知性は、また同時に、常に過ぎ去るサイン的経験の差し迫った要求に応じてその活動を抑制して、事実上は最小限度の知覚あるいは形式的判断だけで仕事を進めるものでもある。ロジャー・フライが述べたように「我々の具体的な生活の必要は全く有無を言わさぬものなので、視覚はその要求に応えるため極めて専門化されたものになる。驚くべき節約さで我々は自分の目的に必要である以上には見ようとしない。だが必要なのは実際には僅かであって、ただ各々の対象なり人なりをそれと認められれば十分である。それが出来てしまえば我々の頭の中の目録の中に収まるので、もう実際に見ないで済ませられる。言うなれば実際生活では普通の人は身のまわりの色々な事物に貼ってあるラベルを読んで済ませるのである。何かの点で役立つようなものは、ほとんどすべて多少なりともこのような正体がかくれる〔魔法の〕帽子をかぶっているのである」[17]。サインと論述的シンボルは意識的で知性的な適応のための常套手段であってそれらが知覚と外示作用のごくわずかな手がかりの中に畳み込まれているため、我々はつい思考が像とか言語など抜きにして自分だけで動いているのだと思ってしまう。ピカッと光るごく小さな黒い点が我々にネコがソファの下にいて尻尾だけが見えているのだと知らせてくれる。それと認めるのにただ「ネコ」という語あるいは一瞬の像の断片だけしか、心に入っていかないかもしれない。それでも後になって誰かに「ネコはどこ」と聞かれれば我々は躊躇《ためら》うことなく「ソファの下にいるのを見たよ」と答える。そのような信号を使って我々は感覚世界でうまく舵取りして立ちまわり、一言交わすだけで判断や記憶や期待の全体系を行動に移すのである。

それでもこれらの身近なサインや省略されたシンボルがすべて、我々がほとんど意識しないほどに滞りなく機能するためには、それらが膨大な知的構造によって支えられていなければならない。そしてこの構造はシンボルが皆完全に分節化された諸形式とその間のすべての暗黙の関係から構成されており、それは隠れた知識の貯蔵庫からいつでも掘り出せるようになっている。それらは我々の行き着いた最終の世界像にぴったりと合っているので、それ**で**考えることができ、それ**について**考えなくてよい。しかし実際にはその完全な把握が一時的に抑制されているというだけのことである。彼らは「出しゃばることのない良い召使い同様、我々の都合に合わせて仕事を果たす時には正体を隠す帽子」を被っている。しかしそもそもサインもシンボルも元は全て感覚的、情動的経験から集められたものであり、その身元を示す標――もしかしたら遠い歴史的な起源の跡――はまだ残っている。日常的には我々はただ実践的展望のする節約からものを見るのだが、しかし我々はものを**通して見る**のではなく、もの**を**見ることもできる。そうすると、それまで無視され抑えられていたものの形式と、それが持つ通常とは異なった意味合いが目の前に立ち現れてくる。見慣れた形式にそれぞれ可能な意味が豊富に蓄えられているからこそ、我々が見ている現実の全体像が崩れずに成り立っているのであり、またそのゆえに、我々はすべての物理的自然には最終的に因果的結合関係が保たれており、倫理的要請にも最終的な一貫性があると信じているのである。同時にサインでありまたシンボルである形式が行為と洞察とを結びつけてくれる。それは一時的な状況の中でも、また暗黙裡であるとしても絶えず我々が前提としている「科学」の中でも、その役割を果たしている。綺麗な夕焼けは地球の太陽に対する相対的な回転を証明し、「一日の中の時刻」を記し、夕食ができているとか、できているはずだということを意味し、またしばらく良い天気が続くだろうと予想させ、また崇高であり、平和であり、美しい。おそらく夕焼けを眺めている人のほとんどがこのような意味合いは自明のこととした上で、ただ審美的な意義にのみ注意を向けているだろう。そうであっても「自然」の中での現実性はその審美的意義の要因の一つである。もしそれがスクリーンとかカメラが映し出して展示されているのであれば、夕焼けは漠然とした、伝統的な、宗教的な意味を持たないであろうし、人に及ぼす作用も違ったものになるだろう。その画像は美しいかもしれないが、崇高ではない。美と現実との相互作用が、虚空に現れている驚くべき色の作用が、見ている我々の視像そのものに宇宙的な重要性を浸透させるのである。

多くのシンボルには――語だけでなく別の形のシンボルにも――意味の「負荷がかかっている」と言ってもいいかもしれない。そのようなシンボルには多くのシンボル作用とサイン作用が込められていて、これらの作用が一つの複合体に統一されているので、一つが選ばれると、それにつながって他の全部が共感を持って引きずり出されてくることが多い。十字架はいかにも「意味の電荷で重く充満した」シンボルである。それはキリストの死に直接使われた器具であり、したがって苦難のシンボルである。初めは彼の肩に背負われた実際の重荷であり、かつ人間が手仕事で実際に制作したものでもあって、その双方の根拠から彼が受け入れた倫理的な重荷のシンボルとなる。また十字は昔から宇宙的な共示的意味を含む黄道十二宮の四点のシンボルである。十字路というごく「自然な」シンボル（今日でも高速道路の交差点の手前での予告に使っている）は、従ってまた決定、危機、選択のシンボルともなる。また**横槍を入れられる**ということ、つまり邪魔、敵対、運命のシンボルにもなる。そして最後に、芸術家の眼には十字は人の姿である。これら全ての意味と、またその他の様々の意味もこの簡単で身近で有意味な形の中に眠っているのだ。これが呪術の形なのも当然だ！　ここには人間的な、情感的な、また漠とした宇宙的な意味のすべてが充満していて、そのため宗教的な物語全体の持つ共示的意味——罪と苦難とそして救済——へと総合されている。それでも、十字がそのような価値を持てるのは、明らかにそれが**良いシンボルとしての、物理的な属性を持っている**という事実にも負うところが大きい。紙に書くにしても、木とか石で組むにしても、高価な材料でお守りをこしらえるにしても、祭祇の身振りにおいても、指でわかるようにその形を描いてみせるだけだとしても、十字はごく簡単に作れるのだから。それが非常にわかりやすいシンボル的な意匠なので、その神聖な内包的意味にもかかわらず、我々はそれが持つ全く世俗的な論述的な能力を用いて、プラスの記号としてあるいは斜めにして「掛け算」の印として、あるいは投票用紙とかその他いろいろな記録につける印としても遠慮なしに使っている。

我々の思想の中には多くの「重い負荷がかかった」シンボルがある。もっとも十字ほどに多くの人気のある役割を果たすものは数少ない。もう一つの例は船である。それは四方八方危険に囲まれながら辛くも安全を保つというイメージ、一つの目標へ向かう前進というイメージ、二つの休息点に挟まれた危険な冒険というイメージ、そこにさらに、まだ漠然としているがほとんどこれらに近い、船底に閉じ込められている安全という、例えば子宮の内部にあるような共示的意味も加わっている。また昔は原始的な船と有明月の形とが似ていることが、こうした神話的な価値を強化するのにもおそらく役立ったと考えられる。

我々の語には純粋に専門的な用語は極めて数が少ないこと、また我々の心像には純粋に実用的なものが少ないということが、我々の生活に密接に織り合わされた多様な意味の背景を用意しており、この背景に照らしてすべての意識的な経験と解釈とが評価されるのである。注意の焦点に入ってくる対象はどれも、自分が図としてそこに現れる〔地としての〕「事実」を超えた意味を持っている。その意味は順々に、時には皆同時に、非論述的知識においても論述的理性においても希望的空想においても、あるいは条件反射の行為を引き出すサインの中でも、洞察や理論や行動に資する助けとなる。だがそれは要するに我々が新しい所与のそれぞれに対して、複合的な心的機能を持って反応するということである。知覚は所与をまとめる個別的な特定の形態《ゲシュタルト》を与える。非論述的知性は具体的な形式の中に情動的な趣意を読み込み、純粋に感性的な理解を持って接する。が、それよりもっと素早く言語習慣が割り込んできて、我々にこのデータはこの字義的概念と大体同じとみなせると判断させ論述的思考の中にその居場所を与えてしまう。ここに二つの活動の交差がある。というのは論述的シンボル作用は常に一般的であるから具体的な所与への**適用**を必要とするが、非論述的シンボルは特殊的であって、自らが「所与」であり、己の具体的事例からもっと一般的な意味を読み取るようにと我々を誘う。これが現実の精神生活における興味深い往復運動であり、シンボル**で生きる**ということである。我々は言葉に戯れ、その共示的意味を探り、その語の連想作用を喚起したり、避けたりする。我々はシンボルを用いてサインをそれと同定し、「理解可能な世界」を構成する。欲求と幻想を夢見、現実には適用されないシンボルで「心の中の世界」を構成する。我々はまた互いに影響を及ぼしあって、正と邪の世界、要求と制裁の世界である社会的な構造を打ち立てるのである。

我々の道徳的生活はほとんどがシンボルによって取り決められるため、動物の持つ道徳に比べてより抑圧的になる。動物もまた道徳的な関係を持っている。彼らは互いの行為を厳しく管理したり、あるいは忍耐を持って許容したりする。イヌが子イヌが自分を噛んだり、くわえて引っ張ったりするのを許しているが、別のイヌが来て自分の敷地内に侵入すると唸り声を上げるように。だが動物は実際になされた行為、あるいは今にもやりそうな行為に対してのみ反応する。彼らは何かの行為を阻害するため、あるいはそれに復讐するためにのみ力を用いるのだが、我々は相手がまだこれからしようと考えているだけの振る舞いを、空想上の力の暗示だけで牽制しようとする。我々は道徳的拘束力を用い、漠然とした罰を匂わせて脅し、それが引き起こすであろう結果のシンボルを示してみせるだけで、違反を未然に抑えようとする。だからこそ人間はどの動物よりも残酷なのである。我々は自分たちの罰則を共示的意味だけで効果的にするのだが、そのためには罰を極端に厳しいものにしなければ効果が出ない。厳しい叱責あるいは半時間ほどの拘留に値する程度の不法行為であっても、もし受ける罰のことを考えるだけでそれを未然に防ごうというのであれば、一か月の投獄という罰則をつけなければならない。そうするとシンボルが効力を持ち続けるためには事実への参照が必要であるから、その脅しが抑止としてうまく働かなかった場合には、それは実行されねばならない。それだけではない。シンボルの力は我々に互いの行為を制限するのみならず、命令もできるようにするのである。互いを**牽制する**だけでなく**強制する**力も与える。そのために弱者は強者の臆病な尊敬者にとどまらず強者の奴隷になってしまう。それが義務を、兵役を、奴隷制をもたらすのである。人間の殉教の物語とは、その知性の物語、そのシンボル的展望の物語の続編に他ならない。

良きにせよ悪しきにせよ、人間はこうした想像的展望を描く力を持っており、それが彼に、単に用心深く現実的である生物には課されない重荷——つまり自覚し理解するという重荷——を課することになる。人間は特定の場所の中に生きているのみならず、〈空間〉の中に生きている。或る時刻に生きているのみならず〈歴史〉の中に生きている。だから彼は世界と世界の法則を想念し、生き方のパターンを、死の迎え方を考え出さなければならない。これらのことすべてを人間は知っており、彼はそうした現実に対して何かの適応をしなければならない。

さて、その想像力が対応できるものであれば、人間はそれになんとか適応できる。だが〈混沌〉に対処することはできない。なぜなら人間の特徴的な機能であり最高の資質であるのは想念化することであり、彼の最大の恐怖は見当のつけようのないもの——「不気味なもの」と通常言われる——に出会うことである。それは必ずしも未知な対象であるとは限らない。我々は新しいものに実際出会うし、我々の心が自由に働いていればとりあえず暫定的であるにせよ、もっとも手近にある類似物を用いてそれを素早く「理解」する。しかし精神的に追い詰められているときには完全に見知っているものですら、突然その統一が崩れて、恐怖を覚えることがある。したがって我々のもっとも重要な資質は常に、自然における、地球における、社会における、そして自分が今やっていることについての、一般的な**方向定位**のシンボルなのである。それは世界観と生命観のシンボルである。だから原始社会では日々の祭祇が純粋な儀式の中のみならず、食べること、洗うこと、火をおこすことなどのごく通常の活動の中にも組み込まれている。部族の道徳を繰り返し、その宇宙的な条件を再認識する必要性が絶えず感じられているからである。キリスト教下のヨーロッパでは教会が人々を日毎に(或る修道会では時間毎に)ひざまずかせ、自分たちの究極的な概念の受諾を観想させることまではしなくても、改めて確認させたのであった。

近代社会ではそのような慣習はほとんど失われている。誰もが各自の〈至聖所〉を見つけている。科学的真理に、進化に、国家に、〈民主主義〉に、〈**文化**(Kultur)〉に、あるいはまた〈万有〉とか〈精神的なるもの〉というような何かの形而上学的な言葉などに。現代の人間生活はすっかり変化し、多様化してしまっているので、人々は誰にとっても大体同じ豊かな意味を持つような、少数の、由緒ある「意味の負荷が重い」シンボルを共有することができない。かつてあった普遍的なシンボルの喪失によって、我々の安全な無意識的な方位感覚が危うくなっている。我々の新しい秩序の新しい形式は、あの豊かで、混乱した、歴史の中で堆積した意味をまだ獲得しておらず、そのような意味が多くの身近な事物を我々にとって「負荷をもった」シンボルとなし、そしてそのシンボルに対して我々が無意識に反応する、ということがないのである。もしかしたらいつか未来の世代にとっては飛行機が船よりももっと強力なシンボルになるかもしれない。飛行機の持つ詩的な可能性の方がもっと自明であるかもしれない。だが我々にとってはそれはまだ新しすぎ、それが我々の過去をまとめ上げて現在を保証するというわけにはいかないのである。それは飛行機が『囚われの女(*La Prisonnière*)』の中で、マルセル・プルーストに提供した意識的シンボルに見ることができる。彼にとって飛行機は「〈無限〉の彼方を究める、正真正銘の物質的な乗り物の一つ」である。そのシンボルの身分は自然に生まれた隠喩ではなく、いまだに詩的直喩である。それは自然のシンボルや社会的シンボルのように経験が沈殿してできた貯蔵物ではない。このように事実上今日の近代的生活における現実的な事柄のすべてが新しく、その物質的な面が支配的であり、未だに自明なものとして受け取ることができないから、それへの対処には実用面での洞察が必要になる。したがって我々の知性は熱心なのだが、そこに危うさがある。何しろ我々の知性には形而上的な神話も体制も祭祇的表現もないのだから。

今日生まれながらに霊的精神的な支えが得られるような環境にいる人は比較的少数である。或る程度の想像力があり相応の知性を持った人だけが、そのような環境を思い描き、また意識的に求めることができる。彼らは自分の究極的な生のシンボルを備えているような、そして祭礼的な価値を得られるような活動をどうしたらできるかを教示してくれるような、現実のどこかの領域に惹かれている少数の人である。船乗りたちはしばしばその困難な生活に深い愛情を持っている、そこには何もその苦労に見合うような実用面での利点の一覧表などないのであるが。だがその危険な天職のうちに彼らは安心を見出している。そのいかにも不自由な一角で彼らはくつろいでいる。海と船に、天と嵐と港に、何かわからないが、彼らがそこに世界の持つ意味と意義を見て取れるシンボルが含まれており、それが苦労を「し甲斐があるもの」にし、人生に統一概念を与えて納得がゆくものにしているのである。誰でも天職を愛するものはその有効性のゆえではなく、それ以上のものを愛している。そこに「意味」があるから愛しているのである。世界を敵に回してもみずからが「科学的真理」と信ずることを執筆したり語ったりする学者、アテネ市民に逆らうよりは死ぬことを選んだギリシャの哲学者、女性参政権を「大義」としてそのために嘲笑われ、罰せられることを甘受したフェミニストらは、完全に実際的な行為の遂行がいかにそれを超えたより高いものを指せるものなのか、祭式にも似た個人を超えた価値を獲得するに至るのかを示している。それらはひざまずいての礼拝や犠牲や厳粛な舞踊に取って代わった、一種の献身の形である。

物的また社会的な現実世界において、何にせよ意識的あるいは無意識的なシンボルによって方向づけを与えられている心は、大きな抑圧的状況の下にあっても、難問に直面していても自由に、自信を持って機能を果たすことができる。その生活はサイン機能とシンボル機能との間を滞りなく巧みに行き来し、感覚の様々な解釈や言語による反応や推論や記憶や想像力あふれる予感や事実的知識と暗黙の理解とを、着実に織り合わせてゆくことである。夜の間に夢がそれを担当するときには、自己表現の必要という最大の重荷を果たし、朝の光が射す前にそれを霧散させてしまう。さらなる自己表現は実際的な行動の連結関係の中へ賢く織り合わされてゆく。祭祇は、現実界での出来事が持つ「神聖さ」ないし重要性に対する自然な反応として訪れる。そのような心には「人生の意味」への疑問はあまり起らない。なぜなら現実そのものが内在的に「意味を含んで」おり、〈生〉と〈死〉と〈罪〉と〈救済〉のシンボルがすでにそこに組み込まれているのだから。調和のとれた活発な知性にとっては、現実とは歴史的事実でありかつ有意義的な形式であり、そこに科学も神話も芸術もそして快適な常識の全てが包括されている領域なのだから。

我々がごく自然で、衝動的な、知的な生を進め、計画を実現し、そして行為やシンボル形成において、観念を表現し、恐れや混乱なしに出会うものの全てを見、聞き、解釈し、自分たちの関心や表現をお互いに適応しあうのに適当な機会こそが、人類が追求する「自由」である。これこそが「生」と「幸福の追求」とに必ず伴うべき自由であって、自由は社会が許容したり禁止したりするかもしれない何か特定の権利ではない。ホワイトヘッド教授が次のように述べた時、まさにこの見解を表明していた。

「自由の概念は観照型の人たちが時代を驚かせることというイメージに狭められてしまっている。……これは完全な誤りである。物理的自然の圧倒的な習性が、その鉄則が、人間の苦悩の背景を決定する。誕生と死、寒さと飢え、離別、病い、目的が概して実現不可能であること、こういったすべてが、世の男と女の魂をがんじがらめにするそれぞれの分け前を主張する。我々の経験は希望についてゆけない。……**自由の本質は目的の実行可能性である。人類は主として、広く共有されている目的が頓挫すること、みずからの種族の定義そのものに関わるような目的ですら、頓挫することで苦しんできた**」。[18]

何であれシンボルの過程が挫折するということは我々の人間的自由の廃棄である。外国語によって強制される束縛、あるいはヘンリー・ヘッド卿が抽象観念の喪失と記述した、自分自身の言語能力が失われること、[19] あるいはまた病理学的な鬱が原因で、あらゆる種類の歪曲された個人的なシンボルが語義的な思考や経験的判断を侵害すること、あるいは論理的判断力や知識や思想の糧を持たないこと、あるいは自分の問題を明確に、解決の糸口をつかむための想像力を喪失させてしまうこと、などである。こうした障碍は心の自由な働きを止めてしまうであろう。しかし中でも最も破壊的な障碍は方向定位が失われることであり、それは生命のシンボルの機能不全ないし破壊であり、自由意志に基づく祈願の行為が失われ、あるいは抑制されることである。或る程度の祭祀を、その身振りや態度を内に織り込んでいないような生は精神上の拠り所がない。それは全く散文的で全く無関心、純粋に因果律だけでできている生活で、我々が「人格」と呼ぶ知性と感情の構造を全く持たない生活である。

したがって(意識的であるにせよ、無意識的であるにせよ)祭祀的価値を持つ行為に干渉することは、一人あるいは複数のグループが相手に与えうる最も許し難い傷であると常に考えられている。良心の自由はあらゆる個人の自由の土台である。人にその信条に反して強制すること——平和主義者に武器を持たせること、愛国者に国旗を侮辱させること、異教徒に洗礼を受けさせること——は彼が世界に対してとっている根本的態度そのものを、彼の人格としての力と定見とを危うくする。彼が神聖なものとして堅持している教義がいかに常識を超えた空想的なものであろうと、彼が現に行なっている祭祀が社会にとっていかに不適合なものであろうと、軽々にそれに違反せよと要求することは、決してできない。人は口先だけの賛同をさせられることに対して激しく闘うものだが、それは祭祀を実行することは常に、程度の差はあってもその意味を肯定することだからである。したがって、「事実」や「真理」について自分自身が抱いている展望と相容れないような、よその神話を表現する行為それ自体が、自分の展望そのものを劣化させてしまう。それはみずからの人格を損なうことである。嘘のことを告白したり、教えたり、賞賛するように命じられることは常に、嘲笑や罵り以上の侮辱であると感じられる。通常の侮辱は人の自我に対する打撃である。しかし良心を拘束されることは自分の自我と超自我を、人の世界全体を、人間性を、そして目的を、打ち壊すものである。明確なシンボルや行為や宣言そしてそれに対する社会的な確証なしに自らの方向定位を保つのはよっぽど強力な精神力を要する。異教の実践が招く混乱に直面しながらもそれをあえて維持することは普通の心性の持ち主には到底できないことである。

我々は人間特有の精神機能――シンボル作用という働き――を様々な特定の制限に適応させねばならない。それは我々が生物学的な活動についても全て適応させねばならないのと全く同じことである。心は他のすべての器官同様、自らを維持するのに環境世界に頼るしかない。だから我々の形而上学的なシンボルも現実を源泉としなければならない。そのような適応にはいつも時間がかかり、習慣や伝統、そして生活様式についての親密な知識が必要である。もしそこで突然、無意識的なシンボルの方向定位の地面が外界と社会的秩序の激変によって掘り返されてしまったとしたら、我々は足場を失い、信念を失い、それとともに有効な目的も失ってしまう。現代の文明社会には精神の安定を脅かす二つの大きな脅威がある。一つは生活の新しい様式であって、これがかつての自然のシンボルを我々の心とは異質なものにしてしまったのであり、もう一つは仕事の新しい様態で、それは個人の活動を無意味にし、飢えた想像力にとっても受け入れ不可能なものにしてしまった。たいていの人は自分が作っている製品を見ることがない。ただベルトコンベヤの脇に立って流れてくる百万個の同じネジを回し、あるいは百万枚の同じ包装紙を包む、それも毎時間毎時間、毎日毎日、毎年毎年ずっと。この種の活動はあまりに貧しく空虚で、どんなに優れた精神にとってもそれに何かのシンボル的内容を与えようと精力をつぎ込むことはできない。仕事はもはや祭祀の領域ではない。こうして心にとっての最も近しい最も確実な精神的満足の水源は涸れてしまったのである。それと同時に近代の貸家制の住宅は住み続けた家を――或る時期はここに、今度はあそこに、と――移転させるので、人間精神のもう一つの拠り所である錨も切り離されてしまった。たいていの人は自分の子供時代のシンボルである家がないし、それに代わるような場所の記憶も一つもない。多くの人はかつて自分の母語だった言葉を知らない。すべて昔のシンボルは無くなってしまい、何千もある平均的生活は創造的な想像力に新しい素材を提供しない。身体的な欠乏よりも、むしろこれこそが、近代の労働者を脅かしている飢餓であり、機械の暴政である。個人の生活の統一性を表現する自然な手段がすべて撤収されてしまったことが、すべての国の労働者階級を特徴づけている注意散漫や無宗教、そして不穏さの主たる原因である。技術的進歩が人間の心の自由を危険にさらしている。

このような時代には人々は何であれ手に入りそうな一般的な信念や理想に夢中になる。数多くの混合宗教が出現し、謎、主義主張、イデオロギーなど、すべてが熱心に信奉され、まずい議論がなされる。昔の部族的な統一への漠然とした憧れがナショナリズムを救済と思い込ませ、狂信的な排他と独善を駆り立てて爆発させるのである。あるいは途方もなく現実離れした人類学的、歴史的な伝説、学問を貶め、歪曲すること、正統的な説教のあった場所に、現代では「プロパガンダ《プロパガンダ》」とよばれる、いい加減で、生半可な観念を次々に調達する。我々の先祖の世界には福音を伝える使節団がおり互いに監視する社会があったが、今の世界には政治的宣伝活動の委員会や省庁がある。このような収拾のつかない自己主張と自己正当化、そして社会的、政治的空想の大混乱を目のあたりにして、哲学者たちがこれは〈理性の時代〉の反動なのだと考えるのも不思議はない。彼らは何世紀も続いた科学と進歩の後に振り子が逆方向に揺れているのだと結論する。我々のうちの動物的本性の非合理的な諸力が、今や〈魔女の集会《サバト》〉を開催しているのだ、と。

理性に関しては演繹論理あるいは帰納論理だけしか知らず、それ以外の人間的機能はすべて「情動的」で非合理かつ動物的であると仕分けする哲学は、現在の情熱的で非科学的なイデオロギーの中にただ論理以前の状態への後退しか見てとることができない。その哲学が聖地パルナッソスへ向かう道として指し示すのは、事実的所与、仮説、試験、判断、一般化の道のみである。そのほか心がする諸々の事柄は知的進歩には無関係であると退けられる。それらは剰余であり、情動のする干渉であり、あるいは動物の身分への逆行である。

しかしながら基音をシンボル機能におき、有意味性の形態学を問題として立てる心の理論が科学とその他の愚行の間に分岐線を引かねばならない義務はない。この理論はこれらの近代精神の動乱と激変を動物的衝動が引き起こした合理的関心の喪失としてではなく、まさにその逆で、確かに新しい野蛮性の局面が現れているのだが、それは展望と理解への理性の必要性によって刺激されたものだとみなすことができる。ヨーロッパ思想の源泉は枯渇してしまった——知的秩序全体を整えるための基本的な概念を、最初の洞察を、我々の**世界観**を生成する創発的着想を供給する、あの想像力の源泉が。新しい想念の諸形式が、今や次第により集まって、昔の概念を押しのけているが、それら自身はまだ神話的段階にあり、シンボル的定式化をやっと「暗黙のうちに」始めている段階である。広大なシンボル——〈人種〉、〈統一〉、〈運命の開示〉、〈人間性〉など——の内容を分析することはできない。我々は目下それについて奮闘しつつある途中なのであるから。もし分析できるというならば、つまりはそれらがすでに論述的な用語を備え明快な論点を持っているということであり、我々は皆聖戦を闘うのではなく、いかにこれを哲学化するかに忙しいことであろう。その時には人類が夢と憧れている新しい世界を手に入れ、その新しい洞察に基づいて熱心に知識の大建造物を打ち立てていることだろう。この一見不合理な時代にあって阻害され、あるいは事実上中断されているのは、そのような自由な精神の健全で効果的な日常作業——うまく立てられた問題についての論述的推理——なのである。しかしこの、非合理と見える時代を支配している力もやはりまた同じ**心の**力であり、シンボル的定式化へ、表現と経験の理解へ向かう衝動なのである。

絶えざる意味の追求——より広く、より明快な、より説得的な、よりよく分節化された意味の追求——が哲学である。それは精神生活全体に浸透している。時には意識的な形而上学的思想という形で、時にはすでに確立したアイデアを自由に自信を持って駆使し、そこに含まれているより厳密な詳細な含意を引き出す操作において、そして時には

――大いなる創造の時代には――情熱に溢れた、神話的な祭祀的な、そして献身的表現という形をとって。原始的な社会ではその種の表現が障碍にぶつかることはほとんどない。なぜなら精神の最初の目覚めの時期には失って惜しむようなものは何もないのだから。一つの文化が別の文化を凌駕する時に初めて、新しい洞察を一つ一つ手に入れるために、従来の確実性を代価として支払わねばならなくなる。今日の死生のシンボルの崇拝を特徴づけている形式と内容の混乱のせいで、きちんと秩序づけられた論述的理性が挫折してしまい、人々は不適切に、盲目的に、そして非道徳に振舞っている。しかし彼らがこのように無茶苦茶に、見当違いに、やろうとしていることそれ自体は、人間的であり、知的であり、そして必要なことである。科学と倫理の基準からすれば、それは非難されねばならない。その外見はいかにも誤りだらけであるのだから。伝統的哲学は、それが認識論的な規範のどれにも合っていないのだから絶望せざるを得ない。しかしもっと広い、シンボルの哲学のうちに、それは一定の理解者を見出す。私が「シンボル変換」と呼んだ理論に何かの価値があるならば、この理論はその機能が達成したものを明らかにするのみならず、それの失敗例を、それの限界を、そして幻想と誤りというその副産物をも明らかにするべきである。思想の自由は陣痛なしには再生しない。言語、芸術、道徳、そして科学はすべて我々に力と同時に痛みも与える。なぜなら、ホワイトへッド教授が率直に、そして謙虚に宣言したように、「誤りとは前進のために我々が支払う代価である」のだから。

原注

（1）ロジャー・フライはこれに関連して「生物学的に言えば芸術は冒瀆である。我々の目はものを見るためにあるのであって、〔必要以上に〕まじまじと見つめるために与えられたのではないのだから」(Roger Fry, *Vision and Design*, p. 47) と言ったことがある。

（2）このことは次のような著作において明らかである。L. S. Stebbing, "Substances, Events, and Facts," *The Journal of Philosophy*, XXIX (1932), 12: 309–322, F. P. Ramsey and G. E. Moore, "Symposium: Facts and Propositions," *Proceedings of the Aristotelian Society*, suppl. vol. VII (1927), 153–206; John Wisdom, "Time, Fact and Substance," *ibid.*, N.S. XXIX (1928–29), 67–94.

（3）Hugh Miller, "The Dimensions of Particular Fact," *The Journal of Philosophy*, XXXVI (1939), 7: 181–188.

（4）C. I. Lewis, "Facts, Systems, and the Unity of the World," *The Journal of Philosophy*, XX (1923), 6: 141–151, p. 142 をみよ。

（5）Karl Britton, *Communication: A Philosophical Study of Language* (1939), pp. 204–206.

（6）この変化の重要性についての指摘と議論が A. N. Whitehead, *Science and the Modern*

World (1926), chap.i でなされている。

(7) ここに述べた私の意見についてもホワイトヘッド教授の判断によって支持されている。教授は次のように述べている。「科学は思弁的理性の衝動、すなわち説明を与えてくれる知識への欲望のもとに発達した。この思弁的理性の技術への反応は一七六九年の改良された蒸気機関の発明以後になって始まったのである。それでもそのような反応が主要な事実の一つとなったのは、十九世紀もかなりすぎた頃であった。……科学と技術的手続きとの間の相互関係には何も体系的なものも支配的なものもなかった。ただ一つの例外はグリニッジ天文台の創設が航海術の改良のためであったことである」(A. N. Whitehead, *The Function of Reason* (1929), pp. 38–39)。

(8) Wittgenstein, *Tractatus Logico-Philosophicus*(黒崎宏訳『『論考』『青色本』読解』)。

(9) William James, "Is Life Worth Living?" in *The Will to Believe, and Other Essays in Popular Philosophy* (1905), p. 58.

(10) 一九〇二年に出版。

(11) カール・シュミット(Karl Schmidt)は事実の科学的な捉え方と素朴な捉え方との対照を論文 "The Existential Status of Facts and Laws in Physics," *The Monist*, XLIII (1933), 2: 161–172 で論じている。

(12) ハーヴァード大学で一九四〇年の秋に開催された。

(13) Carl Becker, "Everyman His Own Historian," *American Historical Review*, XXXVII (1932), 2: 221–236, p. 233 をみよ。

（14）B. Russell, *Mysticism and Logic*（1918）に所収。

（15）Hugh Miller, *History and Science*（1939）, p. 30.

（16）アメリカ英語にはこのような一過性の比喩表現が多く、文学的な工夫と人気の流行り言葉という二つの橋を渡って字義的な意味から別の意味へと素早く変化する。もしかしたら新しい国ということが、様々な国籍が次々に混じり合って新しい人種が生まれ、新しい文化がどんどん成長しつつあることが、このような言語の不安定さや、大胆な隠喩表現を使う傾向を、また人々の相当極端な比喩をあえて解釈し許容しようとする姿勢を生むのかもしれない。確かにどのヨーロッパ語をとってみても――あれほど高度な慣用語句を持つフランス語ですら――アメリカの方言ほどに豊富な俗語や流行語、非公式で意味深長な隠語で溢れてはいない。

（17）Fry, *Vision and Design*, pp. 24–25.

（18）A. N. Whitehead, *Adventures of Ideas*（1933）より、p. 84（強調は筆者）。

（19）Sir Henry Head, "Disorders of Symbolic Thinking and Expression," *British Journal of Psychology*, XI（1920–21）, part II, 179–193をみよ。

解　説

本書スザンヌ・ランガー(Susanne Knauth Langer, 1895–1985)の『シンボルの哲学』(*Philosophy in a New Key*)は次にあげた著書一覧の③で、キャリア全体としては初期(①②)の論理哲学の時期に続く、科学、文化、そして芸術の哲学をテーマとする中期の最初のものにあたり、さらに後期の三部作(⑨⑩⑪)は感情のより生物学的な基盤を追求する、意味の身体化としての心の哲学へとつながってゆきます。

① *The Practice of Philosophy*, New York: Henry Holt, 1930.

② *An Introduction to Symbolic Logic*, New York: Allen and Unwin, 1937, second revised edition, New York: Dover Publications, 1953.

③ *Philosophy in a New Key: A Study in the Symbolism of Reason, Rite, and Art*, Cambridge MA: Harvard University Press, 1942.（本書）

④（ed. with）Paul Henle & Horace M. Kallen, *Structure, Method, and Meaning: Essays in Honor of Henry M. Sheffer*, New York: Liberal Arts Press, 1951.

⑤ *Feeling and Form: A Theory of Art Developed from Philosophy in a New Key*, New York: Charles Scribner's Sons, 1953.

⑥ *Problems of Art; Ten Philosophical Lectures*, New York: Charles Scribner's Sons, 1957.

⑦（ed.）*Reflections on Art: A Source Book of Writings by Artists, Critics, and Philosophers*, Baltimore, MD: Johns Hopkins Press, 1958.

⑧ *Philosophical Sketches*, Baltimore, MD: Johns Hopkins Press, 1961.

⑨ ⑩ ⑪ *Mind: An Essay on Human Feeling*, Vol. 1, Vol. 2, Vol. 3, Baltimore, MD: Johns Hopkins University Press, 1967, 1971, 1982.

（Abridged edition, edited by Gary A. van den Heuvel, Baltimore, MD: Johns Hopkins University Press, 1988.）

本書の原題は「新しい基調の哲学」で、ハーヴァード大学出版局からの初版以降歴史的な成功を収め、ペンギン・ブックス、のちにペンギン・ブックスの「メンター・ブック」としても安価版として十万部以上売れています。そして九か国語に訳されて、アメリカの美学者、芸術の哲学者としての彼女の名が広く知られる契機となりました。日本では矢野萬里、池上保太、貴志謙二、近藤洋逸四氏の訳で一九六〇年に岩波現代叢書『シンボルの哲学』として出版され、評判になりました。本訳もその表題を踏襲させていただいています。前訳はランガー存命中の、色々な意味で「同時代」の翻訳であり、それだけにその労力も意義も大きかったことと拝察します。ここではすでに世紀をまたいで、急速な思想的な風土の変化を経てきた今日の「後知恵」をもって、この「新しい」基調の哲学が登場した当時のヨーロッパとアメリカにおける文脈を背景に、ランガーの果たしたユニークな役割をざっと振り返ってみたいと思います。

というのは二つの大戦を経験した二十世紀前半のヨーロッパの大陸とイギリス、そしてアメリカ合衆国の哲学の流れとその変化を「鳥瞰」すると、スザンヌの生涯にその縮図を見るような気がするからです。だからと言って彼女の生涯がそうした思想の流れを代表していたということでは必ずしもなく、地理的にも時期的にも、主流に乗ったり、外れたり、時に逆行しながら、むしろその狭間で独自の領域を開いていった哲学者であったことが興味深いからです。例えばそもそも彼女の名が最も知られている領域である美学ないし芸術の哲学は、当時としてはかなり影の薄い、周辺の分野でしたし、またそもそも合衆国の大学は哲学の、ましてや美学の、中心的な役目を果たしてはいませんでした。こうした事情を詳しく辿る紙面はないので、「新しい基調」である「シンボル」の哲学の基音を鳴らして響かせ、本書を書かせた人たちとして彼女自身が挙げている、背景も分野も異なる数人の哲学者たち、シェファー、ヴィトゲンシュタイン、カッシーラー、ホワイトヘッドを中心に、彼女自身の思想の展開を追ってみたいと思います。

彼女のキャリアは論理学・論理哲学者としての一歩で始まっています。ノート(Knauth)夫妻がドイツからアメリカに移住して数年後に生まれたスザンヌは、家庭ではドイツ語を喋っており、多くの語学に堪能であった彼女の英語にも生涯ドイツ語のアクセントが残っていたそうです。このことは、そしてまた彼女が女性であったことも、ある程度彼女をアメリカの学界での活躍上また職歴上不利な要因となったのですが、しかし一方では、すでに十代の時にカントの批判書をドイツ語で読み、また大哲学者カッシーラーの大部の三部作『シンボル形式の哲学』三巻(*Philosophie der symbolischen Formen*, 1923-29)も英訳前にいち早く原著で読み、その『神話と言語』の翻訳を手がけたことなど、アメリカにおけるヨーロッパ思想の導入の先行的な役も果たすことになりました。

一九一六年に女子大学ラドクリフ・コレッジに入学し(当時ハーヴァード大学は女子学生を受け入れませんでした)、論理学者シェファー(Henry Sheffer, 1883-1964)の指導で当時の新しい形式論理学および記号論理学を専攻しました。当時ハーヴァード大学の哲学・論理学は、「絶対的観念論」、「絶対的プラグマティズム」を説いていたJ・ロイスが中心でしたが、この年彼が急死し、以前から招聘予定であったB・ラッセルは戦時イギリスからの出国を許されず、他に現代論理学の哲学的な一般理論を持つ人材がいないということで、大学のエリートたちの反対や差別など障壁があったものの、急遽ウクライナ生まれのユダヤ人でアメリカに渡っていたシェファーが師のポストを継いだのでした。彼は病弱で、著書も少ないのですが、従来の単なる推論の規則としての論理学を排し、新しい記号論理学を推し進め、特別に優れた語学力と教育方法でその基礎を固めたのでした。スザンヌはここで論理のうちに様々な新しい形式を見出すこと、意味の「パターン」を発見することを学び、それが彼女の生涯の主要な武器となってゆきます。その体系化のやり方は特殊から全体へ、全体から抽象へと、論理学をいわば「形式の科学」として捉えてゆくもので、彼女がのちに著した、当時この分野のほとんど唯一の教科書であった『論理学入門』(②)も基本的にシェファーに依っています。

記号論理学についてはすでに十九世紀イギリスでブールが、古典的な論法の理論も含めて代数的に表現できる新しい論理学を手がけ、固定記号と可変記号を考案し、論理の形式の明示、そして真理値の計算を集合の計算と対応させるなど、思考の作用と代数学の演算との類似に着目して組織化に着手していました。これは関係の論理を考察したド・モルガン、またF・シュレーダー、またアメリカのCh・パース、ポーランド学派のタルスキーに引き継がれ、関係の代数、また標準的な量化論理が着々と形成されていきました。またヨーロッパ大陸内部ではこれとは別にG・フレーゲが「一見数学に固有と思われる推論ですら、一般的な論理法則に基づいて」おり、その証明が可能であるとして大きな注目を集めていました。彼は特に命題を一個の論理的単位とし、概念記号法を用いて記号の意味内容を持ったままで的確に表現する方法を考案しました。判断における真偽値が決められる記号(=語)の意味(Bedeutung)と対象と記号の間にある、表記の与えられ方であるその意義(Sinn)との区別がその画期的な業績であり、この区別はさらに「外延(デノテーション)」と「内包(コノテーション)」の区別と分類へと展開してゆきます。これを受けて一九一〇年には、数学を記号論理学の一部とする企てである『数学原理(*Principia Mathematica*)』の第一巻がケンブリッジ大学で若いB・ラッセルとその指導教官A・N・ホワイトヘッドとの共著で出ています。

ですからケンブリッジ大学からロンドン大学に移って応用数学及び力学、科学哲学の教授を務めていたホワイトヘッドが、一九二四年にハーヴァード大学に招聘されたのは当然、アメリカの論理学の発達のための重要な人材としてであったのです。博士課程にすすんだスザンヌがその年に彼のもとで『数学原理』についての学位論文（“A Logical Analysis of Meaning”）を書きたいと望んだのも、こうした事情によるものでした。しかしホワイトヘッド自身の活発な好奇心と関心はより哲学的に、そして形而上学的な方向転換をしていってそれ以降、機械論的自然科学を批判する「有機体の哲学」をうたう『科学と近代世界』や、また主著となった『過程と実在（*Process and Reality*）』の土台をなすプロセス哲学へと転換してゆきます。論文指導そのものは「無きに等しかった」そうで、自分が彼から学んだのはむしろ「ものの考え方」であり、それが自分の思考上の「母語」となったのだと彼女は言っています。ホワイトヘッドは彼女の最初の著書①が哲学の目的と方法と成果とを見事に述べていると褒めています。

彼女の関心は「意味」を巡るもので、プラグマティズムの創始者とされる、パースの数学・論理学に関する哲学の未発表の論文も早い時期に読んで示唆を受けていました。アメリカのプラグマティズムは近代哲学のイギリス的経験論と（ヨーロッパ）大陸の合理論ないしデカルトの普遍観念の直覚説の双方を否定して、対象が我々の行動にどのような効果を及ぼすかという観点から、その意味や「真」を捉えるという「第三の道」ともいうべき哲学となりますが、これはのちにより心理学的なジェームズやデューイの立場の方がその代表となってゆきます。パース自身は特に関係の論理学に貢献が大きく、中世論理学の研究に基づいて、フレーゲとは独立に命題論理学の着想を持っていました。記号や真についての彼の先駆的な考察は、記号が対象と結び付けられるやり方を、普通に考えられるものと記号の二項関係のみならず、主観ないし解釈者との三項関係において、様々な様態を詳細に入念にカテゴリー分けし検討したものでしたが、これに刺激を受けたモリスが、形式中心の論理実証主義により包括的な経験の体系づけとしての意味論を導入し、意味活動を構文論(記号と記号の関係)、意味論(記号と対象の関係)、語用論(記号と使用者との関係)という次元に分けて体系化し、言語をその一部として記号を広くとらえるいわゆる「アングロ・アメリカンの記号論《セミオティクス》」の基礎を体系づけることになります。これは言語学を拡張していったソシュールやその後の、主にフランスを中心とした「記号学《セミオロジー》」の系列と区別されるのが普通です。スザンヌにとっての意味の追求は前者に入りますが、モリス等がするような、意味のあり様を整理する論というよりは、あくまで具体的なものからどのような抽象作用で意味の形式が捉えられてゆくのか、むしろ記号が生成されてゆく過程に注目するものでした。彼女は意味(meaning)を「意味すること(meaning)」と動詞的に捉えます。

一九二一年にスザンヌはハーヴァード大学で歴史学を専攻する、やはりドイツ系の大学院生であったウィリアム・ランガーと結婚します。彼はヨーロッパ近代史の修士課程を終えたところでした。この年彼のウィーン大学への研修が決まり、二人はウィーンを訪れます。ここでスザンヌはオーストリアの学界に触れ、受講や議論の機会を得て、当時のゲシュタルト心理学者、言語哲学者のカール・ビューラーの講義にも出席、その精神発達、および言語形成についての独自な洞察から大きな刺激を受けています。のちにアメリカに渡ったビューラーは、知覚を感覚の複合体とは捉えず、形態的な関係を認めており、また言語の意味と指示作用を社会的な文脈で捉えて、のちの言語行為論を先取りし、またアメリカのプラグマティズムの先駆的な役割も果たします。スザンヌにとってドイツ語圏の哲学と議論とがアットホームであったことが、そこでの学界での活発な交流を可能にしたのでした。アメリカに戻って書き終えた修士論文は、ドイツの「無意識の哲学者」K・R・E・ハルトマンについてのものでした。ウィーンでの研修はそれ以後母校ラドクリフで講師を務めつつ、哲学、論理学雑誌に活発に論文を書き、また海外、特にヨーロッパで出版された論文を定期的に論評するようにもなったことにも生かされています。彼女自身もホワイトヘッドに勧められてイギリスの哲学雑誌 *Mind* に、ラッセルのタイプ理論の批判を投稿しています。

二十世紀前半、特に両大戦間期において、ヨーロッパ哲学には、アインシュタインの相対性理論の波紋を始めそれまでのいわゆる「大陸合理論」またドイツ観念論の流れに対して、新しい、経験に基づく、確実な知識である科学のありようを追求する、よりイギリス経験論的な哲学がいわば交叉現象をなして、顕著な展開を示していました。その一例が「ウィーン学団(Wiener Kreis)」の運動です。オーストリアのウィーンは十九世紀末から二十世紀初めにかけて、学問、芸術共に一時期活況を呈していましたが、そこが、コントのいう学問の発展段階の最後である「実証主義」的段階を担う科学の活躍の場を提供したのです。もともとウィーン大学の哲学教授M・シュリックを囲んで自然科学者たちが定期的に開いていた会合に、科学的認識論の立場から従来の形而上学的観念論を排除する「科学的哲学」の構想が生まれ、一九二九年マッハ協会の形成と合わせて結成されたものです。

マッハは流体力学のマッハ数で有名なウィーンの物理学者ですが、特に科学哲学の分野で当時の物理学の中心であった機械論的自然観を否定し、時間、空間等、「絶対的」、形而上学的な要素は感覚には入っていない、あくまで直接的経験ないし「現象」によって科学的知識を構築すべきだと説いていました。世界は感覚的要素からなっており、物体とか自我とかいう「実体」を排除して、現象の記述として科学を「統一的に」捉えるべきであるという彼の立場がウィーン学団の論理実証主義、統一科学の基礎となります。以後様々な個別科学の専門家がこの「科学的方法」を用いて共同作業で哲学を遂行することを目指していた学団を中心にパリやコペンハーゲン、そしてアメリカのニューヨークでもこの「統一科学」の国際会議が開かれます。「統一」とはあくまでその方法の統一であって、学団の中心メンバーによって、また時期によって、その個々の「立場」そのものは統一していません。基本的に共有されている態度が論理実証主義とも、論理的経験論とも呼ばれるのは、科学が「論理的な(非経験的な)形式」と経験的な「知識内容」に基づく、としたことにあります。

科学的方法論の重要な役割としての言語分析への注目がもたらした言語論的転向《リンギスティック・ターン》の祖ともいうべきなのが、ランガーが「全てがここに始まった」という「前期」ヴィトゲンシュタインの『論理哲学論考(*Tractatus Logico-Philosophicus*)』でした。それは大雑把にはいわゆる分析哲学の一部をなしますが、新基軸として注目を集めたこの運動は、具体的な作業としては命題の明晰化を図る言語の論理分析が中心になっていましたが、さらにイギリスを中心にした「言語分析」の大きな流れを作ります。この流れは、「後期」ヴィトゲンシュタインが、「前期」ヴィトゲンシュタインとは相当異なる視点をもって対立していたこともあって、記号論理学を受けつぐカルナップやクワインなどアメリカの人工言語学派、またオックスフォードを中心とする日常言語学派などにさらに枝分かれしてゆきます。

様々な解釈や議論を引き起こしたヴィトゲンシュタインの『論考』にランガーは大きな関心を抱き、本書にもあるように、そこに自らの「読み」に基づく独自の出発点も見出しています。ランガー自身の「読み」は学団の創始者の一人であるシュリックに近く、哲学とは意味の分類や分析よりも、命題をより明快に、より論理的に明らかにする「活動」であること、そして哲学は理論体系を打ち立てるというような、積極的な使命はないのだというところに共鳴しています。学団の使命はむしろ統一的な科学的手続きによって、様々な観念からできるだけ記述を整理してゆくことだったのです。本書にもみられるように特に彼女が注目したのは科学の要となる「事実」についてです。ヴィトゲンシュタインの（フレーゲの影響のもとでの）「命題（Satz，文）が事実（Tatsache）の像（Bild）である」，という発言は，それまでしばしば考えられていたように論理学とは対象（もの）についての推論なのではなく，対象は文という事実の像の中の「要素」をなしているのであって，そうした要素が文の中で相互に持つ関係が，事実における対象間の関係を表現しているのだ，そして事実とそれを写す文との間には構造的な相似性すなわち論理的類比性があるのだということでした。この「像」ないし写像はそれ自身，別の事実の像でもありシンボルである，と彼女は捉え，この点でマッハの感覚主義とも，イギリスの経験論的実証主義とも袂を分かっています。むしろ彼女は「事実」とは現実の出来事を捉えるにあたって人間が取るひとつの投射法の所産であるというのです。したがって「分析」とは現実そのものの分析ではなく、「現実についての形式」についての、現実を捉える投射法の、抽象のやり方の、分析であるということになります。ここで彼女は言語ないし命題はあくまで投射方法の一つであり、現実についての記述は相異なる複数の「抽象」の仕方に応じて、さまざまに異なるシンボル化の形式があり得るのだという、言うなれば意味の多元主義の道を開きます。

ヴィトゲンシュタインは「事実」とその「像」との間にある論理的な類比関係は〈言語で〉「言う」ことはできず、ただ形式で「示される」のみだ、と述べています。このような論理的な形式とその明確化に哲学の活動があるのであって、哲学は経験についての何かの理論を立てるというようなものではないのです。論理実証主義の立場では有意味な発言とは、いわゆる検証理論が主張するようにその発言が真か偽かが確かめられるようなものだけに限ります。しかし彼女はどのような種類の「事実」がどのようなシンボル作用によって表現しうるか、を追求してゆきます。「事実」の経験を捉えるシンボル形式は例えば言語という唯一のものではなく、他にも経験をどう分節化し、あるいは記述し、意味するか、についての独自のやり方で「表現」できるという考えです。そして『論考』の最後の、言えないことには沈黙するしかないという言明に対し、彼女としては、「言う」のではない、意味を伝えるやり方があるではないか、と応えてゆくことになります。

この「像」の考え方は、E・カッシーラーが「シンボル」という概念について、自然科学の概念、特にヘルツの「力学の原理」における虚像(Scheinbild)の概念からヒントを得たものでもあります。自然科学、特に物理学が目指すのは、過去の経験から将来の経験を予見すること、そしてそこに法則を見出してゆくことですが、ヘルツはその手続きは我々人間が外的な対象についての内的像(虚像)すなわちシンボルを作り出すことで、より能率的に進められる、と述べていたのです。像(シンボル)の持つ必然的な系列(法則)が対象の自然的な事象の系列の像にもなっていれば、つまり経験から適切なモデルとしての像をうまく引き出せれば、より能率的により厳密に確かめることができ、諸対象が持つ基本的な相互関係を定式化できます。像(Bild)ないし記号(Zeichen)が対象との内容的な類似性ではなく、共通な関係を示し、客観的対象の連関の仕方が物理学的概念体系の中に認められれば、例えば質量と力という力学の基礎概念という「虚像」を用いて自然認識の本質的なカテゴリーの形式を見出せる、ということです。カッシーラーはさらに広く認識とはそもそもこうした人間のする形式付与の働きであること、そして人間の精神生活ないし文化活動にはそれぞれ個別の定式化ないし形態《ゲシュタルトゥング》化の様式があって、芸術や神話や宗教といった独自の意味の世界を、それぞれ独自の像世界(Bild-welt)を、その自律的原理に従って産出するのだ、とします。

ランガーのシンボル概念は、カッシーラーが、人間文化の諸領域に共通する統一的機能、「文化の文法」としてのシンボル形式と呼んだものと重なっています。カッシーラー自身が人間を「シンボルを操る動物(Animal Symbolicum)」とするに至った発想の出発点は初期の著作『実体概念と関数概念(*Substanzbegriff und Funktionsbegriff*)』(一九一〇年)に遡《さかのぼ》るもので、ここに「もの」から「関係」へという認識の転換がありますが、彼はその成果を数学的自然科学的思考の構造から精神科学へと広げようと努力するうちに、科学の認識の前提を調べるのみならず世界を「了解」する様々な基本形式をそれぞれの固有の特性と形式において捉える必要に迫られたのでした。さらに自然科学のカテゴリーの論理学的本質は何か、そして科学の一分野から他の分野へ移行するのにどの様に概念構造が変化するのか、が考察されています。現実を捉える心的な形象であるシンボル形式とは理性のみならず、想像力や感受性、意欲、などなど、人間精神の全体であって、文化活動全体に適用される「機能的＝関数的」な統一概念であったのです。この有機的、動態的な捉え方がランガーの言語以外のシンボル形式への追求と重なります。カッシーラーはまた、シンボルの持つ「普遍化」の働きを強調していますが、彼が神話と言語との関連で論じた「第一の普遍化」すなわち「名付け」の場での作用は、本書における神話や宗教、また隠喩の捉え方に重なっていると思われます。

本書の眼目の一つであり、出版当時注目されたのはまずはサインとシンボルの区別です。多くの記号論、記号学関係の著書や論文が出版された時期を後にしている今日では、これは特に目新しいものではなくなりましたが、シンボル(象徴)という用語は昔から、また今日も、サイン(記号)と同一視されたり、異なった区別をされたり、隠喩と同一視されたり、寓意と対比されたり、その定義も用法も定まっていません。ランガーはモリスの著書が出た後、サイン(記号)を記号全体を覆うカテゴリーとし、狭義のサイン(信号など)とシンボル(象徴)をその一種とするべきだったと述べています(そうすれば本書に時折みられる広義と狭義のサインの混同も避けられたでしょう)。何れにせよ、彼女の本書でのポイントは対象の個々の存在をそれと知らせる記号(サイン、シグナル)としてではなく、対象の「存在」とは独立の意味あるいは趣意としての「シンボル」を、対象の抽象的な形式として把握するという、人間のする「変換」にあり、しかもその傾向が人間に「本性的に」、自然に備わっているものだというところにあります。これは上にふれたカッシーラーのいう「名付け」における普遍性にも関連します。彼女は「ジェームズ」という名が発せられた時に人間は、イヌがするように「ジェームズ」その人に、

「その場でその時に」直接反応するのではなく、当人がいてもいなくても「ジェームズがどうしたの」と聞くことができる、というわかりやすく印象的な例を挙げています。「今ここ」のその人の存在を離れても、人は名によってその人のことを心のうちに思い浮かべ、その「意味」を捉えようとするシンボル化の働きを持つというのです。ただランガーの本意はサインとシンボルの区別をつけることのみならず、実はその二つの働きが「交差」する場としてこの現実の世界を捉えることでもあったことにも留意したいと思います。彼女にとって「事実」というのは「知的に定式化された出来事」なのであって、シンボルは同時に概念的な「反省」の道具ともなるし、また実際的な環境を「処する知」でもある、ということです。これが本書最終章の「意味の織物」で論じられています。

もう一つのポイントは論述的シンボルと現示的シンボルとの区別ですが、本書ではこの相違は言語的、「字義的な」形式とそうでない形式というところに焦点が置かれています。現示的シンボルの例として音楽が挙げられていますが、これは音楽における「音」が純粋に芸術的に用いやすい媒体であるからで、楽音が辞書的な「語彙」と違って、全体から切り離せる構成部分ではないこと、そして音楽が彼女の言う「意味のパターン」をより純粋な抽象の形式として示していることが捉えやすいからです。楽音が特に「言語的、字義的な表現が適切でない領域」にふさわしいシンボル形式であり、意味ないし趣意の担い手であることが繰り返し強調されます。芸術の表現するものは大雑把に「感情」と言語的には「名付けられ」ますが、例えば楽曲は感情のサインでもシグナルでもなく、あくまで「意味(meaning)を伝える趣意」を持っており、芸術家が作り上げるのは、人間の感情を示唆する「形式」であり、感じられる生命の流れ、構造、あるいは肌理《きめ》と「類似した」形式であって、それに依って感情の対象化、客観化を果たすのです。ランガーは芸術における「意味」を早い時期に認めており、意味の論理的分析が音楽や詩、そして宗教、神話のうちにある形式的な局面を明らかにするはずだと予想していました。

本書が「新しい基調」の響く分野のうち彼女が芸術に主力を注ぐことになる出発点になり、第Ⅷ章、第Ⅸ章で始まっている芸術についての考察が本格的な芸術哲学である『感情と形式』⑤に発展します。そして、続く次の著書⑥⑦⑧をものして、それがのちに彼女の主要分野となります。彼女の論ずる「感情」は文学的、あるいは主観的、心理的な様々な情感、微妙な情緒内容というよりは、もっと根本的な身体の「情動」に関連する、しばしば「名付けられていない」ダイナミックな「動き」から捉えられたもので、それが意味を伝えることができるかどうか、そしてそれはどのようにしてであるか、が中心テーマになっています。彼女はむしろ美学をその初期の、バウムガルテンやヴィーコの「感性の学」に立ち戻ることで、問題を考えようとしたと見ることもできます。またランガーのこの動的アプローチは、彼女が今日も数少ないダンスやその振り付けについての独自の領域の美学を開拓したことにも顕著に現れています。芸術の哲学は二十世紀半ばのアメリカの学界では比較的日陰になっていた領域で、周囲の同僚や仲間が活動していた科学の哲学の分野から外れており、彼女は「わざわざ」周辺分野に移ったことになります。彼女は芸術「から」始めたのではなかったのです。しかしこの芸術に感情の形式と構造を見て取る立場は、アメリカにおける一九五〇年代、六〇年代の抽象絵画や、あるいは表現主義的な運動と共鳴しています。

二十世紀の初めにおける物理学その他の急速な経験科学の発達と成功によって、哲学そのものの位置付けや性格付けが大きく変化したわけですが、両大戦との直接の関わりや被害が相対的に少なかったアメリカ合衆国では、それだけに新しい「科学的な」流れがより大きな力を発揮できる土壌を提供したと言えるでしょう。ヨーロッパ、特に大陸には実用的、唯物的傾向にブレーキを掛ける長い神学と哲学の伝統がありましたが、アメリカでは、科学の実際的な支配の増大に対抗するような伝統は希薄でした。多くの学生が自然科学分野に移ってゆきました。アメリカのプラグマティズムの伝統を担う人たちも論理実証主義の「形而上学の排除」に惹かれており、多くのアメリカ人哲学者にとって分析哲学や論理実証主義は魅力的でした。一九三九年にはハーヴァード大学で例の統一科学の第五回大会が開かれ、ランガーもクワインもこの開催に関わっています(タルスキーはこれに参加していましたがヒトラーのポーランド侵入で、帰国できなくなってしまいました)。大会以後アメリカではますます急速な科学哲学と分析哲学の興隆を見る事になります。

けれども一九四〇年代、五〇年代にこうした動きがアメリカに根付いて行く頃にはランガー自身はこのネットワークを追わず、比較的未開拓であった美学へと考察の中心を移していったことになります。記号論理学の主流が論理や言語の問題の細かい分析へと向かったのに対して、彼女はいわば言語「でない」シンボル形式へと向かっていたのです。

彼女の現示的シンボルがカッシーラーのシンボルの哲学と呼応していたことはすでに述べましたが、彼女の言語とそうでない形式についての議論はそれがカッシーラーが神話の考察で重要視した隠喩との関連でかなり詳しく述べられていることは注目に値します。各々のシンボル形式はその独自性、自律性を持つとともに実際カッシーラーが懐胎関係《プレグナンツ》と呼ぶ、「統一的な形成原理」による、シンボルの形式の間の「移行的漸次的展開」ないし「変容」のシンボル形成という面もあるのです。彼女は、既成のシンボルやサインの分類や分析よりも、その「形成」の流動的なプロセスに注目しています。例えばそもそも非論述的な芸術の活動や経験を言語の形式で語ろうとすればその試みは当然「失敗」するわけですが、彼女はここで隠喩の働きを確認します。言えないことを言うのに、言語を「借りて」、隠喩的に表現することが繰り返されると、その言い回しが「色褪せて」、より習慣的な、字義的な意味を持つようになってゆきます。いわゆるイメージもまた隠喩的に働くもので、例えば形式と内容の未分性、また非現実と現実との重なり合いなど、夢、物語、伝説、英雄物語、そして神話という、いわば今日のジャンルの境界とその中間的形態などが、本書では実例をあげて述べられています。当時発表されたばかりのフロイトやユングなどの深層心理学的なアプローチを参考にしながら、ランガーはシンボルの作用を意味の伝達よりも、意味を構成するという、人間の「本能的な」欲求として捉える立場を強化していったと思われます。さらに『感情と形式』では、芸術を「成就されない未完成のシンボル（unconsummated symbol）」という言い方で捉えています。いわば「メタファー」の状態で芸術を捉えているのです。

本書の脱稿の少し前にランガーはスウェーデンから渡米したカッシーラーに会っていますユダヤ人のカッシーラーはドイツの大学を追われていましたし、また戦後のヨーロッパ大陸の学界では同じ新カント学派に源をもちながらも、現象学、実存主義に傾くM・ハイデガーその他のポストモダンの哲学者たちが活躍していました。カッシーラーは、それ以前にもアメリカでは数回会議や討議に参加して、カルナップやクワインなどとも交流していましたが、イェール大学への招聘後に著した『人間(*An Essay on Man*)』は広く読まれたものの、あまり著作出版の機会がないままに一九四四年に心臓発作で急死します。ずっと前からランガーと共同で、芸術についての『シンボル形式の哲学』の第Ⅳ部の案を温めていたということですが、ランガーはいわば彼の遺志を継いで『感情と形式』を出版し、これを「エルンスト・カッシーラーの幸せな思い出に」捧げています。ちなみにカッシーラーへの関心は一九九〇年代にアメリカでもヨーロッパでも「再生」しており、この面でのランガーへの注目も認められます。

彼女の後期に当たる「心」の哲学は彼女の初期、中期を踏まえて、それを感情の「生物学的理論」であり論理的にそれが心の概念を導く、言い換えれば、身体的過程の最高の段階としての「心」、心と身体との二元論ではない、一元論的な理論を科学と芸術をまたいでゆくような「過程」(プロセス)を、感情《フィーリング》において見出してゆこうとしたものです。そしてそこには彼女へのホワイトヘッドの影響が前面に出てきているように思われます。二十世紀後半には物理学に代わって生物学が大きな躍進を遂げ、彼女の一九八五年の死後も急速な発見と挑戦が相次いでいますが、この領域において彼女の先見の明は生きていると思われます。

ランガーは三部作⑨⑩⑪で feeling を「感情」というより「感じること」という動詞的な意味合いで用いていますが、ここには経験のもっとも原始的な形式が「感情」であり、それは外の世界についての漠然とした「抱握(prehension, feeling)」だというホワイトヘッドの捉え方との共通性が見られます。そしてこの心と感情についての哲学は、ホワイトヘッドの『科学と近代世界』や『過程と実在』に展開される「有機体(organism)」の哲学とその環境との相互作用、主体と客体の交換可能性、心身二元論に対する反対、自然の還元主義への反対、意識の創発(emergence)という発想と重なります。有機体と環境との動的な相互作用である、まだ「認知的になっていない」把握をフィーリング(感情ないし感受)と呼んでいます。ホワイトヘッドの場合「フィーリング」はかなり特殊で、有機体のみならず無生物と環境との相互作用にも当てはめられており、この身体的な感情は一種の「因果関係」の要因でもあるのです。

ホワイトヘッドのシンボリズムの定義には、因果的な身体の「自覚(awareness)」が込められています。彼はいわゆる知覚を、一方は意識的な表象である提示的直接性(presentational immediacy)、もう一方は半ば無意識的な、身体で、外の環境ないし対象の影響を「受ける」因果的効果性(causal efficacy)という、二つの経験の様態の関連づけによる「意味作用」とします。ここで詳しく述べる紙面はありませんが、彼はここで、いわゆる感覚所与(センス・データ、意識的感覚に与えられたもの)はこうした関連の中で初めて作りあげられるものであって、主観客観の対峙において「与えられる」抽象的で純粋な「印象」を想定するヒュームやカントの認識論は誤っていると批判しています。因果性は「習慣」でも、「先天的カテゴリー」でもなく、我々の身体が環境に相互的に応答するやり方なのです。身体がぼんやりとこれを受け取り、感じて、その感覚は提示的な直接性に関連づけられます。ランガーもこれに注目し、彼女の場合はまさにこのシンボル変換が人間にとって本性的な活動であることをあくまで強調しつつ、心身関係の中の情動的な現象を扱ってゆくのです。彼女は感情を身体と最高の身体的現象である心とを、有機的な生命と「意味の具体化としての心」のつながりとして捉えています。

ホワイトヘッドはその形而上学的主著『過程と実在』で我々の経験の全ての要素が解釈できるような、首尾一貫した一般的観念の体系を作り上げようとしていましたが、ランガーはその種の試みにはむしろ自由な論理的想像力を持つことが必要であると強調しています。ちなみに彼女は若い時から自分は全く思いのままに抽象できた、と言っています。だから論理学や数学(代数学)は容易に理解できた、そして自分の十年間の論理学の訓練で頭の中に多くのアイデアやパターンを同時に持つことができたというのです。だから子供の頃から例えば壁紙に幾何学的な模様があると、それをいくつもの違う配列で、大きな三角形の集まりとも、星型の集まりとも、平行四辺形とも、同時に見てとるのが得意だったそうです。そうした能力が従来の理論を破って、曖昧《あいまい》な形から違う形式やパターンを抽象するのに発揮されているのでしょう。人間の身体と人間の文化にまたがって幾重にも重なる足場の骨組みから、来るべき建築物の姿を思い浮かべることができたのでしょう。

彼女は色々な面で思想史上の「橋渡し」の役を果たしつつ、彼女自身の研究領域間の橋渡しをも経験してきました。そこで混沌とし、変容し、いまだに曖昧な素材から新しい関係、新しい形式を見てとり、構築してゆくという彼女の根本的なアプローチが、またパラダイムシフトの冒険として立ち現れてきます。彼女はホワイトヘッドのいわば薄明かりの「有機体の哲学」の思想の「始まり」に立ち会うことで、それを身を以て受け取りながら、しかし師の用いた言えないことを言うための(あまりに)抽象的、形而上学的で難解な「造語」による述べ方を避け、自分の「見て取る力」と文才を生かして具体的な実例に即してこの思想を鮮明に語った、と言えましょう。

それでもランガーの用語や文章には、いわゆる辞書的な一貫性を犠牲にした自由な語の使用があり、文脈によって揺れているところが諸所あります。この翻訳もそれに引きずられ、また、標準的用語の欠如、また原語の持つニュアンスを日本語にするギャップなども加わって、ルビをつけたり、括弧に入れてみたりしたので、読みにくくなっているかもしれません。文脈を尊重するということでお許しいただければと思います。

塚本明子

二〇二〇年二月

文献リスト（雑誌論文は省略）

Aldrich, Richard: *Musical Discourse*, London; Milford, Oxford University Press, 1928.

Andersen, J. C.: *Maori Life in Ao-tea*, Melbourne and London; no date.

Andrews, L.: *Dictionary of the Hawaiian Language*, Honolulu, 1865.

Avison, Charles: *An Essay on Musical Expression*, London, 1775.

Ayer, A. J.: *Language, Truth, and Logic*, London; V. Gollancz, Ltd., 1936.

Bach, Carl Ph. Em.: *Versuch über die wahre Art, das Klavier zu spielen*, Leipzig; C. F. Kahnt, 1925 (reprint from the second edition).

Beauquier, C.: *Philosophie de la musique*, Paris; Germer Baillière, 1865.

Bell, Clive: *Art*, London; Chatto & Windus, 1914.

Bergson, Henri: *La pensée et le mouvement*, Paris; P.U.F., 1934.

Bethe, E.: *Mythus, Sage, Märchen*, Leipzig; B. G. Teubner, 1905 (reprinted from *Hessische Blätter für Volkskunde*, vol. iv, nos. 2–3).

Boas, Franz: *The Mind of Primitive Man*, New York; The Macmillan Co., 1911.

Brinton, D.: *The Myths of the New World*, Philadelphia; David Mckay, 1896.

Britton, Karl: *Communication; A Philosophical Study of Language*, New York and London; K. Paul, Trench, Trubner & Co., 1939.

Bücher, Karl: *Arbeit und Rhythmus*, 4th ed. Leipzig; B. G. Teubner, 1909.

Bühler, Karl: *Sprachtheorie*, Jena; G. Fischer, 1934.

Burnett, J., Lord Monboddo: *Of the Origin and Progress of Language*, 6 vols., Edinburgh, 1773–1792.

Burns, C. D.: *The Horizon of Experience*, New York; W. W. Norton, 1934.

Cailliet, Émile: *Symbolisme et âmes primitives*, Paris; Boivin et Cie, 1936.

Carnap, Rudolf: *The Logical Syntax of Language*, London; K. Paul, Trench, Trubner & Co., 1937 (German ed. Vienna; J. Springer, 1934).

Philosophy and Logical Syntax, London; K. Paul, Trench, Trubner & Co., 1935 (German ed. Vienna; J. Springer, 1934).

Carrière, Moritz: *Aesthetik*, 2 vols., Leipzig; Brockhaus, 1859.

Caspari, Wilhelm: *Gegenstand und Wirkung der Tonkunst nach der Ansicht der Deutschen im 18. Jahrhundert*, Erlangen; Junge, 1903.

Cassirer, Ernst: *Die Philosophie der symbolischen Formen*, 3 vols., Berlin; Bruno Cassirer, 1923, 1925, 1929.

Clark, J. V.: *History of Onondaga*, Syracuse; Stoddard & Babcock, 1849.

Coleridge, S. T.: *Biographia Literaria*, Oxford; Clarendon Press, 1907.

De Laguna, Grace: *Speech; its Function and Development*, New Haven; Yale University Press, 1927.

Dent, E. J.: *Terpander; or the Music of the Future*, New York; E. P. Dutton & Co., 1927.

Dewey, John: *Experience and Nature*, Chicago & London; Open Court Publishing Co., 1925.

Dixon, Roland: *Oceanic Mythology*, vol. ix of *The Mythology of All Races*, Boston; Marshall Jones, 1916.

D'Udine, Jean (A. Cozanet): *L'art et le geste*, Paris, 1910.

Durkheim, Émile: *Les formes élémentaires de la vie religieuse*, Paris; F. Alcan, 1912.

Eaton, R. M.: *Symbolism and Truth*, Cambridge, Mass.; Harvard University Press, 1925.

Eckermann, J. P.: *Gespräche mit Goethe*, Houben's edition, Leipzig; F. A. Brockhaus, 1912.

Ehrenreich, P.: *Die allgemeine Mythologie und ihre ethnologischen Grundlagen*, Leipzig; J. C. Hinrichs, 1910 (Mythologische Bibliothek vol. iv, 1).

Elster, A.: *Musik und Erotik*, Bonn, 1925.

Frere, W. H.: *The Principles of Religious Ceremonial*, London and New York; Longmans,

Green & Co., 1912.

Freud, Sigmund: *Totem and Taboo*, New York, 1918.

Group Psychology and the Analysis of the Ego, London; International Psycho-Analytical Press, 1922.

Collected Papers, London; International Psycho-Analytical Library (E. Jones editor), 1925.

Frobenius, Leo: *The Childhood of Man* ("*Aus den Flegeljahren der Menschheit*"), London; Seeley, 1909.

Fry, Roger: *Vision and Design*, London; Chatto & Windus, 1925.

Garner, R. L.: *The Speech of Monkeys*, New York; C. L. Webster, 1892.

Gätschenberger, R.: *Zeichen, die Fundamente des Wissens*, Stuttgart; F. Frommanns, 1932.

Gatz, F. M.: *Musik-Aesthetik*, Stuttgart; F. Enke, 1929.

Gehring, A.: *The Basis of Musical Pleasure*, New York; G. P. Putnam's Sons, 1910.

Graf, Max: *Die innere Werkstatt des Musikers*, Stuttgart; F. Enke, 1910.

Grudin, Louis: *A Primer of Aesthetics*, New York; Covici, Friede, 1930.

Hanslick, Eduard: *Vom Musikalisch-Schönen*, 5th ed. Leipzig; J. A. Barth, 1876 (1st ed. 1854).

Harrison, Jane Ellen: *Prolegomena to the Study of Greek Religion*, 2nd ed. Cambridge; Cambridge University Press, 1908.

Hauptmann, Moritz: *Die Natur der Harmonik und Metrik*, Leipzig, 1853.

Helwig, Paul: *Seele als Äusserung*, Leipzig u. Berlin; B. G. Teubner, 1936.

Hitchcock, H. R.: *An English-Hawaiian-Dictionary*, San Francisco; Bancroft, 1887.

Hoesslin, J. K. v.: *Die Melodie als gestaltender Ausdruck seelischen Lebens*, Leipzig, 1920 (reprinted from *the Archiv für Gesamte Psychologie*, vol. xxxix).

Huber, Kurt: *Der Ausdruck musikalischer Elementarmotive. Eine experimentalpsychologische Untersuchung*, Leipzig; J. A. Barth, 1923.

Humboldt, Wilhelm v.: *Die sprachphilosophischen Werke Wilhelm von Humboldts* (Ed. Steinthal), Berlin, 1884.

Husserl, Edmund: *Logische Untersuchungen*, 2 vols., Halle a/S; Max Niemeyer, 1913, 1921.

Itard, E. M.: *The Savage of Aveyron*, Engl. trans. London, 1802.

James, D. G.: *Skepticism and Poetry, An Essay on the Poetic Imagination*, London; G. Allen & Unwin, 1937.

James, William: *Principles of Psychology*, 2 vols., New York; Henry Holt, 1899 (1st ed. 1890).

Jespersen, Otto: *Language; its Nature, Development, and Origin*, London; G. Allen & Unwin, 1922.

Keller, Helen: *The Story of My Life*, Garden City; Doubleday, Doran & Co., 1936 (1st ed. 1902).

Kellogg, W. N. and L. A.: *The Ape and the Child*, New York; McGraw-Hill Book Co., and London; Whittlesey House, 1933.

Kingsley, Mary Henrietta: *Travels in West Africa*, London; Macmillan, 1887.

Koffka, Kurt: *Principles of Gestalt Psychology*, London; K. Paul, Trench, Trubner & Co., 1935.

Köhler, Wolfgang: *Gestalt Psychology*, New York; H. Liveright, 1929.

The Mentality of Apes, London; K. Paul, Trench, Trubner & Co., and New York; Harcourt, Brace & Co., 1925.

Krappe, A. H.: *La genèse des mythes*, Paris; Payot, 1938.

Kurth, Ernst: *Musikpsychologie*, Berlin; M. Hesse, 1931.

Lang, Andrew: *Myth, Ritual and Religion*, 2 vols., London; Longmans, Green & Co., 1887.

Learned, B.: see Yerkes.

Lessmann, H.: *Aufgaben und Ziele der vergleichenden Mythenforschung*, Leipzig; J. C.

Hinrichs, 1907–1908 (Mythologische Bibliothek vol. i).

Lorimer, Frank: *The Growth of Reason*, London; K. Paul, Trench, Trubner & Co., and New York; Harcourt, Brace & Co., 1929.

Markey, J. F.: *The Symbolic Process and its Integration in Children*, London; K. Paul, Trench, Trubner & Co., 1928.

Marpurg, F. W.: *Historisch-kritische Beyträge zur Aufnahme der Musik*, 5 vols. Berlin, 1754–1778.

McAlpin, Colin: *Hermaia; A Study in Comparative Esthetics*, London and Tronto; J. M. Dent, 1915.

Meyer, Kathi: *Bedeutung und Wesen der Musik*, Strassburg; Heitz & Co., 1932.

Miller, Hugh: *History and Science*, Berkley; University of California Press, 1939.

Moos, Paul: *Die Philosophie der Musik*, Stuttgart; Deutche Verlags-Anstalt, 1922.

Morris, Ch. W.: *Foundations of the Theory of Signs*, Chicago; University of Chicago Press, 1938 (International Encyclopedia of Unified Science, vol. i, no. 2).

Murry, Gilbert: *Five Stages of Greek Religion*, Oxford; Clarendon Press, 1925.

Nadel, Siegfried F.: *Der duale Sinn der Musik*, Regensburg; G. Bosse, 1931.

Nicholls, F.: *The Language of Music, or, Musical Expression and Characterization*, London; K. Paul, Trench, Trubner & Co., 1924.

Noack, H.: *Symbol und Existenz der Wissenschaft; Untersuchungen zur Grundlegung einer philosophischen Wissenschaftslehre*, Halle a/S; Niemeyer, 1936.

Nohl, Herman: *Stil und Weltanschauung*, Jena; E. Diederichs, 1920.

Ogden, C. K. and I. A. Richards: *The Meaning of Meaning*, London; K. Paul, Trench, Trubner & Co., 1923 (International Library of Psychology, Philosophy, and Scientific Method).

Pater, Walter: *The Renaissance; Studies in Art and Poetry*, New York; Macmillan, 1908 (1st ed. 1873).

Peirce, Charles: *Collected Papers of Charles S. Peirce*, vol. ii, "Elements of Logic," Cambridge, Mass.; Harvard University Press, 1932.

Piaget, Jean: *Le langage et la pensée chez l'enfant*, Neuchatel and Paris; Delachaux & Niestlé, 1923.

Pirro, André: *L'esthétique de Jean-Sébastien Bach*, Paris; Fischbacher, 1907.

Poincaré, Henri: *La sience et l'hypothese*, Paris, 1903.

Pratt, Carroll C.: *The Meaning of Music*, New York and London; McGraw-Hill Book Co., 1931.

Rank, Otto: *Psychoanalytische Beiträge zur Mythenforschung*, Leipzig, Wien u. Zürich; Internationaler Psychoanalytischer Verlag, 1922.

Reid, L. A.: *Knowledge and Truth*, London; Macmillan & Co., Ltd., 1923.

Ribot, Th.: *Essai sur l'imagination créatrice*, Paris; F. Alcan, 1921 (1st ed. 1990).

Richards, I. A.: see Ogden.

Richet, Charles: *L'homme stupide*, Paris, 1919.

Riemann, Hugo: *Wie hören wir Musik?* Leipzig; Max Hesse's Verlag, 1888.

Rignano, Eugenio: *The Psychology of Reasoning*, London; K. Paul, Trench, Trubner & Co., and New York; Harcourt, Brace & Co., 1927.

Ritchie, A. D.: *The Natural History of Mind*, London; Longmans, Green & Co., 1936.

Russell, Bertland: *A Critical Exposition of the Philosophy of Leibniz*, Cambridge; The University Press, 1900.

Mysticism and Logic, New York; W. W. Norton & Co., 1929 (first published in 1918).

Philosophy, New York; W. W. Norton & Co., 1927.

Schenker, Heinrich: *Neue musikalische Theorien und Phantasien*, 3 vols., Stuttgart u. Berlin; J. G. Cotta, 1935.

Schoen, Max: *The Effects of Music*, London; K. Paul, Trench, Trubner & Co., and New York; Harcourt, Brace & Co., 1927.

Schoolcraft, H. R.: *The Myth of Hiawatha*, Philadelphia; J. B. Lippincott, and London; Trubner & Co., 1856.

Schweitzer, Albert: *J. S. Bach; le musicien-poète*, 2nd ed. Leipzig, 1905.

Seashore, Carl: *Psychology of Music*, New York and London; McGraw-Hill Book & Co., 1938.

Shortland, E.: *Maori Religion and Mythology*, London; Longmans, Green & Co., 1882.

Sorantin, E.: *The Problem of Musical Expression*, Nashville, Tenn.; Marshall & Bruce Co., 1932.

Spaier, A.: *La pensée concrète; essai sur le symbolisme intellectuel*, Paris; F. Alcan, 1927.

Stekel, Wilhelm: *Die Träume der Dichter*, Wiesbaden, 1912.

Stern, Gustav: *Meaning and Change of Meaning*, Göteborg; Elanders Boktryckeri Aktiebolag, 1931.

Thimme, A.: *Das Märchen*, Leipzig; Wilhelm Heims, 1909 (Handbücher zur Volkskunde, vol. ii).

Thorburn, J. M.: *Art and the Unconscious*, London; K. Paul, Trench, Trubner & Co., 1925.

Tregear, E.: *The Maori-Polynesian Comparative Dictionary*, Wellington, N. Z.; Lyon and Blair, 1891.

Urban, Wilbur M.: *Language and Reality; the Philosophy of Language and the Principles of Symbolism*, London; G. Allen & Unwin, 1939.

Wallace, William: *The Threshold of Music*, London; Macmillan & Co., 1908.

Wegener, Philip: *Untersuchungen über die Grundfragen des Sprachlebens*, Halle a/S, 1885.

Wertheimer, Max: *Drei Abhandlungen zur Gestalttheorie*, Erlangen; Philosophische Akademie, 1925.

Westervelt, W. D.: *Legends of Ma-ui, a Demi God of Polynesia, and of his Mother Hina*, Honolulu; Hawaiian Gazette, 1910.

Whitehead, A. N.: *Adventures of Ideas*, New York; The Macmillan Co., 1933.

The Function of Reason, Princeton; Princeton University Press, 1925.

Science and the Modern World, New York; The Macmillan Co., 1926.

Symbolism; its Meaning and Effect, New York; The Macmillan Co., 1927.

Wierling, Gustav: *Das Tonkunstwerk als autonome Gestalt oder Ausdruck der Persönlichkeit*, Würzburg; K. Triltsch, 1931.

Wilson, Henry: *Wonderful Characters*, 2 vols., London; J. Robins, 1821.

Wittgenstein, Ludwig: *Tractatus Logico-Philosophicus*, London; K. Paul, Trench, Trubner & Co., 1922 (2nd ed. New York; Harcourt, Brace & Co., 1933).

Yerkes, R. M. and A. W.: *The Great Apes*, New Heaven; Yale University Press, and London; Oxford University Press, 1929.

Yerkes, R. M. and B. Learned: *Chimpanzee Intelligence and its Vocal Expressions*, Baltimore; Williams & Wilkins, 1925.

《東洋思想》〔青〕

易経 全二冊　高田真治・後藤基巳訳
論語　金谷治訳注
孔子家語　藤原正校訳
孟子 全二冊　小林勝人訳注
老子　蜂屋邦夫訳注
荘子 全四冊　金谷治訳注
新訂 孫子　金谷治訳注
荀子 全二冊　金谷治訳注
韓非子 全四冊　金谷治訳注
史記列伝 全五冊　司馬遷／小川環樹・今鷹真・福島吉彦訳
春秋左氏伝 全三冊　小倉芳彦訳
塩鉄論　曾我部静雄訳註
千字文　小川環樹・木田章義注解
大学・中庸　金谷治訳注
孫文革命文集　深町英夫編訳
実践論・矛盾論　毛沢東／松村一人・竹内実訳

ガンディー 獄中からの手紙　森本達雄訳
ウパデーシャ・サーハスリー —真実の自己の探求　シャンカラ／前田専学訳
インド思想史　J・ゴンダ／鎧淳訳

《仏教》〔青〕

ブッダのことば —スッタニパータ　中村元訳
ブッダの真理のことば 感興のことば　中村元訳
般若心経・金剛般若経　中村元・紀野一義訳註
法華経 全三冊　坂本幸男・岩本裕訳注
日蓮文集　兜木正亨校注
浄土三部経 全二冊　中村元・早島鏡正・紀野一義訳註
大乗起信論　宇井伯寿・高崎直道訳注
天台小止観 —坐禅の作法　天台大師／関口真大訳注
臨済録　入矢義高訳注
碧巌録 全三冊　入矢義高・溝口雄三・末木文美士・伊藤文生訳注
無門関　西村恵信訳注
盤珪禅師語録 —付 行業記—　鈴木大拙編校
法華義疏 全二冊　聖徳太子／花山信勝校訳

往生要集 全二冊　源信／石田瑞麿訳注
教行信証　親鸞／金子大栄校訂
歎異抄　金子大栄校注
親鸞和讃集　名畑應順校注
正法眼蔵 全四冊　道元／水野弥穂子校注
正法眼蔵随聞記　懐奘編／和辻哲郎校訂
道元禅師清規　大久保道舟訳注
南無阿弥陀仏 —付 心偈　柳宗悦
蓮如文集　蓮如／笠原一男校注
蓮如上人御一代聞書　稲葉昌丸校訂
日本的霊性　鈴木大拙／篠田英雄校訂
新編 東洋的な見方　鈴木大拙／上田閑照編
禅堂生活　鈴木大拙／横川顕正訳
大乗仏教概論　鈴木大拙／佐々木閑訳
浄土系思想論　鈴木大拙
ブッダ最後の旅 —大パリニッバーナ経　中村元訳
明恵上人集　久保田淳・山口明穂校注

- 哲学の根本問題・数理の歴史主義展開 田辺元哲学選III　藤田正勝編
- 統辞構造論 付『言語理論の論理構造』序論　チョムスキー　福井直樹・辻子美保子訳
- 統辞理論の諸相 方法論序説　チョムスキー　辻子美保子・福井直樹訳
- 言語変化という問題 ―共時態、通時態、歴史　E・コセリウ　田中克彦訳
- 快楽について　ロレンツォ・ヴァッラ　近藤恒一訳
- 古代懐疑主義入門 判断保留の十の方式　J・アナス　J・バーンズ　金山弥平訳
- ヨーロッパの言語　アントワーヌ・メイエ　西山教行訳
- ニーチェ みずからの時代と闘う者　ルドルフ・シュタイナー　高橋巖訳
- 人間精神進歩史 全二冊　コンドルセ　渡辺誠訳
- 隠者の夕暮・シュタンツだより　ペスタロッチー　長田新訳
- 人間の教育 全二冊　フレーベル　荒井武訳
- フレーベル自伝　長田新訳
- 旧約聖書 創世記　関根正雄訳
- 旧約聖書 出エジプト記　関根正雄訳
- 旧約聖書 ヨブ記　関根正雄訳
- 旧約聖書 詩篇　関根正雄訳
- 新約聖書 福音書　塚本虎二訳

- 文語訳 新約聖書 詩篇付
- 文語訳 旧約聖書 全四冊
- キリストにならいて　トマス・ア・ケンピス　大沢章・呉茂一訳
- 聖アウグスティヌス 告白 全二冊　服部英次郎訳
- アウグスティヌス 神の国 全五冊　服部英次郎・藤本雄三訳
- 新訳 キリスト者の自由・聖書への序言　マルティン・ルター　石原謙訳
- シュヴァイツェル イエスの生涯 メシアと受難の秘密　シュヴァイツェル　波木居齊二訳
- キリスト教と世界宗教　シュヴァイツェル　鈴木俊郎訳
- コーラン 全三冊　井筒俊彦訳
- エックハルト説教集　田島照久編訳
- ある巡礼者の物語 ―イグナチオ・デ・ロヨラ自叙伝　イグナチオ・デ・ロヨラ　門脇佳吉訳・注解
- 後期資本主義における正統化の問題　ハーバーマス　山田正行・金慧訳

- 学者の使命・学者の本質　フィヒテ　宮崎洋三訳
- ヘーゲル政治論文集　全二冊　金子武蔵訳
- 歴史哲学講義　全二冊　ヘーゲル　長谷川宏訳
- ブルーノ　シェリング　服部英次郎　井上庄七訳
- 自殺について　他四篇　ショウペンハウエル　斎藤信治訳
- 読書について　他二篇　ショウペンハウエル　斎藤忍随訳
- 知性について　他四篇　ショーペンハウエル　細谷貞雄訳
- 将来の哲学の根本命題　他二篇　フォイエルバッハ　松村一人　和田楽訳
- 不安の概念　キェルケゴール　斎藤信治訳
- 死に至る病　キェルケゴール　斎藤信治訳
- 体験と創作　全二冊　ディルタイ　柴田治三郎　小牧健夫訳
- 眠られぬ夜のために　全二冊　ヒルティ　草間平作　大和邦太郎訳
- 幸福論　全三冊　ヒルティ　草間平作　大和邦太郎訳
- 悲劇の誕生　ニーチェ　秋山英夫訳
- ツァラトゥストラはこう言った　全二冊　ニーチェ　氷上英廣訳
- 道徳の系譜　ニーチェ　木場深定訳
- 善悪の彼岸　ニーチェ　木場深定訳

- この人を見よ　ニーチェ　手塚富雄訳
- プラグマティズム　W・ジェイムズ　桝田啓三郎訳
- 宗教的経験の諸相　全二冊　W・ジェイムズ　桝田啓三郎訳
- 純粋現象学及現象学的哲学考案　全二冊　フッセル　池上鎌三訳
- デカルト的省察　フッサール　浜渦辰二訳
- 笑い　ベルクソン　林達夫訳
- 物質と記憶　ベルクソン　熊野純彦訳
- 時間と自由　ベルクソン　中村文郎訳
- 数理哲学序説　ラッセル　平野智治訳
- ラッセル教育論　安藤貞雄訳
- ラッセル幸福論　安藤貞雄訳
- ラッセル結婚論　安藤貞雄訳
- 存在と時間　全四冊　ハイデガー　熊野純彦訳
- 学校と社会　デューイ　宮原誠一訳
- 民主主義と教育　全二冊　デューイ　松野安男訳
- 歴史と自然科学・道徳の原理に就て・聖　「プレルーディエン」より　ヴィンデルバント　篠田英雄訳
- 我と汝・対話　マルティン・ブーバー　植田重雄訳

- アラン幸福論　神谷幹夫訳
- アラン定義集　神谷幹夫訳
- 英語発達小史　H・ブラッドリ　寺澤芳雄訳
- 日本の弓術　オイゲン・ヘリゲル述　柴田治三郎訳
- 天才・悪　ブレンターノ　篠田英雄訳
- 比較言語学入門　高津春繁
- 人間の頭脳活動の本質　他一篇　ディーツゲン　小松摂郎訳
- ハリネズミと狐　―『戦争と平和』の歴史哲学　バーリン　河合秀和訳
- 言語　―ことばの研究序説　エドワード・サピア　安藤貞雄訳
- 連続性の哲学　パース　伊藤邦武編訳
- 論理哲学論考　ウィトゲンシュタイン　野矢茂樹訳
- 自由と社会的抑圧　シモーヌ・ヴェイユ　冨原眞弓訳
- 根をもつこと　全二冊　シモーヌ・ヴェイユ　冨原眞弓訳
- 重力と恩寵　シモーヌ・ヴェイユ　冨原眞弓訳
- 全体性と無限　全二冊　レヴィナス　熊野純彦訳
- 啓蒙の弁証法　―哲学的断想　M・ホルクハイマー　T・W・アドルノ　徳永恂訳
- ヘーゲルからニーチェへ　十九世紀思想における革命的断絶　全二冊　レーヴィット　三島憲一訳

《哲学・教育・宗教》〔青〕

- ソクラテスの弁明・クリトン　プラトン　久保勉訳
- ゴルギアス　プラトン　加来彰俊訳
- 饗宴　プラトン　久保勉訳
- テアイテトス　プラトン　田中美知太郎訳
- パイドロス　プラトン　藤沢令夫訳
- メノン　プラトン　藤沢令夫訳
- 国家 全二冊　プラトン　藤沢令夫訳
- プロタゴラス —ソフィストたち　プラトン　藤沢令夫訳
- 法律 全二冊　プラトン　森進一・池田美恵・加来彰俊訳
- パイドン —魂の不死について　プラトン　岩田靖夫訳
- アナバシス —敵中横断六〇〇〇キロ　クセノポン　松平千秋訳
- アリストテレス ニコマコス倫理学 全二冊　高田三郎訳
- アリストテレス 形而上学 全二冊　出隆訳
- アリストテレス 弁論術　戸塚七郎訳
- アリストテレース 詩学・ホラーティウス 詩論　松本仁助・岡道男訳
- 物の本質について　ルクレーティウス　樋口勝彦訳

- エピクロス —教説と手紙　出隆・岩崎允胤訳
- 生の短さについて 他二篇　セネカ　大西英文訳
- 怒りについて 他二篇　セネカ　兼利琢也訳
- マルクス・アウレーリウス 自省録　神谷美恵子訳
- 老年について　キケロー　中務哲郎訳
- 友情について　キケロー　中務哲郎訳
- キケロー書簡集　高橋宏幸編
- エラスムス＝トマス・モア往復書簡　沓掛良彦・高田康成訳
- 方法序説　デカルト　谷川多佳子訳
- 哲学原理　デカルト　桂寿一訳
- 情念論　デカルト　谷川多佳子訳
- パンセ 全三冊　パスカル　塩川徹也訳
- 知性改善論　スピノザ　畠中尚志訳
- スピノザ エチカ（倫理学） 全二冊　畠中尚志訳
- スピノザ 神・人間及び人間の幸福に関する短論文　畠中尚志訳
- 学問の進歩　ベーコン　服部英次郎・多田英次訳
- ハイラスとフィロナスの三つの対話　バークリ　戸田剛文訳

- 聖トマス 形而上学叙説 —有と本質とに就いて　高桑純夫訳
- エミール 全三冊　ルソー　今野一雄訳
- ルソー 告白 全三冊　桑原武夫訳
- 孤独な散歩者の夢想　ルソー　今野一雄訳
- 人間不平等起原論　ルソー　本田喜代治・平岡昇訳
- ルソー 社会契約論　桑原武夫・前川貞次郎訳
- 政治経済論　ルソー　河野健二訳
- 演劇について —ダランベールへの手紙　ルソー　今野一雄訳
- 言語起源論 —旋律と音楽的模倣について　ルソー　増田真訳
- 道徳形而上学原論　カント　篠田英雄訳
- 啓蒙とは何か 他四篇　カント　篠田英雄訳
- 純粋理性批判 全三冊　カント　篠田英雄訳
- カント 実践理性批判　波多野精一・宮本和吉・篠田英雄訳
- 判断力批判 全二冊　カント　篠田英雄訳
- 永遠平和のために　カント　宇都宮芳明訳
- プロレゴメナ　カント　篠田英雄訳
- 人間の使命　フィヒテ　宮崎洋三訳

読書子に寄す

――岩波文庫発刊に際して――

岩波茂雄

真理は万人によって求められることを自ら欲し、芸術は万人によって愛されることを自ら望む。かつては民を愚昧ならしめるために学芸が最も狭き堂宇に閉鎖されたことがあった。今や知識と美とを特権階級の独占より奪い返すことはつねに進取的なる民衆の切実なる要求である。岩波文庫はこの要求に応じそれに励まされて生まれた。それは生命ある不朽の書を少数者の書斎と研究室とより解放して街頭にくまなく立たしめ民衆に伍せしめるであろう。近時大量生産予約出版の流行を見る。その広告宣伝の狂態はしばらくおくも、後代にのこすと誇称する全集がその編集に万全の用意をなしたるか。千古の典籍の翻訳企図に敬虔の態度を欠かざりしか。さらに分売を許さず読者を繋縛して数十冊を強うるがごとき、はたしてその揚言する学芸解放のゆえんなりや。吾人は天下の名士の声に和してこれを推挙するに躊躇するものである。このときにあたって、岩波書店は自己の責務のいよいよ重大なるを思い、従来の方針の徹底を期するため、すでに十数年以前より志して来た計画を慎重審議この際断然実行することにした。吾人は範をかのレクラム文庫にとり、古今東西にわたって文芸・哲学・社会科学・自然科学等種類のいかんを問わず、いやしくも万人の必読すべき真に古典的価値ある書をきわめて簡易なる形式において逐次刊行し、あらゆる人間に須要なる生活向上の資料、生活批判の原理を提供せんと欲する。この文庫は予約出版の方法を排したるがゆえに、読者は自己の欲する時に自己の欲する書物を各個に自由に選択することができる。携帯に便にして価格の低きを最主とするがゆえに、外観を顧みざるも内容に至っては厳選最も力を尽くし、従来の岩波出版物の特色をますます発揮せしめようとする。この計画たるや世間の一時の投機的なるものと異なり、永遠の事業として吾人は微力を傾倒し、あらゆる犠牲を忍んで今後永久に継続発展せしめ、もって文庫の使命を遺憾なく果たさしめることを期する。芸術を愛し知識を求むる士の自ら進んでこの挙に参加し、希望と忠言とを寄せられることは吾人の熱望するところである。その性質上経済的には最も困難多きこの事業にあえて当たらんとする吾人の志を諒として、その達成のため世の読書子とのうるわしき共同を期待する。

昭和二年七月

シンボルの哲学《てつがく》—理性《りせい》，祭礼《さいれい》，芸術《げいじゅつ》のシンボル試論《しろん》
S. K. ランガー著

2020年8月18日　第1刷発行

訳　者　塚本明子《つかもとあきこ》

発行者　岡本　厚

発行所　株式会社　岩波書店
〒101-8002 東京都千代田区一ツ橋 2-5-5

案内 03-5210-4000　営業部 03-5210-4111
文庫編集部 03-5210-4051
https://www.iwanami.co.jp/

印刷・三秀舎　カバー・精興社　製本・中永製本

ISBN 978-4-00-386015-1　Printed in Japan

人名索引

ページ数に併記されている(　)内の数字は原注の番号を示す.
覚書き・端書き・本文・原注からのみ採項した.

ア　行

カ　行

サ 行

タ　行

ナ　行

ハ　行

マ　行

ヤ　行

ラ　行

ワ　行

事項索引

ページ数に併記されている(　)内の数字は原注の番号を示す.
覚書き・端書き・本文・原注からのみ採項した. ただし,「音」「自由」「宗教」「関係」「目的」「物語」「問題」などのように頻出する名詞は採項しなかった.

ア　行

カ　行

サ　行

タ 行

ナ　行

ハ　行

マ　行

ヤ　行

ラ　行